Klassische Werke der Philosophie

Wie sollen wir mit klassischen Werken der Philosophie umgehen? Wie kann man von ihnen für das eigene Denken lernen? Dieser Band gibt fundierte Antworten auf diese Fragen. Vorgestellt werden Schriften aus über zwei Jahrtausenden Philosophiegeschichte, die für diese Ausgabe von namhaften deutschen Gegenwartsphilosophen wiedergelesen und kritisch kommentiert wurden.

Getreu den Worten Wittgensteins »Alles was überhaupt gedacht werden kann, kann klar gedacht werden« erschließt dieses philosophische Lesebuch Denkzusammenhänge, auf klare und verständliche Weise.

Reinhard Brandt, geboren 1937, lehrt Philosophie an der Universität Marburg. Zuletzt erschienen von Reinhard Brand (als Hg.) bei Reclam Leipzig: *Meisterwerke der Malerei* (RBL 20013); *Meisterwerke der Literatur* (RBL 20014).

Thomas Sturm, geboren 1967, ist wissenschaftlicher Mitarbeiter an der Berlin-Brandenburgischen Akademie der Wissenschaften.

Klassische Werke der Philosophie

Von Aristoteles bis Habermas

Herausgegeben von Reinhard Brandt
und Thomas Sturm

RECLAM
LEIPZIG

Besuchen Sie uns im Internet:
www.reclam.de

© Reclam Verlag Leipzig, 2002
Reclam Bibliothek Leipzig, Band 20028
1. Auflage, 2002
Reihen- und Umschlaggestaltung:
Gabriele Burde | Kurt Blank-Markard
unter Verwendung eines Gemäldes von Giorgio de Chirico
»Der Philosoph«
Gesetzt aus ITC Slimbach
Satz: Reclam Verlag Leipzig
Druck und Bindung: Ebner & Spiegel, Ulm
Printed in Germany
ISBN 3-379-20028-X

INHALTSVERZEICHNIS

REINHARD BRANDT UND THOMAS STURM

Was sind und wozu studieren wir klassische Werke der Philosophie?

Ein klassisches Werk der Philosophie – was ist das? Eine naheliegende Antwort auf diese Frage besteht darin, auf herausragende Beispiele zu verweisen: Platons *Der Staat* etwa, Aristoteles' *Metaphysik*, Immanuel Kants *Kritik der reinen Vernunft* oder Ludwig Wittgensteins *Tractatus Logico-Philosophicus*. Dies sind sicher klassische Werke, und wäre das nicht der Fall, so könnte man mit der Rede von ›klassischen Werken der Philosophie‹ nichts anfangen. Solche und andere Schriften fallen den heutigen Philosophen schnell ein, und oft sind sie auch Nichtphilosophen zumindest vom Titel her bekannt. Der Begriff eines ›klassischen Werks der Philosophie‹ ist jedoch nicht nur ein Begriff, unter den bestimmte Gegenstände fallen oder nicht fallen. Er ist auch ein positiv wertender Titel. Daher kann es bei der Frage danach, was ein klassisches Werk der Philosophie ist, nicht einfach darum gehen, eine vollständige Liste der Schriften zu liefern, die man für klassische Werke hält. (Es würde ohnehin unter Experten des Fachs zum Streit kommen, wenn man es versuchen wollte.) Es muß auch darum gehen, gute Gründe dafür anzugeben, daß man eine Schrift als ›klassisch‹ bewertet.

Was also berechtigt zu dem Titel eines ›klassischen Werks der Philosophie‹? Dafür gibt es wohl nicht nur ein einziges Kriterium, sondern eher mehrere. Drei naheliegende Kriterien sind die folgenden: Klassische Werke behandeln erstens klassische philosophische Probleme, und sie schlagen dafür neue Lösungen vor. Zweitens finden wir in klassischen Werken die Anwendung besonderer oder origineller Methoden und idealerweise die Reflexion über die Methoden der Philosophie überhaupt. Hierdurch können die Werke stilbildend werden:

Möglicherweise lassen sich die neuartigen Methoden erfolgreich auf andere Themen und Probleme als die anwenden, für die sie ursprünglich gedacht waren. Drittens haben klassische Werke der Philosophie typischerweise eine enorme Wirkungsmacht auf die nachfolgende Philosophie und sogar darüber hinaus, etwa auf die Wissenschaften, die Künste und das gesellschaftliche Leben. Damit ist nicht so sehr das sattsam bekannte Phänomen gemeint, daß gerne zum Schmuck öffentlicher Reden aus klassischen Werken der Philosophie zitiert wird – »wie Kant sagt …« oder »wie wir seit Hegel wissen …«. Wichtig für den Umgang mit klassischen Texten der Philosophie ist vielmehr die Einsicht, daß sie durch ihre Themen und Methoden gleichsam eine *lingua franca* der Philosophie und anderer intellektueller Beschäftigungen darstellen und auch sinnvollerweise darstellen sollen. Wir verständigen uns über unsere philosophischen Ansichten vor dem Hintergrund solcher Werke; wir argumentieren über unsere gegenwärtigen Ansichten durch Bezug auf ausgezeichnete Vorläufer. Wer die philosophischen Debatten unserer Zeit begreifen will, wer an ihnen teilnehmen will, wer begreifen will, wie man etwas Neues in der Philosophie leisten kann – wer also selbst erfolgreich philosophieren will, kommt nicht daran vorbei, sich an klassischen Werken der Philosophie zu orientieren.

Es ist keineswegs der Fall, daß eine gewisse Schrift, die man zu den klassischen Werken der Philosophie zählt, alle zuvor genannten Kriterien erfüllen muß. So ist nicht jede Schrift, die vielleicht ein ›klassisches Werk‹ genannt zu werden verdient, schnell wirkungsmächtig geworden. Viele Philosophen zählen heute Gottlob Freges logische Abhandlung *Begriffsschrift* (1879) zu einem der herausragenden Werke der Philosophie, doch es hat selbst in der Fachwelt lange gedauert, bis es zu diesem Urteil kam. Außerhalb der Philosophie kann es bislang ohnehin kaum auf Zustimmung hoffen. Zudem ist nicht in jedem klassischen Werk eine neue Methode entwickelt worden, und in manchem klassischen Werk weigert sich der

Autor, überhaupt so etwas wie philosophische Thesen oder gar »Theorien« zu entwickeln, also auch keine neuartigen. Ein Paradebeispiel dafür ist Wittgensteins Werk *Philosophische Untersuchungen* (1953). Wittgenstein zufolge ist die Philosophie keine Disziplin, die zu Lehrsätzen führt wie die Wissenschaften. Vielmehr ist sie eine intellektuelle Tätigkeit, eine Praxis, die versucht, den menschlichen Verstand von »Verhexungen durch die Sprache« zu befreien. Es sind andere Kriterien, die ein Werk wie dieses zu einem klassischen Werk machen – nicht zuletzt Wittgensteins Praxis des Philosophierens selbst, wie sie in diesem Werk dargestellt wird.

So erfüllen vielleicht nur wenige klassische Werke alle drei Kriterien auf einmal. Doch man kann solche Kriterien benennen, über ihr Zutreffen auf einzelne Werke argumentieren und die Kriterien selbst noch überprüfen, präzisieren und verbessern. Das Urteil darüber, ob eine Schrift ein klassisches Werk ist oder nicht, ist nicht völlig relativ, ganz dem willkürlichen oder zufälligen Geschmäckern verschiedener Zeiten und Völker ausgeliefert. Es ist nur eine oft schwierige Frage, welche philosophische Schrift so hervorragend gelungen ist, daß man sie zu den klassischen Werken zählen sollte. Unklare Grenzfälle wird es immer geben.

Nach landläufiger Auffassung ragen klassische Werke weit über das hinaus, was zu ihrer jeweiligen Zeit Stand von Wissenschaft, Kunst oder Philosophie ist. Obwohl diese Auffassung nicht falsch ist, darf man sie nicht so verstehen, daß klassische Werke der Philosophie in Isolation entstehen, daß sie Leistungen einzigartiger, von allen Traditionen unabhängiger Genies wären. Das sind diese Werke genausowenig wie hervorragende Leistungen etwa in der bildenden Kunst, der Musik, der Literatur oder in den Wissenschaften. Klassische Werke werden von einer sie umgebenden Kultur ermöglicht: von Gesellschaften, die Bildung fordern, die die geistige Schulung fördern, die das Wissen durch Lehranstalten und öffentliche Verständigung zu verbreiten suchen und die bei aller Traditionspflege auch Innovationen im Denken nicht ausschließen. Man versteht diese Werke nicht ohne ihren Kontext.

Hieraus folgt eine erste Forderung an die Interpreten: Um ein klassisches Werk zu verstehen, bedürfen wir der Information über das intellektuelle und häufig auch das soziale Umfeld des Verfassers, und insbesondere benötigen wir zur genauen Interpretation der Inhalte eine Information über die Quellen der Ideen und Argumente im Werk. Doch die Analyse der Entstehung und des Inhalts des klassischen Werks ist nicht alles, was zu leisten ist. Klassische Werke repräsentieren den Stand der Philosophie, der Wissenschaften und Künste nicht nur. An irgendwelchen Punkten gehen sie über das zuvor Erreichte hinaus, und das in dramatischer Weise. Ein Philosoph, der etwas Neues zu leisten versucht, bemüht sich etwa, ein grundlegend neues Argument für eine bestimmte Auffassung zu entwickeln oder einen komplexen Argumentationszusammenhang für eine umfassendere philosophische Auffassung oder Theorie aufzubauen. Ebenso mag er über die Methoden seiner Vorgänger reflektieren, die Schwächen dieser Methoden analysieren und versuchen, für sein Thema eine neuartige Methode zu entwickeln. So werden häufig, und nicht zu Unrecht, Aspekte der Kantischen *Kritik der reinen Vernunft* charakterisiert, insbesondere Kants Verhältnis zu vorhergehenden Werken der Metaphysik. Man wird klassischen Werken deshalb nicht gerecht, falls man sie lediglich aus ihren Quellen heraus zu verstehen versucht: Das Neue bleibt dabei außen vor. Eine zweite Forderung an den Interpreten eines klassischen philosophischen Werks lautet daher: Wenn er das Neuartige dieses Werks zu erklären versucht, kommt er letztlich nicht umhin, auch bewertend Stellung zu nehmen. Der Interpret muß die Auffassungen des Philosophen nicht nur zu den historischen Vorläufern zurückverfolgen, sondern auch ihre Vor- und Nachteile *kritisch abwägen*, die jeweiligen Argumente der Philosophen vergleichen. Ohne dieses Verfahren würde nicht deutlich werden, warum und inwiefern es sich um ein klassisches Werk handelt.

Diese Aufgabe ist aus mehreren Gründen schwierig. Wir bringen eine kritische, bewertende Stellungnahme in die Interpretation klassischer Werke hinein, doch wir müssen darauf achten, daß diese Bewertung uns nicht den Blick verstellt, einengt oder in verfehlte Richtungen lenkt. So finden heutige Philosophen oder philosophische Interpreten in klassischen philosophischen Texten oft nur das interessant, was ihre eigenen Fragen anspricht oder was ihre eigenen Überzeugungen vorwegnimmt. Wenn sie dies in den Texten finden, so schätzen sie die Texte hoch. Was aber, wenn keine solchen Funde zu machen sind, wenn also die so vorgenommene Bewertung negativ ausfällt? Muß man der Schrift dann den Status eines klassischen Werks absprechen? Nein – obwohl klassische Werke nicht selten heutige Überzeugungen und Argumente vorwegnehmen, ist dies weder eine notwendige noch eine hinreichende Bedingung für den Rang als klassisches Werk. Ein philosophischer Text mag zwar eine heutige Überzeugung vorwegnehmen, doch er mag das in einer zufälligen, undurchdachten Weise tun. Zudem können etwa Schriften von Platon voll von Überzeugungen sein, die wir aus guten Gründen für Irrtümer halten und die darum keinerlei Vorwegnahme heutiger Auffassungen darstellen. Sie mögen auch Fragen enthalten, deren Relevanz uns unklar ist. Platons Schriften sind jedoch schon deshalb oft klassisch, weil sie bestimmte neuartige Methoden des Philosophierens entwickelt haben und weil sie diese nicht nur abstrakt formuliert haben, sondern auch an gewissen philosophischen Fragen in beispielhafter Weise zum Leben erweckt haben. Eine »kritische Masse« von interessanten Fragen, überlegter Entwicklung von Methoden und konsequenter Durchführung des Programms, vielleicht zusammen damit, die entwickelten Methoden und Resultate in anderen Zusammenhängen wieder erfolgreich ins Spiel zu bringen, kann wichtiger für den Status eines klassischen Werks sein als die Zahl der in ihm enthaltenen Wahrheiten oder Irrtümer.

Ein weiteres Problem einer bewertenden Stellungnahme

bei der Interpretation kann darin bestehen, daß man mit der Annahme an klassische Texte der Philosophie herangeht, die Philosophiegeschichte müsse doch fortschrittlich verlaufen, und dementsprechend müßten die Texte eingeordnet werden können: Ein Philosoph habe diese oder jene Auffassung darüber vertreten, was Gerechtigkeit oder Erkenntnis sei, der nächste habe seinem Vorgänger einen Fehler nachgewiesen, einen anderen Vorschlag gemacht, worauf später wieder ein anderer einen besseren Vorschlag gemacht habe. Oder: Platon habe die Methode A zur Beantwortung der Frage, was Tugend sei, entwickelt; doch Aristoteles eine bessere Methode B, und Kant wiederum sei ethische Grundfragen erst in der ganz grundlegend anderen, eigentlich richtigen Weise C angegangen – und so weiter, Schritt für Schritt an die Wahrheit heran. Diese Auffassung, die schon in der Wissenschaftsgeschichte höchst fragwürdig ist, überzeugt noch weniger für die Philosophiegeschichte. Der angemessene Umgang mit klassischen Werken der Philosophie verlangt vielmehr, für Überraschungen offen zu sein. Aristoteles' *Nikomachische Ethik* etwa hat in diesem Sinne in den letzten Jahrzehnten eine erstaunliche Renaissance erfahren. Dieses Werk war zwar unter Aristoteles-Kennern nie in Gefahr, nicht mehr als hervorragende moralphilosophische Untersuchung eingestuft zu werden. Daß sie darüber hinaus in inhaltlichen wie methodischen Hinsichten für heutige ethische Fragen fruchtbare Einsichten enthält oder daß sie in zahlreichen Aspekten den herausragenden ethischen Werken späterer Zeiten bis in die Gegenwart nach wie vor ebenbürtig, ja überlegen ist – das sind Einschätzungen, die im Lichte interpretatorischer wie systematischer Diskussionen in der Philosophie inzwischen ernsthafte Verbreitung finden. Man sollte darum in klassischen Texten der Philosophie nicht nur nach Antworten auf heutige Fragen suchen, sondern auch nach Fragen, die bis heute nicht angemessen beantwortet, sondern nur vergessen oder verdrängt wurden. Zudem können klassische Werke Themen, Auffassungen und Argumente enthalten, die wir erst wieder zu entdecken haben. Auch aus solchen Überlegungen heraus können wir dazu kommen, eine Schrift ein ›klassisches Werk‹ zu nennen: wenn sie uns dazu zwingt, erneut kritisch über gängig werdende Überzeugungen, Methoden und Interessen nachzudenken. Diese Möglichkeiten widersprechen einer zu simplen, linearen Auffassung vom philosophischen Fortschritt. Die gelungene Interpretation macht die Bewertung, ob eine Schrift ein klassisches Werk ist, nicht nur vom Licht unserer heutigen Debatten und Überzeugungen, Interessen und Fragen abhängig, sondern auch von dem, was aus dem Werk noch Neuartiges gelernt werden kann. Die Interpretationen in diesem Band zeigen immer wieder, wie herausfordernd viele scheinbar obsolete, nur früher einmal für bedeutsam gehaltene philosophische Überlegungen heute noch sein können. Auch das gehört zum sinnvollen Umgang mit klassischen Werken der Philosophie.

Der vorliegende Band geht auf eine gleichnamige Ringvorlesung an der Philipps-Universität Marburg im Wintersemester 2000/01 zurück. Ziel des Bandes ist nicht, eine vollständige Liste von klassischen Werken zu liefern. Vielmehr geht es darum, an ausgewählten Beispielen einen Einstieg in den informierten und kritischen Umgang mit klassischen Werken der Philosophie zu leisten, Einladung also, sich selbst mit dem vorgestellten Werk oder auch anderen philosophischen Schriften zu befassen.

Die Aristotelische Metaphysik

Vorbemerkung

Es gibt leichtere Aufgaben in der Philosophie, systematische wie historische, als die Aufgabe, die Aristotelische Metaphysik vorzustellen. Warum das so ist, wird Teil meines Versuches, diese Aufgabe zu lösen, sein – seiner analytischen Teile, seiner systematischen Teile und, mittelbar, seines Gelingens oder Mißlingens. Die Aristotelische Metaphysik gehört zu den zentralen Werken der Philosophie, und sie gehört zu ihren schwierigsten, auch in einer Situation, in der es nicht mehr darum geht, Aristoteliker zu sein oder nicht, und in der sich das philosophische Denken, dem Anschein nach, weit von allem Aristotelischen Denken entfernt hat. Die Aufgaben des Begreifens werden eben auch in der Philosophie nicht leichter, wenn zwischen ihm und dem eigenen Denken Abschiede, in diesem Falle philosophische Abschiede, liegen.

I. Aristoteles

Bevor die Aufgabe zu lösen versucht wird, die Aristotelische Metaphysik in den Grenzen eines Aufsatzes vorzustellen, soll von ihrem Autor, Aristoteles, die Rede sein. Dessen Vorstellung (und seines Werkes) könnte wie folgt lauten: Griechischer Philosoph, Schüler Platons, Gründer des Peripatos, einer im Nordosten Athens gelegenen Philosophenschule, Lehrer Alexanders des Großen, Verfasser zahlreicher philosophischer und wissenschaftlicher Werke, darunter zur Ethik, zur Physik und zur Biologie, Begründer der Logik im engeren und der abendländischen Metaphysik im weiteren Sinne. Der

Einfluß seines Werkes war ungeheuer; er läßt erst in der Neuzeit nach. Für Thomas von Aquin ist Aristoteles der Philosoph schlechthin (»philosophus dicit« eine viel gebrauchte Wendung in der *Summa theologiae*); für das beginnende neuzeitliche Denken ist Aristoteles der wesentliche Repräsentant einer Philosophie von gestern. Diese Vorstellung, die sich noch um viele weitere Aspekte ergänzen ließe, ist nicht falsch; sie malt aber nur das Grau in Grau der üblichen Philosophiegeschichtsschreibung.

Tatsächlich gibt es in der Philosophie- und Wissenschaftsgeschichte niemanden – Platon eingeschlossen –, dessen Beiträge und Leistungen auf dem Felde des Wissens größer gewesen wären als die des Aristoteles. Und es gibt niemanden nach Aristoteles – vielleicht Leibniz und Kant ausgenommen –, der es mit ihm in dieser Hinsicht aufnehmen könnte. In den Worten Hegels ist Aristoteles »eins der reichsten und umfassendsten (tiefsten) wissenschaftlichen Genies gewesen, die je erschienen sind, – ein Mann, dem keine Zeit ein Gleiches an die Seite zu stellen hat«[1]. Gewiß, auch die Aristotelische Philosophie ist sterblich. Aber Aristoteles hat nicht nur dem Denken und Forschen von etwa 2000 Jahren seinen Namen aufgedrückt, er hat auch dem Wissen und der Suche nach dem Wissen unter disziplinären und methodischen Gesichtspunkten zu seiner institutionellen Form verholfen. Gilbert Ryle schließt seine Darstellung der Aristotelischen Leistung mit dem Satz: »Die Universität ist entstanden.«[2]

Die Form des Aristotelischen Denkens und Arbeitens beschreibt Goethe, zugleich zwischen einem Aristotelischen und einem Platonischen Denkstil unterscheidend, wie folgt: »Aristoteles (...) steht zu der Welt wie ein Mann, ein baumeisterlicher. Er ist nun einmal hier und soll hier wirken und schaffen. Er erkundigt sich nach dem Boden, aber nicht wei-

1 Hegel 1969–1979, XIX, 132.
2 Ryle 1967, 333.

ter, als bis er Grund findet. (...) Er umzieht einen ungeheuren Grundkreis für sein Gebäude, schafft Materialien von allen Seiten her, ordnet sie, schichtet sie auf und steigt so in regelmäßiger Form pyramidenartig in die Höhe, wenn Plato, einem Obelisken, ja einer spitzen Flamme gleich, den Himmel sucht.«[3] Das entspricht natürlich ein wenig dem Renaissanceklischee – Platon der Visionär, Aristoteles der Empiriker oder das Genie und der Arbeiter – und ist in systematischen Dingen denn auch zu einfach gedacht. Faktisch und jenseits aller gefälligen Metaphorik ist kein Licht oder, je nach systematischem Geschmack, kein Schatten, der über der Geschichte von Philosophie und Wissenschaft liegt, größer als derjenige oder dasjenige des Aristoteles. Dies gilt insbesondere von der Aristotelischen Metaphysik.

Auffallend ist, daß wenig von der Person Aristoteles bekannt bzw. überliefert ist – oder auch nicht auffallend, wenn man an die auf Aristoteles gemünzte Formel ›er wurde geboren, arbeitete und starb‹ denkt. Was wir durch sein Werk über Aristoteles wissen, ist, daß er in seinem Denken und Tun, damit in seinem Leben, auf eine beeindruckende Weise bestimmt war durch eine alles dominierende Leidenschaft, nämlich die Leidenschaft, *wissen zu wollen*, die Welt in Wissen zu verwandeln und keine Begrenzung des Wissens zu akzeptieren. Und er erklärte diese seine Leidenschaft zum Wesen des Menschen: »Alle Menschen«, so der berühmte Einleitungssatz der *Metaphysik*, »streben von Natur aus nach Wissen.«[4] Alles Biographische tritt hier zurück. Die wesentlichen Phasen seines Lebens bilden die 20jährige Zugehörigkeit zur Platonischen Akademie (367–347), zwölf so bezeichnete Wanderjahre (347–334) und dreizehn Jahre Peripatos, die Arbeit in der eigenen Schule (334–322). Die Bücher der »Metaphysik« sind die Frucht aller dieser Jahre; in ihnen

---

3 Goethe 1999, XIV, 54.
4 *Met*. A1.980a21.

kulminiert das Aristotelische Denken in seinen begrifflich-systematischen und in seinen spekulativen Teilen.

II. Das Werden und der Aufbau der *Metaphysik*

Die moderne *Metaphysik*-Interpretation setzt ein mit Werner Jaegers epochalen Arbeiten, mit denen an die Stelle eines die Aristoteles-Forschung lange beherrschenden Systemgedankens ein Entwicklungsgedanke tritt. In Jaegers Darstellung[5] geben die drei angeführten biographischen Phasen die zeitliche Ordnung des Aristotelischen Werkes wieder, die Entwicklung vom Platoniker über den Metaphysiker zum Empiriker die systematische Ordnung.[6] In die sogenannten Lehrjahre, die erste Phase, fallen nach Jaeger vor allem die exoterischen Schriften, in die sogenannten Wanderjahre, die zweite Phase, die eigentliche Begründung der Aristotelischen Metaphysik in Auseinandersetzung mit der Platonischen Ideenlehre, ferner unter anderem die Aristotelische Physik und Kosmologie, in die sogenannten Meisterjahre, die dritte Phase, die biologischen Schriften und weitere Teile der »Metaphysik«. Diese Darstellung gilt heute weitgehend als unzutreffend. Als problematisch hat sich vor allem die von Jaeger unterstellte Einheit von Biographie und philosophischer Entwicklung herausgestellt und, damit verbunden, die seit Dirlmeiers Studien[7] nicht mehr aufrechtzuerhaltende ›Zerlegung‹ des Philosophen Aristoteles in einen Platoniker, einen spekulativen Metaphysiker und einen Empiriker.

Das heute in der Aristoteles-Forschung im wesentlichen als zutreffend angesehene Bild der Aristotelischen Philosophie und ihrer Entwicklung wurde in den 60er Jahren des 20. Jahr-

5 Jaeger 1955.
6 Vgl. dazu und zum Folgenden die detaillierte Darstellung in Flashar 1983.
7 Dirlmeier 1950; ferner in Dirlmeier 1970.

hunderts von Ingemar Düring formuliert.[8] Es betont, philologisch unterlegt, die Kontinuität eines philosophischen Denkens, das schon zu Beginn, d. h. in der Akademiezeit, durch ein hohes Maß an Selbständigkeit und systematischer Geschlossenheit gekennzeichnet ist. An die Stelle einer in Kategorien der Romantik und Diltheys beschriebenen Entwicklung treten unterschiedliche Ausarbeitungsstufen eines philosophischen Konzepts, das früh – in Auseinandersetzung mit Platon und anderen Mitgliedern der Platonischen Akademie – systematische Konturen gewinnt.

In diesem Konzept nehmen die unter dem Titel »Metaphysik« zusammengefaßten Schriften eine zentrale Stellung ein, obgleich ihr Zusammenhang untereinander unklar und die in ihnen dargelegte systematische Konzeption in einem hohen Maße rekonstruktionsbedürftig ist. Der ›äußere‹ Grund dafür liegt darin, daß weder die Zusammenstellung noch der Titel »Metaphysik« von Aristoteles selbst stammen, der ›innere‹ Grund darin, daß es sich hier um keine wirklich abgeschlossene und in einzelnen Ansätzen wirklich entschiedene Konzeption handelt. Aufbau und Titel gehen auf Andronikos von Rhodos zurück, der im ersten nachchristlichen Jahrhundert die Aristotelischen Schriften ordnet und einige dieser Schriften als solche im Anschluß an die physikalischen Schriften (μετὰ τὰ φυσικὰ) zusammenstellt.[9] Ein Redaktor und Bibliothekar macht Philosophiegeschichte. Der systematisch naheliegende Titel wäre die von Aristoteles häufiger gewählte Bezeichnung ›Erste Philosophie‹ (πρώτη φιλοσοφία) gewesen, mit der Aristoteles Untersuchungen über ›erste‹ Ursachen und Prinzipien, über das Seiende als solches und über eine göttliche Substanz hervorhebt. Erst der Aristoteles-Kommentator Simplikios ersetzt im 6. nachchristlichen Jahrhundert die editionstechnische Bedeutung des Ausdrucks ›Metaphysik‹ durch eine systematische. Demnach geht es nunmehr um

8 Düring 1966; dazu Düring 1968.
9 Alexander Aphrodisias 1891, 171.5–7.

Dinge, die ›jenseits der Natur‹ (ἐπέκεινα τῶν φυσικῶν) liegen.[10]

Tatsächlich entspricht die ursprüngliche editorische ›Verlegenheitslösung‹ in der Bezeichnung der sachlichen Bedeutung der so zusammengefaßten Aristotelischen Schriften. Es geht, in Aristotelischer Terminologie, um die Ordnung dessen, was der Sache nach früher ist.[11] Auch Kant wird später bestätigen: »Was den Namen der Metaphysik anbetrifft, so ist nicht zu glauben, daß derselbe von ohngefähr entstanden, weil er so genau mit der Wissenschaft selbst paßt.«[12] Es bleiben die genannten Rekonstruktionsprobleme angesichts einer sowohl sachlichen als auch zeitlichen Ordnung verschiedener ›Schichten‹, selbst vor dem Hintergrund der schon von Jaeger[13] betonten Einsicht, daß die Ordnung der einzelnen Teile der »Metaphysik«, gerade auch im Hinblick auf sachliche Wiederholungen und wiederholte konzeptionelle Neuansätze, aus den Bedingungen und Gegebenheiten eines Schul- und Unterrichtsbetriebs heraus erklärbar ist. Es sind wiederum vor allem die Rekonstruktionen Jaegers und Dürings, die diese Probleme verdeutlichen.

Jaeger rekonstruiert den Aufbau der »Metaphysik« als die Entwicklung von einer sogenannten Urmetaphysik zu einer allgemeinen Seinslehre. Danach bestand die sogenannte Urmetaphysik aus den Büchern A, B, Γ, Λ (ohne den Astronomieteil, Kapitel 8), M9-N, K, E1. Sie ist nach Jaeger nach 347 entstanden und stellt die Konzeption einer Wissenschaft vom immateriellen Sein dar, wobei die drei ersten Bücher allgemein als eine Art ›Voruntersuchung‹ gelten, in der Aristoteles »unter wechselnden Gesichtspunkten auf die philosophische Grundwissenschaft zu(geht), die er zunächst die ›gesuchte Wissenschaft‹ (ἡ ζητουμένη ἐπιστήμη), später dann die ›erste

10 Simplikios 1882, 1.17–21; 257.20–26.
11 Vgl. *Met*. Δ11.1018b9–1019a14.
12 Kant 1894, 666.
13 Jaeger 1912. Vgl. Flashar 1983, 256.

Philosophie‹ (πρώτη φιλοσοφία) nennt«[14]. Erweiterungen dieser Urmetaphysik bilden dann die sogenannten Substanzbücher Z, H und Θ, in denen der systematische Akzent von den immateriellen auf die materiellen Substanzen rückt, und die Bücher E2-4, I und M1-9, die nach Jaeger nach 335 entstanden sind. Buch α gilt als Nachtrag zu A, Buch Δ in Form eines Lexikons als selbständig, Buch E insgesamt als Überleitung zu den Substanzbüchern.

Ganz anders der Aufbau nach Düring, der von einer Zusammenstellung relativ selbständiger Beiträge zu einer Ersten Philosophie ausgeht (»Man muß sich vergegenwärtigen, daß Aristoteles nie ein Lehrbuch der Metaphysik geschrieben hat«[15]). Demnach stellt Buch Λ die früheste (selbständige) Schrift dar, die Bücher M9b-N, A, M1-9a, B, I fallen in die Akademiephase (vor 347), die Bücher Γ und E (E vermutlich eine Zusammenstellung fragmentarischer Texte) sowie die sogenannten Substanzbücher Z, H und Θ folgen der Abfassung der biologischen Schriften (nach 335), Buch α stellt ein Fragment dar (wahrscheinlich eine Ausarbeitung des Aristoteles-Schülers Pasikles von Rhodos), Buch Δ (wie bei Jaeger) ein mehrfach überarbeitetes Aristotelisches Lexikon, Buch K eine nach-Aristotelische Kompilation aus den Büchern B, Γ und E sowie Teilen der Aristotelischen »Physik« (Bücher Γ und E).

Im Ergebnis – und hier folgt auch die neuere Aristoteles-Forschung im wesentlichen Dürings Rekonstruktion – ergibt sich eine 10-Bücher-Metaphysik, bestehend aus den Büchern A, B, Γ, E, Z, H, Θ, M, N, I, ergänzt um die selbständigen Bücher Δ und Λ, wobei die Bücher A, B und Γ den bereits erwähnten einführenden Charakter haben und Buch B in der Zusammenstellung von grundsätzlichen Fragen (Aporien) eine Art Aristotelisches Forschungsprogramm darstellt, Buch E die Erste Philosophie als Wissenschaft vom Seienden als solchem konzipiert, die Bücher Z, H und Θ die erwähnte

14 Patzig 1960/61, 185 (Patzig 1996, III, 141).
15 Düring 1966, 592.

Gruppe der Substanzbücher bilden, die Bücher M und N die Aristotelische Kritik an der Platonischen Ideen- und Ideenzahlenlehre enthalten und Buch I unterschiedliche Begriffe wie die des Einen, der Identität, der Ähnlichkeit und des Gegensatzes behandelt. Buch Δ enthält das immer wieder ergänzte und überarbeitete Aristotelische Lexikon, Buch Λ unter anderem die Aristotelische Lehre von einem unbewegten Beweger. Also doch nur eine bloße Addition von Verschiedenem statt der Realisierung einer ›gesuchten Wissenschaft‹ im Rahmen einer Ersten Philosophie?

Auch wenn man akzeptiert, daß es sich in der 10-Bücher-Metaphysik nicht um die Realisierung einer Konzeption mit Lehrbuchcharakter, sondern um für Schul- und Unterrichtszwecke bestimmte, unterschiedliche Ausarbeitungen handelt, bleibt die Frage nach einer konzeptionellen Einheit, hier der Aufgaben und der (philosophischen) Funktion einer Ersten Philosophie berechtigt. Sie wird auch von Düring und der diesem folgenden neueren Aristoteles-Forschung immer wieder gestellt. Dabei gibt es zumindest zwei unterschiedliche Bestimmungen. In der Formulierung Flashars: »1. Die ›Erste Philosophie‹ ist die Wissenschaft von der übersinnlichen, prozeßfreien Seinssphäre. Ihr Objekt ist das ›Getrennte‹ (χωριστά), d. h. das dem Sein nach Selbständige, und das ›Unveränderliche‹ (ἀκίνητα). Indem ihr Gegenstand als erste Philosophie allen anderen Wissenschaften vorgeordnet ist, ist sie zugleich Theologie (*Met.* E1.1025b1–1026a23). – 2. Die Wissenschaft von den Gründen und Prinzipien des Seins beschäftigt sich nicht mit einem besonderen Seinsgebiet, sondern mit dem ›Seienden als solchen‹ (ὂν ᾗ ὄν) im Sinne einer universalen Ontologie, die die allgemeinsten Strukturmerkmale und Prinzipien von allem, was ist, untersucht (*Met.* Γ1).«[16] Nach Jaeger[17] handelt es sich hier um die Diskrepanz zwischen einer ersten ›theologisch-platonischen‹

16 Flashar 1983, 376.
17 Jaeger 1955, 233 ff.

und einer zweiten ›seinssystematischen‹ Konzeption, nach Düring[18] beim Begriff des ›Seienden als Seienden‹ bzw. als solchen (ὂν ᾗ ὂν) und dem Begriff einer ersten Substanz (πρώτη οὐσία) um synonyme Begriffe, unterschieden vom Begriff einer göttlichen Substanz, der allerdings ebenfalls Gegenstand einer Philosophie des Allgemeinen, damit auch einer Philosophie des ›Seienden als Seienden‹ sei. Richtig – und mit den Vorstellungen Dürings verträglich – dürfte hier noch immer die Erläuterung Patzigs sein, wonach für Aristoteles gar kein Widerspruch besteht »zwischen einer ›ersten Philosophie‹, die allgemeine Seinswissenschaft ist, und einer ›ersten Philosophie‹, die als Theologie nur die Substanz Gottes erforschte. Die erste Philosophie (...) ist eine Theologie von so besonderer Art, daß sie *als solche zugleich* allgemeine Ontologie sein kann«[19]. »Da Gott«, so die entsprechende Formulierung Flashars, »als unbewegter Beweger die erste Substanz und zugleich Seinsfundament aller anderen Substanzen ist, muß *Theologie zugleich allgemeine Ontologie* sein.«[20]

Im übrigen gibt Aristoteles selbst die zutreffende Antwort: Die (philosophische) Theologie ist universal, »weil sie die erste Philosophie ist«[21], gemeint ist, daß man »wenn man die ersten Substanzen, von denen alle anderen Entitäten abhängig sind, untersucht, implizit *alles*, was existiert, *qua* existierend untersucht«[22]. Tatsächlich klingt die Wendung ›Seiendes als Seiendes‹ bzw. die Aussage, es gäbe eine Wissenschaft, die das Seiende als Seiendes bzw. als solches betrachtet und das, was ihm an sich zukommt[23], geheimnisvoller (und spekulativer), als sie ist. Sie bezieht sich in erster Linie auf kein Seiendes eigener (hervorgehobener) Art, sondern auf Dinge allein

---

18 Düring 1966, 595f.
19 Patzig, 1960/61, 191 (Patzig 1996, III, 150).
20 Flashar 1983, 377.
21 *Met.* Δ1.1026a30–31.
22 Barnes 1982, 26 (Barnes 1992, 44).
23 *Met.* Δ3.1003a21-22.

unter dem Gesichtspunkt, daß es sie und wie es sie, unter grundsätzlichen Gesichtspunkten betrachtet, gibt.[24]

III. Erste Philosophie

Wo Aristoteles selbst den Begriff einer Ersten Philosophie verwendet, bezieht sich dieser in einem allgemeineren Sinne auf Untersuchungen, deren Erkenntnisinteresse über die Natur, damit auch über die Physik, hinausgeht, insofern sie nach Aristotelischer, später insbesondere von Thomas von Aquin ausgearbeiteter Terminologie eben mit dem Seienden als solchen in einer aller materiellen, damit auch aller disziplinären Wissensbildung vorgeordneten Weise befaßt sind. Die entsprechenden programmatischen Wendungen, auf den Untersuchungsgegenstand bezogen, lauten: die »ersten Prinzipien und Ursachen«[25], das »Seiende als Seiendes«[26] und, beide Wendungen zusammenziehend: die »ersten Ursachen des Seienden, insofern es seiend ist«[27]. Statt von ›Erster Philosophie‹ ist an anderer Stelle auch von ›theoretischer Einsicht‹ (σοφία)[28] die Rede oder von philosophischer ›Theologie‹, insofern ihr Gegenstand eben auch eine göttliche Substanz ist.[29]

Doch nicht nur um Ontologie im späteren Sinne geht es in einer Ersten Philosophie, sondern z. B. auch um die Klärung logischer Begrifflichkeiten (wie in Buch I) oder um die Formulierung und Diskussion formaler Rationalitätsbedingungen wie des Satzes vom (auszuschließenden) Widerspruch[30] (keine Aussage ist zugleich wahr und falsch), des Satzes vom

24 Barnes 1982, 25 (Barnes 1992, 42).
25 *Met*. A2.982b9.
26 *Met*. E1.1026a31.
27 *Met*. Γ1.1003a30–31.
28 *Eth. Nic.* Z7.1141a16 ff.
29 Vgl. *Met*. Λ8.1074a35–36.
30 *Met*. Γ3.1005b17–34.

ausgeschlossenen Dritten[31] (jede Aussage ist entweder wahr oder falsch) und des Satzes von der Endlichkeit von Begründungen[32], d. h. vom Ausschluß eines *regressus ad infinitum* in Begründungszusammenhängen. Doch dieser Aspekt einer Ersten Philosophie bleibt in der Tradition weitgehend unbeachtet. Diese definiert die Aristotelische Metaphysik als (allgemeine) Lehre vom Sein bzw. Seienden – nicht nur unter scholastischen Vorzeichen, sondern auch noch in der neueren Philosophie, etwa mit Heideggers unglücklicher Inanspruchnahme der Aristotelischen Metaphysikkonzeption für das Programm einer Fundamentalontologie, ausgehend von der Frage nach dem Sinn von Sein.[33] Von nun an gelten als die eigentlichen Themen der Metaphysik: Wesen und Sein (*essentia* und *existentia*), Form und Stoff, Möglichkeit und Wirklichkeit, Gott, Seele und Unsterblichkeit. Das sind – vielleicht mit Ausnahme der Unsterblichkeit – in der Tat Aristotelische Themen, Themen einer Ersten Philosophie oder Metaphysik, aber eben nicht nur und auch nicht im Sinne einer Seinswissenschaft (in Jaegerscher Diktion).

Aristoteles selbst legt Wert einerseits auf die Kontinuität mit seiner Physikkonzeption, andererseits auf einen fundamentalen Unterschied gegenüber dieser Konzeption. Die Kontinuität liegt in einer Form-Stoff-Konzeption, die in einem physikalischen Zusammenhang zur Charakterisierung von (physischen) Gegenständen durch Bestimmungen führt, die zum einen die Identität des Gegenstandes gewährleisten (der in der Physik zentrale Begriff der Veränderung setzt voraus, daß sich etwas nicht verändert, der ›Träger‹ von Veränderungen), zum anderen Ausdruck der Veränderung sind. Der fundamentale Unterschied besteht darin, daß (in den Grenzen einer Substanzkonzeption) von Prinzipien der Gegenstände, insofern diese bewegt sind, übergegangen wird zu Prinzipien

---

31 *Met*. Γ7.1011b23 ff.
32 *Met*. A2.994a3 ff.; vgl. *Met*. Γ4.1006a8 ff., *an. post*. A3.72b5 ff.
33 Heidegger 1977, 2 ff. Vgl. Mittelstraß 2000.

der Gegenstände, insofern diese sind bzw. zum Gegenstand einer philosophischen Analyse gemacht werden können. Dies führt zu der in diesem Kontext zentralen Frage, ob Stoff oder Form das Wesen (οὐσία) der Gegenstände ausmachen, bzw. zu der Frage ›was ist die Usia (eines Gegenstandes)‹? Diese Frage und ihre Beantwortung sollen im Folgenden, verbunden mit einer Explikation des Aristotelischen Begriffs der Ursache, ein wenig genauer und in einer exemplarischen, die Aristotelische Konzeption einer Metaphysik vor Augen führenden Weise dargestellt werden.

IV. Substanz und Ursache

Mit dem Begriff der Substanz betreten wir gewissermaßen den Innenhof der europäischen Metaphysik. Usia, Substanz, Wesen – wenn vom ›Wesen der Dinge‹ die Rede ist, schlägt nicht nur das Herz des Philosophen höher. Woran liegt das? Wohl daran, daß uns allen auf die eine oder andere Weise der Platonismus in den (philosophischen) Knochen steckt. Wir fühlen uns in der Welt auf der Suche nach Wissen und Erkenntnis, nach einem festen Stand in Orientierungsdingen nicht wohl und bezeichnen diese Welt abschätzig als die Welt der ›Erscheinungen‹. Ihre Eigenschaften sind Kontingenz, Instabilität, Vergänglichkeit und Täuschung. Hier ist der bedürftige Mensch, der sinnliche, abgelenkte, unruhige Blick zu Hause. Es ist dann wiederum der Blick des ›Geistes‹, der über diese Welt hinausgeht und irgendwo im Nicht-Sinnlichen, Stabilen, Unvergänglichen hängenbleibt: bei Ideen, Monaden, Dingen an sich, Substanzen. Der Philosoph wähnt sich zu Hause.

Für den sogenannten gesunden Menschenverstand, der gern im Gegensatz zum philosophischen Verstand gesehen wird, tut sich hier (mit den Worten Nietzsches) eine Hinterwelt, die Welt der Metaphysik, auf, ein Wolkenkuckucksheim, in das sich der Philosoph, immer ein wenig lebensunfähig, sehnt und flüchtet. Aber auch Kant vermerkt kritisch: »Die leichte Taube, indem sie im freien Fluge die Luft teilt, deren Widerstand sie fühlt, könnte die Vorstellung fassen, daß es ihr im luftleeren Raum noch viel besser gelingen werde. Eben so verließ Plato die Sinnenwelt, weil sie dem Verstande so enge Schranken setzt, und wagte sich jenseits derselben, auf den Flügeln der Ideen, in den leeren Raum des reinen Verstandes.«[34] Metaphysik also als Landnahme der Philosophie, weit draußen, wohin der wissenschaftliche Verstand, aus Einsicht, nicht reicht? Waren Platon und Aristoteles Tauben? Kant selbst scheint Sympathie für diese Art von Platonismus zu bekunden: »Plato bemerkte sehr wohl, daß unsere Erkenntniskraft ein weit höheres Bedürfnis fühle, als bloß Erscheinungen nach synthetischer Einheit buchstabieren, um sie als Erfahrung lesen zu können, und daß unsere Vernunft natürlicher Weise sich zu Erkenntnissen aufschwinge, die viel weiter gehen, als daß irgend ein Gegenstand, den Erfahrung geben kann, jemals mit ihnen kongruieren könne, die aber nichtsdestoweniger ihre Realität haben und keinesweges bloße Hirngespinste sind.«[35] Also: Sind Substanzen Hirngespinste? Sicher nicht so ohne weiteres und sicher nicht auf Kants (Rekonstruktions-)Wegen. Schließlich ist auch das, was man gelegentlich als Substanzenmetaphysik bezeichnet, Ausdruck eines philosophischen Willens, Klarheit zu schaffen, wo vorher Unklarheit war, mythische Orientierungen durch rationale Orientierungen zu ersetzen, rationale Forschung zu etablieren. Und ebendies ist auch die Aristotelische Intention, die sich mit dem Substanzbegriff verbindet.

Dinge sind – und dies ist der Ausgangspunkt der Aristotelischen Substanzanalyse, die im Sinne des zuvor erwähnten Kontinuitätsgesichtspunktes die Aristotelische Metaphysik mit der Aristotelischen Physik verbindet – durch Stoff und Form bestimmt. Ein Ding besteht z. B. aus Bronze und ist eine

34 Kant, *Kritik der reinen Vernunft* B 9f.
35 Kant, *Kritik der reinen Vernunft* B 371.

Statue. Dabei ist die Usia (οὐσία), die Substanz, nach der nunmehr gefragt wird, weder der Stoff noch die Form allein. Der Stoff ist, in der Aristotelischen Terminologie, bloße Dynamis, die gegebene Möglichkeit, etwas (Bestimmtes) zu werden (im Beispiel Bronze, die zur Statue wird); die Form hingegen drückt den Begriff eines Gegenstandes aus, unter den dieser fällt (im Beispiel Statue zu sein), damit etwas ›Allgemeines‹, das ›für sich selbst‹ nicht existieren kann. Die Usia, die Substanz, ist in diesem Sinne ein σύνθετον, ein aus Stoff und Form ›Zusammengesetztes‹ – wie es ein wenig mißverständlich, weil Stoff und Form ja nicht je für sich existieren können, heißt –, oder ein konkretes Dies-da (τόδε τι). Mit anderen Worten, nach Aristoteles sind Substanzen nicht ausgelagerte Naturen der Dinge, wie kritisch gegenüber der Platonischen Ideenlehre vermerkt wird[36], sondern diese selbst. Die Substanzen – Platons Ideen – kehren in die Dinge zurück.

In der Aristotelischen Metaphysik geschieht dies in zweierlei Weise, nämlich im Rahmen des sogenannten Substanz-Akzidenz-Schemas und im Rahmen einer logischen Analyse. Das Substanz-Akzidenz-Schema besagt, daß die Substanz definiert wird als Trägerin von Eigenschaften (›eine Rose ist rot‹) und als Trägerin von Erscheinungen (›die Marsbahn ist ungleichförmig‹). In beiden Fällen soll das Wissen von den Gegenständen über eine Analyse ›zufälliger‹ (akzidenteller) Bestimmungen hinaus auf ›wesentliche‹ (substantielle) Bestimmungen führen. Diese Unterscheidung wiederum hat sowohl einen logischen als auch einen ontologischen Status, je nachdem, ob man dabei Unterscheidungen wie die zwischen zur Definition eines Gegenstandes gehörigen Bestimmungen und anderen im Auge hat, oder ob man das Zukommen von Bestimmungen im Sinne von Eigenschaften realistisch als ein Enthaltensein (einer Eigenschaft in einer Substanz) interpretiert.

Logisch im strikten Sinne wird die Usia, die Substanz defi-

---

36 *Met*. A9.991b2–3.

niert über die Analyse spezieller Subjektbegriffe, die ihrerseits nicht als Prädikatbegriffe auftreten können[37]: Usia ist das, »was selbst nicht von einem Substrat, sondern von dem alles übrige ausgesagt wird«[38] (Substrat [ὑποκείμενον] hier im Sinne eines logischen Subjekts). Dies wiederum erlaubt dann die Deutung von Usia im Sinne einer Zuweisung von Trägereigenschaften (›Sokrates ist weise‹ als ›Sokrates ist Träger der Eigenschaft Weisheit‹). Diese doppelte Bedeutung bleibt über Boethius mit der Unterscheidung zwischen einer ersten und einer zweiten Substanz[39] in der Metaphysiktradition bewahrt. Demnach ist die *erste Usia* der Gegenstand selbst, mitsamt seinen akzidentellen Bestimmungen – dies wäre die primäre Bedeutung von Usia –, die *zweite Usia* der einen Gegenstand definierende Begriff (sein ›Wesen‹). Für diesen Begriff verwendet Aristoteles eine eigentümliche (schwer übersetzbare) Formel: τὸ τί ἦν εἶναι (›was es heißt, dies zu sein‹), an der sich vor allem die neuere Aristoteles-Forschung festgebissen hat.[40] Es ist »für jedes Einzelne das (...), als was es an sich ausgesagt wird. Denn das Du-sein ist nicht das Musisch-sein. Denn du bist nicht musisch, insofern du bist; was du also bist, insofern du du bist, das ist dein Was-es-ist-dies-zu-sein«[41], gemeint ist der *charakteristische Begriff* eines Gegenstandes, aristotelisch formuliert das, wodurch etwas (auf begrifflicher Ebene) ist, was es ist.

Weitere Bestimmungen des Begriffs der Substanz erfolgen dann über das Begriffspaar δύναμις (›Möglichkeit‹) und ἐνέργεια (›Wirklichkeit‹), mit dem zum Ausdruck gebracht

---

37 *Cat.* 5.2a11–13.

38 *Met.* Z3.1029a8–9 (Übersetzung nach Schwarz 1974, 167).

39 Vgl. *Cat.* 5.2a11–19.

40 Vgl. Weidemann 1996, 78. Ich folge hier – gegen die Vorstellung, es handle sich in der Formel τὸ τί ἦν εἶναι um ein »absolut gebrauchtes, existentielles *einai*« – der sachlich überzeugenden Interpretation von Frede und Patzig 1988, II, 34f., vgl. I, 19.

41 *Met.* Z4.1029b13–16 (Schwarz 1974, 169).

28

werden soll, daß die Dinge werden, was sie sind. Dynamis ist hier verstanden einerseits als das Vermögen, Veränderungen (eines anderen Gegenstandes) herbeizuführen, andererseits als das Vermögen, selbst Gegenstand von Veränderungen zu sein[42], Energeia als die verwirklichte Bestimmung, z. B. die fertige Statue, wobei Wirklichkeit hier das erreichte Telos eines Gegenstandes besagt: »Ziel (τέλος) ist die Form (μορφή), vollendet ist das, was sein Ziel erreicht hat.«[43]

Damit dürfte, selbst in dieser äußerst knappen Darstellung der Aristotelischen Substanzkonzeption, deutlich geworden sein, daß diese Konzeption im wesentlichen die Frage nach der *Einheit eines Gegenstandes* vor dem Hintergrund einer Mannigfaltigkeit von (aspekthaften) Bestimmungen zu beantworten sucht. Konsequenterweise steht dabei auch hier – wie so oft in den Aristotelischen Analysen – der Aufweis unterschiedlicher sprachlicher (begrifflicher) Aspekte im Vordergrund.[44] Ziel ist nicht die Festlegung auf eine einzige Bedeutung – für Aristoteles wäre etwa die ›platonische‹ Festlegung der Bedeutung von Usia auf die Form (die ›Idee‹) eines Gegenstandes eine erschlichene spekulative Einheit –, sondern Unterscheidungsklarheit, d. h. begriffliche Klarheit. Metaphysik, deren Teil die Substanzanalyse ist, ist denn auch im Aristotelischen Sinne kein hinterwäldlerisches Reich von spekulativen Abstraktionen, sondern die Bemühung, das scheinbar Einfache, hier die Rede von Gegenständen, klar zu machen. Daß dabei gerade das Vertraute, Alltägliche, vermeintlich Selbstverständliche und Einfache das Erklärungsbedürftige – und insofern auch der eigentliche Gegenstand der Philosophie – ist, darf denn auch als eine wesentliche Einsicht des Aristoteles, exemplarisch vorgeführt in seiner Metaphysik, d. h. der Konzeption einer Ersten Philosophie, gelten.

Dies läßt sich auch so ausdrücken, daß wir, wenn wir über

42 *Met.* Δ12.1020a2–3.
43 *Met.* Δ24.1023a34.
44 Vgl. *Met.* Δ8.1017b10 ff.

die Dinge reden, wir über *Gesichtspunkte* reden, unter denen wir die Dinge sehen und begreifen bzw. unter denen wir sie erforschen. Substanz, Stoff und Form, aber auch Wirklichkeit und Möglichkeit (Dynamis und Energeia) sind solche Gesichtspunkte, nichts, was in irgendeinem Sinne selbst konkret wäre, auch wenn es gerade diese (und andere) Gesichtspunkte sind, unter denen wir Konkretes erfassen und begreifen. Unter Konstitutionsgesichtspunkten bedeutet dies im übrigen, daß die Dinge nach Aristoteles ein *begriffliches Wesen* besitzen.[45] Für Aristoteles wären die Annahme und der Versuch naiv, über die Dinge lasse sich so reden, wie sie (auch ohne eine derartige sprachliche bzw. begriffliche Form) sind. Sie sind vielmehr – so die frühe Aristotelische Einsicht – niemals unterscheidungsfrei (begriffsfrei) gegeben. Sie sind vielmehr so, wie wir über sie reden bzw. wie wir sie mit unseren begrifflichen Mitteln beschreiben und darstellen. Dabei kontrollieren sich die Dinge und ihre begriffliche Darstellung gegenseitig. Unterscheidungen können sich als zweckmäßig oder unzweckmäßig erweisen, in diesem Sinne auch als zutreffend oder nicht zutreffend, allerdings niemals in der Weise, daß wir imstande wären zu sagen, wie sie ohne diese Unterscheidungen sind. Dies wäre schon nach Aristoteles ein völlig untauglicher Versuch.

Neben den hier im Rahmen der Substanzanalyse erläuterten Begriffen kommt dies insbesondere in der Aristotelischen *Ursachenlehre* zum Ausdruck, in der uns auch die Form-Stoff-Unterscheidung wieder begegnet. Tatsächlich ist der Begriff der Ursache (αἰτία, αἴτιον) in der Aristotelischen Rekonstruktion der philosophischen Theoriebildung (bei den Vorsokratikern und bei Platon) aufs engste mit dem Begriff der Substanz (οὐσία) verbunden. Diese Verbindung läuft über den Begriff der ἀρχή (Ursprung, Prinzip). Die Arche, d. h. »das erste, von dem aus etwas wird«[46], ist auch die Ursache, der Grund dafür,

45 Owen 1961.
46 Vgl. *Met.* Δ1.1012b34 ff.

warum etwas so ist, wie es (geworden) ist, d. h. das, »ohne das das Folgende nicht sein kann«[47]. Diese Ursache wird nach Aristoteles bei den Vorsokratikern vorschnell mit dem Stoff, aus dem die Dinge sind, bei Platon uneinsichtig mit den Ideen, als den ausgelagerten Naturen der Dinge, identifiziert.

Auffallend ist nun, daß Aristoteles mehrere Ursachenbegriffe kennt, meist in Form einer sogenannten Vier-Ursachen-Lehre zusammengefaßt.[48] Demnach ist Ursache »das, woraus etwas entsteht«[49], »die Form (εἶδος) oder das Urbild (παράδειγμα)«[50], »der Anfang (ἀρχή) einer Veränderung (μεταβολή)«[51] und »das Ziel (τέλος) oder das Weswegen (τὸ οὗ ἕνεκα)«[52]. Nach moderner, schon frühneuzeitlicher Auffassung würde nur die dritte Bedeutung (›der Anfang einer Veränderung‹) eine Ursache im engeren Sinne darstellen. Tatsächlich richtet sich die neuzeitliche Kritik an der Aristotelischen Physik und Metaphysik wesentlich gegen den hier geltend gemachten ganz anderen Ursachenbegriff, vor allem gegen die Einbeziehung eines Telos-Begriffs. Was, aus neuzeitlicher Sicht, als gegen die Aristotelische Metaphysik erzwungene Verwissenschaftlichung erscheint, stellt nun aber aus Aristotelischer Sicht gerade eine Verarmung der Verständnisbildung und der Forschung dar. Der Grund wurde bereits im Zusammenhang mit dem Aristotelischen Substanzbegriff genannt. Er liegt, wie insbesondere von Wieland in seiner großen Arbeit über die Aristotelische Physik herausgearbeitet[53], in der perspektivischen Weise allen Erklärens und Begreifens.

So ist nach Aristoteles Physik in erster Linie *Prinzipienanalyse*, d. h., die Physik – und hier setzt die Aristotelische Ur-

47 Vgl. *Met*. Δ2.1013a24 ff.
48 *Phys*. B3.194b23ff.; *Met*. A3.983a24–32.
49 *Phys*. B3.194b24–25.
50 *Phys*. B3.194b26–29.
51 *Phys*. B3.194b29–31.
52 *Phys*. B3.194b32–33.
53 Wieland 1970.

sachenanalyse an – stellt Gesichtspunkte bei, unter denen natürliche Phänomene (Vorgänge, Zustände, Ereignisse) betrachtet, beschrieben und erklärt werden. Damit verlagert Aristoteles das Problem physikalischen Erklärens und Wissens von einer Objektebene (›welches sind die Prinzipien der Dinge?‹) auf eine Art Metaebene (›unter welchen Gesichtspunkten erforschen und erklären wir die Dinge?‹). Ansatzpunkt sind in diesem Falle *forschende Fragen*, vor allem Warum-Fragen. Warum-Fragen bzw. Fragen des Typs ›was ist der Fall?‹ und ›warum ist etwas der Fall?‹ lassen sich wiederum nach Aristoteles in vierfacher Weise stellen, deren Antworten in Aristotelischer Terminologie Ursachen bzw. Prinzipien benennen: (1) ›woraus ist etwas?‹, (2) ›was ist etwas?‹, (3) ›wodurch wird etwas bewirkt?‹ und (4) ›wozu dient etwas?‹. Die Antworten führen auf die Begriffe des Stoffes (als *causa materialis*), der Form (als *causa formalis*), der Wirkursache (als *causa efficiens*) und des Zieles bzw. Zweckes (als *causa finalis*). Nach Aristoteles ist eine Analyse – in Form der Forschung über Dinge und Sachverhalte – unvollständig, insofern aber auch deren Erklärung und deren Begreifen, wenn nicht alle genannten Fragen beantwortet sind. Andererseits wird eine Vollständigkeit dieser Fragen nicht beansprucht; auch müssen nach Aristoteles nicht immer alle vier Gesichtspunkte herangezogen werden. Zum Beispiel genügen in einigen Fällen auch die Gesichtspunkte (Prinzipien) des Stoffes und der Form für eine gewünschte Erklärung.

Damit tritt in der Aristotelischen Metaphysik, im Sinne einer Ersten Philosophie, die auch die Prinzipien disziplinärer Forschung, hier der Physik, zu erörtern hat, neben den aspekthaften Charakter des Begriffs der Wissensbildung der Gesichtspunkt von Ad-hoc-Unterscheidungen. Beides hängt systematisch eng miteinander zusammen. Wenn nämlich das Wissen von den Dingen stets ein aspekthaftes Wissen ist, d. h. abhängig von Gesichtspunkten, von denen sich die Wissensbildung, die Erforschung der Dinge, leiten läßt, dann ist es in einem bestimmten Sinne auch nie vollständig, dann besitzen auch die Gesichtspunkte selbst einen gewissen Ad-hoc-Charakter. Sie müssen deshalb nicht willkürlich sein. Es ist vielmehr gerade die Stärke der Aristotelischen Analyse und der sie begleitenden Prinzipienreflexion, daß sie zeigt, welche Gesichtspunkte *notwendig* (notwendig für das Gelingen der Wissensbildung) sind – und *üblich* (üblich im Sinne einer gelingenden theoretischen und Erfahrungspraxis). Nach Aristoteles ist dies eine wesentliche Aufgabe und eine wesentliche Leistung einer Ersten Philosophie oder Metaphysik, die auch insofern nicht hinter die Dinge zu sehen sucht, sondern ›beschreibt‹, wie die Dinge in Wissensbildungsprozessen sind. Der Aristotelische Substanzbegriff und der Aristotelische Ursachenbegriff sind wesentliche Elemente dieser Konzeption, die sich insofern nun aber auch als eine ganz andere herausstellt, als es die in eine ›Seinswissenschaft‹ verliebte klassische Metaphysiktradition (bis heute) gern erscheinen läßt. Die Aristotelische Metaphysik muß eben gelegentlich auch gegenüber ihren Bewunderern und Anhängern in (systematischen) Schutz genommen werden.

Schlußbemerkungen

Mit der Explikation des Begriffs und der Aufgaben einer Ersten Philosophie und der exemplarischen Darstellung der Substanz- und Ursachenanalyse im Rahmen einer Ersten Philosophie, verbunden mit weit reichenden erkenntnistheoretischen und methodologischen Betrachtungen, ist der philosophische Reichtum der Aristotelischen Metaphysik bei weitem nicht ausgeschöpft. So fehlt z. B. die Darstellung unterschiedlicher Stufen des Wissens, die gleich zu Beginn des Buches A der Begründung des Ausgangssatzes, daß alle Menschen von Natur aus nach Wissen streben, dient.[54] In knapper und präziser Weise wird hier im Sinne eines systematischen Aufbaus ein

---

54 *Met*. A1.980a21–982a3.

(elementares) Wahrnehmungswissen als (begriffliches) Unterscheidungswissen, ein Erfahrungswissen als erfahrungsstabilisiertes Unterscheidungswissen, ein Techne-Wissen (im Sinne der artes) als begründungsstabilisiertes Erfahrungswissen und ein Theoria-Wissen als reines Begründungswissen bestimmt, wobei diesem Aufbau sowohl ein erkenntnistheoretisch-methodologischer Status als auch ein anthropologischer Status zukommt. In ihm bringt sich die Vernunftnatur des Menschen zur Geltung.

Unter erkenntnistheoretischen und methodologischen Gesichtspunkten ergänzt Aristoteles hier das Platonische *Konstruktionsmodell* des Wissens (Wissen in Form einer nicht-empirischen Theoriebildung) um ein *Rekonstruktionsmodell*: Wissensbildungsprozesse werden in Form einer Rekonstruktion von Erfahrungsstrukturen und deren Ausarbeitung in Theoriestrukturen beschrieben. Daß es sich hier im systematischen Sinne tatsächlich um eine Ergänzung, nicht um eine konzeptionelle Alternative handelt, haben der Aristotelismus in seinen unterschiedlichen historischen Formen und die Aristoteles-Forschung bisher übersehen. Während Platon die Wissensbildung im Aspekt der *Darstellung* betont (Platonische Theoria), arbeitet Aristoteles die Wissensbildung im Aspekt der *Forschung* aus (Aristotelische Empeiria).[55] Wissenschaft aber ist, auch heute, stets beides: Darstellung (Theorie) und Forschung.[56]

Es fehlt ferner eine Darstellung der großartigen Konzeption eines *unbewegten Bewegers* bzw. eines *unbewegt Bewegenden* im Buch Λ der »Metaphysik«, mit der Aristoteles einerseits, vor dem Hintergrund einer frühen, den Begriff einer göttlichen Substanz einschließenden Form seiner Substanzanalyse, ein kosmologisches Problem zu lösen sucht, nämlich das Problem eines Anfangs der Bewegung bzw., methodologisch formuliert, das Problem der Endlichkeit der Bewegungsursa-

55 Mittelstraß 1985, 199 ff.
56 Zu dieser Unterscheidung vgl. Lorenz 1979.

che, andererseits einen Theoriebegriff entwickelt, der eine nahezu Hegelsche Diktion aufweist: Der unbewegte Beweger verwandelt sich in die Theorie (als ›erstes Bewegendes‹) und in die Vernunft (νοῦς), die sich selbst denkt.[57] Die Verwirklichung der Vernunft wiederum ist, so Aristoteles, reines Leben, theoretische Lebensform. Kann – so muß man sich angesichts der üblichen Charakterisierung des Aristoteles als Empirikers fragen – eine Vorstellung der Wirksamkeit von Theorie und Vernunft idealistischer sein als diese?

Es fehlen schließlich auch noch nähere Hinweise auf die außerordentlich anspruchsvolle Auseinandersetzung mit der Ideenzahlenlehre, der Spätform der Platonischen Ideenlehre, in den Büchern M und N, die unter anderem eine wesentliche Quelle für die Entwicklung der theoretischen Philosophie in der Platonischen Akademie darstellt, und die erwähnte Konzeption formaler Rationalitätsbedingungen, die den systematischen Bogen zu der in den »Zweiten Analytiken« ausgearbeiteten Aristotelischen Wissenschaftstheorie schlägt. Erste Philosophie, Metaphysik – das ist eben im Aristotelischen Sinne (um auch dies zum Schluß noch einmal zu unterstreichen) nicht nur Ontologie im traditionellen, sich immer wieder auf Aristoteles berufenden Sinne, sondern auch Erkenntnis- und Wissenschaftstheorie auf einem für das griechische Denken, aber auch für die weitere philosophische und wissenschaftliche Entwicklung beispiellosen theoretischen Niveau. Whiteheads bekanntes Diktum, wonach die philosophische Tradition aus einer Reihe von Fußnoten zu Platon besteht[58], bedarf der Ergänzung: Sie besteht ebenso aus einer Reihe von Kommentaren zu Aristoteles – systematisch unterschiedlicher Qualität (wie das in der Philosophie nun einmal so ist).

57 *Met.* Λ7.1072b19–20. Vgl. zur systematischen Einheit von Erster Philosophie und ›Theologie‹ Flashar 1983, 378f., Patzig 1960/61, 191.
58 Whitehead 1978, 39.

Literatur

Aphrodisias, A. (1891). In: *Aristotelis Metaphysica commentaria*. Hg. von M. Hayduck. Berlin.

Barnes, J. (1982): *Aristotle*. Oxford. (dt. *Aristoteles. Eine Einführung*. Stuttgart 1992.)

Dirlmeier, F. (1950): »Aristoteles«. *Jahrbuch für das Bistum Mainz* 5 (1950), 161–171.

Dirlmeier, F. (1970): *Ausgewählte Schriften zu Dichtung und Philosophie der Griechen*. Hg. von H. Görgemanns. Heidelberg, 129–136.

Düring, I. (1966): *Aristoteles. Darstellung und Interpretation seines Denkens*. Heidelberg.

Düring, I. (1968): »Aristoteles«. *Paulys Realencyclopädie der classischen Altertumswissenschaft*. Stuttgart. Suppl.-Bd. XI, 159 bis 336.

Flashar, H. (1983): »Aristoteles«. *Die Philosophie der Antike III (Ältere Akademie-Aristoteles-Peripatos)*. Hg. von H. Flashar. Basel/Stuttgart, 175–457.

Frede, M./Patzig, G. (1988): *Aristoteles ›Metaphysik Z‹*. München.

Goethe, J. W. von (1999): »Materialien zur Geschichte der Farbenlehre«. *Goethes Werke*. Hamburger Ausgabe I–XIV. Hg. von E. Trunz. Hamburg 1948–1960, München [10]1999, Bd. XIV.

Hegel, G. W. F. (1969–1979): »Vorlesungen über die Geschichte der Philosophie«. *Werke*. Hg. von E. Moldenhauer u. K. M. Michel. Frankfurt a. M., Bd. XVIII–XX.

Heidegger, M. (1977): *Sein und Zeit*. Halle 1927, Tübingen [14]1977.

Jaeger, W. (1912): *Studien zur Entstehungsgeschichte der Metaphysik des Aristoteles*. Berlin.

Jaeger, W. (1955): *Aristoteles. Grundlegung einer Geschichte seiner Entwicklung*. Berlin 1923, [2]1955.

Kant, I. (1894): *Vorlesungen Kants über Metaphysik aus drei Semestern*. Hg. von M. Heinze. Leipzig.

Kant, I. (1781/1787): *Kritik der reinen Vernunft*. Hg. von J. Timmermann. Hamburg 1998.

Lorenz, K. (1979): »The Concept of Science. Some Remarks on the Methodological Issue ›Construction‹ versus ›Description‹ in the Philosophy of Science«. *Transcendental Arguments and Science*. Hg. von P. Bieri u. a. Dordrecht, 177–190.

Mittelstraß, J. (1985): »Griechische Bausteine der neuzeitlichen Rationalität«. *Antike in der Moderne.* Hg. von W. Schuller. Konstanz, 195–209.

Mittelstraß, J. (2000): »Martin Heidegger. Diesseits und jenseits von Sein und Zeit (1927)«. *Jahrhundertbücher. Große Theorien von Freud bis Luhmann.* Hg. von W. Erhart u. H. Jaumann. München, 107–127 (Anm. 440–442).

Owen, G. E. L. (1961): »Τιθέναι τὰ φαινόμενα«. *Aristote et les problèmes de méthode. Communications présentées au Symposium Aristotelicum tenu à Louvain du 24 août au 1er septembre 1960.* Louvain/Paris, 83–103.

Patzig, G. (1960/61): »Theologie und Ontologie in der ›Metaphysik‹ des Aristoteles«. *Kant-Studien* 52 (1960/61), 185–205 (auch in G. Patzig (1996): *Gesammelte Schriften.* Göttingen, Bd. III).

Ryle, G. (1967): »Plato«. *The Encyclopedia of Philosophy.* Hg. von P. Edwards. New York/London, Bd. VI, 312–333.

Schwarz, F. F. (1974): *Metaphysik. Schriften zur Ersten Philosophie.* Stuttgart.

Simplikios (1882). In: *Aristotelis Physicorum (…) commentaria.* Hg. von H. Diels. Berlin.

Weidemann, H. (1996): »Zum Begriff des ti ên einai und zum Verständnis von Met. Z4,1029b22–1030a6«. *Aristoteles, Metaphysik. Die Substanzbücher (Z, H, Θ).* (Klassiker auslegen 4). Hg. von C. Rapp. Berlin, 75–103.

Whitehead, A. N. (1978): *Process and Reality. An Essay in Cosmology.* (1929). New York 1978.

Wieland, W. (1970): *Die aristotelische Physik.* Untersuchungen über die Grundlegung der Naturwissenschaft und die sprachlichen Bedingungen der Prinzipienforschung bei Aristoteles. Göttingen 1962, ²1970.

WOLFGANG KERSTING

Aristoteles: *Nikomachische Ethik*

I. Platon und Aristoteles

Immer wenn Platon die Stellung des Philosophen in der Welt thematisiert, geht er von einer spannungsvollen Entgegensetzung von Philosophie und Politik aus. Unaufhebbar ist der Gegensatz zwischen beiden: Der Politiker verlacht, was der Philosoph ersinnt und vorschlägt; der Philosoph verachtet, was der Politiker sagt und tut. In der politischen wie in der philosophischen Normalerfahrung kommen Einsicht und Macht nie zusammen; immer steht ohnmächtige Einsicht uneinsichtiger Macht gegenüber. Die Welt scheint so geartet, daß die Machtergreifung der Einsicht und die Einsichtsgewinnung der Macht ein *anthropologisches Paradoxon* ist. Genau dieses Paradoxon stellt Platon in das Zentrum seiner politischen Philosophie. Es wird in der *Politeia* systematisch entfaltet. In heillosen, wahrheitsfernen und sittlich verderbten Zeiten – und wann hat es je andere gegeben? – kann allein der Philosophenkönig Rettung bringen. Daher, so heißt es im berühmten *Siebten Brief*, den Platon zwanzig Jahre nach Abfassung der *Politeia* geschrieben hat, »kann die Menschheit nicht von ihrem Elend erlöst werden, bis entweder die Gemeinschaft der wahren und echten Philosophen zur Herrschaft im Gemeinwesen gelangt oder bis die Machthaber im Staate durch göttliche Fügung wahrhaft zu philosophieren sich entschließen«[1].

Philosophen sind darum zur Herrschaft berufen, weil sie über ein Wissen verfügen, das anderen verschlossen ist. Philosophen sind kognitiv privilegiert, denn sie haben Zugang zu dem unveränderlich Wahren, Guten und Schönen. Sie sind im

---

1 *Epistole* Z 326b.

Allgemeinen zu Hause und haben sich jenseits der Erfahrungswelt zu Experten des Objektiven und zeitlos Gültigen entwickelt. Sie können darum die Pluralität subjektiv eingefärbter und kulturell codierter Gerechtigkeitskonzepte, Schönheitsvorstellungen, Wahrheitsverständnisse und Tugendüberzeugungen zugunsten einer objektiven, einheitlichen, sich selbst als wahr und gültig ausweisenden Erkenntnis der Natur des Guten und Wahren überwinden und die gesellschaftlichen Auslegungskontroversen und Interpretationsstreitigkeiten über die Bedeutung der für jeden einzelnen Menschen wie für das menschliche Zusammenleben wichtigen Ordnungs- und Orientierungsbegriffe durch die Autorität des Wissens befrieden. Dieses Wissen entsteht nicht aus dem Wettbewerb der Meinungen. Dieses Wissen kommt von außen; es ist fremdes Wissen; seine überragende epistemische Qualität muß daher auch dem nichtphilosophischen Teil der Bürgerschaft verschlossen bleiben. Diesen vielen bleibt nur, Besonnenheit zu üben, und das bedeutet: der Vernunft der Philosophen zu vertrauen und sich mit einer Lebensordnung abzufinden, deren Gründe sie nicht einzusehen vermögen.[2]

Eine überaus wirkungsvolle philosophiegeschichtliche Inszenierung hat dafür gesorgt, daß dieser zumutungsreichen Konzeption sofort widersprochen wurde. Aristoteles, der sich mit siebzehn Jahren in die Akademie Platons eingeschrieben hatte und dort zwanzig Jahre lang, bis zu Platons Tod im Jahre 347 v. Chr., verweilte, entwickelt in seinen ethischen und politischen Schriften ein gänzlich anderes, teilweise sogar gegensätzliches Philosophieverständnis. Die dabei zutage tretende philosophische, aber auch politisch-ethische Differenz ist systematisch und methodologisch so weitreichend, daß ihr oft ein exklusiv-paradigmatischer Zuschnitt gegeben wird. Philosophen, so sagt man, sind entweder Platoniker oder Aristoteliker, philosophieren entweder erfahrungsflüchtig oder

2 Zum Verhältnis von Philosophie und Politik bei Platon vgl. Kersting 1999.

erfahrungsgeleitet, sind entweder Nomotheten des Apriori-schen, die sich von einem Archimedischen Punkt her der Realität mit Ideen, Prinzipien, Konstruktionen nähern, um sie zu geschichtsloser, ewiggültiger Vernunft zu bringen, oder Hermeneutiker, Komplizen des Bestehenden, die an Vorgegebenes anknüpfen, mit der Realität zusammenarbeiten und ihr zu einem besseren Verständnis ihrer selbst verhelfen. Der aristotelische Philosoph ist kein Philosophenkönig, sondern ein Bürgerphilosoph, der mit den Bürgern philosophiert, um sie zu besseren Bürgern zu machen. Sein Lebensraum ist die gesellschaftlich-sittliche Normalität, nicht, wie bei Platon, die politisch-ethische Krise, die nach einem radikalen Neuanfang, nach einer revolutionären Umorientierung verlangt. Der bürgerphilosophisch angeleitete Prozeß der ethischen Besserung muß sich auf die Lebenserfahrung der Bürger stützen, setzt als unerläßliche Gelingensbedingung ein gewisses Maß an charakterlicher Reife voraus. Daher ist der ethische Vortrag des Philosophen nur an die politisch erfahrenen Bürger gerichtet, die aus eigenem Erleben wissen, worum es geht, die darum auch aus dem Vortrag Gewinn ziehen und ihre individuelle Lebensführung und politische Praxis verbessern können. Lebensunerfahrene junge Leute mögen Mathematik und Logik treiben, aber für Ethik und Politik sind sie noch nicht reif. Weil sie ungefestigt sind, ihren Affekten und Leidenschaften ohne Gegenwehr ausgeliefert, vermag der ethische Vortrag in ihnen nichts zu bewirken. Es hat noch keine sonderliche ethische Formierung stattgefunden, die der philosophische Vortrag voraussetzen muß, da er sie selbst nicht erzeugen kann, weil sie nur durch praktische Übung und Gewöhnung erreicht wird. Daß man auf die Idee kommen kann, Ethik als Schulfach einzuführen, hätte Aristoteles also sicherlich befremdet. Andererseits hat aber auch das, was in unseren einschlägigen Ethik-Lehrplänen steht – wie wir noch sehen werden –, nichts mit dem zu tun, was Aristoteles in der *Nikomachischen Ethik* vorträgt.

II. Theorie und Praxis

Die Besonderheit des ethischen Vortrags erfordert nicht nur ein bestimmtes Auditorium; sie hat auch methodische Auswirkungen. Ethische Gegenstände müssen anders behandelt werden als theoretische Gegenstände, denn das Wissen, das von ethischen Gegenständen erreicht werden kann, ist von anderer Art als das Wissen, das von theoretischen Gegenständen erreicht werden kann. Platon war da ganz anderer Meinung. Nicht nur war für ihn die Abstraktionsschule der Mathematik ein unerläßliches Propädeutikum für Dialektik und Eidetik; auch unterschied sich die Erkenntnis der Idee des Guten, Zentralsonne des Ideenreiches und der Menschenwelt zugleich, grundsätzlich nicht von der Erfassung der theoretischen, nicht auf Praxis ausgelegten Ideen. Diesen epistemologischen und methodologischen Monismus kündigt Aristoteles auf. Indem er dem Bereich der Praxis eine eigentümliche Erkenntnisweise und Darstellungsweise zuordnet, wird er zum Begründer einer Praktischen Philosophie, die Praxis nicht als Anwendungsfeld theoretischen, sei es empirischen, sei es nichtempirischen, Wissens versteht, sondern als genuinen Seinsbereich, der nach besonderer, auf seine Natur zugeschnittener, spezifisch praktischer Erkenntnis verlangt.

Die Ethik beschäftigt sich mit den *anthropina*, den menschlichen Angelegenheiten. Menschliche Angelegenheiten sind vielförmig und veränderlich; sie bilden neben den unveränderlichen Seinsgesetzen und den gesetzlichen Regelmäßigkeiten der empirischen Natur einen eigenständigen Seinsbereich. Menschliche Angelegenheiten sind die Dinge, über die wir verfügen, die in unserer Gewalt sind, deren Vorbereitung uns zu praktischen Überlegungen veranlaßt und deren Qualität wir bewerten, mit Lob oder Tadel belegen. In unserer Macht ist aber ausschließlich unser Handeln. Jedoch bedeutet diese praktische Selbstmächtigkeit des Menschen nicht, daß er seine Praxis theoretisch vollständig durchdringen könnte. Denn Handeln ist stets konkret, findet immer in Situationen statt; sein Erfolg ist vom Zusammenwirken vielfältiger Gelingensbedingungen abhängig, setzt darum auch eine spezifische Kompetenz voraus, die nicht in theoretisch beherrschbare Anwendungstechnik aufgelöst werden könnte. Gelingendes Handeln setzt Situationswahrnehmung und soziale Kompetenz voraus, verlangt Kontextsensitivität, Urteilskraft und Zeitgespür. Was in der einen Situation richtig ist, kann in einer anderen eine kleine soziale Katastrophe heraufbeschwören; was dem einen gegenüber angemessen ist, ist einem anderen gegenüber unangebracht; und wenn man den richtigen Zeitpunkt verpaßt, kann man ohnehin nur noch alles falsch machen.

Dem muß Ethik Rechnung tragen. Sie darf sich nicht an den Exaktheitsmaßstäben der deduktiven Wissenschaften orientieren, muß davon absehen, eine vollständige Klassifikation ihrer Gegenstände zu erreichen. Sie muß sich damit zufriedengeben, von ihren Gegenständen einen groben Umriß zu geben. Sie kann nicht mehr bieten als eine generelle Andeutung des Richtigen, das situationssicher zu bestimmen dann dem Handelnden obliegt, der, wie Aristoteles sagt, »jeweils auf sich selbst gestellt ist und sich nach den Erfordernissen des Augenblicks richten muß« (NE 1104 a 5-10). Gerade weil sich das Handeln aufgrund seiner Situativität der Theoretisierung entzieht, bedarf der Ethiker des Beistandes der Lebenserfahrung. Das weiß auch der geschulte Hörer. Er wird von dem vortragenden Ethiker keine deduktiven Wissenschaften eigene Genauigkeit, keine Klarheit stiftenden Grenzziehungen verlangen, da all dies von der Beschaffenheit des Gegenstandes nicht zugelassen wird. Die Natur des Gegenstandes bestimmt die ihm angemessene Methode, bestimmt das Maß an Klarheit und Genauigkeit, das erwartet werden darf. Und die Natur der Praxis ist eben so, daß man nur in Skizzen und groben Umrissen von ihr reden kann. Das meint freilich nicht, daß die Ethik eine inferiore Wissenschaft wäre. Praktische Philosophie ist nicht weniger Wissenschaft als theoretische

Philosophie; praktische Philosophie ist eine andere Wissenschaft als theoretische Philosophie.

Diese wichtige Trennung zwischen theoretischer Vernunft und praktischer Vernunft ist in der Neuzeit wieder in Vergessenheit geraten. Die neuzeitliche praktische Philosophie ist praxis- und lebensweltvergessen. Sowohl die handlungsphilosophischen als auch die moralphilosophischen Standardtheorien der Moderne sind allesamt Modellen und Konstruktionen verpflichtet, die den Naturwissenschaften entnommen sind. Sie suggerieren eine Erkenntnisgewißheit und Orientierungssicherheit im Handeln, die von der Sache her nicht zu erwarten ist. Sie stützen diese Suggestion auf die Illusion, die in den Naturwissenschaften erreichbare Genauigkeit und Eindeutigkeit der Problemlösungen auf den lebensweltlichen Bereich übertragen zu können. Sie entwickeln Normentheorien, die sich die Naturordnung zum Vorbild nehmen und daher glauben, den Anwendungsschwierigkeiten entkommen zu können, in die notwendig jede zwischen der Normenallgemeinheit und der konkreten Situation vermittelnde Regelapplikation geraten muß. Sie formulieren Prinzipien, denen sie eine dilemmatafreie Allzuständigkeit testieren. Ein Kompaß sei der kategorische Imperativ; mit ihm könne man in jedem Winkel der Windrose zuverlässig seinen Kurs finden. Einem Naturgesetz gleich sei er aufzufassen, da er wie dieses ausnahmslose Gültigkeit beanspruchen dürfe. Kein Problem gäbe es, so der Utilitarismus, der teleologische Widerpart des Kantischen Deontologismus, das nicht gelöst werden könne, keine Problemsituation gäbe es, in der nicht eine beste Lösung auszumachen wäre. Dieses theoretizistische Praxisverständnis hat immer wieder Kritik erfahren. Gern greift diese Kritik an den praxisverzerrenden Auswirkungen moderner Handlungs- und Moralphilosophie auf den Ethiker Aristoteles zurück. Aristoteles-Renaissancen gehören daher zur immanenten Dialektik der Moderne. Das aristotelische Praxisverständnis bildet den Hintergrund, auf den die Hermeneutiker und ethischen Anthropologen der Neuzeit die zeitgenössischen Handlungs- und Moraltheorien projizieren, um ihre Defizite, das Ausmaß ihrer Verzerrungen, die verstellende Künstlichkeit ihres dekontextualisierten Handlungs- und Menschenverständnisses kenntlich zu machen. Freilich sind nicht alle Aristoteles-Renaissancen begrüßenswert. Man muß deutlich zwischen einem politisch-konservativen und einem methodologischen und philosophisch fruchtbaren Neuaristotelismus unterscheiden. Nur letzterer ist geeignet, neuzeitliche Handlungs- und Moralphilosophie von ihrer Praxisvergessenheit zu heilen; nur letzterer weist den Weg zu einem besseren, weil von allen theoretizistischen Verspannungen befreiten, kontextkompetenten und situationssensitiven Praxisverständnis. Ersterer hingegen dient nur Modernitätsflüchtigen als ideologischer Wegweiser zu den erloschenen Herdfeuern der Tradition. Aber mit der Heraufbeschwörung versunkener Sozialwelten und verblichener Werttafeln lassen sich die Zumutungen der Moderne nicht bestehen.

Die methodische Eigentümlichkeit praktischer Wissenschaft verlangt von dem aristotelischen Philosophen auch einen Wandel in der Wertschätzung der Meinungen der vielen. Die Erkenntnisbemühungen des Bürgerphilosophen gehen immer von weitverbreiteten Ansichten über die ethischen Gegenstände aus, von dem, was die Weisen meinen, aber auch von dem, was von den Bürgern für wahr gehalten wird. Nicht im mindesten billigt Aristoteles den Weisen, den Berufsdenkern Expertentum in ethischen und politischen Angelegenheiten zu. Um das, was den Menschen als Menschen und den Bürger als Bürger betrifft, philosophisch angemessen zu behandeln, muß man sich stets des Beistandes der Menge versichern und die Überzeugungen der weisen Männer und der Philosophen mit den Meinungen der vielen versöhnen. Einer sich allzuweit von der Lebenspraxis entfernenden Theorie begegnet Aristoteles stets mit Mißtrauen. Wenn die Überzeugungen der Vielen und die Lehren der Weisen unüberbrückbar divergieren, zögert er nicht, sich auf die Seite der Volksmeinung zu schlagen. Diese epistemologische Rehabilitierung der weitverbreiteten Meinungen prägt das methodische Vorgehen der *Nikomachischen Ethik* durchgehend. Immer werden erst die wichtigsten Meinungen gesammelt, die über einen Gegenstand im Umlauf sind; sodann werden diese Meinungen geprüft, die haltlosen verworfen und die plausibleren, die gute Gründe für sich anzuführen wissen, behalten. Denn mehr als eine sorgfältig überprüfte, mit guten Gründen gestützte Meinung ist bei der philosophischen Behandlung ethischer Angelegenheiten nicht zu erreichen.

Damit möchte ich die Bemerkungen zum Wissenschaftscharakter und zur Methode der *Nikomachischen Ethik* abschließen und mich dem Inhalt dieses Werks zuwenden. Aristoteles' Ethik handelt – nicht anders als die Platonische – von dem Glück und von der Tugend. Sie möchte die These belegen, daß zwischen Glück und Tugendhaftigkeit ein interner Zusammenhang besteht. Sie möchte zeigen, daß der Tugendhafte durch Glück belohnt wird; daß unser Glücksstreben nur dann Erfolg hat, wenn wir uns eine tugendhafte Verfassung geben. Entwicklung und Begründung dieser These stützen sich auf ein praxeologisches Argument, das die teleologische Grundstruktur menschlichen Handelns entfaltet und die zu ihrer Beschreibung wesentlichen Begriffe klärt.

III. Praxeologisches Fundament der Ethik

Was Menschen tun, tun sie um eines Zweckes willen. Diesen Zweck wollen sie erreichen. Er ist für sie das Gute, das sie besitzen wollen. Darum ist seine Verwirklichung das Ziel ihres Tuns. Der Zweck der menschlichen Tätigkeit kann nun sowohl in ihr liegen als auch außerhalb ihrer sein. Im letzteren Fall ist das Tätigwerden ein Mittel, um diesen Zweck zu erreichen. Ist der Zweck erreicht, ist die Tätigkeit beendet. Beispiele für diese instrumentelle Tätigkeit sind alle Formen des Herstellens, des Machens. Im ersten Fall ist das Tätigsein selbst der Zweck des Handelns. Der Praxisvollzug ist hier immer zugleich Zweckverwirklichung und bereits verwirklichter Zweck. Wenn man hingegen nicht spazierengeht um des puren Vergnügens willen, sondern weil es vom Arzt verordnet worden ist, dann betreibt man das Spazierengehen nicht als eine Praxis, die ihren Sinn in sich selbst trägt. Jetzt ist das Spazierengehen eine Therapie, eine gesundheitstechnische Aktivität, etwas, das um eines handlungsexternen Zwecks willen getan wird, also ein Mittel. Offensichtlich sind menschliche Tätigkeiten nicht natürlicherweise Herstellungshandlungen oder selbstgenügsame Praktiken. Ob eine Handlung X als Praxis vollzogen oder zu Herstellungszwecken gebraucht wird, hängt von dem Handlungskontext und von dem mit ihr verfolgten Zweck ab.

Angesichts der Pluralität menschlicher Zwecksetzungen erhebt sich die Frage, nach welchen Prinzipien sich das Pluriversum menschlicher Zwecke ordnen läßt. Dabei geht es nicht um eine theoretische Klassifikation von Zwecken, sondern um ihre praktische Organisation. Die Pluralität der Zwecke läßt sich dann praktisch organisieren, wenn die kontextabhängige Instrumentalisierung menschlicher Zwecke durch hierarchisch übergeordnete Zwecke an eine Grenze stößt. Daher stellt sich dem Philosophen geradezu reflexhaft die Frage, ob es einen obersten, instrumentalisierungsresistenten, selbstgenügsamen und vollendeten Zweck gibt und welchen Status dieser besitzt, in welchem Verhältnis er zu dem gesamten, ihm zu Füßen liegenden Reich der Zwecke steht. Wenn es möglich ist, das Pluriversum der Zwecke intern zu organisieren und nicht nur über seine Handlungsäußerungen extern zu koordinieren, dann muß es einen obersten, nicht weiter mediatisierbaren Zweck geben, der als integrierendes Prinzip wirksam wird und die vielfältigen Zwecke material auf sich hinordnet, ihre Realisierung in seine eigene, notwendigerweise unendliche Verwirklichungsgeschichte einwebt. Wenn es einen solchen Zweck, ein nicht mehr übersteigbares, höchstes Gut gibt, dann läßt sich auch die Frage nach den Eigenschaften, Gewohnheiten, Haltungen, Handlungsweisen und Kompetenzen stellen, die dieses höchste Gut zuverlässig verwirklichen.

IV. Das höchste Gut

Für Aristoteles steht fest, daß es ein höchstes Gut gibt; daß menschliches Handeln einen Endzweck hat, den alle notwendigerweise anstreben, freilich nicht immer auf richtige, treffliche Weise. Dieses Gut ist das Glück. Und in der Tat, wollen wir nicht alle glücklich werden? Aber was heißt das? Was müssen wir tun, um glücklich zu werden? Was bedeutet Glück? Die Philosophie der Neuzeit hat auf diese Frage keine Antwort mehr und läßt die Individuen mit ihren Präferenzen allein. Die *Nikomachische Ethik* jedoch traut sich zu, Glück zu definieren und einen allgemeingültigen Weg zum Glücklichsein zu zeigen. Um das Wesen des Glücks zu erfassen, müssen wir, so Aristoteles, »die dem Menschen eigentümliche Leistung« betrachten (NE 1097 b 28).

Wenn es ein höchstes, vollendetes Gut gibt, dann wird die es anstrebende und bei entgegenkommenden Verhältnissen verwirklichende Handlung nicht eine neben den anderen vielen möglichen kontingenten Zweckverwirklichungsversuchen sein können. Das höchste Gut ist kein Gut unter Gütern. Die ihm gewidmete Praxis kann darum auch keine Handlung unter anderen beliebigen Handlungen sein. In der es anstrebenden Praxis muß sich die unüberbietbare Umfassendheit, das Zuhöchstsein des Glücks spiegeln. Wir müssen also nach einer Praxisart suchen, die umfassend ist und selbst nicht durch einen sie übergreifenden Kontext mediatisiert werden kann. Diese Praxisart kann nur das Leben selbst sein. Freilich nicht das vegetierende Leben, das wir mit den Pflanzen gemeinsam haben, auch nicht das empfindende und spürende Leben, das wir mit den Tieren teilen. Wir suchen nach der dem Menschen eigentümlichen Leistung, nach einer Lebensweise, in der sich das zum Ausdruck bringt, was den Menschen von Tier und Pflanze unterscheidet. Und da sich der Mensch durch Vernunft auszeichnet, ist die dem Menschen eigentümliche Leistung ein vernunftgeleitetes, vernunftbewirktes Leben, ein »Leben als Wirken des rationalen Seelenteils« (NE 1098 a 7).

Aristoteles variiert hier das *ergon*-Argument aus der *Politeia*, das Sokrates in der Auseinandersetzung mit dem ungebärdigen Sophisten Thrasymachos vorträgt. Wie bei Platon beruht es auf einer folgenreichen Analogisierung, die das Allgemeine nach dem Muster des Besonderen auslegt: Wie jede Profession eine ihr eigentümliche Leistung erbringt, so ist auch das Menschsein überhaupt mit einem spezifischen Werk verbunden, wie jeder Körperteil eine ganz bestimmte, nur ihm eigene Funktion erbringt, so besitzt auch die den Menschen ausmachende, das Wesen des Menschen bestimmende Seele eine eigentümliche Funktion; und wie die Qualität der Leistung von der Kompetenz des Handelnden abhängig ist, so ist auch das Gelingen des Lebenswerks von der Tüchtigkeit der Seele abhängig. Gelingt unser Leben, dann erreichen wir den höchsten Zweck, dann ist es beglückend. Glück bestimmt sich darum nach Aristoteles als »das Tätigsein der Seele im Sinne der ihr wesenhaften Tüchtigkeit« (NE 1098 a 12).

V. Tugend

Was aber ist unter der seeleneigenen Tüchtigkeit, Tauglichkeit, Trefflichkeit zu verstehen? Oder, was dasselbe meint: Worin besteht die Tugend der Seele? Tugend heißt im Griechischen ›areté‹, und das meint, wörtlich übersetzt, ›Bestheit‹. Bestheit umfaßt alle Eigenschaften, die eine optimale Funktionsausübung gewährleisten und eine zuverlässige Zweckerfüllung garantieren. Allem, was in teleologischen Kontexten beurteilt und bewertet werden kann, ist aufgrund der Zweck- und Zielgerichtetheit eine innere Normativität eingeschrieben, mit der wir die Eignung und Dienlichkeit der je faktisch vorliegenden Gegenstände, Handlungsweisen, Seelenverfassungen feststellen, mit der wir den Abstand zur Vollkommenheit bestimmen. An dieser inneren Normativität, die die durch weitere Qualitätssteigerung nicht mehr überbietbare Exzellenz einer Sache bestimmt, bemißt sich ihre Bestheit.

Wie aber muß die Seele beschaffen sein, welche trefflichen Eigenschaften, welche Tugenden muß sie besitzen, damit ihr Werk gelingt, damit das menschliche Leben glückt? Die Seele zerfällt in zwei Großbereiche, in einen irrationalen Teil der sinnlichen Empfindung und des Begehrens und in einen rationalen Teil. Dieser umfaßt seinerseits ebenfalls zwei Teile, einen für die Betrachtung des unveränderlichen Seins zuständigen und einen für das veränderliche Sein, für die Welt des Handelns zuständigen. Der fürs Unveränderliche zuständige Vernunftteil beherbergt die theoretisch-spekulative Vernunftdimension, die sich um metaphysische Erkenntnis, um Prinzipienkompetenz bemüht; der fürs Veränderliche, für die *anthropina*, die Handeln ermöglichenden und durch Handeln veränderlichen Dinge der Erfahrungswelt zuständige Vernunftteil beherbergt die praktisch-erwägende, sich um Überlegungs- und Urteilskompetenz bemühende Vernunftdimension. Sofern wir die sich je zu theoretischer und praktischer Vernunft zusammenfügenden Einzelvermögen betrachten und all das benennen wollen, was sie besitzen müssen, um ihrer Aufgabe optimal nachzukommen, stoßen wir auf das, was Aristoteles als dianoetische Tugenden bezeichnet. Deren wichtigste für den theoretisch-spekulativen Seelenteil ist die Weisheit, für den praktisch-überlegenden Seelenteil hingegen die Klugheit. Aber da Klugheit eine komplexe Eigenschaft ist, die ihrerseits unterschiedliche Fähigkeiten bündelt, gibt es auch eine Vielzahl von Nebentugenden der Klugheit wie Wohlberatenheit, Überlegungssorgfalt, Unterscheidungskompetenz, Auffassungsgabe, Situationsgespür und so fort.

VI. Ethische Tugenden

Im Mittelpunkt der *Nikomachischen Ethik* stehen aber die ethischen Tugenden. Ethische Tugenden sind dauerhaft wirksame affektkontrollierende, affektformierende Einstellungen, gefestigte Haltungen und Handlungsgewohnheiten. Während dianoetische Tugenden auf natürlichen Anlagen basieren, die durch Lehre und Lernen trainiert und entwickelt werden, können ethische Tugenden nur das Produkt von Gewöhnung und tätigem Bemühen sein. Die Natur kommt uns nur insoweit entgegen, als sie uns die grundsätzliche Fähigkeit gegeben hat, ethische Wesen zu werden, Tugenden entwickeln und einen diese Tugenden verflechtenden Charakter ausbilden zu können.

Tugenden entwickeln wir durch Übung und Wiederholung. »So werden wir gerecht, indem wir gerecht handeln, besonnen, indem wir besonnen, und tapfer, indem wir tapfer handeln« (NE 1103 b 15). Hier scheint aber, wie Aristoteles selbst bemerkt, ein Zirkularitätsproblem zu drohen, denn »gerechtes und besonnenes Handeln setzt ja bereits voraus, daß man gerecht und besonnen ist« (NE 1105 a 20). Eine Handlung ist nicht dann gerecht oder besonnen, wenn sie bestimmte, vom Handelnden unabhängige Eigenschaften aufweist, sondern nur dann, wenn sie von einem Gerechten oder Besonnenen vollzogen worden ist. Gerecht ist eine Handlung, weil sich in ihr die Gerechtigkeit des Handelnden ausdrückt. Die Lösung dieses Problems ist exemplarisches Üben, ist einem Vorbild Nacheifern. Wenn man gerecht handeln muß, um ein Gerechter zu werden, weil nur ein Gerechter zuverlässig und selbstverständlich gerecht handelt, dann muß der Tugendzögling von Anfang an auf die Vorzugswürdigkeit und Nachahmungswürdigkeit gerechten Handelns, auf die Vorbildlichkeit dieses und jenes tugendhaften Menschen hingewiesen werden. »Ob wir also gleich von Jugend auf in dieser oder jener Richtung uns formen – darauf kommt nicht wenig an, sondern sehr viel, ja alles« (NE 1103 b 25). Anders als die neuzeitlichen Moralphilosophien, seien sie Kantischer Provenienz, seien sie konsequentialistischen Zuschnitts, muß eine Ethik der Tugend und Charakterbildung immer auch eine Ethik der Erziehung sein. Sie kann sich nicht aufs Prinzipienlernen stützen, sondern muß die Praxis benennen, in der die angestrebte Lebensführungskompetenz erworben werden kann. Sie kann nicht Entscheidungsregeln aufstellen, sondern muß auf die vorbildhaften Mitmenschen zeigen. Ein solches ethisches Musterexemplar, ein *spoudaios*, »hat in allen Fällen das richtige Urteil, und in jedem Einzelfall zeigen sich ihm die Dinge, so wie sie wirklich sind«. Er ist in den durch allgemeine Begriffe, Prinzipien und Regeln nicht erreichbaren Einzelfällen »Richtschnur und Maß des Guten« (NE 1113 a 30). Die Möglichkeit des tugendethischen Fortschritts gründet sich also nicht auf die Erkenntnis des Guten und Gerechten, sondern auf das allgemeine und weitverbreitete Wissen, wer ein Guter und Gerechter ist. Diese Auskunft kann sicherlich nur in Gesellschaften befriedigen, die ihre Bewertungsgewohnheiten auf Übliches stützen können, die ethisch kohärent sind und keinerlei Zweifel über die gültigen ethischen Beurteilungsstandards aufkommen lassen.

Tugendethische Erziehung erfährt der Heranwachsende übrigens nicht nur in seinem häuslichen Umfeld; die ethische Veredlung der Bürger durch nachhaltige Eingewöhnung richtiger Verhaltensweisen ist auch das Ziel des Gesetzgebers. Der aristotelische Nomothet gibt sich nicht mit dem vordergründigen Effekt der Koexistenzsicherung und Handlungskoordination zufrieden, er will den tieferreichenden Effekt der Charakterformung, er strebt die Ausbildung einer zweiten Natur an, die die erste Natur, das Gewühl der Affekte, ihrem ethischen Regime unterwirft. Darum muß er auch seelenkundig sein.

Wann hat man einen ethischen Fortschritt erzielt? Wann war die tugendethische Erziehung erfolgreich? »Als Anzeichen, ob man bereits eine feste Haltung und gefestigte Handlungseinstellung erlangt hat, muß man«, so Aristoteles, »das Gefühl von Lust und Unlust nehmen, das sich bei den einzelnen Handlungen einstellt« (NE 1104 b 5). Eine Tugend A zu haben bedeutet nicht nur: zuverlässig und auf die richtige Weise A-Handlungen zu vollziehen und Non-A-Handlungen zu unterlassen; es bedeutet auch und vor allem, A-Handlungen gern zu vollziehen und Non-A-Handlungen zu verabscheuen. Die Tugenden errichten kein Zwangsregiment; die zur Gewohnheit gewordene Trefflichkeit wirkt gern; die Seele genießt sich in ihren Tugenden selbst. Der Charakter ist zweite Natur, der die Lust- und Unlustgefühle der ersten Natur ethisch überformt, das affektive Lust-Unlust-Regime durch ein ethisches Lust-Unlust-Regime ersetzt. Ethische Gewöhnung ist daher auch eine Schulung der hedonistischen Empfindung. Sie gewöhnt Freude und Unlust daran, für ethische Distinktionen empfänglich zu werden und mit den Tugenden zu kooperieren.

Der Begriff der zweiten Natur steht in einem spannungsvollen Verhältnis zur gesellschaftlichen Bewertungspraxis. Wir loben und tadeln; aber können wir loben und tadeln, wenn unser Handeln Ausdruck unseres Charakters ist? Aristoteles hat sich diese Frage auch gestellt und die These vertreten, daß wir für unseren Charakter zumindest in dem Maße mitverantwortlich sind, daß uns um unserer Vortrefflichkeit willen zu loben oder wegen unserer sittlichen Dürftigkeit zu tadeln durchaus legitim ist. Zur Begründung dieser Überzeugung weist er auf die Entstehungsgeschichte von Charakterformationen hin. Tugendhaftigkeit im Sinne einer gefestigten Haltung ist das Resultat von sich wiederholenden Einzelhandlungen. Sowohl die Einzelhandlung als auch ihre Wiederholung stand uns frei. Zwar ist mit der habituellen Verfestigung diese Freiheit abhanden gekommen; der Zügellose kann sich nicht durch einen simplen Willensentschluß in einen Vortrefflichen verwandeln. Aber daß wir in einen solchen ethisch mißratenen Zustand geraten sind, das stand genauso in unserer Macht wie die Herausbildung eines trefflichen Charakters. Daher sind wir für die Handlungen verantwortlich, in denen sich unsere Charakterhaltung, unsere ethische

Verfassung ausdrückt. Daher verdienen wir das Lob, das uns im Fall charakterlicher Trefflichkeit zuteil wird, genauso wie den Tadel, den unsere ethische Mangelhaftigkeit hervorruft. Auch dieses Argument ist in seiner Plausibilität von der Voraussetzung einer sittlich homogenen Gesellschaft abhängig. Wenn Heranwachsende wissen, wer ein Vorbild für sittliches Verhalten ist, dann kann man diese These von der Tugendverantwortung aufrechterhalten. Denn dann wußten sie auch um die Vorzugswürdigkeit des von diesem Vortrefflichen an den Tag gelegten Verhaltens. Wenn sie sich ihn dann nicht zum Muster ihrer Einzelhandlungen gewählt haben, dann fällt das in ihre Verantwortung genauso wie das ›Charakter‹ genannte Ensemble verfestigter Handlungsweisen.

Damit die ethischen Tugenden ein glückliches, gelingendes Leben bewirken können, müssen sie mit den einschlägigen Tüchtigkeiten des praktisch-überlegenden Seelenteils, insbesondere mit der Klugheit, der *phronesis*, auf spezifische Weise zusammenarbeiten. Obwohl mit der Aufgabe betraut, ethisch wünschenswertes Verhalten zuverlässig, weil auf der Grundlage einer gefestigten Haltung hervorzubringen, gehören die Tugenden nicht ausschließlich in das Terrain der Moralpsychologie; sie sind bei Aristoteles auch die Protagonistinnen der Moralepistemologie. »Das den Menschen spezifische Handeln kommt zustande durch die Klugheit und durch die ethische Tugend. Und zwar bewirkt die Tugend, daß das Ziel richtig ist, und die Klugheit, daß man die richtigen Mittel dazu wählt« (NE 1144 a 6–9). Nicht so ist es, daß die Tugend einer zweckkompetenten Vernunft exekutiven Beistand leisten würde; dieses Modell gilt für Platon, der die Seele wie ein Heer organisiert, wo ein Oberkommandierender, das *logistikon*, mittels des Offizierskorps, des *thymos*, die Truppen, den Bereich der Sinnlichkeit, das *epithymetikon* oder das *alogiston*, zielgerecht einsetzt. Für Aristoteles hingegen sorgen die Tugenden nicht nur für Zuverlässigkeit im Tun des Richtigen; sie allein erkennen auch, was gut und richtig ist, was in der jeweiligen Situation zu tun ist. »Nur dem Blick des Tugendhaften zeigt sich das an sich Gute, das Ziel und das Beste.« Tugenden besitzen somit auch moralkognitive Kompetenz, die die Situationswahrnehmung durchdringt und das Handeln im Geflecht der Optionen zielstrebig ausrichtet. Bei der technischen Durchführung, der Mittelplanung hingegen haben wir es mit moralneutralen Wirkungszusammenhängen zu tun, hier kommt dann die *phronesis* zu Hilfe. Freilich ist auch hier eine Relativierung angebracht: Die *phronesis* ist kein Prototyp der ökonomischen Vernunft. Sie ist selbst eine Tugend und, obzwar dem dianoetischen Bereich zugehörig, ethisch parteilich, aufgeschlossen für das Engagement der *aretai ethikai*. Daher steht sie den von ihr assistierten ethischen Tugenden nicht äußerlich gegenüber, sondern arbeitet mit ihnen in einem engen praxeologischen Verbund. Daher kommt die Klugheit ausschließlich in der Kooperation mit den ethischen Tugenden zur Entwicklung ihrer Tüchtigkeit; durch den ethischen Kontext wird sie geadelt. »In einem wesentlichen Sinn kann man also nicht gut sein ohne die Klugheit, noch klug ohne die ethische Tugend« (NE 1144b 31–33). Diese Darstellung des wechselseitigen Bedingungsverhältnisses von Klugheit und ethischer Vortrefflichkeit zeigt, daß eine angemessene Beschreibung des komplexen Vollzugs ethisch-dianoetischer Kompetenzen nicht dem simplen Modell subsumtionslogischer Regelapplikation folgen darf. Die für klassifikatorische Zwecke sinnvolle Departementalisierung ganzheitlicher Praktizität muß bei der Beschreibung praktischer Handlungsvollzüge zugunsten der Herausstellung komplexerer Verhältnisse wechselseitiger Bedingtheit und eng verflochtener Kooperativität aufgegeben werden.

VII. *Mesotes*-Lehre

Das systematische Rückgrat der Aristotelischen Tugendlehre ist die *Mesotes*-Lehre. Aristoteles vertritt einen Perfektionismus der Mitte. Zumeist tun wir des Guten zuwenig; zuweilen tun wir des Guten zuviel. Das Gute, Richtige, Vortreffliche liegt in der Mitte zwischen einem Zuviel und einem Zuwenig. Diese Mitte ist schwer zu treffen; das Leben gleicht einer Zielscheibe, bis zum Rand gefüllt mit Möglichkeiten, das Ziel zu verfehlen. Jede Situation ist voller Fallen, denn richtig zu handeln bedeutet immer: zur rechten Zeit, in der richtigen Situation, den richtigen Menschen gegenüber, dazu noch aus dem richtigen Beweggrund, in der richtigen Weise und in dem richtigen Maße zu handeln. Man könnte hier durchaus von einer praxeologischen Kategorienlehre, von einem *praxeologischen Hexagon des Gelingens* sprechen. Jede der wesentlichen Situationsvariablen definiert einen eigenständigen ethischen Risikobereich, verlangt eine eigene Mittenempfindlichkeit. Ebensowenig wie es einen Algorithmus gibt, der den Handelnden zuverlässig die Mitte erreichen und damit das Beste tun läßt, gibt es eine Regel, wie weit der Handelnde die Mitte verfehlen darf. Rückt er jedoch zu weit von der Mitte ab, dann kann er des Tadels sicher sein.

Dieser fällt jedoch nicht immer gleich aus; nicht jedes der beiden Extreme der tugendgrammatischen Trias zieht gleichermaßen ethische Kritik auf sich. Denn nicht immer genießen die Extreme die gleiche ethische Aufmerksamkeit; nicht immer sind die Extreme von der Mitte gleich weit entfernt; es gibt vielmehr mittenähnlichere und mittenunähnlichere Extreme. Daher steht manchmal das Zuviel, manchmal das Zuwenig in stärkerem Kontrast zur Mitte. Feigheit ist ein wohletabliertes Laster; Tollkühnheit und Wagemut hingegen gelten weniger als sittliche Verfehlung. Die Erklärung für diese Asymmetrie ist einfach: Feigheitsfälle überwiegen, Vorkommnisse von Tollkühnheit sind selten. Daher hat sich in der gewöhnlichen, nicht durch die triadisch strukturierte Aristotelische *Mesotes*-Konzeption aufgeklärten ethischen Wahrnehmung der Tapferkeits-Feigheits-Dualismus eingebürgert. Ähnliches zeigt sich am Beispiel der Besonnenheit. Auch da denken wir zuerst an den Kontrast Besonnenheit–Zügellosigkeit; und Aristoteles muß beträchtliche Überredungskunst aufwenden, um uns dazu zu bringen, Empfindungslosigkeit, Lethargie, Phlegmatismus als ein zweites Extrem der jetzt in die Mitte gerückten Besonnenheit zu akzeptieren. Denn Zügellosigkeitsfälle sind häufiger und in ihren Auswirkungen viel störender als Vorkommnisse von Phlegma und Stumpfheit. Daher ist der beste Weg, Mittenkompetenz zu gewinnen, das Extrem zu vermeiden, das zu der Mitte im schärferen Gegensatz steht, das der Mitte unähnlicher ist. Wenn man also tapfer werden will, dann ist es vernünftiger, die ethische Energie in Feigheitsvermeidung als in Tollkühnheitsvermeidung zu investieren.

Aristoteles muß aber nicht nur Überredungskunst aufwenden, um solche wohletablierten Oppositionen wie Tapferkeit – Feigheit und Besonnenheit – Zügellosigkeit in eine zentrierte Triade zu verwandeln; er muß auch sprachschöpferisch tätig werden; denn weder seine noch unsere Umgangssprache hält für jede der vielen Tugenden, die er in der *Nikomachischen Ethik* beschreibt, Begriffe bereit, um die ihr nach der *Mesotes*-Lehre zugeordneten Übersteigerungen und Mängelformen zu bezeichnen. Es gibt auch kein Ableitungsprinzip, mit dessen Hilfe sich die Aristotelischen Tugendporträts einheitlich ordnen ließen; erst recht gibt es kein Deduktionsverfahren, mit dem sich ihre Vollständigkeit zeigen ließe. Aristoteles greift sie jedoch nicht rhapsodisch auf; sie sind vielmehr thematisch geordnet. Neben den immer wieder erwähnten, in keinem Traktat fehlenden Kardinaltugenden sind bei Aristoteles vor allem die sozialen Tugenden wichtig. Am Anfang stehen Überlegungen, wie man auf rechte Weise mit Geld umgeht, einmal im privaten Bereich, dann aber auch im öffentlichen Raum; und am Ende finden sich Überlegungen zu Geselligkeit, zum sozialen Takt und zur gesellschaftlichen Gewandtheit und auch zur Kunst, eine angenehme Unterhaltung zu führen. Immer aber werden dabei jeder Tugend – oft mit sichtlicher Mühsal – die von der *Mesotes*-Lehre geforderten Devianzformen an die Seite gestellt.

Es ist nicht so, daß Aristoteles' Tugendsteckbriefe widerspruchslos akzeptiert werden müßten. Oft reizen sie zum Widerspruch; seine Charakterzeichnungen enthalten viele Züge, die nicht unbedingt als konstitutive Merkmale der je verhandelten Tugendhaftigkeit übernommen werden müssen. Aber wenn man etwa erfahren möchte, was die Athener Bürgerschaft des vierten vorchristlichen Jahrhunderts von der rechten Art, im alltäglichen Miteinander mit Geld umzugehen, dachte, sollte man einen Blick in die *Nikomachische Ethik* werfen. Aristoteles preist die Freigebigkeit, die die Mitte hält zwischen Verschwendungssucht und kleinlichem Knausern, er preist aber auch die *megaloprepeia*, die die deutschen Übersetzer in Verlegenheit bringt, denn hierbei geht es um die richtige Weise, mit großem Geld in der Öffentlichkeit umzugehen, aber dafür haben wir keinen treffenden Ausdruck, da das Mäzenatentum in unserer politischen Kultur keine sonderliche Rolle spielt. Der *megaloprepes*, der, wie Dirlmeier übersetzt, Hochherzige, ist jemand, der etwa für einen Krieg eine Triere ausrüstet oder ein großes Fest ausrichtet, der großzügig private Mittel verwendet, um etwas Prächtiges, Herrliches zu verwirklichen, das der Allgemeinheit zugute kommt, den öffentlichen Raum schmückt und den Göttern gefällt. Frei und anstrengungslos zeigt der Hochherzige Großzügigkeit. Seine eine Defizitform ist der Neureiche, der über Nacht zu Geld gekommen ist, aber keinen Stil, keine Haltung besitzt, ein Protzer, der nur Peinlichkeit verbreitet. Die andere Defizitform ist der *mikroprepes*, ein Knauser im Öffentlichen. »Er mag unternehmen, was er will: er wird hinzögern und nur den einen Gedanken haben, wie er am billigsten davonkomme, und auch über dies Wenige jammert er noch. Und bei allem quält ihn die Sorge, er leiste mehr, als von ihm erwartet werden dürfe« (NE 1123 a 30).

Eine andere Gestalt ethischer Vortrefflichkeit ist der *megalopsychos*, der Hochsinnige. Ihm geht es nicht mehr ums Geld, ihm geht es um Wichtigeres, um ethische Reputation, Ehre und gesellschaftliche Anerkennung. Der Hochgesinnte hat eine zutreffende Vorstellung von seinem Wert und seinen

Verdiensten, und er denkt nicht daran, seine Vortrefflichkeit vor der Welt zu verbergen. Damit steuert er die Mitte an zwischen maßloser, durch die Lebensrealität nicht gedeckter Selbsteinschätzung und Selbstmarginalisierung, kleinmachender Selbstbescheidung. Hochgesinntheit ist selbstbewußte Tugendhaftigkeit, die ihren sittlichen Wert kennt und Anspruch auf gesellschaftliche Anerkennung, auf öffentliche Ehrung erhebt.

Oft ist der Hochgesinnte auch mit Reichtum und Glück gesegnet; äußere Glücksgüter machen es den Menschen fraglos leichter, den Charakter so weit ethisch durchzubilden, daß er das Niveau der Hochgesinntheit, der umfassenden Exzellenz erreicht. So eine Kombination aus ethischer Vortrefflichkeit, Reichtum und entgegenkommendem Glück ist unwiderstehlich. Doch, so warnt Aristoteles, muß man sich hüten, den Reichtum und das Glück allein schon für Hochgesinntheit zu halten. Ohne den durchgebildeten Charakter sind die Glücksgüter ethisch nichtswürdig. Kennzeichen des Hochgesinnten ist, daß er Reichtum und Glücksgüter mit schönem Takt zu nehmen und zu handhaben weiß. Er adelt das Glück, gibt dem Reichtum ethischen Halt. Die anderen sind nur Protzer, die Hochgesinntheit spielen und sich in Überheblichkeit üben, obwohl ihnen die angemaßte Überlegenheit nicht zusteht. Der Hochgesinnte hingegen ist mit Recht überlegen; und ihm liegt an dieser Überlegenheit. Nichts könnte ihm ferner liegen als Demut. Daher, und wir sehen, daß unsere Grammatik der ethischen Beurteilung keinesfalls mit der Aristotelischen identisch ist, erinnert er sich auch nie der Wohltaten, die er empfangen hat, denn Wohltaten zu empfangen bedeutet Schwäche, Abhängigkeit und Unterlegenheit. Hingegen sind die Wohltaten, die er selbst anderen erweist, bei ihm im Gedächtnis bewahrt. Er kultiviert seine ethische Großartigkeit und die durch sie erworbene herausragende gesellschaftliche Stellung. Er bittet nicht, denn Bitten ist ein Eingeständnis der Schwäche. Er streicht sich aber auch nicht heraus, sucht nicht eitel die Aufmerksamkeit auf sich zu ziehen. Er ist unabhängig, unabhängig vom Urteil anderer, unabhängig von den Notwendigkeiten; er ist gefaßt, konzentriert, hat seine Leidenschaften und Affekte im Zaum, ist ruhig und spricht langsam und mit tiefer Stimme.

Aristoteles' Tugendsteckbriefe gehen sichtlich weit über den Bereich der späteren Kardinaltugenden hinaus. Die *Nikomachische Ethik* schreitet den ganzen Bereich menschlichen Verhaltens ab. Überall dort, wo wir werten, wo wir Gelingen und Mißlingen feststellen, wo wir loben und tadeln, angenehm oder peinlich berührt sind, betrachtet sich die Aristotelische Tugendlehre grundsätzlich als zuständig. Sie folgt dem *common sense* und arbeitet das Charaktervokabular des lebensweltlichen Umgangs durch und entwirft in Umrissen eine Art Archäologie der alltäglichen Menschenbeurteilung, die sich auf die Erfahrung stützt. Daher kann sich Aristoteles nicht der Meinung des Sokrates anschließen, daß ein Handeln wider besseres Wissen unmöglich sei, sittliches Fehlverhalten daher immer eine Konsequenz mangelnden oder beschädigten Wissens sei. Dieser Intellektualismus verharmlost die Konflikte, die in unserem Inneren stattfinden können, leugnet Willensschwäche und Vernunftohnmacht, hat keine Erklärung für die beschämende, allen Opportunitätshedonisten, also uns allen bekannte Erfahrung, daß wir wieder einmal unsere eigenen Einsichten mißachtet und unsere eigenen Standards des Richtigen und Guten unterboten haben. Er verharmlost auch die Schwierigkeiten, die den Handelnden in den sich stets ändernden Situationen begegnen. Wäre Vortrefflichkeit ausschließlich eine Sache des Tugendwissens, ethische Mangelhaftigkeit daher ausschließlich eine Funktion kognitiver Defizienz, dann wäre es nicht so schwierig, ein gutes Leben zu führen. Es bedarf aber mehr, um Vortrefflichkeit zu erreichen. Es bedarf des gelingenden Zusammenspiels von Tugendwissen, durch Gewöhnung erstarkter praktischer Vernunft und situationskompetenter, kontextsensitiver Klugheit. Darum ist es schwer, in einer Handlungswelt, in der jede Situation voller Verfehlungsmöglichkeit ist und kein Algorithmus der praktischen Erkenntnis Gewißheit beschert, ein gerechter, tugendhafter Mensch zu sein. Aristoteles hat keinen Hehl daraus gemacht. Wie ein Leitmotiv durchzieht sein wiederholter Hinweis auf die Unwahrscheinlichkeit der Vortrefflichkeit angesichts einer in ihren Veränderlichkeiten sich jeder vollständigen Beherrschung entziehenden Handlungswelt die *Nikomachische Ethik*.

VIII. Gerechtigkeit und Billigkeit

Platon kennt in der *Politeia* vier Tugenden: die drei den einzelnen Seelenteilen zugeordneten Tugenden der Weisheit, Tapferkeit und Besonnenheit und die Gerechtigkeit, die nicht als vierte neben die drei tritt, sondern als zugleich integrierendes und organisierendes Prinzip ihnen übergeordnet ist. Auch für Aristoteles besitzt die Gerechtigkeit eine herausragende Bedeutung. Auch in der *Nikomachischen Ethik* bezeichnet Gerechtigkeit unüberbietbare Exzellenz: Der Gerechte ist eben der, der alle Vortrefflichkeit besitzt und sie zu einem edlen Charakter verbindet; und der Gerechtigkeit dienende Gesetze sind solche, die in den Bürgern zur Herausbildung einer differenzierten Vortrefflichkeit führen. Aber nicht wegen dieses sogenannten allgemeinen Konzepts der Gerechtigkeit ist das Fünfte Buch der *Nikomachischen Ethik*, das sich ausschließlich mit der Gerechtigkeit beschäftigt, der wirkungsgeschichtlich bedeutsamste Teil des Werks. Das Gerechtigkeitsbuch ist darum in der Geschichte der praktischen Philosophie so wichtig, weil es eine sehr folgenreiche typologische Unterscheidung der sogenannten besonderen Gerechtigkeit entwickelt hat. Seit Aristoteles unterscheidet man zwei Arten der Gerechtigkeit, die diorthotische Gerechtigkeit, die später als *iustitia regulativa sive correctiva, in commutatibus directiva* bezeichnet wurde, und die dianemetische Gerechtigkeit, die *iustitia distributiva*. Die *iustitia directiva* ist eine ausgleichende, eine entschädigende Gerechtigkeit; und je nachdem, ob die Ausgleichs- oder Entschädigungsverpflichtung einem Rechtsbruch oder einem Vertrag entspringt, nimmt die *iustitia directiva* die Gestalt einer *iustitia correctiva* oder einer *iustitia commutativa* an; erstere umfaßt alle *obligationes ex delictu*, letztere alle *obligationes ex contractu*. Die ausgleichende Gerechtigkeit verlangt die Erfüllung von Schuldigkeitspflichten, *officia debiti*. Die Erfüllung einer Schuldigkeitspflicht macht »eine Verbindlichkeit, die da war, ungeschehen«[3]. Schuldigkeiten sind »negative Größen«, Mängel, die durch entsprechende Leistungen auszugleichen sind. Unrecht ist im Lichte der *iustitia directiva* einer Gleichgewichtsstörung vergleichbar, die nach einer Restabilisierung verlangt. Kant hat für diesen Gerechtigkeitstyp darum die folgende Formel gefunden: »non $-a+a=0$«.

Die *iustitia directiva* hat keine eigenen Prinzipien; sie will nicht die vorliegende Ordnung des Rechts verbessern, sondern nur ihre Schäden ausbessern. Die Verbindlichkeit des positiven Rechts gibt ihr normativen Rückhalt; sie verlangt von den Bürgern nicht mehr als das, was das Recht selbst von ihnen verlangt. Die ihr eingeschriebene Wohlordnung ist der *status quo*; und ihr Ideal ist ihre eigene Überflüssigkeit. Sie übt sich in einer Äquilibristik des Konservativen; sie sieht ihre Aufgabe in der genauen Wiederherstellung des ursprünglichen, durch das Unrecht verletzten Zustandes. Ihr Symbol ist die Waage. Ihre Entschädigungsleistung wird durch das Ausmaß der Schädigung bestimmt. Die tugendethische Entsprechung dieser Gerechtigkeit ist die bürgerliche Rechtschaffenheit, die Gesetzestreue, die Bereitschaft, Verträge einzuhalten und gegebenenfalls für angemessene Entschädigung aufzukommen.

Die Gerechtigkeitsform der *iustitia directiva* stützt sich auf einen *arithmetischen* Gleichheitsbegriff. Das meint zum einen, daß die Menschen im Horizont der *iustitia directiva* einander nur als Rechtspersonen und somit unter der Perspek-

3 Kant 1900ff., XIX, Refl. 6585.

tive völliger Gleichheit begegnen. Das meint zum anderen, daß allein Delikt und Vertragsinhalt für die Bemessung der Entschädigungs- und Ausgleichshöhe von Bedeutung sind und es keinerlei Rolle spielen kann, welcher Art der Schädiger, welcher Art der Geschädigte ist. Vor dem Gesetz sind alle gleich, die Wirksamkeit der *iustitia directiva* ist von allen rechtstranszendenten Beurteilungsperspektiven unabhängig. »Denn es liegt nichts daran, ob der Gute den Schlechten um etwas betrogen hat oder der Schlechte den Guten, noch auch, ob der Gute Ehebruch begangen hat oder der Schlechte: das Gesetz schaut nur auf den Unterschied zwischen Höhe (des Unrechts und) des Schadens, es betrachtet die Partner als gleich – ob der eine das Unrecht getan und der andere es erlitten hat, ob der eine den Schaden verursacht hat und der andere davon betroffen worden ist. Daher versucht der Richter diese Form des Ungerechten – sie ist Verletzung der Gleichheit – auszugleichen. Denn auch in dem Falle, wo der eine verletzt worden ist und der andere zugeschlagen hat oder der eine getötet hat und der andere getötet worden ist, sind Erleiden und Tun ungleich aufgeteilt, und so versucht der Richter die Gewinnseite an die Verlustseite anzugleichen, indem er von dem ungerechten Gewinn des Täters wieder etwas wegnimmt« (NE 1123 a 2). Diese Charakterisierung hört sich für einen Tugendethiker ungemein modern an, impliziert sie doch eine strikte Trennung von Recht und Ethik, die auf der anderen Seite, wie wir bereits gesehen haben, von Aristoteles gerade nicht vertreten wird, da die ethische Erziehung der Bürgerschaft ja für ihn durchaus zu den Aufgaben des Gesetzgebers, damit ja auch zu den Funktionen des Rechts gehört.

Von dieser Gerechtigkeitsform der *arithmetischen* Gleichheit hat Aristoteles die Gerechtigkeitsform der *proportionalen* Gleichheit unterschieden. Die Gerechtigkeitsform der *proportionalen* oder auch *geometrischen* Gleichheit ist die verteilende Gerechtigkeit. Der Anwendungsbereich der distributiven Gerechtigkeit ist nicht die Rechtsordnung, sondern der gesellschaftliche Raum der Produktion und Distribution sozialer Güter; es geht hier um die »Verteilung von öffentlichen Anerkennungen, von Geld und sonstigen Werten, die den Bürgern eines geordneten Gemeinwesens zustehen« (NE 1130 b 30). Während die arithmetische Gleichheit der *iustitia directiva* eine Gleichheit des Wegsehens, der Entdifferenzierung ist, ist die proportionale Gleichheit der *iustitia distributiva* eine Gleichheit des Hinsehens, der Differenzierung. Ist die Göttin der *iustitia directiva* blind, da hier keine unterscheidenden empirischen Bestimmungen der Menschen von Belang sein dürfen, so muß die Göttin der *iustitia distributiva* genau hinblicken, denn hier kommt es auf den Besitz zuteilungsrelevanter Eigenschaften an.

Anders als die *iustitia directiva* hat die *iustitia distributiva* also ein Kriterienproblem. Es gibt gerechte Verteilungen, und es gibt ungerechte Verteilungen. Gleichverteilungen sind als solche ebensowenig gerecht, wie Ungleichverteilungen bereits als solche schon ungerecht sind. Es ist denkbar, daß Gleichverteilungen ungerecht sind und Ungleichverteilungen gerecht; daher benötigt die gerechte Verteilung einen Maßstab, der die gerechtigkeitsrelevante Gleichheitshinsicht definiert, der die Grenzen der Gleich- und Ungleichverteilung absteckt, der festlegt, wer zu den Gleichen und wer zu den Ungleichen gehört. Die Grundformel der *iustitia distributiva* lautet also: Gleiches Gleichen, Ungleiches Ungleichen. Da die hier wirksame Gleichheit *proportionaler* Natur ist, besteht die formale Gerechtigkeitsforderung, daß sich in der Verteilung der Güter die Verteilung des zuteilungsrelevanten Kriteriums auf die Verteilungsadressaten widerspiegelt. Gerecht ist eine Verteilung an A und B dann, wenn sich das Anrecht von A zu dem Anrecht von B genauso verhält, wie sich das Verdienst von A zu dem Verdienst von B verhält, oder wenn sich der Anteil von A zu dem Anteil von B genauso verhält, wie sich das Verdienst von A zu dem Verdienst von B verhält. Es ist also eine Gleichheit von Verhältnissen, um die es hier geht. Hier muß, wie Aristoteles sagt, »das Gerechte eine Mindestzahl von vier Gliedern aufweisen, denn die Menschen, für die es das Gerechte darstellt, sind zwei, und die Dinge, an denen es in Erscheinung tritt – die zu verteilenden Objekte –, sind zwei. Und zwar wird die Gleichheit dieselbe sein für die in Frage stehenden Personen und für die Sachen. Denn so wie die letzteren, nämlich die Sachen, zueinander in einem Verhältnis stehen, so auch die Personen. Denn wenn die Personen nicht gleich sind, so werden sie nicht gleiche Anteile haben können, sondern hieraus ergeben sich die Streitigkeiten und Zerwürfnisse, wenn entweder gleiche Personen nicht-gleiche Anteile oder nicht-gleiche Personen gleiche Anteile haben und zugeteilt erhalten« (NE 1131 a 18).

Mit dieser formalen Strukturbeschreibung der Proportionalität ist das inhaltliche Verteilungskriterium selbst noch nicht gewonnen, denn gleich und ungleich sind Menschen immer nur in Hinblick auf bestimmte Maßstäbe. Wenn es sich um ökonomische Verhältnisse handelt, ist die Sache einfach: So gebietet etwa die *iustitia distributiva*, daß der Gewinn, den ein gemeinsam finanziertes Unternehmen abwirft, nach Maßgabe des Verhältnisses der Investitions- oder Kapitalanteile aufgeteilt wird. Schwieriger sind gerechte Verteilungen aber auf dem Gebiet der öffentlichen Ehrung und Belohnung herzustellen. Nach Aristoteles ist das Verteilungskriterium für gesellschaftliche Anerkennung, Ämter und Pfründen die Verdienstlichkeit, die *axia*; gerechte proportionale Verteilungen sind Verteilungen nach Verdienstlichkeit und Würdigkeit, Verteilungen *kat' axian*. Wer aber ist des Amtes würdig? Wer verdient Anerkennung und Ehre? Aristoteles weiß, daß sich hier die Geister scheiden.

Die verdienstethischen Überzeugungen und Würdigkeitsauffassungen sind abhängig von den gesellschaftlichen Wertbegriffen und politischen Kräfteverhältnissen und daher veränderlich: »die Vertreter des demokratischen Prinzips meinen die Freiheit, die des oligarchischen den Reichtum, oder den Geburtsadel, und die Aristokraten den hohen Manneswert« (NE 1131 a 25). Beide Gerechtigkeitsbegriffe der Aristotelischen Tradition erweisen sich damit als hermeneutisch; sie bezeichnen ausgezeichnete Verhaltensweisen, in denen sich die vorfindlichen Muster des Rechts und der Sittlichkeit spiegeln. Der im Sinne der *iustitia directiva* Gerechte ist der rechtschaffene und vertragstreue Bürger, der tut, was zu tun er aufgrund der geltenden Gesetze schuldig ist. Der im Sinne der *iustitia distributiva* Gerechte ist der Machthaber, der bei seiner Verteilung der sozialen Güter sich an den Verdienst- und Würdigkeitsvorstellungen der geltenden Sittlichkeitsauffassung orientiert.

Die Verteilungsgerechtigkeit ist bei Aristoteles eine politische Gerechtigkeit; in ihr spiegelt sich das ethische Selbstverständnis der Gemeinschaft. Das Gemeinwesen der klassischen Politik ist kein Koordinationssystem, keine Befriedungs- und Konfliktregulierungsmaschine. Es ist der Ort des guten Lebens. In der *koinonia politike* lassen sich die den Menschen ausmachenden natürlichen Fähigkeiten, seine Vernünftigkeit, Sprachfähigkeit und Handlungsfähigkeit entwickeln. Im tätigen Polisleben allein, in der gemeinschaftlichen Sorge um das Allgemeinwohl, kann er seiner Bestimmung gerecht werden. In der verfaßten politischen Gemeinschaft arbeiten Gesetze und bürgerliche Tugenden einander zu: Die Gesetze unterstützen die Bemühung der Bürger um ein tugendhaftes Leben und bedürfen ihrerseits der Unterstützung durch bürgerliche Tugenden; und die Bürger bedürfen der Stabilisierungswirkung der Gesetze, um in ihrem sittlichen Ertüchtigungsprozeß voranzukommen. Die Ehrungen und Ämter, die die Gemeinschaft zu vergeben hat, bilden ein *exzellenzförderliches ethisches Anreizsystem*. Der Tugendhafte macht sich um sein Vaterland verdient; und die Polis belohnt ihn durch Ehrungen. Die Verteilungsgerechtigkeit zielt auf Tugendbelohnung. Sie hat daher eine tugendagonale Funktion, sie spornt zum sittlichen Wettkampf an, hält die Exzellenzspirale in der Bewegung. So wird verständlich, warum Platon die proportionale Gleichheit der Meritokratie als die »wahrste und beste« bezeichnet hat. Für eine Gemeinschaft des guten Lebens ist es verhängnisvoll, wenn das Entsprechungsverhältnis zwischen individueller tugendethischer Anstrengung einerseits und politischer Ehrung und gesellschaftlicher Anerkennung andererseits aus dem ethischen Lot gerät, verbogen wird; wenn Mode, Macht und Opportunität die Verteilungsschlüssel an sich reißen. Wenn das tugendbelohnende Anreizsystem sich nicht mehr an der wahren Verdienstlichkeit ausrichtet, werden die für die ethische Integration und politische Reproduktion des Gemeinwesens erforderlichen moralischen Ressourcen nicht mehr in hinreichendem Maße sichergestellt werden können. Die Verteilungsgerechtigkeit entscheidet daher über das Überleben einer politischen Gemeinschaft des guten Lebens.

Der Begriff der Gerechtigkeit reicht aber über die Rechtschaffenheit des Gesetzestreuen und die würdigkeitssensitive Verteilung öffentlicher Güter hinaus. Schon Platon hat in den *Nomoi* darauf hingewiesen, daß der regelgeleiteten Gerechtigkeit eine immanente Dialektik zukommt, die sie unter bestimmten Umständen in ihr Gegenteil umschlagen läßt. Der vollendet Gerechte muß daher auch ein Gespür für die der Gesetzesgerechtigkeit innewohnende Tendenz zur Ungerechtigkeit haben und den Willen zeigen, dann, wenn sich diese Tendenz zum Ausdruck bringt, korrigierend einzugreifen. Daher vervollständigt Aristoteles seine Ausführungen zur Gerechtigkeit durch eine Betrachtung von der Notwendigkeit der *epieikeia*, der Billigkeit. Der wahrhaft Gerechte weiß, daß die Gesetzesgerechtigkeit eine innere Grenze besitzt, daß sie strukturell insuffizient ist. Grund dieser gerechtigkeitstheoretischen Mangelhaftigkeit der Gesetzesgerechtigkeit ist der notwendige Allgemeinheits- und Abstraktionscharakter der Gesetzesregel. Das Recht benötigt allgemeine Normen, nicht nur aus Gründen regulatorischer Effizienz, sondern auch aus Gründen der Gerechtigkeit: Denn die von der Gerechtigkeit verlangte Gleichbehandlung stützt sich auf eine Gleichheit des Absehens von Besonderheiten, kennt nur entindividualisierende Tatbestandsmerkmale und allgemein gehaltene Zuschreibungen. Das Handlungsleben aber ist konkret; die

Menschen sind verschieden; und keine Situation gleicht der anderen. Manchmal kann der Unterschied zwischen den Menschen und den Situationen so groß sein, daß sie sich dagegen sperren, unter ein und dasselbe Gesetz subsumiert zu werden.

Kein Gesetzgeber kann alle Fälle durch seine Gesetzesformulierungen abdecken. Gesetze sind für Normalsituationen zuständig, weil sie selbst Normalsituationen definieren. Aber es gibt Randfälle, Ausnahmesituationen, in denen für den Billigdenkenden die Unzuständigkeit der Gesetzesregel offensichtlich ist, in der rücksichtslose Gesetzesanwendung zu ethisch kontraproduktiven Ergebnissen führen würde. Hier verlangt die Gerechtigkeit dann, um der Gerechtigkeit willen nicht auf konsequenter Regelanwendung zu beharren, sondern die Rechtsnorm zu vernachlässigen. Der vollendet Gerechte ist kein Prinzipienreiter und Regelfetischist; er kennt auch das, so Cicero, »schon abgegriffene Sprichwort«: summum ius summa iniuria[4]. Er verabsolutiert nicht die Gesetze, sondern er kontextualisiert sie. Klug und situationskompetent betrachtet er sie vor dem Hintergrund der je vorliegenden Anwendungssituation und befindet dann darüber, ob die Gerechtigkeit hier Gesetzesvollzug verlangt oder vielmehr fordert, vom Gesetzesvollzug abzusehen. Daß er sich dabei ausschließlich auf seine Klugheit, auf Situationswahrnehmung und gerechtigkeitsethisches Fingerspitzengefühl verlassen darf, versteht sich von selbst: Es kann keine Regel geben, die die Unzuständigkeit von Regeln regelt.

IX. Zwei Lebensformen

Glück, so die grundlegende Aristotelische Bestimmung, stellt sich ein, wenn der Mensch seine eigentümliche Leistung auf vollendete Weise erbringt. Glück stellt sich ein, wenn der

---

4 Vgl. Cicero: *De officiis* I § 33 (proverbium iam tritum sermone).

Mensch ein von der Seele vortrefflich geformtes und organisiertes Leben führt. Das Leben, das bislang in der *Nikomachischen Ethik* betrachtet wurde, war das Normalleben des Bürgers, war das politische Leben. Dieses ist ein gutes Leben, wenn es gemäß der ethischen Tugenden und der praktischen, situationskompetenten Einsicht geführt wird. Aber das politische Leben ist nicht der einzige Weg, ein gutes, gelingendes Leben zu führen; es gibt noch einen anderen Weg. Denn das politische Leben bedarf nicht des Einsatzes des spekulativ-theoretischen Seelenteils. Theorie, Erkenntnis, begrifflich-intuitive Erfassung des Unveränderlichen gehört aber zu den eigentümlichen Kapazitäten des Menschen; gehört auch zu dem Leistungsspektrum der menschlichen Seele. Folglich muß die spekulativ-theoretische Betätigung glücksbringend sein. Mehr noch, da in der Hierarchie der Seelenabteilungen die fürs Unveränderlich-Göttliche zuständige Vernunftkompetenz ganz oben rangiert, ist die durch Spekulation, durch Betrachtung des Unveränderlich-Göttlichen zu erreichende Beglückungswirkung sicherlich nicht geringer zu veranschlagen als das Glücksempfinden des sich in seiner ethischen Vortrefflichkeit genießenden Bürgers.

Die eudämonistische Qualität der theoretischen und das heißt: der Betrachtung des Unveränderlichen und Göttlichen gewidmeten Lebensform ist der eudämonistischen Qualität der politischen Lebensform überlegen. Der philosophische Seinsbetrachter erfährt ein Glück, das dem der Götter gleicht; denn sein sich allein auf selbsttätige Geistigkeit stützendes Leben kommt der Lebensweise der Götter nahe. Dieses Glück der von der Gottheit geliebten Theoretiker ist von all den Trübungen und Relativierungen frei, mit der die Glücksstrategie rechnen muß, deren Anwendungsfeld die gesellschaftliche Erfahrungswelt ist. Es ist das Glück des Autarken und Einsamen, denn der Bürger lebt in sozialen Abhängigkeiten, bedarf der anderen um der Anerkennung seiner Vortrefflichkeit willen, ist auch den Unwägbarkeiten ausgeliefert, die das Leben mit anderen belasten. Die Tätigkeit des Denkens hingegen ist selbstgenügsam und in beglückender Einsamkeit zu vollziehen. Der der Menschenwelt nicht bedürftige Denker genießt gegenüber dem auf die Menschenwelt angewiesenen Bürger darum den Vorzug völliger Risikofreiheit. Das Glück des Bürgers ist ein durch vielerlei Risiken des Scheiterns bedrohtes Glück; das Glück des Denkens kennt diese Risikobelastung nicht. Daher kommt es dem Glück der Götter so nahe. Der wesentliche Grund der eudämonistischen Bevorzugung des Denkers liegt in der Einfachheit der Tätigkeit. Sicherlich ist Philosophie intellektuell schwierig, erst recht wenn sie sich in die Höhen abstrakten Seins begibt, aber praxeologisch ist sie einfach. Der *bios theoretikos* ist eine Ein-Tätigkeits-Lebensform. Zudem ist diese das Philosophenleben ausfüllende Tätigkeit wie ihr Gegenstand absolut und kontextunabhängig, daher unabhängig von den Scheiternsgefahren, die mit der vielfältigen Kontextabhängigkeit des komplexen bürgerlichen Handelns notwendig verbunden sind.

Die Lehre von den beiden Lebensformen, die in der zweiten Hälfte des 10. Buches der *Nikomachischen Ethik* vorgetragen wird, zeigt, daß Aristoteles' bürgerphilosophische Korrektur der Platonischen Philosophenkonzeption sich keinesfalls einer bescheideneren Berufsauffassung verdankt. Nur kommt die Großartigkeit des Philosophen, seine ihn über das normale Leben der Meinungsgemeinde in der Platonischen Höhle, über den politischen Alltag der Bürger in der Aristotelischen Stadt heraushebende Exzellenz auf je andere Weise zum Ausdruck. Bei Platon ist der Philosoph epistemologisch privilegiert, bei Aristoteles hingegen ist er eudämonistisch bevorzugt. Der epistemologischen Privilegierung entwachsen bei Platon Verpflichtungen, die den Philosophen zwingen, die Glückseligkeitswonnen einer handlungsentlasteten Betrachtung der Ideen auszuschlagen, die Höhle hinabzusteigen und sich den Gefahren einer Vermählung von Philosophie und Politik, von Einsicht und Macht auszusetzen. Da Aristoteles die politische Lebensform letztlich als theorieunabhängig und ethisch und eudämonistisch autark konzipiert, somit Theorie und Politik wieder voneinander trennt, ist der aristotelische Philosoph von aller Sorge um das Gemeinwesen entlastet und kann sich der handlungsentlasteten Betrachtung des unveränderlichen Seins widmen und eine Glückseligkeit erwarten, die der Glückseligkeit der im Unveränderlichen seit je beheimateten Götter verwandt ist.

Literatur

Cicero (1992): *De officiis*. Hg. von H. Gunermann. Stuttgart.
Kant, I. (1900 ff.): *Gesammelte Schriften*. Akademie-Ausgabe. Berlin.
Kersting, W. (1999): *Platons ›Staat‹*. Darmstadt.

MANFRED WALTHER

Baruch de Spinoza: *Ethik*[1]

Vorzustellen ist das Hauptwerk eines Philosophen, der als Kind jüdischer Eltern im Amsterdamer Judenviertel im Jahre 1632 geboren wurde. Sein Vater war wie viele andere Juden, die vor der Inquisition aus Portugal geflohen waren, in die Niederlande gekommen und dort kaufmännisch tätig. Baruch (hebräisch) oder Bento (portugiesisch) oder Benedictus de Spinoza wurde im Juli 1656, also mit dreiundzwanzig Jahren, wegen der »schrecklichen Ketzereien, die er übte und lehrte«, und wegen der »ungeheuren Handlungen, die er beging«, aus seiner Gemeinde ausgestoßen und lebte, ohne sich einer anderen Religionsgemeinschaft anzuschließen, an verschiedenen Orten in den Niederlanden. Seinen Lebensunterhalt bestritt er aus den Erlösen seiner handwerklichen Tätigkeit – er schliff Linsen von besonders hoher Qualität und fertigte optische Geräte an – und von Zuwendungen aus dem Kreis seiner kaufmännisch tätigen Freunde. 1673 erhielt er einen Ruf auf die Philosophie-Professur der Universität Heidelberg, den er wegen einer vom zuständigen »Sachbearbeiter« bewußt eingefügten restriktiven Klausel ablehnte. 1677 starb er, im Alter von vierundvierzig Jahren, in Den Haag. Sein Hauptwerk trägt den Titel: *Ethica ordine geometrico demonstrata = Ethik in geometrischer Ordnung dargestellt.* Lassen Sie mich einleitend einige Eigentümlichkeiten dieses Buches und seiner Deutungsgeschichte skizzieren.

1 Wenn der Buchtitel gemeint ist, ist das Wort *kursiv* gesetzt; wenn von der philosophischen Disziplin die Rede ist, ist es in normaler Schrift gesetzt.

I.

1. Die *Ethik*, an der Spinoza seit etwa 1663 arbeitete, war, nach einer Unterbrechung von fünf Jahren, 1675 fertig, veröffentlicht wurde sie aber erst nach dem Tode des Verfassers, um die Jahreswende 1677/78, in den *B. d. S. Opera posthuma*. Spinoza war bei der Fertigstellung zweiundvierzig, höchstens dreiundvierzig Jahre alt und starb mit vierundvierzig Jahren. Das ist eine für einen Philosophen recht kurze Lebenszeit. Man vergegenwärtige sich, was wir heute von Hobbes oder von Kant wüßten, wenn sie im selben Alter gestorben wären.

2. Schon der Titel des Buches ist eine Provokation. Denn nach der alten, noch herrschenden Aristotelischen Ansicht, die sich z. B. bei Thomas von Aquin findet, kann es in bezug auf praktische und damit in erster Linie ethische Fragen keine der theoretischen, gar der mathematischen, gleichkommende Gewißheit geben. *Ethica ordine geometrico demonstrata* ist in der Sicht dieser Tradition ein sich selbst widersprechendes Unternehmen oder, anders gesagt, eine Provokation.

3. Es gibt kaum einen anderen Philosophen, dessen zentrale Gedanken so konzentriert in einem einzigen, noch dazu vergleichsweise kurzen Werk (von nur 300 Seiten) niedergelegt sind, wie das bei Spinoza mit der *Ethik* der Fall ist. Diese Kürze verdankt sich vor allem der Anlage des Werkes: Der Haupttext ist nach dem Vorbild der euklidischen Geometrie gearbeitet, indem aus vorangestellten Prämissen Lehrsätze bewiesen und später aus schon bewiesenen Lehrsätzen andere bewiesen werden.

Über die Bedeutung, welche der *ordo geometricus* für Spinozas Philosophie hat, ist viel gestritten worden. Jeder der fünf Teile des Buches beginnt mit Definitionen, z. T. mit Axiomen und/oder Postulaten, und dann reihen sich Lehrsätze mit Beweisen aneinander, die stets schließen mit »Q. e. d.«, »quod erat demonstrandum«, »was zu beweisen war«. Spinoza gibt in diesen Definitionen, Axiomen und Postulaten diejenigen Bestimmungen an, aus denen die Phänomene, mit denen er sich befaßt, vollständig erklärbar sind. Die vorangestellten Bestimmungen sind teils empirischer Art – z. B. »Der Mensch denkt« –, teils Definitionen, in denen Spinoza geläufigen philosophischen Ausdrücken eine ganz eigene, oft gegen die Tradition gerichtete Bedeutung beilegt. In der geometrischen Anlage seines Werkes kommt eine zentrale Lehre Spinozas schon der Form nach zum Ausdruck, daß nämlich der Notwendigkeit der Verknüpfung von Ideen, die Kennzeichen wahrer Gedanken über die Wirklichkeit ist, die Notwendigkeit der Verknüpfung der Dinge in der so erkannten Wirklichkeit entspricht (»Ursache oder Grund« *(causa sive ratio)* ist daher eine stehende Wendung im Text).

4. Durch den Aufbau *ordine geometrico* erreicht der Text zwar eine ungeheure Dichte, ist aber zugleich mühsam zu lesen. Es gibt aber Vorreden zu Beginn einzelner Teile sowie z. T. lange Anmerkungen zu den Lehrsätzen. Darin wird die Zielsetzung eines Teils erläutert, es wird das zuvor Bewiesene in seiner Bedeutung für das Selbst- und Weltverständnis des Menschen verdeutlicht, oder es wird der Gehalt der Lehrsätze unter Bezugnahme auf abweichende philosophische Lehren erläutert und zugespitzt. Man hat daher gesagt, das Buch enthalte eigentlich zwei Bücher, eines *ordine geometrico* und eines im gewohnten Schreibstil. Wer sich in die Eigenart des Denkens Spinozas einarbeiten will, sollte mit Textstellen der zweiten Art anfangen, etwa mit der Kritik des teleologischen, des Zweck-Denkens im Anhang von *Ethik* I (s. u. bei III.) oder mit der Auseinandersetzung mit Descartes' Lehre vom freien Willen in der Vorrede zu *Ethik* V. In dieser zweiten *Ethik* lernt man einen pointiert und oft witzig formulierenden Autor kennen, der nicht ins Bild von dem philosophischen Geometer passt.

5. Die Schrift stieß, von wenigen Ausnahmen abgesehen, bereits kurz nach ihrer Publikation auf schärfste Ablehnung. Schon im Februar 1678 urteilte der Leidener Kirchenrat, »daß es ein Buch ist, desgleichen an Gottlosigkeit es vom Beginn der Welt bis jetzt nicht gegeben hat, als welches alle Religion zu

vernichten und die Atheisterei auf den Thron zu setzen sucht«. Man sah in Spinoza sofort den Autor, in dem alle Irrlehren der Denk- und Religionsgeschichte vereinigt sind und der mit der Leugnung eines persönlichen, allwissenden und allmächtigen Schöpfergottes und Richters auch und vor allem die Grundlagen des Gehorsams und damit des Staates untergräbt, so daß man die Geschichte der Irrlehren in eine Periode vor und eine solche nach Spinoza einzuteilen begann. Ein Buchtitel von 1701 lautete *Über den Spinozismus vor Spinoza*. Daß Spinozismus zum Etikett für verderbliches Denken überhaupt geworden war, zeigt sich z. B. daran, daß ein Autor triumphierend feststellen konnte, es gebe einen im höchsten Maße spinozistischen Autor und sein Name sei – Spinoza! Spinoza war daher zunächst der am heftigsten bekämpfte Philosoph der Neuzeit. Aber nach 1780 trat, vor allem in Deutschland, ein Umschwung ein. Vermittelt durch den Bericht Jacobis, daß Lessing sich als Spinozist bekannt habe, und durch das Buch *Gott: Einige Gespräche über Spinozas System* des Weimarer Superintendenten Herder wurde Spinoza als Verkünder einer neuen, höheren Religiosität verehrt. Spinoza wurde so vom *Maledictus,* dem Verdammten, zum *Benedictus,* dem Gesegneten, gar zum *christianissimus* erhoben. Die nachkantischen Philosophen von Fichte bis Hegel sahen in der Frage, wie Spinozas Ontologie und die Kantische Transzendentalphilosophie zusammenzudenken seien, das spekulative Grundproblem der Philosophie überhaupt, bei dessen Lösung sie sich zu überbieten suchten.

6. Damit bin ich bei dem letzten einleitenden Punkt: Die Geschichte der Spinoza-Deutungen ist geprägt durch *Selektivität*, durch das Herausgreifen einzelner Aspekte, die fürs Ganze genommen werden. Neben dem deutschen Beispiel – der schlimmste Atheist oder der allerchristlichste Denker – gebe ich ein zweites: In Ländern wie Frankreich und Italien, in denen es schon früh zu einer Spaltung der Kultur in eine religiös-klerikale und eine säkular-atheistische Teilkultur kam, wurde er von beiden »Lagern« gleich verstanden, nämlich als

Materialist. Darin drückte sich bei den einen die Anerkennung, bei den anderen die Verurteilung aus, und dennoch
bestand Einigkeit in der Interpretation. Das wirkt sich bis in
die Gegenwart aus. Diese Selektivität hat insofern ein Fundament in Spinozas Denken selber, als er zu fast allen Problemen, zu denen sich gegensätzliche Standpunkte herausgebildet hatten – Vorrang von Geist oder Materie, Willensfreiheit
oder Determinismus, Herrschaft der Vernunft oder der Leidenschaften, in der politischen Philosophie: Liberalismus
oder Kommunitarismus – eine dritte Position ausgearbeitet
hat. Der prägnanteste, natürlich ironische Kommentar zu dieser Selektivität der Spinoza-Deutungen, den ich kenne, lautet:
   »SPINOZA
   Hier liegt ein Eichbaum umgerissen,
   Sein Wipfel tät die Wolken küssen.
   Er liegt am Grund – warum?
   Die Bauren hatten, hör ich reden,
   Sein schönes Holz zum Bau'n vonnöten
   Und rissen ihn deswegen um.«
Der Autor, der dies schon 1782 publizierte und sich damit als
sehr guter Spinoza-Kenner zeigte, heißt Friedrich Schiller.
   Die Spinoza-Deutungen in den verschiedenen europäi-
schen Ländern verraten aufgrund ihrer je spezifischen Selek-
tivität mehr über die z. T. langfristig prägenden Mentalitäten
der Intellektuellen dieser Länder als über den Gehalt von Spinozas Philosophie. In Deutschland bestand Spinozas *Ethik*
für viele nur aus dem Teil I und der 2. Hälfte von Teil V. Als
Kernstück seiner Ethik, die eine Lehre von der dem Menschen
möglichen Freiheit ist, arbeitet er eine Theorie der Affektbe-
stimmtheit alles menschlichen Handelns aus, und ebendiese
Affektenlehre bleibt in der deutschen Spinoza-Deutung bei
den Philosophen – anders als in Psychologie und Psychoanalyse – weitgehend ausgeklammert, weil sie nicht in das hier
dominierende Grundmuster philosophischer Ethik passt, ja,
es geradezu herausfordert. Ich werde aus dieser hohen Selektivität der Spinoza-Deutungen in den verschiedenen europäi-

schen Ländern und Traditionen die Konsequenz ziehen, daß ich *zum einen* die besondere Art und Weise herausarbeite, in der Spinoza sich dem herrschenden Dualismus bezüglich zentraler philosophischer Probleme entzieht, daß ich *zum anderen* besonders auf seine Affektenlehre ausführlicher eingehe; denn Spinozas Ethik als Affektenlehre ist, wie auch seine politische Philosophie, durchgängig eine *Philosophie der Freiheit*, eine der bedeutendsten in der Geschichte der Neuzeit.

II.

Teil I mit der Überschrift »De Deo, Über Gott« enthält Spinozas Theorie der Grundstrukturen der Wirklichkeit. Er beginnt, ohne Vorrede, mit folgender Definition: »Unter Ursache seiner selbst *(causa sui)* verstehe ich das, dessen Essenz Existenz einschließt, anders formuliert das, dessen Natur nur als existierend begriffen werden kann« (*Ethik* I, Definition 1). Dieser Begriff scheint selbstwidersprüchlich zu sein, denn wenn etwas Wirkung von etwas Vorausgehendem als seiner Ursache ist, kann es nicht gleichzeitig ebendiese Ursache selber sein. Spinozas Definition vermeidet diesen Selbstwiderspruch: Ursache seiner selbst nennt er das, von dem, wenn man es denkt, nicht mehr sinnvoll gefragt werden kann, ob es auch existiert, d. h. dessen Begriff die Frage nach einer Ursache sinnlos macht. Spinoza zeigt dann, daß die Bestimmung, *causa sui* zu sein, etwas zukommen kann, das »in sich selbst ist und [folglich] durch sich selbst begriffen wird« – denn »was durch ein anderes nicht begriffen werden kann, muß durch sich selbst begriffen werden« (*Ethik* I, Axiom II) – und das er Substanz nennt (*Ethik* I, Definition 3).

Spinoza führt aus, daß die Wirklichkeit ein gesetzlich geordnetes Ganzes von endlichen Einzeldingen ist, die er *Modi* nennt, die aus dem selbstgenügsamen Grunde aller Wirklichkeit, der Substanz oder der Natur, mit Notwendigkeit hervorgehen in einem Prozeß, der unendlich ist. Dieser Weltgrund ist genau darin *causa sui*, daß er diejenige Macht *(potentia)* ist, die sich in dieser unendlichen Produktion endlicher Dinge als dieselbe durchhält. Die Wirklichkeit hat unendlich viele qualitativ verschiedene Dimensionen (Attribute), deren jedes in sich unendlich ist, d. h. nicht in einem Konstitutionszusammenhang mit anderen Dimensionen steht. Uns, die wir endliche Modi sind, die denken und einen Körper als eigenen empfinden, sind nur zwei dieser Attribute bekannt, nämlich Ausdehnung und Denken. Das Attribut der Ausdehnung wird von Spinoza gedacht als unendliches energetisches Feld, das nicht ein leerer Behälter ist, in den dann Dinge hineingesetzt werden. Der physische Raum wird durch die je wechselnden Bewegungsrelationen zwischen einfachsten oder zusammengesetzten Körpern allererst aufgespannt und ist nichts anderes als die Gesamtheit dieser Konstellationen, die untereinander in beständiger Wechselwirkung stehen, sich so wechselseitig konstituieren und transformieren. Kausalerklärungen im Sinne *linearer* oder, wie Spinoza sagt, übergehender *Kausalität* sind dann unter Ceteris-paribus-Bedingungen stehende ausschnitthafte Konstruktionen der Gesetzmäßigkeiten, unter denen die modale Welt insgesamt steht.

Jedes endliche Ding, jeder Modus, ist als etwas, darin sich die Macht der Substanz *ausdrückt*, seinerseits ein in bestimmter Weise verfaßter begrenzter Ausschnitt dieser Macht des Grundes. Daraus folgt: »Jedes Ding strebt, soweit es in sich ist, in seinem Sein zu beharren« (*Ethik* III, Lehrsatz 6); »soweit es in sich ist«, sagt Spinoza, weil jedes Ding in einer Umwelt anderer Dinge existiert, die ontologisch ebenfalls durch das Selbsterhaltungsstreben bestimmt sind und daher ebenso auf andere Dinge auslangen, und weil es kein Ding gibt, das der Konstellation anderer Dinge auf Dauer an Selbsterhaltungsmacht überlegen ist. Daß der Modus selbstbezüglich ist, als Selbstorganisationsmacht verfaßt ist, vom kleinsten, nur durch einen einfachen Impuls definierten, kurzlebigen Teilchen bis zur unveränderlichen Gestalt des ganzen Universums, darin erweist er sich als *endlicher* Ausdruck der *Sub-*

stanz: Als Ausdruck der Substanz, insofern er Macht ist, als endlicher Ausdruck, insofern er diese Macht nur in Relation zu anderen Modi und daher nur in reflexiver Weise zu sein vermag.

Spinoza nennt den unendlich produktiven absoluten Grund aller Wirklichkeit nicht nur Substanz oder Natur, sondern auch Gott, weil er zeigt, daß allein in dem so gefaßten Begriff der Substanz die Gott zugedachten höchsten Prädikate widerspruchsfrei zusammengedacht werden können. Wenn Spinoza am Ende des 1. Teils zusammenfaßt: »Hiermit habe ich Gottes Natur und seine Eigenschaften entwickelt: daß er notwendigerweise existiert; daß er einzig ist; daß er aus der bloßen Notwendigkeit seiner Natur ist und handelt; ... daß alles in Gott ist und so auf ihm beruht, daß es ohne ihn weder sein noch begriffen werden kann; und schließlich, daß alles von Gott vorherbestimmt worden ist und zwar... aus Gottes unbedingter Natur und Macht« (*Ethik* I, Anhang), dann war das der Skandal nicht nur der Theologie, sondern auch der Philosophie: Es gibt keinen der Welt transzendenten, diese Welt aus freiem Entschluß schaffenden persönlichen Gott von umfassender Weisheit, Gesetzgebungs- und Sanktionsmacht und Güte, sondern alles, was ist, unterliegt einer mit Notwendigkeit ablaufenden Ordnung. Damit ist auch die menschliche Willensfreiheit als absolute Selbstbestimmungsmacht bestritten, die man dringend braucht, um dem Menschen ein gesetzwidriges Verhalten zurechnen zu können. Religion, Moral und politische Ordnung zugleich scheinen damit untergraben.

III.

Spinoza weiß um das Skandalöse dieser Lehre und setzt sich daher immer wieder mit anderen Denkweisen auseinander, die nicht nur der Akzeptanz dieser Lehre, sondern schon der Bereitschaft, sie eigenständig zu durchdenken, im Wege stehen. Im Anhang zu *Ethik* I behandelt er das nach seiner Ansicht grundlegende Vorurteil, »daß ... die Menschen gewöhnlich annehmen, alle natürlichen Dinge handelten, wie sie selbst, um eines Zweckes willen, und es sogar für ausgemacht halten, Gott selbst leite alles auf einen Zweck hin«. Es müssen also die Entstehung und die weite Verbreitung dieses *teleologischen Vorurteils* erklären werden. Wer in diesem Vorurteil befangen ist, dem gegenüber muß man auf einem gemeinsamen Boden argumentieren, und deshalb argumentiert Spinoza mit uns allen zugänglichen Erfahrungen.

Als allgemein zugestandenes Erfahrungswissen unterstellt Spinoza zweierlei:

a) alle Menschen kommen ohne Ursachenwissen, genauer: ohne über den wissenschaftlichen Kausalbegriff zu verfügen, auf die Welt;

b) alle streben nach dem, was sie für nützlich halten.

Daraus erklärt sich zunächst, daß die Menschen sich für frei halten. Denn sie sind sich ihrer Wollungen bewußt, kennen aber deren Ursachen nicht und glauben daher, diese entstünden unverursacht in ihnen. Ursachenunkenntnis führt also zur Illusion der Willensfreiheit. Ferner tun Menschen alles um eines »Zweckes«, nämlich des Nutzens, willen. Sie entwerfen, als Ausdruck ihres Triebes, dessen bewußte Form Spinoza ›Begierde‹ nennt, Pläne von etwas, das sie dann zu realisieren streben. Daher halten sie eine Handlung dann für erklärt, wenn sie den Zweck kennen, um dessentwillen sie ausgeführt wurde (die Antwort auf die Warum-Frage erfolgt also nicht durch Angabe der Kausalfaktoren, sondern durch Zweckangaben). Diese am eigenen Handeln »abgelesene« Deutung eines Geschehens dehnen sie in mehreren Schritten auf das Ganze allen Geschehens aus: Kennen sie die Zwecke nicht, die andere mit ihren Handlungen realisieren wollen, so versuchen sie, diese in einem ersten Schritt durch Introspektion zu ergründen, d. h., sie unterstellen bei anderen dieselben Motivationen wie bei sich selber. Das gibt dem teleologischen Denken seine Subjektivität. Der nächste Schritt der teleologischen Weltauslegung ist die Übertragung des Zweckschemas auf die nichtmenschliche Welt, die Natur, und zwar in folgendem Gedankengang: Sie *finden* bei sich selber und in den Dingen außerhalb ihrer vieles *vor*, was als Mittel zur Realisierung ihres eigenen Nutzens tauglich ist, z. B. die Ausstattung mit Sinnesorganen, Dinge, die als Nahrung taugen, etc. Daher fragen sie nach einem Akteur, der diese Dinge im Blick auf ihre Zweckmäßigkeit für uns hergestellt hat und der über mehr Macht zur Herstellung zweckmäßiger Dinge verfügt als wir. So kommen sie auf den Gedanken, daß es Götter oder einen Gott gibt, die notwendigerweise klüger und mächtiger sind als sie selber. Denn Götter können Dinge auf die Zwecke der Menschen hin schaffen und lenken, über die Menschen selber keine Macht haben. In dieser anthropozentrischen Sichtweise fragen sie dann nach dem Zweck, welchen die Götter damit verfolgen, und sie schließen, deren Zweck sei, sich damit diese Menschen zu verpflichten. Daher suchen die Menschen durch Verehrungsformen Gott oder die Götter zu bewegen, sich um sie vor allen anderen zu kümmern. Durch dieses Streben nach einer Sonderstellung innerhalb oder gegenüber der Natur und dann vor allem gegenüber anderen Menschen wird das lebensweltlich begründete und somit unvermeidliche teleologische *Vorurteil* zum *Aberglauben*.

Aus der Unterstellung einer universellen Teleologie ergibt sich aber auf Grund der menschlichen Erfahrungen mit dem Lauf der Welt ein weiteres Problem: Wie kann man sich die Existenz von Dingen erklären, die nicht auf unsere Zwecke hin angelegt sind, deren Realisierung sogar verhindern, wovon es unendlich vieles gibt, wie »Unwetter, Erdbeben, Krankheiten usw.«? Dieses Problem lösen sie unter Rekurs auf den *Zorn* der Götter wegen der ihnen zugefügten Kränkungen, oder sie verstehen diese Widerfahrnisse als *Strafen* für ihre Sünden. Das aber produziert ein neues Konsistenzproblem: Die alltägliche Erfahrung zeigt, »daß Zuträgliches und Unzuträgliches den Frommen und den Gottlosen ohne Unterschied« widerfährt – Anlass der Frage: »Warum hat Gott das zugelassen?« Dieser Widerspruch zur zuvor gegebenen Erklärung veranlasst sie jedoch nicht, nach konsistenteren

Deutungsmustern zu suchen, sondern sie immunisieren sich gegen diese Erfahrungen, indem sie annehmen, »daß die Entscheidungen der Götter menschliche Fassungskraft übersteigen«. Damit halten sie das Kapitulieren vor einer Erklärung selber für eine Erklärung und merken außerdem nicht, daß sie, wenn sie Gott Zwecke unterstellen, ihm einen Mangel zuschreiben, den er zwecksetzend kompensieren muß.

Die fingierte Beziehung aller Dinge auf einen Zweck, letztlich den der Nützlichkeit für die Menschen selber, ist auch die Wurzel aller *Wertprädikate*: Was den bloß vorgestellten Zwecken entspricht, wird positiv, was ihnen nicht entspricht, wird negativ bewertet. Gut und schlecht, Ordnung und Verwirrung, Schönheit und Häßlichkeit sind solche Wertprädikate, die nicht Eigenschaften der Dinge oder der Weltzustände selber beschreiben, sondern solche, die die Beziehung der Dinge und Verhältnisse auf die menschlichen Zwecke betreffen. Alle Wertprädikate sind daher, da alles mit kausaler Notwendigkeit geschieht, ontologisch bodenlos. Wie beim Zweckdenken, bei dem Ursache (unser Begehren) und Wirkung (die Handlungsmodelle) miteinander vertauscht werden, findet auch hier eine Vertauschung statt: Nicht weil etwas gut ist, erstreben wir es, sondern weil wir es erstreben, nennen wir es gut. Wie auf dieser Grundlage eine Ethik als Lehre vom höchsten Gut oder überhaupt eine nicht rein subjektive Güterlehre möglich ist, wird zu prüfen sein (s. u. Abschnittt VI.).

IV.

Teil II enthält unter dem Titel »Von der Natur und dem Ursprung des Geistes« Spinozas Erkenntnislehre: Der menschliche Geist ist die Idee eines bestimmten Körpers, den er als den seinen empfindet und der auf vielfache Weise affiziert, d. h. durch äußere Einwirkungen zu einer Zustandsveränderung gebracht wird. Jeder Körperaffektion entspricht daher eine Idee des Geistes. Ohne daß unser Körper von anderen Körpern affiziert würde, ohne sinnliche Erfahrung, wüßten wir nichts über die physische Wirklichkeit. Wenn nun äußere Körper auf den eigenen Körper einwirken, verändern sie den Zustand des eigenen Körpers. Dem entsprechen im Geist Ideen, die Ideen von *faktisch außer uns* existierenden Körpern sind, denn der produktive Anteil des Geistes, der schon in jeder sinnlichen Wahrnehmung selbst der einfachsten Art liegt, wird vom Geist wegen seiner Geringfügigkeit nicht bemerkt, entsprechend dem geringen Wirkanteil, den der eigene Körper an seiner Zustandsveränderung hat. Weil der Geist die Idee eines aktuell existierenden Körpers *ist*, werden auch Ideen, die den Empfindungen des eigenen Körpers entsprechen, wie die der Farbe, der Wärme oder Kälte, den äußeren Körpern als deren Eigenschaften zugeschrieben. Solche Ideen, die den im und vom Körper hervorgerufenen Bildern *(imagines)* entsprechen, nennt Spinoza Vorstellungen *(imaginationes)*, und er zeigt u. a. auf, wie die Mechanismen der Formveränderung und zugleich des Beharrungsvermögens des Körpers in den Formveränderungen und dem Beharrungsvermögen der Vorstellungen ihre Entsprechung haben, so daß er eine Theorie des Gedächtnisses und als erster eine Theorie der Assoziation ausarbeiten kann. Diese Vorstellungen enthalten ihrem rein phänomenalen Gehalt nach nichts Falsches; die dem imaginativen Denken eigene Irrtumsanfälligkeit kommt daher, daß diese reinen Wahrnehmungsgehalte in falsche Zusammenhänge eingebettet, d. h. nicht gemäß ihren wahren Ursachen verstanden werden. *Irrtum ist falsche Kontextbildung.*

Ist in der sinnlichen Erfahrung der Anteil der Eigenaktivität des Geistes an der Ideenbildung gering, so vermag der Geist doch, wenn er sich gemäß seinem Selbsterhaltungsstreben in Aktivierung seiner Einbildungskraft ohne äußeren Anlaß mehrere Dinge gleichzeitig vorstellt, die Konsistenz seiner Ideen zu erhöhen, indem er das mehreren Dingen real Gemeinsame erkennt, *notiones communes* bildet und damit den Grund legt für eine nun von ihm selbst verursachte konsistente Verknüpfung und auch Korrektur der zunächst nur quasi vorgefundenen Ideen. Statt inadäquater Ideen bildet er adäquate Ideen. Diese konsistente Verknüpfung besteht in der Herleitung der Phänomene aus ihren Erzeugungsbedingungen, ist also Kausal- oder genetische Erklärung. Nun besteht die *Wahrheit* einer Idee, wie schon *Ethik* I, Definition 6 ausführt, in der Übereinstimmung mit ihrem Gegenstand. Da das Denken aber nicht aus sich als Denken herausgehen und nachsehen kann, ob die Gegenstände auch so sind, wie wir sie denken – jede Wirklichkeitsdimension ist in sich geschlossen –, kann die Wahrheit der Ideen *für das Denken selber* nicht in dieser Übereinstimmung liegen, sondern nur in der Konsistenz, d. h. dem zwingenden Charakter der Verknüpfung der Ideen miteinander. Ohne wahre Ideen, d. h. solche, bei deren Bildung der Geist seiner eigenen Macht in der Neuverknüpfung zunächst nur vorgefundener Ideen inne wird, kann es auch kein Wissen von internen Kriterien wahrer Erkenntnis, keine Methodenlehre der Erkenntnis, geben – Erkenntnistheorie ist also nach Spinoza Erkenntnis der Form wahrer Ideen, die das Haben solcher Ideen voraussetzt. Sie ist möglich, weil eine Idee, die zunächst Idee von etwas ist, das nicht Idee ist, kraft der Reflexivität des Denkens selber zum Inhalt einer zweiten Idee gemacht und auf die Konsistenz der Verknüpfung ihrer Elemente hin betrachtet werden kann. So gewinnen wir einen Leitfaden und ein Kriterium für die Erweiterung unseres Wissens, so – Spinoza führt das in einem anderen Werk aus –, wie wir mit Hilfe unserer Fähigkeiten einfache Werkzeuge herstellen, mit deren Hilfe wir wiederum leistungsfähigere Werkzeuge herstellen können, usw.

Spinoza zeigt nun, daß und wie sich die Selbstorganisationsmacht des Menschen im Attribut des Denkens im Übergang vom vorstellenden zum rationalen, kausal-erklärenden Denken und schließlich zum intuitiven Erkennen jeweils vergrößert. Im intuitiven Denken durchlaufe ich nicht länger nacheinander bestimmte allgemeine Erklärungsmuster, sondern erfasse in einem einzigen Akt etwas in seiner Singularität, die zunächst diskursiv, im Nacheinander, durchlaufenen Ideen schießen zu einer Gestalterkenntnis zusammen.

V.

Mit dem III. Teil, »Von dem Ursprung und der Natur der Affekte«, beginnen die Gedankengänge, die traditionell alleine als zur Ethik gehörend angesehen werden, in denen Spinoza die dem Menschen mögliche Freiheit bestimmen will. Um die Voraussetzungen dafür, daß es menschliche Freiheit überhaupt geben könnte, scheint es freilich schlecht zu stehen. Das läßt sich schon aus der Definition ersehen, die Spinoza bereits im 1. Teil von »frei« gegeben hat: »Dasjenige Ding soll frei heißen, das allein aus der Notwendigkeit seiner Natur heraus existiert und allein von sich her zum Handeln bestimmt wird; notwendig oder [wie Spinoza sich sogleich selber korrigiert] gezwungen dagegen dasjenige, das von einem anderen bestimmt wird, auf bestimmte und geregelte Weise zu existieren und etwas zu bewirken« (*Ethik* I, Definition 7). ›Frei‹ ist hier nicht der Gegenbegriff zu ›notwendig‹, sondern zu ›gezwungen‹. Freiheit wird hier nicht gegen Determination, sondern gegen Fremdbestimmung, d. h. als *Selbstbestimmung*, definiert, ein erstes Beispiel dafür, daß Spinoza den üblichen Dualismus, hier den von Freiheit und Notwendigkeit, hinter sich läßt. Dafür steht bei ihm der anscheinend paradoxe Ausdruck *libera necessitas*, *freie Notwendigkeit*. Im Sinne dieser Definition ist Gott oder die Substanz allein frei, denn sie existiert aus sich selbst, ohne auf sie einwirkende Umweltdinge. Der Mensch dagegen ist ein mit begrenzter Selbsterhaltungsmacht ausgestattetes endliches Ding, das für seine Existenz wie für sein Fortbestehen der Wirkung äußerer Ursachen bedarf und zudem in einen es übergreifenden Kausalzusammenhang eingebettet ist. Der Mensch erfährt also Zustandsveränderungen, die nicht »aus der Notwendigkeit seiner Natur heraus« erfolgen, d. h., er erleidet notwendig manches, so daß er also niemals in diesem Sinne absolut frei sein kann. Es kann nur darum gehen zu bestimmen, wie weit die Freiheit des Menschen unter diesen Bedingungen sich erstrecken, inwieweit er gleichwohl selbstbestimmt agieren kann. Statt eines Entweder-Oder geht es bei der Ermittlung der dem Menschen möglichen Freiheit »nur« um ein Mehr oder Weniger, und ebendiese Formulierung des Freiheitsproblems hat ihre humanisierenden Effekte.

Mit dieser Ansicht widerspricht Spinoza der Auffassung, daß der Mensch »über seine Handlungen eine unbedingte Macht hat und von nichts anderem als von sich selbst bestimmt wird« (*Ethik* IV, Vorrede). Nach dieser Auffassung wird der Mensch als nicht der Naturordnung unterworfen, ihr vielmehr entzogen, als »Staat im Staate« vorgestellt. Wenn die Erfahrung gleichwohl zeigt, daß wir eine solche Freiheit nicht haben, sondern oft »das Bessere sehen und dem Schlechteren folgen«, so fragt man nicht nach einer Theorie, die dieses Phänomen erklärt, sondern bejammert lieber die Fehlerhaftigkeit der menschlichen Natur – in allen Variationen der Erbsündenlehre. In dieser Auffassung sind zudem zwei unbewiesene bzw. unbeweisbare Voraussetzungen gemacht:

1. Voraussetzung: Wenn man unter einer mentalen Handlung etwas versteht, das auch eine Körperbewegung impliziert, dann wird das allgemein so verstanden, daß »der Geist ... den Körper zu Bewegung und Ruhe (bestimmen) kann. Nun kann aber weder der Körper den Geist zum Denken noch der Geist den Körper zu Ruhe oder Bewegung bestimmen« (*Ethik* III Lehrsatz 2). Niemand, der das behauptet hat, hat angeben können, wie das zu denken ist. Vielmehr sind die Körperwelt und die Welt des Geistes zwei Dimensionen derselben Wirklichkeit: »der Geist und der Körper (sind) ein und dasselbe Ding ..., das bald unter dem Attribut Denken, bald unter dem Attribut Ausdehnung begriffen wird« (*Ethik* III, Lehrsatz 2, Anmerkung) – woraus folgt, daß jede wissenschaftliche Erklärung sich innerhalb der attributsspezifischen Begrifflichkeit bewegen muß. Wieder ist der Dualismus von idealistischen, den Geist als die eigentliche Wirklichkeit ansehenden, und materialistischen Positionen transzendiert. Spinozas Hinweis darauf, daß zu seiner Zeit das Wissen davon, was der Körper vermag, noch gegen Null tendiert, kann als Programm einer physiologischen Forschung gelesen werden, und die Er-

gebnisse solcher Forschungen haben immer wieder Veranlassung gegeben, für eine konsistente Deutung auf Spinozas Lehre Bezug zu nehmen.

2. Voraussetzung: Wenn man dem Geist eine *unbedingte Macht über die Leidenschaften* zuschreibt, ist vorausgesetzt, daß die Ideen qua Ideen, d. h. qua ihres kognitiven Gehalts, auf die Affekte einwirken können. Tatsächlich kann aber ein Affekt nicht durch eine Idee, sondern nur durch einen entgegengesetzten stärkeren Affekt aufgehoben werden (*Ethik* V, Lehrsatz 7).

Um die dem Menschen mögliche Freiheit, das Ausmaß seines selbstbestimmten Agierens, ermitteln zu können, muß man wissen, »was die Natur und Kräfte der Affekte sind und was andererseits der Geist vermag, um sie zu mäßigen«, aber das hat, so schreibt Spinoza, »soviel ich weiß, noch niemand bestimmt« (*Ethik* III, Vorwort). Es bedarf also einer wissenschaftlichen Theorie der menschlichen Affektivität, die als Teil der Natur gesetzmäßig strukturiert ist und deren Gesetzmäßigkeiten sowie das Verhältnis der affektiven zur kognitiven Dimension des Geistes allererst ermittelt werden müssen. Statt über die Fehlerhaftigkeit der menschlichen Natur zu lamentieren, muß man also »menschliche Handlungen und Triebe geradeso betrachten, als ginge es um Linien, Flächen oder Körper«. Dieses Programm einer *wertfreien* – erste präzise Formulierung des Wertfreiheitsprinzips – wissenschaftlichen Psychologie, die eine rationale Theorie der möglicherweise unaufhebbaren Irrationalität menschlicher Handlungsantriebe oder Motivationen wäre – hier ist der Dualismus von Rationalismus und Irrationalismus gesprengt –, hat immer wieder die heftigste Empörung hervorgerufen, bei den protestantischen Theologen des 17. Jahrhunderts nicht anders als bei Horkheimer und Adorno im vorigen Jahrhundert.[2]

---

2 »Aufklärung verweist den Unterschied [zwischen den sittlichen Kräften und den unsittlichen] aus der Theorie. Sie betrachtet die Leidenschaften ›ac si quaestio de lineis, planis aut de corporibus esset‹

»Unter Affekt verstehe ich Affektionen des Körpers, von denen die Wirkungsmacht des Körpers vermehrt oder vermindert wird, gefördert und gehemmt wird, und zugleich die Ideen dieser Affektionen« (*Ethik* III, Definition 2). Sind die Affekte allein durch uns selber verursacht, sind wir deren adäquate und nicht nur partielle Ursache, so ist der Affekt »eine Aktivität, im anderen Fall eine Leidenschaft« (ebd.). Die grundlegenden Mechanismen unseres Affektlebens bestimmt Spinoza nun im Ausgang von dem, was die allgemeine Ontologie über den ontologischen Status der Modi als endlicher Dinge, zu denen auch der Mensch zählt, ergeben hat: Wie jedes andere Ding in der Natur ist der Mensch ontologisch als Streben nach Selbsterhaltung definiert, deren Grundform, auf Körper und Geist zugleich bezogen, als Trieb, auf den Geist alleine bezogen, als Wille und »als Trieb mit dem Bewußtsein des Triebes« als Begierde definiert wird (*Ethik* III, Lehrsatz 10, Anm.). Da der menschliche Körper kraft seines Eingebundenseins in einen Determinationszusammenhang in vielfacher Weise mit anderen Dingen in Wechselwirkung und auch in Austauschbeziehungen steht, von denen einige seine Wirkungskraft vermehren, andere sie vermindern, sind die dem entsprechenden Ideen des Geistes von Leidenschaften begleitet, die, wenn unsere Daseinsmacht und damit auch die Wirkungskraft unseres Körpers vermehrt wird, positiv sind: Wir *freuen* uns; wenn unsere Wirkungskraft dadurch vermindert wird, sind wir *traurig*. Da der Mensch essentiell Begierde ist (*Ethik* IV, Anhang, Hauptsatz 1), strebt er danach, sich zu freuen, und sucht Trauer zu vermeiden. Der Affekt, der in uns entsteht, wenn wir uns ein *äußeres* Ding als Ursache der Vermehrung unserer Wirkungsmacht und daher unserer Freude *vorstellen*, ist Liebe, im umgekehrten Fall Haß. Es kommt also

(Spinoza, *Ethica*. Pars III. Praefatio).« Die Autoren fügen hinzu: »Die totalitäre Ordnung hat damit ganz Ernst gemacht«, und ziehen eine Linie von Spinoza über de Sade bis zum Faschismus (Horkheimer/Adorno 1947, 105).

gar nicht darauf an, ob die unterstellte Ursächlichkeit tatsächlich existiert, sondern darauf, daß wir uns das vorstellen. Lernen wir die wahre Ursache kennen, so erlischt, wenn keine anderen prägenden Erfahrungen vorhergehen, die Liebe bzw. der Haß. Wenn unsere Handlungspläne z. B. gescheitert sind und wir uns vorstellen, der Kollege X habe dieses Scheitern verursacht, so hassen wir ihn; erfahren wir später, daß er gar nicht beteiligt war, so erlischt der Haß.

Daß der Mensch auf bestimmte äußere Güter als Bedingung seiner Selbsterhaltung und -steigerung angewiesen ist, daß deren Besitz also Freude bereitet, heißt nichts anderes, als daß der Affekt der Freude, der durch das Einwirken äußerer Ursachen auf uns mit der Folge der Steigerung unserer Selbsterhaltungsmacht in uns entsteht, eine *Leidenschaft* ist.[3] Freude ist also nicht extensionsgleich mit selbstverursachter Selbststeigerung, und Leiden ist ebensowenig extensionsgleich mit fremdverursachter Trauer. Nur so ist zu erklären, warum wir uns in unserem Selbsterhaltungsstreben auf äußere Güter fixieren können, bis hin zur Sucht:[4] Das resultiert daraus, daß wir auf kontingente Güter angewiesen sind, die uns Freude bereiten, so daß das Scheitern eines auf sie gerichteten Besitzstrebens Trauer als negativen Affekt hervorruft. Dieser Affekt ist um so intensiver, je mehr Freiheit, eine je größere Möglichkeit, auch anders zu agieren, wir den an der Interaktion beteiligten anderen zuschreiben (*Ethik* III, Lehrsatz 49);[5] denn dann entsteht in uns Trauer, verbunden

3 »Unter Freude will ich demnach im folgenden diejenigen *Leidenschaften* verstehen, in denen der Geist zu einer größeren Vollkommenheit übergeht« (*Ethik* III, Lehrsatz 11, Anmerkung; Kursivierung nicht im Original).

4 Nimmt man an, daß Freude nur aus selbstbestimmtem Tun resultiert – angeblich eine Folge der »rationalistischen« Anlage der Ethik Spinozas –, dann wird die Fixierung unseres Selbsterhaltungsstrebens auf äußere Güter ganz und gar unverständlich.

5 Die von der Sozialpsychologie entwickelte Askriptionstheorie

mit der Vorstellung eines anderen Dinges (hier also: eines anderen Menschen) als der Ursache unserer Trauer, das leicht auch hätte anders handeln können; d. h., wir hassen es um so mehr. Die Einsicht in die Mechanismen, denen unser Affektleben unterliegt, hat einen toleranzfördernden Effekt, statt uns auf unsere negativen Affekte zu fixieren!

Spinoza deckt noch einen anderen grundlegenden Mechanismus des Affektlebens auf. Es ist der allen Menschen eigene Mechanismus der *imitatio affectuum*, das Überspringen einer am anderen wahrgenommen affektiven Verfaßtheit auf uns selber auf Grund der Ähnlichkeit zwischen uns und ihm.[6] Wenn wir uns also über etwas freuen und bemerken, daß ein anderer sich darüber ebenfalls freut, so intensiviert sich unser Affekt. Daraus erklärt sich ein Grundzug unserer Kommunikation mit anderen Menschen, das, was Spinoza den Eigensinn *(suum ingenium)* des Menschen nennt (*Ethik* III, Lehrsatz 31, Anmerkung): Wir streben danach, daß andere nach unserem eigenen Sinne leben, d. h. das schätzen, was wir schätzen, das verurteilen, was wir verurteilen, weil sich dadurch unser Affekt intensiviert. Nun führt die Wirksamkeit dieses Mechanismus aber gerade zu Konkurrenz und Konflikt (*Ethik* III, Lehrsatz 27, Zusatz, Lehrsatz 32). Wenn ich ein Ding liebe, werde ich wegen der zu erwartenden Affektsteigerung versuchen, meine Wertschätzung dieses Dinges auf andere zu übertragen. Gelingt das, dann springt meine Liebe zu diesem Ding auf den anderen über; kann aber nur einer dieses andere Ding haben, so entsteht daraus Konkurrenz. Wenn ich z. B. meinen Partner oder meine Partnerin der Intelligenz wegen besonders schätze oder liebe und kraft des Strebens, daß alle

(Theorie der Zuschreibung) hat, wie ihr Hauptvertreter Fritz Heider selber angibt, einen ihrer Ursprünge in Spinozas *Ethik*.
6 Das wird später (Max Scheler) »Gefühlsansteckung« oder (Sozialpsychologie) »Empathie« genannt werden. Die Einsicht in die Gesetze der Affektübertragung ist auch zur Grundlage einer Massenpsychologie gemacht worden.

nach meinem eigenen Sinne leben, andere von den Vorzügen dieses Partners oder dieser Partnerin zu überzeugen suche, so fürchte ich doch zugleich, daß die anderen mir glauben (*Ethik* IV, Lehrsatz 37, Anmerkung 1). Ungesellige Geselligkeit wird man das später nennen. Und wenn das, was ich liebe, von einem anderen gehaßt wird, entsteht eine affektive Dissonanz, die ich möglichst rasch zu beseitigen strebe.

VI.

Der Übergang zur ethischen Reflexion im eigentlichen Sinne geschieht in der Vorrede zum IV. Teil »Von der menschlichen Knechtschaft oder von den Kräften der Affekte«. Spinoza rechtfertigt in diesem Teil die Bildung einer Idee des Menschen, »gleichsam als Musterbild der menschlichen Natur« (*naturae humanae exemplar*, *Ethik* IV, Vorrede), an dem sich das Streben nach selbstbestimmter, die Leidenschaften zähmender Lebensführung orientieren soll. Da Ethik als Theorie des Guten darauf angewiesen ist, *Wertprädikate* zu verwenden, da Spinoza aber schon zuvor (vgl. unter III.) nachgewiesen hatte, daß Wertprädikate nicht eigentlich Eigenschaften von Dingen, sondern nur subjektive Präferenzen ausdrücken, die fälschlich auf die präferierten Dinge als deren Eigenschaften projiziert werden – ganz analog den subjektiven Sinnesqualitäten –, scheint er sich selber die Basis für eine Ethik entzogen zu haben. Spinoza rekapituliert auch zunächst ausführlich die Genese von Wertprädikaten wie ›vollkommen‹ und ›unvollkommen‹, ›gut‹ und ›schlecht‹ ausführlich. Er fährt aber überraschenderweise fort: »Allein, obgleich dies so ist, müssen wir doch diese Wörter beibehalten« (*Ethik* IV, Vorrede). Der Grund dafür, sich an einem solchen »Musterbild« zu orientieren, ist, daß sich in einem derartigen Selbstbild, auch wenn es sich der Einbildungskraft verdankt, gleichwohl das Selbsterhaltungsstreben artikuliert – nicht mehr bezogen auf andere Dinge, sondern in Rückwendung des Menschen auf sich selbst und daher in Form des praktischen Selbstbewußtseins. Als solches bleibt es, gemäß der Theorie des vorstellenden Denkens, auch dann affektiv wirksam, wenn wir abstrakt wissen, daß das entworfene Selbstbild fiktiv ist. Worauf es ankommt, ist, dieses Selbstbild so zu entwerfen, daß es mit dem, was der Mensch als endlicher Modus wirklich vermag, nicht in Widerspruch gerät, es also realistisch zu gestalten. In bezug auf das seinem Inhalt nach noch zu bestimmende Musterbild als Kriterium ist es dann möglich, die Wertprädikate ›gut‹ und ›schlecht‹ zu verwenden: Als ›gut‹ bezeichnet Spinoza dasjenige, von dem wir »*mit Sicherheit* wissen, daß es ein Mittel ist, dem Musterbild der menschlichen Natur … näher und näher zu kommen; unter schlecht dagegen das, wovon wir mit Sicherheit wissen, daß es uns im Wege steht, diesem Musterbild zu entsprechen« (*Ethik* IV, Vorrede). So sind die Wertprädikate bezüglich dieser Mittel nicht mehr im selben Sinne rein subjektiv und schwankend in ihrem Gebrauch, wie das unter der Dominanz der Leidenschaften der Fall ist.

Um diese Gewißheit über taugliche Mittel zu erlangen, bedarf es einer schonungslosen Analyse zunächst dessen, was der Mensch als affektbestimmtes Wesen gerade *nicht* vermag; daraus erklärt sich, daß Teil IV von der *Knechtschaft (servitute)* handelt. Die Relevanz dieser Selbstaufklärung über die Leidenschaften und ihre Macht über des Menschen Tun besteht zum einen darin, daß wir einerseits unsere Anstrengungen nicht auf etwas verschwenden, das unsere Kräfte übersteigt, so daß wir uns selber Niederlagen bereiten, deren erinnernde Wiederholung uns nur weiter schwächt. Zum anderen hat eine solche Analyse ihren Nutzen darin, daß wir nur so die Ansatzpunkte dafür zu bestimmen vermögen, unsere eigene Wirkungsmacht unter Respektierung dieser Gesetze zu steigern und uns so ein sicheres Gut zu verschaffen.

Die Analyse ergibt zunächst, daß der Mensch notwendigerweise ein Teil der Natur ist[7] und daher fremdbestimmt exi-

7 Die Ausführungen über das Eingebundensein des Menschen in einen ihn übergreifenden Naturzusammenhang sind seit der Mitte

stiert, d. h. Leidenschaften unterworfen ist (*Ethik* IV, Lehrsatz 4). Da ein Affekt nicht durch Erkenntnis, sondern nur durch einen entgegengesetzten und stärkeren Affekt aufgehoben werden kann (*Ethik* IV, Lehrsätze 7 und 14) und die Stärke eines Affektes von der vorgestellten Modalität – Notwendigkeit, Möglichkeit, Wahrscheinlichkeit – sowie von der Vorstellung der räumlichen und zeitlichen Entfernung von Ereignissen abhängt, ergibt sich, daß auch die Vorstellung eines gemäß der oben gegebenen Definition wahren Gutes, was seine affektive Kraft betrifft, von der Vorstellung anderer, z. B. zeitlich näherer, Dinge vielfach übertroffen wird, so daß erklärt ist, was die Erfahrung lehrt: »Ich sehe das bessere und billige es, dem schlechteren aber folge ich« (*Ethik* IV, Lehrsatz 17, Anmerkung).

Wie steht es aber mit dem, was die Vernunft vermag, um uns von der Leidenschaftsbestimmtheit unseres Agierens zu befreien? Da die Vernunft »nichts gegen die Natur« fordert, sind Selbstliebe, die Suche des eigenen Vorteils, d. h. des eigenen Nutzens, nicht unvernünftig (*Ethik* IV, Lehrsatz 18, Anmerkung). Da Tugend nichts anderes ist, »als nach den Gesetzen der eigenen Natur [und damit selbst-, nicht fremdbestimmt zu] handeln« (ebd.), ist vernunftgeleitetes Selbsterhaltungsstreben die Grundlage der Tugend. Nun hatte Spinoza zuvor gezeigt, daß wir nur dann, wenn wir adäquat erkennen, im strikten Sinne handeln, weil die Abfolge und Verkettung der Ideen unseres Geistes in diesem Falle ganz und gar durch die Natur unseres Geistes selber bestimmt ist. Diesem Aktivsein als einer Steigerung der Selbsterhaltungskraft korrespondiert ein positiver Affekt der Freude (vgl. *Ethik* III, Lehrsatz 50), so daß wir Erkenntnis als sicheres Mittel zur Führung eines selbstbestimmten Lebens und damit als ein sicheres Gut bestimmen können. Da ferner verschiedene Menschen im adäquaten Erkennen übereinstimmen, während sie

des 20. Jahrhunderts vielfach zum Ansatzpunkt ökologischer Theorien gemacht worden.

als leidenschaftsbestimmte miteinander in Konflikt geraten können, wird jeder andere darin unterstützen, dieses Gut ebenfalls zu erlangen: »Das Gut, nach dem jeder, der den Weg der Tugend geht, für sich selbst verlangt, wird er auch für andere Menschen begehren« (*Ethik* IV, Lehrsatz 37). Erkenntnis erweist sich als ein besonderes Gut, als eines von der Art, daß der Genuß, den sein Besitz uns bereitet, dadurch, daß andere nach demselben Gut streben und es auch selber genießen, nicht eingeschränkt oder bedroht (*Ethik* IV, Lehrsatz 36), vielmehr intensiviert wird. Darüber hinaus ermöglicht Erkenntnis es uns, die soziale Seite unseres Eigensinnes in nicht konfliktträchtiger Weise zu betätigen, den Trieb nämlich, alle anderen nach unserem Eigensinne denken und leben zu sehen (s. o. unter V.), ohne daß eine Übermächtigung der anderen stattfände; der Besitz dieses Gutes ist an den je eigenen Vollzug in einer für jeden Erkennenden selber durchsichtigen Weise, also an die selbstvollzogene und insofern spontane Verknüpfung von Ideen gebunden, so daß Zwang oder Überredung es gerade nicht auf andere transferieren können. Weil nun Erkenntnis etwas ist, das jeder für sich selber vollziehen muß und nur frei vollziehen kann, kann die Ethik als Lehre von dieser als dem höchsten Gut nicht in Form einer *Pflichtenethik* auftreten, sondern nur als *Tugendethik*, als Beschreibung und Begründung der im Erkennen dem Menschen möglichen Freiheit.

Mit dieser Ableitung der Zuwendung zu anderen und zur Förderung von deren Selbsterhaltungsstreben und -macht aus dem Eigeninteresse unterläuft Spinoza wiederum eine geläufige Antithese, hier auf dem Felde der »praktischen Vernunft«, nämlich diejenige zwischen Selbstliebe und Nutzenstreben einerseits, tugendhaftem Handeln andererseits. Wer tugendhaft handelt, tut das daher nicht um eines anderen Gutes willen; vielmehr ist die Tugend ihr eigener Lohn, so daß wir nicht der Fiktion einer weltjenseitigen sittlichen Weltordnung bedürfen, in der wir, weil wir durch tugendhaftes Leben glückswürdig geworden sind, hoffen dürften, wirklich glücklich zu werden.

Jenes Gesetz der – zeitlichen wie räumlichen – Nähe, dem-zufolge unsere Präferenzbildung immer durch das als näher Vorgestellte dominiert wird, läuft leer, sofern wir einen Zu-sammenhang adäquat, d. h., in seiner Notwendigkeit, erken-nen, d. h. Erkennen hebt Zeit auf (*Ethik* IV, Lehrsätze 62, 65, 66). Das Musterbild der menschlichen Natur ist also das des freien Menschen, d. h. eines solchen, »der bloß nach dem Gebot der Vernunft lebt« (*Ethik* IV, Lehrsatz 67). Wären wir immer schon so verfaßt, d.h., »würden die Menschen frei geboren, würden sie, solange sie frei bleiben, keinen Begriff von gut und schlecht bilden« (*Ethik* IV, Lehrsatz 68), weil die Erkenntnis des Schlechten mit dem Affekt der Trauer verbun-den, also nicht Ausdruck allein unserer Natur, somit inadä-quat ist (*Ethik* IV, Lehrsatz 64) und weil ›gut‹ und ›schlecht‹ Korrelationsbegriffe sind. Der freie Mensch lebt so jenseits von gut und schlecht.

Indem das praktische Selbstbewußtsein sich einen Begriff seiner selbst als eines Musterbildes vorausentwirft und sich daran in seiner Präferenzbildung orientiert, operiert es mit der grundlegenden Unterscheidung zwischen adäquatem und bloß vorstellendem Denken und setzt diese Unterscheidung innerhalb des vorstellenden Denkens selber wiederum pro-duktiv ein. Dieser Selbstentwurf verdankt sich nämlich nicht einer illusionären Überschätzung der Macht des Geistes, son-dern ist gerade im Ausgang von einer Affektenlehre entwik-kelt worden, die wie wohl keine sonst die relative Ohnmacht des Menschen im Ganzen der Natur, die Begrenztheit seiner Selbstbestimmungsmacht, präzise bestimmt hat.

VII.

Die ethische Arbeit als aktiver Umgang mit dem eigenen Affekthaushalt besteht, wie Spinoza in der ersten Hälfte des 5. Teils »Von der Macht des Verstandes« ausführt, darin, daß der Mensch sich die Mechanismen des Affektlebens, denen er wie alle anderen unterliegt, zunutze macht, um die Macht der

Leidenschaften über sein Tun zu mindern, wozu er wegen der Reflexivität aller Ideen prinzipiell in der Lage ist. So ist es ihm möglich, in der Einbildungskraft[8] seine negativen Affekte von der Vorstellung dessen, was er als Ursache seines Leidens ansieht, zu lösen und sie umzubesetzen (*Ethik* V, Lehrsatz 2), was eine Minderung der Trauer bzw. des Hasses bis hin zu deren Verschwinden bewirkt. Es ermöglicht ihm zum anderen, die Unvermeidlichkeit eines bestimmten, zunächst Leidenschaften hervorrufenden Handelns anderer und auch seiner selbst unter den gegebenen Umständen zu erkennen, womit die Leidenschaften in ihrer Intensität zumindest gemindert werden (*Ethik* 5, Lehrsatz 6). Indem er so ein *kognitives Verhältnis zu seinen eigenen Affekten gewinnt* und diese »Selbstüberlistung« der Affektmechanismen durch Vergegenwärtigung einübt, ermäßigt er damit die Macht der Leidenschaften und betätigt zugleich seine Denkkraft und steigert damit seine Selbsterhaltungsmacht. Erkennen wir, welches die Ursache der uns im Erkennen erfüllenden Freude ist, nämlich unser Bestimmtsein durch die Macht des Grundes aller Wirklichkeit, so erfüllt uns das mit Liebe zu diesem Grunde. Das ist der ganz positive, nicht mehr als Leidenschaft auftretende Affekt des *amor erga Deum*, der Liebe zu Gott.

8 Schon aus dem, was über die Funktion des Musterbildes menschlichen Lebens als einer sich selbst überholenden Fiktion ausgeführt wurde, ergibt sich, daß die Einbildung *(imaginatio)* bei Spinoza *auch* eine durchaus positive Funktion hat und nicht nur als »bloße Einbildung« im Gegensatz zum adäquaten Erkennen negativ besetzt ist, daß sie eine für die Selbsterhaltung des Menschen unentbehrliche Macht ist. So heißt es an einer viel früheren Stelle, in der Anmerkung zu *Ethik* II, Lehrsatz 17: »Denn wenn der Geist, während er nichtexistierende Dinge als gegenwärtig vorstellt [Phantasie], zugleich wüßte, daß diese Dinge in Wirklichkeit nicht existieren, würde er gewiß diese Macht des Vorstellens *(potentiam imaginandi)* einer Vorzüglichkeit und nicht einem Fehler seiner Natur zuschreiben, zumal dann, wenn eine solche Fähigkeit vorzustellen von seiner Natur allein abhinge, d. h. ... wenn des Geistes Fähigkeiten vorzustellen frei wären.«

In der zweiten Hälfte des V. Teils der *Ethik* treibt Spinoza den Gedankengang zur Bestimmung der dem Menschen möglichen Freiheit noch weiter voran: In dem Maße, in dem der Mensch wahre, d. h. konsistente und sachadäquate Ideen hat, denkt und erkennt er die Dinge so, wie sie in Gottes unendlichem Verstand sind, in dem es von allen Dingen, ihrer inneren Verfaßheit und ihrer Relation auf alle anderen Dinge, adäquate Ideen gibt, während die Substanz, d. h. Gott selber, nicht denkt. Indem und insoweit er Ewiges erkennt und in diesem Erkennen seine eigene Natur betätigt, kann der menschliche Geist ewig genannt werden und in diesem Erkennen und dem es begleitenden positiven Affekt des *amor Dei* Ruhe finden, obwohl er weiß, daß er »ewig [ist] *nur in diesem Leben*«[9].

Der Durchgang durch den Argumentationsgang der *Ethik* sollte vor allem deutlich machen, inwiefern es sich bei diesem Buch um ein Werk handelt, in dem es zentral um Ethik als Theorie des Weges zu selbstbestimmter Lebensführung geht, daß es als Theorie menschlicher Freiheit und zugleich so angelegt ist, daß dieser Weg in seiner Explikation und Begründung mitvollzogen wird. Man kann die Abfolge der Argumentation von Teil III bis Teil V lesen als eine Phänomenologie und eine Theorie des Gestaltwandels des praktischen Bewußtseins des Menschen, von der Hingegebenheit an äußere Güter über die quasimoralische Form eines praktischen Selbstbewußtseins zur Übereinstimmung mit sich und der Natur im Ganzen in der intellektuellen Gottesliebe. Es sollte auch deutlich werden, in welchem Maße Spinoza dabei die in der Geschichte der Philosophie dominierenden gegensätzlichen Positionen dadurch überwindet, daß er die darin erfaßten Momente in ein produktives Verhältnis wechselseitiger Konstitution versetzt – eine Spinoza eigentümliche Form von Dialektik. Daß er damit gerade das ethisch orientierte Philosophieren immer wieder irritiert, ergibt sich daraus, daß es in dieser Ethik keine Zwecke gibt, keinen freien Willen im Sinne

9 Diese Formulierung wählt, in der besten Interpretation des II. Teils von *Ethik* IV, die mir bekannt ist, Bartuschat 1996, 140.

absoluter Unbestimmtheit oder absoluter Selbstmächtigkeit, keine sittliche Weltordnung, kein Absehen vom je eigenen Nutzen, kein Böses. Es sind diese Eigentümlichkeiten, die mehr als 200 Jahre später Friedrich Nietzsche an Spinoza lobend hervorheben sollte, als ihm »dieser abnormste und einsamste Denker« als sein eigener »*Vorgänger*« erschien.

Für alle, die an einem nicht auf die vertrauten Interpretations- und Wertmuster ihrer geistigen Welt fixierten, in diesem Sinne radikalen Durchdenken der Stellung des Menschen in der Wirklichkeit interessiert sind, kann Spinozas *Ethik* zu einer Quelle neuer Einsichten, aber auch Dissonanzerfahrungen werden. Daß Spinoza unbeschadet seines Ausgangspunktes der relativen Ohnmacht menschlichen Selbsterhaltungsstrebens und der Determiniertheit alles Geschehens eine Theorie der Freiheit aus der Kraft des Geistes entwirft, mag der Grund dafür sein, daß Henri Bergson einmal gesagt hat, jeder Philosoph habe eigentlich zwei Philosophien, nämlich seine eigene und die Spinozas.

Literatur

Bartuschat, W. (1996): *Baruch de Spinoza*. München.

Bartuschat, W. (1992): *Spinozas Theorie des Menschen*. Hamburg.

Hecker, K. (1975): *Gesellschaftliche Wirklichkeit und Vernunft in der Philosophie Spinozas*. Regensburg.

Horkheimer, M./Adorno, T. W. (1947): *Dialektik der Aufklärung*. Amsterdam.

Seidel, H. (1994): *Spinoza zur Einführung*. Hamburg. (Zur Einführung; 105).

Spinoza, B. de (1999): *Ethik in geometrischer Ordnung dargestellt*. Lat.-dt. Hg. von W. Bartuschat. Hamburg.

›Baruch de Spinoza‹, in: *Großes Werklexikon der Philosophie*, Stuttgart 1999, Bd. 2, 1422–1441 (›Ethik‹-Artikel von Thomas Kisser).

Studia Spinozana (1991): *An International & Interdisciplinary Series*. Würzburg. Zu Spinozas ethischer Theorie vgl. vor allem Bd. 7.

Walther, M. (1971): *Metaphysik als Antitheologie. Die Philosophie Spinozas im Zusammenhang der religionsphilosophischen Problematik*. Hamburg.

BURKHARD TUSCHLING

Gottfried Wilhelm Leibniz:
Nouveaux Essais sur l'Entendement Humain

Leibniz' *Nouveaux Essais*[1] ist nicht nur ein außergewöhnliches Buch, es ist – und das wird den Leser vielleicht überraschen – revolutionär. Außergewöhnlich, ja ein Unikat, ist dieses Werk schon seiner literarischen Form wegen, denn es ist der – wenn ich recht sehe – einmalige Fall, daß ein großer Philosoph das Hauptwerk eines anderen großen Philosophen, seines Zeitgenossen, nicht nur kritisch rezensiert oder rezipiert, sondern dem Aufbau der Vorlage Buch für Buch, Kapitel für Kapitel, Paragraph für Paragraph folgend dessen Auffassungen vorträgt und ihnen seine eigene Position gegenüberstellt. Wer sich mit den *Nouveaux Essais* befaßt, hat es daher nicht nur mit einem, sondern mit zwei Klassikern und ihren Hauptwerken zu tun. Leibniz referiert in jedem Abschnitt John Lockes 1690 publizierten *Essay Concerning Human Understanding*[2], zu deutsch: *Versuch über den menschlichen Verstand*, um daran anschließend seine eigene Philosophie in der Auseinandersetzung mit Lockes Thesen und Argumenten als *Neue Versuche über den Verstand* oder eben als *Nouveaux Essais sur l'Entendement* zu präsentieren, zu profilieren, ja gelegentlich zu völlig neuen Positionen weiterzuentwickeln.

1 Im Folgenden zitiert nach der Ausgabe: Leibniz 1965, Bd. 5. In der Sekundärliteratur werden die philosophischen Schriften üblicherweise mit ›GP‹ abgekürzt und unter Angabe von Band- und Seitenzahl zitiert – im Unterschied zu den mathematischen Schriften Leibnizens, ebenfalls von Gerhardt herausgegeben, die durch ›GM‹ wiedergegeben werden.
2 Im Folgenden zitiert als Locke 1975 unter Angabe des Buchs in römischen Ziffern und des Kapitels und Paragraphen in arabischen Ziffern.

Leibniz hat diese Auseinandersetzung in Dialogform gekleidet. Ein Gesprächspartner, Philalethe oder Freund der Wahrheit genannt, referiert, manchmal Wort für Wort den Text des *Essay* wiedergebend, im allgemeinen aber konzentriert Lokkes Positionen. Dies nimmt dann – immer höflich und freundlich, wie es sich für Gentlemen des 17. und 18. Jahrhunderts gehört – der andere Gesprächspartner auf, Theophil genannt. Theophil ist eine gräzisierende Version von Gottlieb, Leibnizens Vornamen. Theophil also trägt die Auffassungen von Leibniz vor. Dem Lockeschen *Essay* folgend, ist das erste Buch der *Nouveaux Essais* den angeborenen Ideen, das zweite Buch den Ideen überhaupt und ihrem Ursprung, das dritte Buch den Worten oder der Sprache, das vierte Buch der Erkenntnis gewidmet. [I. Des notions inées, II. Des Idées, III. Des Mots (III.1: Des mots et du langage en general), IV. De la Connoissance].[3]

Außergewöhnlich ist nicht nur die literarische Form, sondern auch die Publikationsgeschichte dieses Werks. Leibniz hat es nicht veröffentlicht, u. a. weil Locke vor seiner Fertigstellung starb.[4] Publiziert wurden die *Nouveaux Essais* erstmals 1765, rund 50 Jahre nach Leibnizens Tod, zu einer Zeit, als Immanuel Kant gerade damit begann[5], eine *Kritik der reinen Vernunft*[6] zu konzipieren. Deshalb sind die *Nouveaux Essais* nicht nur als Dokument der Auseinandersetzung Leib-

3 Zu der literarischen Form hat sich Leibniz in der Préface, dem Vorwort zu den *Nouveaux Essais* (im Folgenden gelegentlich kurz: NE), näher und sehr differenziert geäußert. Es sei gut, heißt es dort u.a. (GP 5.42), gelegentlich die Schriften beider miteinander zu vergleichen und über Locke nur auf der Basis seines Textes zu urteilen.

4 Vgl. dazu die vom Herausgeber Gerhardt verfaßte Einleitung zu den NE, insbesondere GP 5.8 f.

5 Vgl. Kants Brief an Johann Heinrich Lambert vom 31.12.1765, in: Kant 1900 ff., X 54–57.

6 Dieser Titel erscheint erst fast sieben Jahre später, im Brief an Markus Herz vom 21.2.1772 zum ersten Mal.

nizens mit Locke relevant; sie sind auch für das Hauptwerk Kants von kaum zu überschätzender – wenn auch in der Sekundärliteratur umstrittener, ja weitgehend ignorierter – Bedeutung.

Außergewöhnlich sind nicht nur die Form und Rezeptionsgeschichte. Revolutionär ist zuallererst die in den *Nouveaux Essais* präsentierte Philosophie. Das erwartet man bei Leibniz nicht – das erwartet das gebildete Publikum nicht, aber die professionellen Kenner der Philosophie, jedenfalls in ihrer überwältigenden Mehrheit, erwarten es auch nicht. Leibniz – das ist doch u. a. die schon im 18. Jahrhundert, von und seit Voltaire, und sicherlich zu Recht ridikülisierte Theorie von dieser Welt als der besten aller möglichen. Leibniz – das ist die Monadologie, eine schon durch diesen ihren Grundbegriff abstoßende Metaphysik, die spätestens durch Kant überwunden worden ist. Schließlich ist Leibniz die Theorie der prästabilierten Harmonie, dieser gescheiterte Versuch, das bis heute umstrittene, wenn nicht unbegriffene Verhältnis von Seele oder Geist und Körper begreiflich zu machen. Das alles ist doch nur theologisierende Philosophie, eine durch die Aufklärung und, erneut insbesondere durch Kant, durch seine *Kritik der reinen Vernunft* und seine Widerlegung aller Gottesbeweise längst erledigte Metaphysik. Was könnte daran revolutionär sein? Ist das nicht ein Rückfall hinter Kant und die Aufklärung? Rückfall in eine Epoche vorwissenschaftlichen – oder: metaphysischen – Denkens, das wir seit dem Positivismus August Comtes, spätestens seit dem Logischen Positivismus Russells, Wittgensteins, Carnaps, des Wiener Kreises, Poppers und ihrer Schüler überwunden zu haben überzeugt sind? Leibniz – das ist sicher ein großer, heute noch bedeutender und relevanter Logiker und Mathematiker. Aber seine Philosophie, seine Metaphysik revolutionär? Das kann doch nicht sein. Oder doch? Schauen wir es uns genauer an.

Mir geht es bei dieser Durch- und Übersicht vor allem darum zu zeigen, daß es in diesen *Nouveaux Essais*, vor 300

100

Jahren geschrieben, vor fast 240 Jahren erstmals publiziert, tatsächlich etwas – ja einiges – gibt, was man in der ursprünglichen Bedeutung des Wortes revolutionär nennen kann, d.h. etwas, was das philosophische Denken umwälzt, umgewälzt hat. Es geht mir darum, nachvollziehbar zu machen, was es an und in diesen *Nouveaux Essais* Umwälzendes gibt, womit Leibniz die Philosophie zu neuen Begriffen, Ansätzen, Problemstellungen und, vielleicht auch, zu neuen Lösungen geführt hat. **Drei Wege** zu diesem Ziel oder drei Wege der Einführung in die *Nouveaux Essais* bieten sich an: **Der erste Weg** ist sehr direkt und deshalb, wie es scheint, kurz. Lockes Grundposition ist von ihm selbst gelegentlich in einem einzigen Satz oder, wie er selbst sagt, »in one word«[7] artikuliert worden. Dem widerspricht Leibniz, und dieser Widerspruch ist ebenfalls in einem einzigen Satz faßbar. **Der zweite Weg** ist die Darstellung der Grundmomente der Kontroverse, wie Leibniz selbst sie in der Préface, dem Vorwort zu den *Nouveaux Essais*, gegeben hat. **Der dritte Weg** ist die Darstellung der Positionen Lockes und Leibnizens im ganzen der *Nouveaux Essais* und des *Essay*, wenn schon nicht erschöpfend, so doch wenigstens im Überblick. Diesen dritten Weg kann und will ich hier nicht gehen. Der erste und der zweite Weg dagegen könnten den Leser dazu motivieren, den dritten selbst zu wählen. Schlagen wir also den ersten und anschließend auch den zweiten Weg ein.

Der erste dieser Wege ist, wie gesagt, mindestens scheinbar kurz. Er wird von Locke selbst zu Beginn des zweiten Buchs eröffnet, mit dem Locke – nach der vernichtenden Kritik der angeborenen Ideen im ersten Buch des *Essay* – die positive Darstellung seiner eigenen Philosophie beginnt. Es heißt dort:

»Die Seele, der Geist, ist also leer, weißes Papier, frei von Schriftzügen, von Eindrücken, ohne irgendeine Idee oder Vorstellung. Alles, was in ihr ist, was wir in ihr finden, hat eine einzige Quelle: die Er-

---

7 Locke 1975, II.1.2.

fahrung. Erfahrung allein ist also das Fundament all unserer Erkenntnis; aus ihr leitet sich in letzter Konsequenz alle Erkenntnis ab.« (Locke 1975, II.1.2)[8]

Wie man sieht, ist es, wenn die Philosophen behaupten, etwas mit einem Wort zu sagen, in der Regel nicht mit einem Wort oder einem Satz getan: Es sind gleich mehrere, mindestens drei Sätze, eine ganze Theorie. Wenn man dies nachvollzogen hat, kann man vielleicht doch – hier mit Locke – sagen: Die Frage, woher unsere Erkenntnis stammt und was sie begründet, läßt sich in einem Wort zusammenfassen: Erfahrung. Dem wird Kant – und, ihm höchst unterschiedlich folgend, die deutschen Idealisten von Fichte über Schelling zu Hegel hin – widersprechen: Nicht all unsere Erkenntnis stammt aus der Erfahrung; es gibt Erkenntnisse und Wissenschaften, die nicht empirisch sind, nicht der Beobachtung und dem Experiment, nicht der Sinnlichkeit entstammen. Sie entstammen vielmehr dem reinen Denken, einem Denken also, das »rein« genannt wird, weil es auch dann, wenn es auf Erfahrung und Sinnlichkeit bezogen ist, nicht der Erfahrung und auch nicht der Sinnlichkeit entstammt. Diesem Widerspruch Kants und der deutschen Idealisten gegen einen absoluten Empirismus hat Leibniz den Weg gewiesen. Leibniz hat nicht nur als erster der Lockeschen Überzeugung, all unser Wissen stamme aus der Erfahrung, widersprochen, sondern er hat, mit diesem Widerspruch verbunden, eine systematische Alternative entwickelt. Auch diese Alternativposition, mit der Leibniz den Lockeschen empiristischen Ansatz umwälzt, ist in einem einzigen Satz faßbar, obgleich es hier wieder, bei Lichte besehen, mit einem Satz nicht getan ist. Dieser eine Satz enthält eine ganze Theorie und ist nur aus bestimmten theoretischen Voraussetzungen heraus zu begreifen. Er lautet: »Nihil est in intellectu, quod non fuerit in sensu, excipe: nisi ipse intellec-

8 Übersetzung hier und im Folgenden, wenn nicht anders angegeben, von B. T.

tus.« In den Kontext der *Nouveaux Essais* eingeordnet, kann man ihn so wiedergeben: »Nichts ist im Denken, nichts im Verstand, das nicht der Sinnlichkeit, nicht der Erfahrung entstammt. Ausgenommen: der Verstand selbst.« Er, der Verstand, ist nicht sinnlich und nicht empirisch, sondern a priori und reines Denken.

Nun kann man sagen – und es wird gelegentlich gesagt –, daß dieser »nihil-est-in-intellectu«-Satz zusammen mit dem »ausgenommen« auch von Locke vertreten wird. In der Tat erklärt Locke, und zwar vor der Einführung von zwei Klassen von Ideen, nämlich den Ideen der Sinnlichkeit *(ideas of sensation)* und den Ideen der Reflexion *(ideas of reflection)*: Unsere Ideen haben zwei Quellen, einerseits die Sinnlichkeit, andererseits unseren Geist:

»Die zweite Quelle, aus der die Erfahrung den Verstand mit Ideen beliefert, ist die Wahrnehmung der Operationen unseres Geistes … diese Operationen liefern, wenn die Seele dazu gelangt, über sie zu reflektieren und nachzudenken, dem Verstand eine andere Reihe von Ideen, die von Dingen außer uns nicht zu bekommen sind. Solche Ideen sind etwa *Wahrnehmung, Denken, Zweifeln, Fürwahrhalten, Schlüsse ziehen, Wissen, Wollen* und all die verschiedenen Aktivitäten unseres eigenen Geistes. Diese nehmen wir, wenn wir ihrer bewußt sind und in uns selbst beobachten, als deutliche Ideen in unser Verstehen auf, genau so wie von Körpern, die unsere Sinne affizieren. Diese Quelle von Ideen hat jeder Mensch völlig in sich selbst.«[9]

Auch Locke also lehrt: Es gibt Elemente unseres Erkennens, unseres Denkens, ja, es gibt eine ganze Reihe von Ideen, die nicht der Sinnlichkeit entstammen. Diese Quelle von Ideen hat jeder in sich selbst. Leibniz drückt diesen Gedanken auch wie folgt aus: »Es gibt nichts im Denken, was nicht der Sinnlichkeit entstammt, ausgenommen: der Verstand selbst oder

9 Locke 1975, II.1.4.

derjenige, der begreift.«[10] Noch prägnanter also sagt Leibniz hier: Das erkennende Subjekt und sein Verstand sind nichtsinnlich und gehen der durch die Sinnlichkeit vermittelten Erfahrung als ihre Bedingung vorher. Dasselbe lehrt – so scheint es – auch Locke: Diese Quelle von Ideen ist das erkennende Subjekt selbst, und die dieser Quelle korrespondierenden oder aus ihr entspringenden Ideen resultieren nicht aus der Beobachtung von Dingen außer uns, sondern sie entstammen allein uns selbst. Liegt hier also gar kein Widerspruch, kein Konflikt zwischen Locke und Leibniz vor? Gentleman und Diplomat, der Leibniz sowohl charakterlich als auch beruflich gewesen ist, bemerkt er dies, und zwar sehr diplomatisch, indem er sagt: Vielleicht ist unser »habile auteur« gar nicht so weit von meiner Position entfernt (GP 5.45), und anschließend an den »nihil-est-in-intellectu«-Satz heißt es:

»Das stimmt sehr wohl mit der Auffassung des Autors des *Essay* überein, der die Quelle einer ganzen Reihe unserer Ideen in der Reflexion des Geistes auf seine eigene Natur sucht.« (GP 5.101)

Aber eine kleine – systematisch allerdings entscheidende – Differenz bleibt eben doch. Denn Locke sagt nicht: Diese Ideen der Reflexion entstammen nicht der Erfahrung, sie sind a priori. Er sagt im Gegenteil ausdrücklich: Es ist die Erfahrung, die uns diese Ideen liefert, auch wenn sie nicht sinnlich sind. Auch als nichtsinnliche Ideen sind sie nicht nichtempirisch oder a priori, sondern sie entstammen, wie alle anderen Ideen auch, der Erfahrung. Es ist genau dieses Moment, dem Leibniz – und, in diesem Punkt dezidiert Leibniz folgend, Kant schon im ersten Satz der *Kritik der reinen Vernunft* – widerspricht: Die Erfahrung ist notwendig, damit die Seele oder das erkennende Subjekt zu diesen oder jenen Vorstellungen, Gedanken oder Erkenntnissen bestimmt

10 »[il n'y a rien dans l'entendement, qui ne soit venu des sens,] excepté l'entendement même ou celuy qui entend.« (GP 6.502)

wird[11], oder sie erfährt. Sie ist notwendig, damit sich das Subjekt dieser Ideen, die in uns selbst sind und aus den »operations of our own mind« resultieren, bewußt wird. Aber in dieser Notwendigkeit ist die Erfahrung nur Anlaß, nicht Grund dieser Ideen, Begriffe, Formen und Prinzipien des reinen Denkens: Sie ist der Anlaß für den Verstand, von diesen Ideen Gebrauch zu machen[12], die er in sich selbst findet, weil sie – virtuell[13] – in ihm enthalten sind. Diese Ideen selbst, die Natur des reinen Denkens, der reine Verstand selbst, sind a priori, d. h., sie gehen systematisch der Erfahrung als Bedingung ihrer Möglichkeit vorher. Sinnlichkeit und Erfahrung sind nur der Anlaß dafür, daß diese Ideen, diese Begriffe und Formen des reinen Denkens, dieser reine Verstand in uns aktualisiert und aktiviert werden.

Oder schließlich: Es ist das erkennende Subjekt selbst – »ce-

---

11 »L'experience est necessaire, je l'avoue, afin que l'ame soit determinée à telles ou telles pensées, et afin qu'elle prenne garde aux idées qui sont en nous; mais le moyen que l'experience et les sens puissent donner des idées? L'ame a-t-elle des fenêtres, ressemble-t-elle à des tablettes? est-elle comme la cire? Il est visible que tous ceux qui pensent ainsi de l'ame, la rendent corporelle dans le fond. On m'opposera cet axiome receu parmy les philosophes, que rien n'est dans l'ame qui ne vienne des sens. Mais il faut excepter l'ame même et ses affections. Nihil est in intellectu, quod nun fuerit in sensu, excipe: nisi ipse intellectus. Or l'ame renferme *l'estre, la substance, l'un, le même, la cause, la perception, le raisonnement*, et quantité d'autres notions que les sens ne sauroient donner. Cela s'accorde assés avec vostre Auteur de l'Essay, qui cherche la source d'une bonne partie des idées dans la reflexion de l'esprit sur sa propre nature.« (GP 5.100 f.)

12 »... l'ame contient originairement les principes de plusieurs notions et doctrines que les objets externes reveillent seulement dans l'occasion comme je crois avec Platon et même avec l'Ecole ...« (GP 5.42)

13 »Il semble que nostre habile Auteur pretend qu'il n'y a rien de virtuel en nous et même rien dont nous ne nous appercevions tousjours actuellement ...« (GP 5.45)

luy qui entend«: das Subjekt des Verstehens, das kraft seiner *spontanéité*[14] tätig wird und dadurch seine Erfahrung und zugleich das, was es erfährt, durch den Gebrauch der in ihm enthaltenen und virtuell durchgängig verfügbaren Formen des reinen Denkens möglich macht und aktual als Gegenstände seines Erfahrens und, in ihrer Gesamtheit, als die Welt der Gegenstände seiner Erfahrung erzeugt. Dieser Gedanke – der das Zentrum dessen ist, was Kant selbst dann als die kopernikanische Revolution der Metaphysik durch den von ihm entwickelten *transzendentalen Idealismus* bezeichnen wird[15] – dieser Gedanke hat hier in dem »excipe: nisi intellectus ipse/... excepté l'entendement même ou celuy qui entend« seinen Ursprung: Unser Erkennen, Erkenntnis und Wissenschaft ganz allgemein, ist nicht ausschließlich empirisch, nicht nur passiv und rezeptiv. Das erkennende Subjekt in seiner Aktivität und Spontaneität als reines Denken, Begreifen, Verstehen und Schließen ist nicht nur unabhängig von Sinnlichkeit und Erfahrung: Dieses Subjekt, dieses reine Denken ist a priori, es geht der Erfahrung nicht nur vorher; diese Apriorität bedeutet mehr, sie ist, in der Kantischen Bedeutung des Wortes, ›transzendental‹[16]: Das Subjekt in der Spontaneität seines reinen Denkens ist selbst der Grund der Erfahrung und ihrer Gegenstände, die es vermittelst der in ihm enthaltenen Begriffe und Prinzipien denkt und dadurch erzeugt.

Leibniz widerspricht Locke also radikal und zeigt oder deutet zumindest an, daß Locke da, wo er dieselbe Position vertritt und lehrt, nämlich, daß es eine Klasse von Ideen gibt, die nicht der Sinnlichkeit entstammen, sich selbst widerspricht oder, etwas feiner formuliert, sich einschränkt. Denn Locke

14 GP 5.65.
15 Kant, *Kritik der reinen Vernunft* B XVIf.
16 Kant, *Kritik der reinen Vernunft* B 25: »Ich nenne alle Erkenntnis transzendental, die sich nicht sowohl mit Gegenständen, sondern mit unserer Erkenntnisart von Gegenständen, insofern diese a priori möglich sein soll, überhaupt beschäftigt.«

sagt einerseits: »Diese Quelle von Ideen hat jeder Mensch allein in sich selbst« (Locke 1975, II.1.4); diese Quelle ist: der Verstand des Menschen, seine Natur, nicht die Erfahrung. Andererseits erklärt er: Diese Ideen werden uns von der Erfahrung geliefert; diese nichtsinnlichen Ideen sind empirisch, wie alle anderen Ideen auch. Zugleich impliziert gerade diese letzte Behauptung auch: Diese Ideen entstammen nicht der Sinnlichkeit und nicht der Erfahrung, sondern dem Verstand des Menschen allein. Erfahrung und sinnliche Wahrnehmung von Dingen außer uns vermitteln also zwar »the perception of the operations of our own minds«. Aber Erfahrung und sinnliche Wahrnehmung von Dingen außer uns setzen diese »operations«, ihre nichtsinnlichen Elemente, »ideas« und Formen als Bedingungen der Möglichkeit der Erfahrung und ihrer Gegenstände a priori voraus. Kurz und strikt formuliert besagt dieser Widerspruch: Erfahrung ist der Ursprung auch dieser Ideen, der ideas of REFLECTION; und: Erfahrung ist nicht der Ursprung dieser Ideen. Diese beiden einander widersprechenden Aussagen sind u. a. in dem folgenden Satz enthalten:

»… the other fountain from which experience furnisheth the understanding with ideas is – *the perception of the operations of our own minds* … which operations, when the soul comes to reflect on, and consider, do furnish the understanding with another set of ideas which could not be had from things without …«[17]

Schon der erste Teilsatz, »the other fountain from which experience furnisheth the understanding with ideas«, besagt beides: Erfahrung ist die Quelle dieser Ideen, denn sie »furnisheth the understanding with ideas«; und: Erfahrung ist nicht ihre Quelle, denn »the other fountain«, so heißt es, ist »the perception of the operations of our own minds«: sie,

17 Locke 1975, II.1.4; vgl. auch den gesamten Kontext Locke 1975, II.1.2–4.

diese »operations« und ihre »perception«, also sind die zweite Quelle von Ideen, nicht die Erfahrung, der mit dem »from which« nur eine untergeordnete Funktion zugeschrieben wird. Denn »from which experience furnisheth the understanding with ideas« besagt: Erfahrung setzt diese zweite Quelle voraus. Diese zweite Quelle, nämlich die *»perception of the operations of our own minds«*, verbunden mit Reflexion über diese »operations«, von Locke beide zusammenfassend ›REFLECTION‹ genannt, geht der Erfahrung systematisch vorher. Der zweite Teilsatz widerspricht mit der Behauptung »which operations, when the soul comes to reflect on, and consider, do furnish the understanding with another set of ideas« der These des ersten Teilsatzes expressis verbis: Es sind diese *»operations of our own minds«*, nicht ihre *»perception«*, nicht die Erfahrung, sondern es heißt ausdrücklich: which operations furnish the understanding with another set of ideas, die also die Ideen der Reflexion liefern, ihre Quelle sind. Die *operations of our own minds* sind also nicht empirischen Ursprungs, sondern als Voraussetzung oder Bedingung der Möglichkeit der Erfahrung sind sie a priori. Empirisch sind nur ihre *perception* und die REFLECTION darüber als das Medium oder die Quelle dieser *ideas of reflection*.

So ergibt sich: Durch Erfahrung ist nur unser Gewahrwerden dieses »another set of ideas« vermittelt, »when the soul comes to reflect on, and consider«. Ihre Quelle ist die Erfahrung nicht. Die *operations of our own minds* gehen ihrer *perception* als absolute Voraussetzung vorher. Die *operations,* ihre *perception,* REFLECTION als Medium, mittels dessen *Experience* die nichtsinnlichen *ideas of reflection* als Resultat aus der Beobachtung der *operations* ableitet, schließlich die Formen dieses reinen nichtsinnlichen Denkens, die Begriffe und Prinzipien, deren Ausdruck die durch Erfahrung abgeleiteten *ideas of reflection* sind: All dies – die gesamte Systematik der operations und Aktivitäten of the mind und die für diese Systematik als Funktionszusammenhang konstitutiven Momente – ist nicht empirisch, sondern Voraussetzung und

Grundlage allen Erfahrens, daher und in dieser Bedeutung a priori. Festzuhalten bleibt: Seinem »in one word: *From Experience*«, der Behauptung der Erfahrung als einziger Quelle aller Ideen widersprechend, stellt Locke gleich anschließend ausdrücklich zwei Quellen der »ideas« vor, SENSATION/ Sinnlichkeit, die eindeutig empirisch ist; und REFLECTION/ das Denken, das in seiner Funktion als Voraussetzung von *perception* nicht empirisch ist. Genau diesen Widerspruch wird Kant im ersten Satz der *Kritik der reinen Vernunft* von 1787 auflösen oder aufzulösen versuchen:

»Daß alle unsere Erkenntnis mit der Erfahrung anfange, daran ist gar kein Zweifel; denn wodurch sollte das Erkenntnisvermögen sonst zur Ausübung erweckt[18] werden, geschähe es nicht durch Gegenstände, die unsere Sinne rühren und teils von selbst Vorstellungen bewirken, teils unsere Verstandestätigkeit in Bewegung bringen ... Der Zeit nach geht also keine Erkenntnis in uns vor der Erfahrung vorher, und mit dieser fängt alle an. Wenn aber gleich alle unsere Erkenntnis mit der Erfahrung anhebt, so entspringt sie darum doch nicht eben alle aus der Erfahrung. Denn es könnte wohl sein, daß selbst unsere Erfahrungserkenntnis ein Zusammengesetztes aus dem sei, was wir durch Eindrücke empfangen, und dem, was unser eigenes Erkenntnisvermögen (durch sinnliche Eindrücke bloß veranlaßt) aus sich selbst hergibt ...«[19]

Ebendiesen für die *transzendentale Logik* der Kategorien und der Grundsätze des reinen Verstandes von Kants *Kritik der reinen Vernunft* konstitutiven Gedanken entwickelt schon Leibniz, und zwar auch in den *Nouveaux Essais* bei der Präsenta-

---

18 Vgl. dazu das Leibnizsche »réveiller« in der früher schon zitierten Passage der Préface 5.42: »... l'ame contient originairement les principes de plusieurs notions et doctrines que les objets externes reveillent seulement dans l'occasion comme je crois avec Platon et même avec l'Ecole ...« (GP 5.42)
19 Kant, *Kritik der reinen Vernunft* B 1

tion eines völlig neuen Konzepts von Erkenntnis und Wissenschaft:

>Daraus ergibt sich noch eine weitere Frage, ob nämlich alle Wahrheiten auf der Erfahrung, d. h. auf Beobachtung und Induktion beruhen oder ob es Wahrheiten gibt, die ein anderes Fundament haben. Denn wenn man Ereignisse vorhersehen kann, bevor man irgendeine Erfahrung oder irgendeinen empirischen Beleg dafür hat, dann ist es evident, daß wir dazu etwas von dem unsrigen beitragen.« (GP 5.42 f.)

Dieser Gedanke, daß wir zu unserer eigenen Erfahrung, damit zur Erfahrungserkenntnis überhaupt, aber auch zu ihren Gegenständen etwas beitragen, das für beides – für die Erkenntnis und ihre Gegenstände – konstitutiv ist; daß Erfahrung also, wie Kant in der eben zitierten Passage sagt, ein Zusammengesetztes aus dem ist, was wir empfangen, und dem, was unser Erkenntnisvermögen aus sich selbst hergibt, wodurch wir die Erfahrung machen, d. h. nicht einfach erleiden, sondern sie und ihre Gegenstände tätig und konstruktiv durch denkende Spontaneität erzeugen: Dies, verbunden mit dem Moment der Apriorität des reinen Denkens und seiner Formen, ist der systematisch erste revolutionäre Gedanke der *Nouveaux Essais*.

Es gibt deren noch mehr. Wenden wir uns gleich dem zweiten Weg, Leibnizens Resümee der Divergenzen seines eigenen Systems von demjenigen Lockes in der Préface der *Nouveaux Essais,* zu. Doch halten wir zuvor als Ergebnis des ersten Weges und unserer Betrachtung des Satzes »Nihil est in intellectu, quod non fuerit in sensu, excipe: nisi ipse intellectus« fest: Leibnizens »excipe« fördert den Lockeschen Widerspruch zutage, der besagt: Alle Ideen, alles Material unseres Erkennens und Wissens stammt aus der Erfahrung; »ideas of reflection«, die Ideen der Reflexion werden allein von der Erfahrung geliefert, stammen also, wie alle anderen Ideen auch, aus der Erfahrung. Und: Die »ideas of reflection« stammen nicht aus der Erfahrung, sondern aus uns selbst, aus der Natur des erkennenden Subjekts, die aller Erfahrung zugrunde liegt. Durch diesen Widerspruch wird Lockes Arbeit nicht wertlos, im Gegenteil: Locke hat durch seinen immanenten Widerspruch Leibniz dazu provoziert,

* die Funktionen des Denkens und der Sinnlichkeit, ihr Verhältnis zueinander neu zu bestimmen, ihr Zusammenwirken und ihrer beider Unentbehrlichkeit für Erkenntnis und Wissenschaft herauszuarbeiten;

* den systematischen Primat des Denkens und damit dieses Denken selbst als reines Denken, d. h. als System von Formen a priori, zu begreifen, und dies nicht so, wie es in vielen philosophischen Konzepten schon der Antike, aber auch etwa bei Descartes geschieht, nämlich so, daß das reine Denken allein und für sich genommen als Quelle oder gar als einzige Quelle des Erkennens und Wissens herausgestellt, Sinnlichkeit dagegen als Erkenntnisquelle herabgestuft oder gar absolut disqualifiziert wird;

* sondern den Primat des Denkens so zu begreifen, daß reines Denken und Sinnlichkeit aufeinander bezogen werden und nur miteinander verbunden Erkenntnis zustande kommt und so allein begriffen wird;

* daß also damit, wie Kant es ausdrückt, Erfahrung selbst als Produkt des erkennenden Subjekts begriffen wird, nämlich als »Zusammengesetztes aus dem …, was wir durch Eindrücke empfangen, und dem, was unser eigenes Erkenntnisvermögen … hergibt«.

Es ist also dieses scheinbar bescheidene, kleine Leibnizsche »excipe«, das

* den fundamentalen Widerspruch im Empirismus Lockes zutage fördert;

* zugleich das systematische Bezogensein des reinen Denkens auf die Sinnlichkeit und auf die Erfahrung artikuliert;

* dem erkennenden Subjekt und den Formen, Prinzipien, Begriffen und Grundsätzen seines reinen Denkens die konstitutive Funktion des Grundes und der Erzeugung aller

Erkenntnis, aller Erfahrung und ihrer Gegenstände, damit allen Wissens und aller Wissenschaft zuweist – das Subjekt also als *transzendentales*, als oberste und erste Bedingung der Möglichkeit aller Erkenntnis und aller Gegenstände begreift;

* eben damit eine Alternative anbietet zu einem absoluten Empirismus auf der einen Seite, einer sich im Formalen und den Abstraktionen des reinen Denkens erschöpfenden und deshalb nichtssagenden Metaphysik auf der anderen Seite oder schließlich eine Alternative zu einem an beidem – am Empirismus-Sensualismus und an der Schulmetaphysik – verzweifelnden Skeptizismus.[20]

Mit diesen Momenten macht Leibnizens Einspruch gegenüber Lockes Philosophie in der Geschichte der Entwicklung des Erkenntnisproblems in der Philosophie und der Wissenschaft der neueren Zeit Epoche. Dieser Einspruch ist ein systematisch bedeutender Wendepunkt oder eben: revolutionär. Leibniz ebnet der Kantischen *kopernikanischen Revolution* der Metaphysik den Weg. All dies wird, wie inzwischen deutlich geworden sein dürfte, in diesem einen Satz »Nihil est in intellectu, quod non fuerit in sensu, excipe: nisi ipse intellectus« nur dann sichtbar, wenn man ihn – ebenso wie Lockes »From Experience« – auf den Systemzusammenhang des Philosophierens, in dem er steht, bezieht.

Damit wenden wir uns nun endgültig **dem zweiten Weg**, d. h. Leibnizens Resümee der Divergenzen zwischen Lockes und seinem eigenen System, zu, um noch genauer zu sehen, in welchen Momenten die Begründung der Philosophie als Theorie des Erkennens, aber auch als Ontologie umgewälzt wird; nicht zuletzt um darüber hinaus zu sehen, welche anderen neuen Momente Leibniz in den *Nouveaux Essais* entwickelt, etwa, was den Begriff und die Systematik des Subjekts betrifft.

20 Wie ihn etwa Kants *Träume eines Geistersehers* repräsentieren (Kant 1900 ff., II 315–384).

Das Vorwort zu den *Nouveaux Essais* beginnt mit einem an Locke adressierten Kompliment: Der *Essay* sei eines der schönsten und am meisten geschätzten Werke der Zeit. Sodann erklärt Leibniz, er hoffe, seinen *Nouveaux Essais sur l'Entendement* eine günstigere Aufnahme beim Publikum zu verschaffen, indem er sie in so guter Gesellschaft – eben zusammen mit dem *Essay* des berühmten Locke – vorstelle. Worin sich Leibniz getäuscht hat, was die Sekundärliteratur betrifft, womit er aber recht behalten hat, was Philosophen ersten Ranges wie Kant betrifft. Leibniz fährt dann fort: Obwohl der Autor des *Essay* tausend schöne Dinge sage, die seinen Beifall fänden, divergierten ihrer beider Systeme erheblich. Lockes System habe mehr Bezug zu Aristoteles, das seine mehr zu Platon.[21] Damit kommt Leibniz auf die Divergenzen zu sprechen. Er stellt insbesondere die folgenden drei Komplexe heraus:

    1. Die Seele ist nicht, wie Locke behauptet, leer, weißes Papier, eine Tabula rasa, und die in sie eingetragenen Schrift-

---

21 Diese Feststellung ist ein bißchen irreführend. Denn gerade, was den Begriff des Intellekts, des Verstandes und seiner Formen a priori betrifft, ist Leibniz nicht Platoniker, sondern Aristoteliker. *Idee* ist bei Leibniz nicht wie bei Descartes und bei Locke der Name für Vorstellung – wie etwa ideas of sensible qualities or operations of the mind. Idee ist zuallererst ein ἐνόν εἶδος, das jedes Individuum zu dem macht, was es seinem Wesen oder seiner Natur nach wirklich ist, also die jedes Individuum zu seinem τὸ τί ἦν εἶναι (»was es heißt, dies zu sein«) bestimmende substantielle Form. Die Idee ist also nicht wie bei Platon eine ewig und unabhängig von aller Materie existierende Wesenheit, sondern wie bei Aristoteles eine ausschließlich in der Vereinigung mit einem Körper, mit Materie also, existierende und diesen Körper zu seinem τέλος bestimmende ἐντελέχεια, Materie und Körper zu dem also bestimmend, was das Individuum sein und wozu es sich selbst machen soll. Verständlich wird Leibnizens Selbsteinschätzung als Platoniker und die Einschätzung Lockes als Aristoteliker nur, wenn man begreift, daß Aristoteles ausschließlich als Empirist, Platon als reiner Rationalist begriffen wird.

züge rühren nicht allein von den Sinnen und der Erfahrung her. Vielmehr enthält die Seele ursprünglich Prinzipien von Begriffen und Grundsätzen, die in der Seele immer vorhanden sind und durch Sinnlichkeit und Erfahrung nur aktualisiert werden.

2. Nicht all unsere Erkenntnis stammt aus der Erfahrung. Es gibt Wahrheiten, die anderer als empirischer Grundlagen bedürfen.[22]

3. Denken und Bewußtsein sind nicht, wie Locke, Descartes' Definition von *cogitatio* folgend[23], behauptet, untrennbar verbunden. Es gibt Elemente des Denkens wie Begriffe, Grundsätze, Schlußfolgerungen oder Perzeptionen, die in uns sind, deren wir uns aber nicht bewußt sind – entweder noch nicht oder nicht mehr oder überhaupt nicht. Diese Gedanken – »cogitationes«, Elemente des Denkens, »notions« oder »doctrines«, Begriffe oder Grundsätze a priori – sind nur virtuell in uns. Aktuell werden sie erst anläßlich des Zusammentreffens des Denkens mit der Sinnlichkeit, wenn wir Gegenstände empirisch vorstellen oder wahrnehmen. Erfahrung produziert und liefert also nicht, wie Locke behauptet, die Begriffe und Prinzipien der Reflexion, sie aktualisiert nur das reine Denken, seine Formen, Strukturen und Vereinigungsfunktionen, die ständig, wenn auch oft oder sogar durchgängig nur virtuell in uns sind. (Der Einfachheit halber nenne ich diesen Gedanken *das Prinzip der Virtualität*.)

Die ersten beiden Thesen spezifizieren nur die schon aus der Analyse des »nihil-est-in-intellectu«-Satzes und des »excipe« bekannte These: Der »intellectus ipse«, der als reiner Verstand der Erfahrung systematisch vorhergeht, bzw. das

22 GP 5.100 f.

23 »Cogitationis nomine, intelligo illa omnia, quae nobis consciis in nobis fiunt, quatenùs eorum in nobis conscientia est. Atque ita non modò intelligere, velle, imaginari, sed etiam sentire, idem est hîc quod cogitare.« (Descartes: *Principia Philosophiae* I.9)

Subjekt, das als Subjekt dieses reinen Denkens des Verstandes Bedingung der Möglichkeit der Erfahrung – unseres Erkennens, unserer Erfahrung und Wissenschaft überhaupt – ist und durch den Einsatz dieser Formen des reinen Denkens in Beziehung auf die Sinnlichkeit Erfahrung und ihre Gegenstände möglich macht: All dies ist nicht reines Denken überhaupt, bloße Idee. Vielmehr enthält dieser Verstand, dieses Subjekt erstens ursprüngliche Begriffe – wie das *Sein*, die *Substanz*, das *Eins, Identität, Kausalität, Wahrnehmung, Schlußfolgerung* – und viele andere Begriffe und Grundsätze. Dadurch sind das Subjekt und sein reines Denken zweitens die nichtempirische Grundlage für Wahrheiten oder Aussagen, die notwendigerweise wahr und allgemeingültig sind. Die Modalität der Notwendigkeit und Allgemeingültigkeit kommt diesen Wahrheiten nur deshalb zu, weil sie nicht auf Erfahrung und Sinnlichkeit beruhen. Solche Wahrheiten können wir empirisch deshalb nicht gewinnen, weil Erfahrung und Sinnlichkeit immer nur faktische und induktive Wahrheiten liefern. Die Induktion aber läßt niemals einen sicheren Schluß von bislang beobachteten Fällen auf künftige Fälle zu.[24] Das Induktionsproblem, gelegentlich humesches Problem, manchmal auch kantisches Problem genannt, ist schon für Leibniz der Grund, nichtempirische Wahrheiten oder Aussagen auf Fundamente a priori, die nicht der Sinnlichkeit oder der Erfahrung entstammen, zu gründen.

Während diese beiden für eine Theorie nichtempirischer Erkenntnis konstitutiven Thesen Konsequenzen des »nihil-est-in-intellectu«-Satzes und des »excipe« sind, ist das nicht so ohne weiteres evident für den dritten Grundsatz, *das Prinzip der Virtualität* von Gedanken und Perzeptionen. Denken und Gedanken ohne Bewußtsein: Dies, so der von Locke bis heute vorgetragene Ruf des *common sense*, ist doch absurd. Daß dies nicht absurd, sondern nichteliminierbar konstitutives Element einer Theorie ist, die Erkenntnis auf notwendigerweise

24 Vgl. dazu GP 5.43.

wahre, daher auch allgemeingültige Formen des reinen Denkens des Subjekts und seines reinen Verstandes a priori gründet; daß also diese auch für die Kantische Philosophie unentbehrliche, von Leibniz entdeckte Virtualität der Perzeptionen und des Denkens sehr viel mit dem »excipe« zu tun hat und aus ihm entwickelt wird, weil es für den Begriff des Subjekts und die Begründung einer Theorie der Erkenntnis a priori unabdingbar ist, dies will ich versuchen, im Folgenden zu zeigen.

Die Seele enthält ursprünglich – so hatte Leibniz Lockes Tabula-rasa-These widersprechend erklärt – die Prinzipien etlicher Begriffe und Grundsätze. Diese Prinzipien bezeichnet Leibniz im Anschluß an die Stoiker als proleptisch oder antizipatorisch, als Grundannahmen, die man von vornherein oder a priori als gesichert annehmen kann und muß; den Mathematikern folgend, wie er sagt, bezeichnet er sie auch als κοιναὶ ἔννοιαι, Universalbegriffe; und schließlich, im Anschluß an Julius Scaliger, als »semina aeternitatis«, Samenkörner der Ewigkeit, oder »Zopyra«, lebendige Feuer oder in uns verborgene Leuchtspuren, die beim Zusammentreffen mit der Sinnlichkeit zur Erscheinung gebracht werden und aufleuchten wie die Funken, die beim Schuß aus dem Gewehr sprühen (GP 5.42). Mit dieser Terminologie und Metaphorik bringt Leibniz mehrere für diese Prinzipien wesentliche Bestimmungen und Funktionen zum Ausdruck:

* Als Prolepseis oder Antizipationen gehen sie empirischer Erkenntnis im einzelnen und der Erfahrung allgemein vorher, sind aber dennoch funktional auf die Erfahrung bezogen.

* Als Allgemeinbegriffe oder Prinzipien besitzen sie universale Geltung, sind notwendigerweise wahr und bedürfen daher der nichtempirischen Begründung im reinen Denken des Subjekts.

* Als in uns verborgene oder bloß virtuell vorhandene Begriffe und Prinzipien sind sie uns nicht immer bewußt.

Virtualität ist von erheblicher Bedeutung, mit systematischen Konsequenzen von verschiedener Dimension. Denn

116

die Virtualität dieser Begriffe, Grundsätze und Prinzipien bzw. Virtualität von Denken überhaupt besagt: Die *res cogitans* denkt, aber sie ist sich ihrer Gedanken nicht immer bewußt. Damit widerspricht Leibniz dem Cartesianischen Begriff von *res cogitans* und *cogitare,* insbesondere der von Descartes in *Principia* I.9 gegebenen Definition. Dort wird *cogitare* zwar nicht als ausschließlich intellektuell begriffen; vielmehr werden Gefühle, Phantasie und Sinnlichkeit ausdrücklich unter den Begriff des *cogitare* subsumiert. Aber auch in dieser erweiterten Bedeutung wird das Denken, das auch Emotion, Gefühl, Sinnlichkeit, ja auch Wollen, Begierde oder Abscheu sein kann, untrennbar mit Bewußtsein verbunden. Nur das, dessen sich das Subjekt bewußt ist, ist *cogitatio*. Diesen Gedanken artikuliert Locke noch schärfer. Ohne Bewußtsein zu denken ist absurd (Locke 1975, II.1.10). Dasselbe gilt für das Perzipieren oder das In-sich-Aufnehmen von Gedanken: »...it being impossible for anyone to perceive without perceiving that he does perceive.« (Locke 1975, II.27.9) Leibniz dagegen behauptet: Es ist möglich, Inhalte von Perzeptionen, ja ganze Komplexe von Perzeptionen[25] in die Seele, in unser Denken, in den Strom der Perzeptionen aufzunehmen, ohne sich dessen bewußt zu sein. Ja, in bestimmten sachlichen Zusammenhängen ist es nach Leibniz sogar notwendig zu perzipieren, ohne daß man es weiß, ohne zu apperzipieren oder sich dessen bewußt zu sein, was in uns ist oder von uns aufgenommen wird. Notwendig ist es, weil es oft unmöglich ist, alle Eindrücke bewußt aufzunehmen.[26] Deshalb ist es unmöglich, daß alles von Bewußtsein begleitet ist, was in uns ist und geschieht: Begriffe, Grundsätze und Prinzipien – von Gefühlen, Phantasien, Begierden oder Abneigungen ganz abgesehen – sind uns auch dann, wenn wir sie denken, nicht notwendiger-

---

25 Z. B. die unendlich vielen akustischen Eindrücke, die der Effekt von unendlich vielen Teilgeräuschen der Einen Brandung des Meeres sind (ein von Leibniz gern benutztes Beispiel).
26 GP 5.46–49.

weise bewußt. Das »Ich denke« muß, wie Kant treffend und in Übereinstimmung mit Leibniz gegen Descartes und Locke sagt, all unsere Vorstellungen begleiten *können*, aber es muß sie nicht begleiten und begleitet sie auch nicht ständig.

Diese Leibnizsche Gegenposition gegen Descartes und Locke hat folgende systematische Konsequenzen: Virtualität ermöglicht es und bedeutet, daß Begriffe und Grundsätze im Denken der *res cogitans* enthalten sind, noch bevor das denkende Subjekt sich dessen bewußt werden kann, z. B. als Kind, oder dann, wenn es seine Aufmerksamkeit auf etwas anderes richtet, wenn es schläft, etwas vergißt, vorübergehend sein Bewußtsein verliert usw. Diese *Virtualität* des Denkens, Perzipierens und Fühlens oder die Aufhebung der Identifikation von Denken und empirischem Bewußtsein ist relevant:

1. für die Einführung von Begriffen und Grundsätzen, die a priori sind, also als notwendig und wahr angenommen werden müssen, ohne daß zugleich, wie Locke in seiner Kritik der angeborenen Ideen unterstellt, angenommen werden muß, daß der Mensch von seiner Geburt an sich all dessen, was ihm angeboren ist, auch bewußt ist. Anders ausgedrückt: Mit der Trennung von Bewußtsein und Denken, von Perzeption und Apperzeption ist erstmals eine kohärente Unterscheidung von empirischer Erkenntnis einerseits und notwendiger, universalgültiger Erkenntnis, die nicht empirisch ist, andererseits möglich;

2. für die (mit dem ersten Moment verbundene) Existenz von Wahrheiten, die nicht der Sinnlichkeit und der Erfahrung entstammen;

3. für das Sicherinnern, d. h. für das Gedächtnis und das Vergessen;

4. für Wachen, Schlafen und Träumen;

5. für andere Formen von Bewußtheit und Bewußtseinsverlust;

6. für individuelle Identität: »l'avenir dans chaque substance a une parfaite liaison avec le passé, c'est ce qui fait l'identité de l'Individu ...« (GP 5.104)

7. für die Identität der Person – in den verschiedenen spezifischen Bedeutungen der psychologischen, der rechtlichen oder der moralischen Identität der Person.

Während die beiden ersten genannten Momente eher epistemologisch relevant sind, sind alle anderen Momente, die auf der Virtualität basieren, sowohl erkenntnistheoretisch als auch ontologisch, psychologisch oder auch rechtlich, sittlich, moralisch und politisch relevant, also praktisch fundamental. Aus der Virtualität von Gedanken, Begriffen, Schlußfolgerungen, Begierden, Abneigungen, Wünschen und aus der damit verbundenen Möglichkeit, daß all diese Gedanken und Perzeptionen aus dem Status der Virtualität in den der Aktualität übergehen, aber auch aus dieser Aktualität in die Virtualität zurückkehren können[27], resultiert ein völlig neuer Begriff des Subjekts. Auf Virtualität basieren die folgenden für den Begriff des Subjekts und die Realität der Subjektivität in der Ausübung ihrer Funktionen konstitutiven Momente:

* Das Subjekt ist ein unendliches Kontinuum von Perzeptionen.[28]

* Die nur virtuell im Strom der Perzeptionen enthaltenen Elemente – gleichgültig, ob es sich dabei um die in der Seele ursprünglich enthaltenen Begriffe oder Kategorien wie *Einheit, Allheit, Substanz* oder dergleichen oder um logisch-ontologische Prinzipien wie den *Satz des Widerspruchs* oder den *Satz des Grundes* oder um die unendliche Mannigfaltigkeit der von der Sinnlichkeit empfangenen, aber nicht be-

---

27 »... l'avenir dans chaque substance a une parfaite liaison avec le passé, c'est ce qui fait l'identité de l'Individu ... On peut oblier bien des choses, mais on pourroit se ressouvenir de bien loin si l'on estoit ramené comme il faut.« (GP 5.104) Und: »... ce seroit ... faire un divorce entre l'apperceptible et la vérité, qui se conserve par les perceptions insensibles: lequel ne seroit point raisonnable, parceque les perceptions insensibles pour le present se peuvent developper un jour, car il n'y a rien d'inutile, et l'étrenité donne un grand champ aux changements.« (GP 5.224)
28 GP 5.46.

wußt wahrgenommenen Perzeptionen handelt – nennt Leibniz ›perceptions insensibles‹ oder ›petites perceptions‹.

* Der Ausdruck ›petites perceptions‹ ist eher irreführend. Wenn es sich bei Perzeptionen um Größe handeln kann, dann allenfalls um die intensive Größe der Spürbarkeit, z. B. von Geräuschen, visuellen Eindrücken oder der Annäherung an das Bewußtsein oder der Entfernung vom Bewußtsein.[29] Der Terminus ›perceptions insensibles‹ dagegen bringt den Sachverhalt auf den Punkt: Es handelt sich um Perzeptionen[30], die für das Subjekt aktuell, vorübergehend oder prinzipiell nicht spürbar sind, d. h. nicht bewußt wahrgenommen oder reflektiert werden.

* Diese Perzeptionen nimmt das Ich in seine Individualität auf, ob von Bewußtsein begleitet oder nicht. Denn auch das bewußt Wahrgenommene enthält Momente, die wir nicht wahrnehmen können oder wollen oder, selbst wenn wir sie zunächst bewußt wahrgenommen haben, in virtuelle Perzeptionen, »perceptions insensibles«, nicht spürbare Perzeptionen umwandeln. In diesem Status der Virtualität können Perzeptionen, die einmal bewußt waren oder überhaupt bewußt werden können, verharren; sie können aber auch vom Subjekt daraus wieder ins Bewußtsein gehoben werden.

* Die Seele bewahrt alle Perzeptionen und Eindrücke, die sie jemals empfangen hat. Sie enthält sie alle virtuell, kann sie ggf. aktualisieren. So wird aus dem Fluß der Perzeptionen, die das Subjekt in sich aufnimmt, durch die es das Universum ausdrückt und zugleich sich selbst in der Einmaligkeit seine Stellung in dieser Welt perzipiert, ein durchgängiges, d. h. lückenloses Kontinuum.[31]

---

29 Vgl. GP 5.49.
30 Subjektiv gesehen handelt es sich um Vorstellungen, objektiv betrachtet um Präsentationen von Sachverhalten in der Welt oder um Präsentationen der Welt als Universum.
31 Vgl. u. a. GP 6.616 (=*Monadologie* § 56).

* Dies drückt Leibniz u. a. so aus: Die Zukunft hat in jeder
Substanz eine perfekte Verbindung mit der Vergangenheit.
Die Seele hebt alle vorhandenen Perzeptionen in sich auf.[32]
Sie teilt sich nicht auf, wie Locke im *Essay* II.1.10 ff. be-
hauptet, sondern ist eine absolute Einheit.[33]

Diese »parfaite liaison«, diese lückenlose Verbindung der Zukunft mit aller Vergangenheit ist das Subjekt: Denn dies – und
nicht, wie Locke meint, das Gedächtnis – ist es, was die Identität des Individuums erzeugt. Das Gedächtnis ist dazu nicht
notwendig, ja nicht einmal immer möglich wegen der unendlichen Mannigfaltigkeit der gegenwärtigen und vergangenen
Impressionen, die mit den aktuellen Perzeptionen konkurrie-
ren. Jedoch gibt es im Menschen nicht einen Gedanken, der
nicht irgendeine Wirkung auf die folgenden Gedanken aus-
übte und nicht in irgendeiner Weise mit ihnen vermischt ist.[34]

Das Subjekt also ist nichts anderes als die absolute Verbin-

---

32 »... le nœud de l'affaire ... voicy le moyen d'en sortir. C'est ce qu'il
faut considerer que nous pensons à quantité de choses à la fois, mais
nous ne prenons garde qu'aux pensées qui sont les plus distinguées:
et la chose ne sauroit aller autrement, car si nous prenions garde à
tout, il faudroit penser avec attention à une infinité de choses en
même temps, que nous sentons toutes et qui font impressions sur nos
sens. Je dis bien plus: il reste quelque chose de toutes nos pensées
passées et aucune n'en sauroit jamais estre effacée entièrement. Or
quand nous dormons sans songe et quand nous sommes etourdis par
quelque coup, cheute, symptome ou autre accident, il s'en forme il en
nous une infinité de petits sentimens confus et la mort même ne sauroit faire un autre effect sur les ames des animaux, qui doivent sans
doute reprendre tost ou tard des perceptions distinguées, car tout va
par ordre dans la nature. J'avoue cependant qu'en cet estat de confu-
sion, l'ame seroit sans plaisir et sans douleur, car ce sont des perceptions notables.« (GP 5.103) »Un estre immateriel ou Esprit ne peut
estre depouillé de toute perception de son existence passée. Il luy reste des impressions de tout ce qui luy est jamais arrivé ...« (GP 5.222)
33 GP 5.104, vgl. GP 5.48 und 5.224.
34 GP 5.104.

dung – oder Synthesis, wie Kant sagen wird – aller dieser Perzeptionen, der bewußten wie der nicht spürbaren oder unbewußten Perzeptionen, ihre Vereinigung in absoluter Einheit.

Bei der Entwicklung des Begriffs der ›personal identity‹ in Auseinandersetzung mit dem korrespondierenden Konzept, das Locke im *Essay* II.27 vorstellt, führt Leibniz eine äußerst folgenreiche, auch für Kant zentrale Unterscheidung ein: Die Identität, die der Person selbst, welche sich als dieselbe fühlt, erscheint, setzt die reale Identität bei jedem Übergang von einem Moment der Perzeption zum nächsten voraus, begleitet von einer Reflexion oder einem Empfinden, einem Gefühl des Ich. Das Subjekt oder Ich und seine Identität an sich einerseits und seine empirische Wahrnehmung seiner selbst, seine ihm selbst erscheinende Identität, andererseits sind nicht dasselbe, nicht kongruent.[35]

Es ist also möglich, daß dem Individuum sein Selbst, sein Ich, gar nicht oder nur bedingt, vielleicht auch in falscher Form erscheint. Damit ist die Möglichkeit für die Kantische Position eröffnet, daß wir uns selbst nur, wie wir uns erscheinen, erkennen, niemals als das, was wir an sich sein mögen. Ebenso ist die Möglichkeit eröffnet, daß es eine Divergenz zwischen der realen Identität des Subjekts und dem, was ihm davon erscheint und bewußt wird, gibt. Sigmund Freud, der Leibniz nicht gekannt hat, hätte hier einen philosophischen Begriff des Subjekts kennenlernen können, der eine angemessene Basis für die Psychoanalyse abgegeben hätte: den Begriff der Identität des Subjekts, einen Begriff von der die Differenz und Divergenz von Realität und Erscheinung, von Bewußtem und Unbewußtem, von Rationalität, Emotionalität, Irrationalität übergreifenden Einheit des Ich – eines Ich, das nicht ein Apparat oder ein Teil eines aus Es, Ich und Über-Ich bestehenden Aggregats, sondern ἐνέργεια und ἐντελέχεια, Spontaneität, seelisch-emotional-intellektuelle Aktivität in allen intellektuellen und emotionalen Äußerun-

35 GP 5.218 f.

gen und Funktionen des Ich ist, eine schöpferische Aktivität der Synthesis, all dies, was in ihm ist, auf es einwirkt, ihm zustößt, in sich zu vereinigen. Die philosophische Grundlage dafür lautet bei Leibniz u. a. wie folgt:

»Was das Selbst betrifft, wird es angemessen sein, es von der Erscheinung des Selbst und der Bewußtheit zu unterscheiden. Das Selbst oder Ich erzeugt die reale und physische Identität; die Erscheinung des Selbst oder erscheinende Ich, wenn es wahrhaft ist, fügt die persönliche Identität hinzu. Anders als der Autor des Essay will ich keinesfalls behaupten, daß personal identity nicht weiter reicht als die Erinnerung. Noch weniger will ich sagen, daß das Selbst oder Ich und die physische Identität davon abhängt. Die reale und die persönliche Identität erweist sich mit größter Gewißheit im Faktum, durch die gegenwärtige und unmittelbarere Reflexion ... so ist das Bewußtsein nicht das einzige Medium oder Mittel, persönliche Identität zu konstituieren ...« (GP 5.219 f.)

»Ich würde nicht [Locke folgend] sagen wollen, daß das Ich nicht in uns bleibt oder daß ich nicht dasselbe Ich bin, das in der Wiege gelegen hat, nur weil ich mich an nichts erinnere, was ich damals tat. Um die eigene persönliche oder moralische Identität zu finden, ist es hinreichend, daß es eine vermittelnde Verbindung gibt zwischen benachbarten Perzeptionen oder selbst zwischen einer etwas entfernteren und ihrem Nachfolger, wenn es ein Intervall des Vergessens gibt. Wenn eine Krankheit die Kontinuität der Verbindung der Bewußtheit zerrissen hat, so daß ich nicht mehr wüßte, wie ich in meinen gegenwärtigen Zustand gelangt bin, obwohl ich mich viel weiter entfernterer Dinge erinnere, so könnte das Zeugnis der anderen die Lücke in meinem Gedächtnis schließen ...« (GP 5.219)

Mit seinem einen kleinen Wort »excipe/excepté/ausgenommen« hat Leibniz die Philosophie umgewälzt, indem er dem Lockeschen Grundsatz, daß alles aus der Erfahrung stammt, widerspricht, und zwar en détail mit folgenden Thesen:
  * Das Denken, der Verstand, entstammt nicht der Erfahrung. Die menschliche Seele enthält ursprünglich Begriffe

und Grundsätze des reinen Denkens, die die Grundlage aller Erfahrung und Grund der Bestimmungen aller Dinge sind.

* Dieses Denken, seine in all unserer Erkenntnis fungierenden und für alles, was ist, konstitutiven Formen ist Ich. Und vice versa: Das Ich ist reines Denken. Als reiner Gedanke existiert es jedoch nicht in einer ontologisch absolut separaten Dimension Platonischer Ideen. Das Ich (der reine Verstand) ist vielmehr von vornherein und durchgängig mit Sinnlichkeit und Materialität verbunden, also nicht transzendent, sondern immanent. Mit dieser Konzeption ist Leibniz nicht – wie er etwa gegenüber Locke erklärt[36] – Platoniker, sondern selbst Aristoteliker. Hier ist – u. a. bezüglich der Konsequenzen, die diese Konzeption des Ich, seiner Begriffe und Grundsätze als reiner Formen des Denkens etwa für Kants Theorie des Ich, der ursprünglich synthetischen Einheit der Apperzeption und der reinen Formen des Denkens, der Kategorien usw.[37] gehabt hat – festzuhalten: Dieses reine Denken, das Ich bedarf als substantielle Form der Beziehung auf Sinnlichkeit und Materialität, nicht nur, um zu sein, sondern zuallererst, um seine Funktionen ausüben und sich darin realisieren zu können.

* Dieses Ich ist nicht, wie Descartes und Locke behaupten, nur Bewußtsein. Zum einen ist dieses Ich oder Subjekt in der Tat Bewußtsein, d.h., es ist sich bestimmter Gegenstände und seiner selbst als Selbst bewußt. Das Ich ist und enthält aber auch eine unendliche Fülle von Perzeptionen, deren es sich nicht bewußt ist. Das Ich ist also nicht bloß die Gesamtheit dessen, dessen wir uns bewußt sind[38], be-

36 GP 5.41 f.
37 Auch für Hegels Begriff des Begriffs, der Idee, die sich zur Natur entäußernd materialisiert und aus dieser Selbstentäußerung zu sich selbst als Geist zurückkehrt.
38 Nicht das »omnia, quae nobis consciis in nobis fiunt, quatenùs eorum in nobis conscientia est« (Descartes 1964 ff., I.9); auch nicht das »conscious thinking thing, (whatever Substance made up of whether Spiritual, or Material, Simple, or Compounded, it matters not) which

wußt waren oder bewußt sein werden; es ist mehr: Es ist die übergreifende Einheit des Bewußtseins und des Unbewußten.

* Aus dieser Vereinigung von bewußten und unbewußten Perzeptionen, Eindrücken und Erlebnissen resultiert die Kontinuität des Individuums[39], seine Identität und seine Individualität: Jedes Individuum ist nichts anderes als das Kontinuum der in ihm vereinigten Perzeptionen, der bewußten wie der unbewußten. Das beide übergreifende und in sich vereinigende Ich also ist der Grund der Identität und der Personalität eines jeden Individuums. Jedoch: Dieses Kontinuum, dieses die Individualität konstituierende Ich ist kein Faktum brutum. Es ist Energie, Prozeß der Selbsterzeugung dieser Individualität oder ἐνέργεια oder ἐντελέχεια, wie Leibniz das ausdrückt. Das heißt, es ist die intellektuelle Tätigkeit, die unendliche Fülle der Perzeptionen der Welt in sich aufzunehmen, und dadurch die Welt und sich selbst auf unverwechselbar einmalige Weise zu erzeugen bzw. zu reproduzieren.

* Damit ist diese Einheit, die die Tätigkeit der Vereinigung alles Mannigfaltigen in sich selbst ist, die Substanz – kein Ding, aber eine das Individuum erzeugende und erhaltende

is sensible, or conscious of Pleasure and Pain, capable of Happiness or Misery, and so is concern'd for it *self*, as far as that consciousness extends.« (Locke 1975, II.27.17); und schließlich nicht das Humesche »bundle of perceptions« (Hume 1978, I.4.6).

39 »Un estre immateriel ou Esprit ne peut estre depouillé de toute perception de son existence passée. Il luy reste des impressions de tout ce qui luy est jamais arrivé … mais ces sentimens sont le plus souvent trop petits pour estre distinguables, et pour qu'on s'en apperçoive, quoyqu'ils pourroient peutestre se developper un jour. Cette continuation et liaison de perceptions fait le même individu reellement, mais les apperceptions (c'est à dire lorsqu'on s'apperçoit des sentimens passés) prouvent encore une identité morale, et font paroistre l'identité réelle.« (GP 5.222)

Aktivität. Und vice versa: Die Substanz – jede Substanz – ist Ich. Das gilt für alles, was ist, auch für solche Entitäten, die nicht zu sich selbst Ich sagen können.[40]

Leibnizens Widerspruch gegen Locke zusammenfassend, kann man sagen: Das Ich, nicht die Erfahrung ist das Fundament allen Wissens. Dieses Ich ist auch Fundament, Substanz, Grund allen Seins, aller Individualität. Dieses Ich, diese Substantialität und Personalität, ist allerdings nicht das empirische Selbst, dessen sich der Mensch unmittelbar bewußt werden kann. Dasjenige, dessen sich der Mensch als seines eigenen Selbst bewußt wird, ist nur die empirisch bedingte Erscheinung dessen, was das Selbst oder Ich an sich ist. Dieses wiederum ist eine intellektuelle, eine virtuelle Struktur, die sich in jedem Individuum auf unverwechselbare Weise aktualisiert. Ob, unter welchen Bedingungen und inwieweit ein Individuum sich seiner selbst und der Welt bewußt wird oder bewußt werden kann, ist auch für den Menschen a priori nicht bestimmt. Für den Menschen ist a priori nur – dies mehr und anders als für das Tier – bestimmt, daß er ein Ich ist, das prinzipiell bewußt und selbstbewußt sein kann. Ebenso ist auch die Personalität des Menschen bestimmt: Der Mensch ist prinzipiell Person; das bedeutet: Seine Persönlichkeit bleibt erhalten, d. h., er bleibt Person auch dann, wenn er sich dessen, was er ist und tut, nicht bewußt ist, das Bewußtsein oder die Erinnerung dessen, was er tut oder getan hat, verliert oder wahrheitswidrig verleugnet.

Mit diesen den Empirismus der Ideen, des Wissens und Vorstellens umstürzenden Positionen schafft Leibniz einen neuen Begriff des Subjekts, der eine neue Logik und, zugleich, eine neue Realphilosophie der Subjektivität begründet. Eine neue Logik begründet er insofern, als hier zum ersten Mal – wie später in Kants *transzendentaler Logik* oder Hegels *spekulativer Logik* – Begriffe und Grundsätze a priori, Formen des reinen Denkens, konzipiert werden, die als Be-

40 Vgl. GP 6.502.

dingung der Möglichkeit des Erkennens und der Erfahrung fungieren. Dies können sie, weil diese reinen Formen nicht nur Bedingungen der Möglichkeit der Erfahrung, sondern zugleich Bedingungen der Möglichkeit der Gegenstände sind. Nur auf diese Weise ist es auch möglich, Sätze als notwendige Wahrheiten zu erweisen. Die Erfahrung leistet dies nicht. Auch wenn ein Sachverhalt 999 mal durch Beobachtung bestätigt worden ist, ist der Induktionsschluß auf dem tausendsten Fall ungewiß. So liefert der Apriorismus des reinen Verstandes, der Formen des reinen Denkens und des Ich als intellektueller Aktivität der Verbindung dieser Formen mit dem von der Sinnlichkeit gelieferten Material eine neue, und zwar eine logische Begründung der Epistemologie und der Ontologie aller Objektivität aus der Subjektivität des reinen Denkens. Dies ist von Leibniz nicht wie dann von Kant, Fichte, Schelling oder Hegel systematisch exponiert worden, aber er hat es als erster konzipiert.

Nicht minder revolutionär sind die realphilosophischen Konsequenzen dieses neuen Begriffs der Subjektivität, die allerdings noch weniger beachtet werden als die epistemologisch-ontologischen Implikationen. Während Locke, Descartes folgend, behauptet hatte, das Ich denke nur, wenn es und inwieweit es sich dessen, was es denkt, bewußt sei, führt Leibniz mit dem Prinzip der Virtualität eine äußerst folgenreiche Differenzierung ein: Die Perzeptionen des Subjekts sind nur virtuell Gegenstände seines Bewußtseins, also nur virtuell empirische, für das Subjekt erfahrbare Vorstellungen. Neben den bewußten, von Apperzeption oder empirischem Selbstbewußtsein begleiteten Vorstellungen gibt es eine Unendlichkeit von »perceptions insensibles«. Von diesen Perzeptionen geht nichts verloren: Dieser Begriff des Subjekts begründet eine grundlegend neue Theorie der Person, d. h. des Menschen als eines der Rechte und Pflichten fähigen Wesens (im rechtlichen wie im moralischen Sinne). Das, was der Mensch tut oder getan hat, bleibt seine Tat auch dann, wenn er es vergißt oder verleugnet. Die Lockesche Konzeption der personal

identity, die Zurechnung und Verantwortung an das Bewußtsein bindet[41] und deshalb auch für revolutionär gehalten wird,
scheitert an diesem – gerade für Recht und Justiz so fundamentalen – Sachverhalt.

Leibniz' revolutionäre Konzeption der Subjektivität konstituiert aber auch, ja, sie provoziert geradezu eine Psychologie,
die diesen Begriff des Subjekts als Fundament der Analyse,
der Diagnose und der Therapie des seelischen Lebens nutzt.
Freud hat diesen das mechanische Denken umwälzenden
philosophischen Begriff nicht gekannt. Leibnizens Philosophie überhaupt und insbesondere seine Philosophie der Subjektivität sind nicht nur der Psychoanalyse, sondern allgemein weitgehend unbekannt.

Erst die Betrachtung dieser verschiedenen Dimensionen,
Funktionen und daraus resultierenden Aktivitäten der Seele,
Perzeptionen aufzunehmen, zu bewahren, aus dem Vergessen wiederzugewinnen, vielleicht sogar niemals bewußt gewordene Perzeptionen »eines Tages zu entwickeln«, macht
deutlich, was bislang nur abstrakt sichtbar geworden ist: die
Trennung von Ich an sich und empirischem Bewußtsein, die
bei Leibniz damit verbundene innere Differenzierung der *perceptions* in empirisch bewußte und – gegenwärtig, vorübergehend oder auf Dauer – unbewußte Perzeptionen und die auf
diese Differenzierung als innere bezogene Funktion des Ich,
das Unbewußte und das Bewußtsein übergreifende Einheit
und in ihrer Differenz identisch mit sich zu sein – dies ist ein
außerordentlicher konzeptioneller Gewinn für den Begriff
des Subjekts. Und dies wiederum in wenigstens drei Dimensionen:

Erstens: für den Begriff der individuellen Identität kann
Leibniz gegen Locke jetzt festhalten: »Cette continuation et liaison de perceptions fait le même individu reellement, mais
les apperceptions (c'est à dire lorsqu'on s'apperçoit des sentimens passés) prouvent encore une identité morale, et font pa-

41 Locke 1975, II.27.26.

roistre l'identité réelle.« (GP 5.222) – Diese Kontinuation und Verbindung der Perzeptionen macht dasselbe Individuum realiter aus, aber die *Apperzeptionen* (d. h., wenn man sich vergangener Empfindungen bewußt wird) beweisen auch eine moralische Identität und bringen die reale Identität zur Erscheinung.

Diese Identität kann festgehalten werden über die Unterbrechungen des Erinnerns, die Brüche gewollten oder ungewollten Vergessens und der Entwicklung der Persönlichkeit von der Wiege zum Erfinder der Differential- und Integralrechnung hinweg bis hin zum Verfasser der *Nouveaux Essais* (GP 5.219). Denn Identität ist nichts anderes als diese Kontinuation oder durchgängige Verbindung und Vereinigung aller Perzeptionen in ein und derselben substantiellen Einheit, die Ich sagen kann oder für die es gesagt werden kann (GP 6.502).

Zweitens können die empirischen Apperzeptionen des *Bewußtseins* erst und nur unter Voraussetzung dieser Kontinuation lückenloser und durchgängiger Verknüpfung bewußter und unbewußter Perzeptionen die Funktion erfüllen, die Locke ihnen zuschreibt: Sie beweisen »une identité morale«, indem sie diese ihre Basis zur Erscheinung bringen, »font paroistre l'identité réelle«.

Drittens wird damit konzeptionell die Basis für eine Psychologie geschaffen – etwas, was der kritische Kant für unmöglich hielt –, die, wie insbesondere Freuds Psychoanalyse mit der Fähigkeit der Seele arbeitet, sich gegenüber ihren eigenen Konstituentien und Inhalten, den ihr bewußten wie den unbewußten Perzeptionen gegenüber nicht nur bewahrend, sondern aktiv wiedererweckend oder verdrängend, auf jeden Fall aber selektiv und spontan zu verhalten, was die Zulassung von Perzeptionen zum Bewußtsein oder ihren Ausschluß davon betrifft. Auch dies ist eine große Entdeckung Leibnizens und eine Bereicherung für den Begriff des Subjekts: Das empirisch seiner selbst bewußte Ich ist nicht alles, nicht die Identität des Individuums. Die Basis dieser Identität, dieser »unendliche Reichtum von Empfindungsbestimmungen, Vorstellungen, Kenntnissen, Gedanken u. s. f.«, welcher jedes Individuum ist; »Ich bin darum doch ein ganz *einfacher*, ein bestimmungsloser Schacht, in welchem alles dieses aufbewahrt ist, ohne zu existieren«[42] – dieses »individuelle[m] Weltsystem[e], welches ein Subject ist«[43] – Leibniz hat es entdeckt. All dies geht verloren, sobald man, Locke folgend – wie dies eine sich als Naturwissenschaft von vornherein mißverstehende Psychologie tut –, den Empirismus des Bewußtseins zur absoluten Voraussetzung und Metaphysik erhebt.

Verbindet man diese Funktionen der substantiellen Aktivität der Seele mit den Fundierungsfunktionen, die dem Subjekt später zugeschrieben worden sind, dann wird sichtbar, welche außerordentliche Vorarbeit Leibniz für Kant, die deutschen Idealisten, nicht zuletzt für Hegel, geleistet hat. Das Nachdenken über diesen außerordentlich fruchtbaren Begriff des Subjekts anzustoßen, diesen Begriff des Subjekts und der Subjektivität – als Aktivität der Erzeugung aller Objektivität aus der Beziehung des Subjekts zur Welt; diesen Begriff der Selbsterzeugung der eigenen Identität und Personalität aus der Vereinigung der bewußten und der unbewußten Perzeptionen der Welt in der übergreifenden Einheit des Ich: dies zu zeigen, den Leser dieses Aufsatzes zu verwundern, d. h. zu irritieren und damit, wie Aristoteles sagt, zum Philosophieren zu motivieren: Dies war das Ziel meiner Erörterungen. Stutzig werden müssen die Menschen, irritiert sein, an etwas Anstoß nehmen, in Aporien geraten und Fragen stellen: So fingen die Menschen an zu philosophieren, und so tun sie es heute noch.[44] Sollte es mir gelungen sein, anstößig genug gewesen zu sein und Sie, meine Leser, angestoßen zu haben, hätte ich mein Ziel erreicht. Fangen Sie an zu philosophieren!

42 Hegel 1968, XIX 303 (=*Enzyklopädie* § 403 A).
43 Hegel 1968, XIX 310 (=*Enzyklopädie* § 408).
44 Aristoteles, *Metaphysik* 982b12f.

Literatur

Aristoteles (1994): *Metaphysik*. Übers. von H. Bonitz. Neu hg. von U. Wolf. Reinbek.

Descartes, R. (1964 ff.): *Principia Philosophiae*. In: *Œuvres*. Hg. von C. Adam u. P. Tannery. Paris 1896 ff., Nachdruck 1964 ff. Bd. VIII-1.

Hegel, G. W. F. (1968): *Gesammelte Werke*. Hamburg.

Hume, David (1978): *A Treatise of Human Nature* (1739/1740). Hg. von P. H. Nidditch. Oxford 1978.

Kant, I. (1781/1787): *Kritik der reinen Vernunft*. Hg. von J. Timmermann. Hamburg 1998.

Kant, I. (1900 ff.): *Gesammelte Schriften*. Akademie-Ausgabe. Berlin.

Leibniz, G. W. (1965): *Die philosophischen Schriften*. Hg. von C. J. Gerhardt. Berlin 1875–1890, Nachdruck Hildesheim 1965.

Locke, J. (1975): *An Essay Concerning Human Understanding* (1690). Hg. von P. H. Nidditch. Oxford.

REINHARD BRANDT

Immanuel Kant: *Kritik der reinen Vernunft*

I. »Alles Interesse meiner Vernunft« und »Die Revolution der Denkart«

Ich beginne mit einem gewissermaßen altmodischen Aspekt der *Kritik der reinen Vernunft* (KrV)[1] von 1781. Im letzten Teil des Buches, der »Transzendentalen Methodenlehre«, heißt es: »Alles Interesse meiner Vernunft (das spekulative sowohl als das praktische) vereinigt sich in folgenden drei Fragen: 1. Was kann ich wissen? 2. Was soll ich tun? 3. Was darf ich hoffen?« (A 804–805) In der mir bekannten Literatur habe ich keinen haltbaren Hinweis darauf gefunden, wo denn Kant diesem zentralen Interesse unserer theoretischen und praktischen Vernunft nachgeht; »alles Interesse meiner Vernunft« – es muß doch im Mittelpunkt der kritischen Philosophie stehen! Der Kontext, in dem Kant die drei Fragen formuliert, gibt uns keine eindeutige Antwort, im Gegenteil; er entwickelt eine Systematik, die nur partiell weiterführt. Es werden zwei Zwecke genannt, der der spekulativen Erkenntnis und der der praktischen Vernunft; die dritte Frage solle sich aus der Vereinigung beider, des Naturgesetzes und des Sittengesetzes, ergeben. Wir werden sehen, daß diese Aufschlüsselung jedoch eine ältere Fassung der drei Fragen, die bei Kant in anderen Werkteilen dominiert, überformt und verdeckt. Meistens wird gesagt, die Erörterung der drei Fragen finde sich in den drei

---

1 Die *Kritik der reinen Vernunft* wird mit Angabe der Seitenzahlen der 1. Aufl. von 1781 (A) und der 2. Aufl. von 1787 (B) zitiert, die übrigen Schriften Kants nach der Akademie-Ausgabe (Kant 1900ff.) durch Angabe der Bandzahl (römische Ziffern) und der Seitenzahl (arabische Ziffern).

Kritiken, das Wissen in der KrV, das Tun in der *Kritik der praktischen Vernunft* (KpV, 1788) und das Hoffen in der *Kritik der Urteilskraft* (KdU, 1790); aber das ist ausgeschlossen, weil sich die KdU nicht unter die Leitfrage stellt: »Was darf ich hoffen?« Also: Ein Problem für die Kant-Forschung, das gelöst werden muß; es wird um so dringlicher, als die »Vorrede« der ersten Auflage (1781) mit dem Satz beginnt: »Die menschliche Vernunft hat das besondere Schicksal in einer Gattung ihrer Erkenntnisse: daß sie durch Fragen belästigt wird, die sie nicht abweisen kann; denn sie sind ihr durch die Natur der Vernunft selbst aufgegeben, die sie aber auch nicht beantworten kann; denn sie übersteigen alles Vermögen der menschlichen Vernunft.« (A VII) Kant nennt nicht im ersten Satz seines Hauptwerks Fragen, ohne zu wissen, um welche Probleme es sich genau handelt. Die einzig mögliche Antwort lautet: Die Fragen, auf die die KrV mit ihrem ersten Satz zielt, sind genau die drei Fragen, die alles Interesse unserer Vernunft ausmachen; es sind die drei Fragen, die Kant am Schluß des Werks formuliert. Also müssen und können wir uns bei unserer Suche auf das Terrain der ersten *Kritik* beschränken und dürfen die 1781 noch nicht geplanten und auch nur für möglich gehaltenen anderen Kritiken nicht einbeziehen. Wäre die Recherche einfach, brauchten wir sie nicht mehr anzustellen; es ist also plausibel, daß wir nur auf einem Umweg fündig werden. Die Spur führt uns zurück ins Mittelalter und dessen Lehre vom vielfachen Schriftsinn. Ein bekannter Zweizeiler lautet: »Littera gesta docet; quid credas, allegoria;/ Moralis, quid agas; quid speres, anagogia.« (»Die Schrift lehrt die Fakten; was du glauben sollst, lehrt der allegorische Schriftsinn; der moralische, was du tun sollst; der anagogische, was du hoffen sollst.«[2]) Ersetzt man den Glauben (an Gott) durch das Wissen, so findet sich hier dieselbe Anlage wie bei Kant. Diese Lehre des Schriftsinns wiederum verweist zurück auf das Neue Testament und die drei christlichen

2 Näheres bei Brandt 1999, 190–196.

Tugenden, 1. Korinther 13,13: »Nun aber bleibt Glaube, Hoffnung, Liebe, diese drei; aber die Liebe ist die größte unter ihnen.« Unser Glaube bezieht sich auf Gott – das ist ursprünglich Kants Frage nach dem Wissen –, die Liebe auf das Handeln unter den Menschen – das ist Kants Frage: »Was soll ich tun?« – und die Hoffnung auf die Unsterblichkeit nach dem Tod. Diese Konstellation ist eingegangen in die mittelalterliche Philosophie und Theologie unter den Titeln Gott, Welt (in der wir handeln) und Seele, die zu den drei großen Themen der sog. »metaphysica specialis« werden, während die Ontologie, die allgemeine Seinslehre, das Thema der »metaphysica generalis« ist. Jetzt wird der zentrale Punkt sichtbar: Die KrV ist eine kritische Untersuchung des Anspruchs der alten »metaphysica specialis«, über das Wesen der menschlichen Seele, über die Welt im ganzen und über Gott sachlich fundierte Aussagen zu machen. Dies ist das Thema der sog. »Transzendentalen Dialektik«: Kant beginnt seine Kritik der reinen, aber leider irrenden Vernunft mit der Seelenlehre oder Psychologie, also dem Pendant der Frage: »Was darf ich hoffen?«, er kommt dann zur Weltlehre, der Kosmologie mit dem Problem der Freiheit oder Determiniertheit meines Handelns, »Was soll ich tun?«, und geht drittens über zur Theologie, die mit der Frage »Was kann ich wissen?« am Anfang stand.[3]

Alles Vernunftinteresse richtet sich nach Kant mit der ersten Frage ursprünglich auf Gott, mit der zweiten auf die Freiheit und mit der dritten, »Was darf ich hoffen?«, auf die Unsterblichkeit der Seele. Die metaphysikzerstörende Antwort der KrV lautet in allen drei Fällen: Theoretisch ist hier eine Erkenntnis unmöglich. Theoretisch lassen sich die Gottesbeweise der Theologen nicht bestätigen, denn es läßt sich, so zeigt die Selbstkritik der Vernunft, nicht ausmachen, ob Gott

3 Es läßt sich heute wohl nicht mehr belegen, daß Kant den Zusammenhang seiner drei Fragen mit den drei christlichen Tugenden gesehen hat. Ganz sicher hat er sie auf die Themen der »metaphysica specialis« und damit der »Transzendentalen Dialektik« bezogen.

existiert oder nicht. »Was soll ich tun?« Theoretisch läßt sich die Freiheit meines Handelns gegen den Determinismus allen Geschehens in der Welt nicht erweisen. »Was darf ich hoffen?« Theoretisch dringt keine Seelenlehre zur Erkenntnis der Immaterialität und Unsterblichkeit der Seele vor. Der »alles zermalmende Kant«, wie ihn sein Zeitgenosse Moses Mendelssohn voller Ehrfurcht nennt,[4] kritisiert die Vernunft in ihren spekulativen metaphysischen Ansprüchen. Seine Kritik, so die positive Sicht, befreit endlich die Menschheit von einem Scheinwissen über Gott, Freiheit und Unsterblichkeit. Aber sie rettet die Gegenstände unseres Vernunftinteresses zugleich, denn sie weist diese metaphysische Domäne der praktischen Vernunft und dem Glauben zu: Das Absolute erfahren und erkennen wir nicht in theoretischer Erkenntnis, sondern im moralischen Wollen und Handeln, in einem Willen unter der Herrschaft der ihm selbst entspringenden Gesetzgebung. *Vor* Kant – und wir ergänzen: vor Rousseau – wurde dies alles akademisch bewiesen oder geleugnet und bestritten. Das allgemeine Vernunftinteresse war deponiert in den privilegierten Gelehrtenköpfen; das Volk war ausgeschlossen. Jetzt wird das Erkennen begrenzt auf die erfahrbare Natur, die Themen der Metaphysik und allen Vernunftinteresses dagegen erfahre jeder Mensch, so Kant, als moralisches Wesen: Die Moral führe uns zu Gott, zur Freiheit und zu der Hoffnung, daß mit dem physischen Leben nicht alles endet, sondern unserer Würdigkeit, glücklich zu sein, ein wirkliches proportioniertes Glück folgt; dieses Wissen unterliege keiner spekulativen Disziplin und Prüfung, sondern begleite naiv und selbstverständlich das moralische Handeln jedes Menschen. Diese titanische Befreiung des Menschen ist die titelgebende Hauptaufgabe der Kritik: *Kritik der reinen*

4 Mendelssohn 1971 ff., III 2, 3: »Ich kenne daher die Schriften der großen Männer, die sich unterdessen in der Metaphysik hervorgethan, die Werke *Lamberts*, *Tetens*, *Plattners* und selbst des alles zermalmenden *Kants*, nur aus unzulänglichen Berichten […].«

Vernunft. Jeder Mensch findet die Antwort auf seine zentralen Fragen selbst, die Antwort ist nicht an andere delegiert. Man kann und muß sich nur seines eigenen Verstandes bedienen. Als moralisches Wesen ist jeder Mensch ein metaphysicus. Darauf werden wir gleich zurückkommen.

Mit der KrV ist, so die erste Wahrnehmung der Zeitgenossen, das vergebliche theoretische Bemühen der Vernunft um die letzten Fragen beendet, denn die Vernunft ist endlich zur Selbsterkenntnis, d.h. zur Selbstbegrenzung gelangt. Wir treten jetzt aus dem Naturzustand des immer erneuten theoretischen Streits um die drei letzten Fragen in den Status civilis geordneter Rechtsverhältnisse. »Man kann die Kritik der reinen Vernunft als den wahren Gerichtshof für alle Streitigkeiten derselben [sc. der Vernunft] ansehen [...]« (A 751). Diesem Gerichtshof der Kritik müssen sich alle Doktrinen der Gelehrten und alle Geheimratsdogmen von Thron und Altar stellen: Die Vernunft fordert alle Mächte dieser Welt in die Schranken – jeder demonstriere öffentlich seine Rechte oder verzichte auf sie.

Dies war der erste Schritt: Wir sind ausgegangen von den bekannten drei Fragen, in denen alles Interesse meiner Vernunft enthalten sein soll. Sie müssen sich an zentraler Stelle bei Kant wiederfinden; das können nicht die drei Kritiken sein, sondern sie müssen in der ersten Kritik an zentraler Stelle thematisiert werden. Tatsächlich ergibt sich auf einem Umweg: Es sind die drei großen Themen der traditionellen Metaphysik, Seelenlehre, Weltlehre und Gotteslehre, auf die sich das Interesse unserer Vernunft konzentriert. Die KrV kritisiert den Anspruch der theoretischen Metaphysik, hier zu Erkenntnissen zu gelangen; sie verweist auf die praktische Vernunft jedes Menschen, der sich im moralisch geforderten Welthandeln *frei* wisse, der um seine Würdigkeit, glücklich zu sein, wisse, und der deswegen an *Gott* und die Unsterblichkeit seiner *Seele* glaube.

Der gordische Knoten der sich selbst falsch verstehenden und in endlose Zwistigkeiten zerfallenen theoretischen Vernunft wird durchschlagen mit einer großen Zweiteilung: Wir müssen die Erscheinungen in Raum und Zeit von den Dingen an sich trennen – das ist die Lösung. Die Seele in ihrem eigentlichen Wesen, die Welt im ganzen (Freiheit versus Determinismus) und Gott sind keine Erscheinungen und können deswegen nicht erkannt werden; sie sind, so lautet der Gegenbegriff, »Dinge an sich«. Aber was heißt »Erscheinung«, was heißt »Ding an sich«? Wir können uns die Differenz durch einen Vergleich klar machen, in dem Kant seine neue Philosophie bzw. Metaphysik mit der neuen Astronomie des Kopernikus parallelisiert, gewöhnlich mit einem falschen Akzent die »kopernikanische Wende« der Philosophie genannt.

»Die« Kritik, wie Kant selbst sein Werk ab 1783 aufruft, wird 1785 in einer zustimmenden Besprechung als Revolution bezeichnet;[5] Kant macht sich diesen Titel in der Vorrede zur 2. Auflage 1787 zu eigen; »die« Kritik enthalte eine, d. h. die eine einzig mögliche »Revolution der Denkart« und sei das Pendant der kopernikanischen Revolution[6] auf dem Gebiet der Astronomie. Die Phänomene – im Bild: das »ganze Sternenheer« (B XVI) in seiner täglichen Bewegung – resultierten aus den subjektiven Bedingungen des Erdbewohners, denn die Erde sei eine rotierende Kugel. Kenne man diese subjek-

5 Schütz 1785, 22: »Mit Hn. *Kant's Critik der reinen Vernunft*, welche vor einigen Jahren erschien, ist eine neue Epoche der Philosophie angegangen […]. Noch wird dieses tiefsinnige Werk von den besten Köpfen der Nation *studirt*; noch ist es als *neu* zu betrachten; die Revolution, die es stiften wird, und stiften muß, ist nur erst im Anfang begriffen.« Und im Brief vom 18. Februar 1785 schreibt Schütz an Kant: »Noch in dem März oder April der Allg. Lit. *Zeitung* soll bey Gelegenheit des HofPr. *Schulz* eine Darstellung der Revolution, die die Metaphysik Ihnen zu danken hat, erscheinen.« (X 339)
6 So steht es nicht im Text; Kant bringt Kopernikus nicht verbal mit der Revolution zusammen, wohl aus dem Grund, daß seine Revolution auf jedem Gebiet nur eine einzige sein kann, während der Buchtitel des Kopernikus, *De revolutionibus orbium coelestium* (1543), auf den Zustand der permanenten Umdrehungen verweist.

tive Bedingung der Erdrotation, so erkenne man mit Notwendigkeit das gesetzliche Verhalten der Phänomene. Wie es in der KrV heißt: Die subjektiven Bedingungen unserer Erfahrung (sc. Rotation der Erde) sind die objektiven Bedingungen der Gegenstände unserer Erfahrung (der Bewegung des ganzen Sternenheeres). Wir erkennen nur, was unter den subjektiven Bedingungen unserer Erkenntnis abläuft, nicht, was sich dem entzieht, nämlich die Dinge, wie sie an sich sein mögen. Der erste Teil der KrV (genauer: die »Transzendentale Ästhetik« und die »Transzendentale Analytik« innerhalb der »Transzendentalen Logik«) befaßt sich mit dem Nachweis, daß wir bezüglich dieser Phänomene Erkenntnis gewinnen können, denn die Erscheinungen folgen unseren subjektiven Bedingungen, unseren Anschauungsformen und unseren Begriffen und Grundsätzen.

Das Komplementärstück dieser Subjektivierung unserer theoretischen Erkenntnis ist eine Verabsolutierung der praktischen Vernunft, im Bild der kopernikanischen Astronomie: Die praktische Vernunft nimmt den Sonnenstandpunkt ein, von dem aus die Planetenbahnen als Ellipsen erkennbar werden. So ordnet die praktische Vernunft das Reich der Moral, in dem sich Menschen als moralische Wesen, als Personen, begegnen. Das Prinzip der Moral ist nicht subjektiv, sondern absolut; es ist das Prinzip auch für Gott, d. h. den Gott der reinen praktischen Vernunft. Als sittliche Wesen sind die Menschen unabhängig von aller theoretischen Erkenntnis Personen, auch der Verbrecher; in praktischer Hinsicht ist der Mensch göttlich, darin liegt seine unaufhebbare Würde. Der kategorische Imperativ ist innerhalb des Reiches der Sittlichkeit das Analogon zu den Gravitationsgesetzen Newtons, mit denen die heliozentrische Hypothese des Kopernikus als Faktum *bewiesen* werden konnte, wie Kant meint. In der Erkenntnis der Natur sind wir subjektiv gesetzgebend, aber daß es überhaupt so etwas gibt wie Natur, hängt nicht von uns ab. Wir erkennen, aber wir erschaffen nicht die Natur. Anders in der Moral: Das Freiheitsgesetz stiftet die Sittlichkeit, als freie

Personen sind wir die Gesetzgeber einer rein sittlichen Welt, die durch uns möglich und wirklich wird. Man sieht die herausragende Stelle der Moral und kann ermessen, welche Wende es bedeutet, wenn Friedrich Nietzsche verkündet, die »eigentlich metaphysische Tätigkeit dieses Lebens«[7] sei die Kunst.

Die Idee der Kritik als die Souveränitätserklärung des naturerkennenden menschlichen Subjekts, dessen Erfahrungsbedingungen notwendig die Bedingungen der Gegenstände der Erfahrung sind, und die Idee des Menschen als einer freien Person unter eigener, der Naturdetermination entzogener moralischer Gesetzgebung, dies sind die beiden Fanale, die auf die akademische Jugend und bald auf ganz Deutschland hinreißend wirkten und schon im 18. Jahrhundert die *Kritik* als das Gegenstück zur Französischen Revolution erblicken ließen. Befreit von einer dogmatischen Schulmetaphysik, die sichtlich die bodenlosen Ansprüche von Thron und Altar stützte, befreit vom irritierenden Skeptizismus, der auch die Ergebnisse der Wissenschaften verketzert, öffnet Kant den Weg zur Moderne: Wissenschaften ja, aber nur im Rahmen der erfahrbaren Natur; alles, was darüber liegt, ist die Domäne der Moral und eines von der Moral bedingten und geforderten Vertrauens oder Glaubens.

Welche Philosophie kann heute das ganze Sternenheer anrufen, um die Revolution der Denkart eines neuen Zeitalters im Bilde vorzustellen? Aber wir wissen mehr als Kant über die hintergründige Problematik der Dissoziation des Subjektes der Erkenntnis und der Person der Moral: Wie wird beides in einem Kopf vereint und in einer Welt versöhnt? Hat das Wahre der Erkenntnis noch etwas mit dem Guten der Moral zu tun? Kant nimmt eine Einheit an, aber er kann sie nicht mehr in das Zentrum seiner Philosophie stellen.

Historische Schubkräfte dieser Dimension werden zu Pflastersteinen der Geschichte und lassen sich häufig nur noch

7 Nietzsche 1967, III 1, 20.

schwer im täglichen Begehen identifizieren. Wir alle sind mit Schritt und Tritt Kantianer, auch wenn die meisten es nicht wissen und mancher es leugnet. Die heutige Präsenz »der« *Kritik* verdankt sich nicht dieser historischen Grundlagenfunktion, sondern einer eher geschichtsindifferenten Eigentümlichkeit. In das Werk sind unzählige Probleme und Problemlösungen eingegangen, die in heutigen Debatten wiederkehren, wie etwa: Was sind eigentlich Raum und Zeit? Sind sie materieabhängige bloße Relationen oder etwa große Behälter, in die die Materie und die Kausalsequenzen hineingetan sind? Sodann: Wie läßt sich die euklidische Geometrie begründen? Oder: Wir verfügen unleugbar über ein apriorisches, erfahrungsunabhängiges Wissen, auch wenn unsere geistige oder geistlose Sozialisierung sich gegen diesen Gedanken mit Händen und Füßen (also wenig geeigneten Mitteln) sträubt – wie ist dieses Wissen beschaffen, wie läßt es sich begründen? Sodann: Muß man analytische und synthetische Sätze voneinander unterscheiden? Gibt es synthetische Sätze a priori? Gibt es eine Grenzbestimmung a priori unseres schrankenlosen empirischen Weiterwissens? Diese Fragen, die sämtlich in der KrV in dieser Reihenfolge thematisiert werden, behandelt Kant mit einem überragenden Scharfsinn, so daß die einschlägigen Debatten immer wieder zur KrV zurückkehren. Die historische Sprengkraft der kritischen Philosophie ist ein Faktum, das sich detaillierter ausführen, aber nicht gut leugnen läßt. Ob dagegen der systematische Rückgang auf Kants Problemexpositionen und -lösungen philosophisch haltbar ist oder in die Irre führt, ist eine heftig umstrittene Frage. Wir kommen darauf am Schluß zurück.

Zunächst soll erstens die literarische und gedankliche Komposition des Werks im ganzen entwickelt werden. Diese Komposition ist mehr oder weniger identisch mit der Genese der Schrift selbst, die sich über die Transzendentale Ästhetik zur Kategorientafel und den Grundsätzen und von dort zur Dialektik der reinen Vernunft fortbewegt. Sodann durchschreiten wir noch einmal die KrV, aber dieses Mal nicht ihre Genese und den Gedankengang referierend, sondern mit einem Blick auf die sachlichen Probleme, die mit den einzelnen Elementen verbunden sind. Von diesen Problemen her ergibt sich eine Kritik der Kritik; diese Kritik des Werks setzte mit ihrem Erscheinen ein und wird bis heute unter wechselnden Vorzeichen fortgeschrieben.

II. Die Entstehung des Werks

Die KrV ist das einzige Werk, über dessen Entstehung Kant reflektiert und berichtet hat; er suchte die historisch-systematischen Bedingungen anzugeben, unter denen »die« *Kritik* konzipiert wurde, aber auch, systematisch gesehen, konzipiert werden mußte. Zum letzteren wurden u. a. klassische Schemata verwendet. Eines ist die Abfolge von Dogmatismus, Skeptizismus, Kritizismus. Nach dem Dogmatismus und seinen endlosen Streitigkeiten und der daraus verständlichen Resignation im Skeptizismus bleibt nur der dritte Weg, der Kritizismus. Der letzte Absatz der KrV bezieht sich auf diesen schon antiken Dreischritt: »Was nun die Beobachter einer *szientifischen* Methode betrifft, so haben sie hier die Wahl, entweder *dogmatisch* oder *skeptisch*, in allen Fällen aber doch die Verbindlichkeit, *systematisch* zu verfahren. [...] Der *kritische* Weg ist allein noch offen.« (A 856) Der Kritizismus führt die Vernunft zur zweigeteilten Selbsterkenntnis: Erkenntnis ja, aber nur im Bereich der – subjektiv bedingten – Erfahrung, dort, wo Anschauung und Begriff kongruieren; nur begriffliche Scheinerkenntnis, wo den Begriffen oder Ideen die Anschauung fehlt. Im Praktischen dagegen gibt es eine Selbstverwirklichung der Vernunft, die sich der Erfahrung entzieht. So oder ähnlich lautet eine Rekonstruktion des geschichtlichen Ganges der Vernunft, die in der Kantischen *Kritik* endlich zu sich selbst gelangt. Die Rolle des Skeptikers übernimmt David Hume. »Ich gestehe frei: die Erinnerung des

David Hume war eben dasjenige, was mir vor vielen Jahren zuerst den dogmatischen Schlummer unterbrach [...].« (IV 260, 6–8) David Hume, der zeitgenössische schottische Philosoph, wird als wachrüttelnder Skeptiker benannt, auch diese Erweckerrolle des Skeptikers findet sich schon in der antiken Literatur. Kant hat eine Übersetzung von Humes *Enquiry Concerning Human Understanding* (1748) von 1755 gelesen[8] und sich dadurch langfristig anregen lassen. Mehr läßt sich über die Rolle Humes jedoch nicht ausmachen.

Nur historisch ist folgende Bemerkung: »Das Jahr 69 gab mir großes Licht«, heißt es in einer der Reflexionen zur Genese der kritischen Philosophie.[9] Mit diesem Licht kann zwar noch nicht die zündende Idee zur eigentlichen KrV gemeint sein, weil Kant erst später über den entscheidenden Vernunftbegriff verfügt, der einer Kritik bedürftig ist (Stichwort: Transzendentale Dialektik; Seelen-, Welt- und Gotteslehre), aber die Erleuchtung bezieht sich auf ein fundamentales Stück der späteren kritischen Philosophie, nämlich die Raum-Zeit-Lehre. Sie verdankt sich folgender Überlegung. In einer vollständigen begrifflichen Bestimmung der internen Relationen bestimmter Körper wie z. B. einer Hand wird der Unterschied von rechter und linker Hand nicht erfaßt. Dieser Unterschied ist jedoch, so lautet die These einer kurzen Schrift von 1768, *Über den Unterschied der Gegenden im Raum*, ein Faktum des Raumes, das wir zur Kenntnis nehmen müssen, aber nicht begrifflich zu fassen vermögen. Wir können den linken Handschuh nicht auf die rechte Hand ziehen, und der Verstand versteht an dieser Stelle die Welt nicht mehr, denn begrifflich läßt sich kein Unterschied ausmachen zwischen den beiden inkongruenten Gegenstücken. Es gibt, so die allgemeinere These, ein begriffliches Defizit im Hinblick auf wesentliche Merkmale der Körperwelt. Damit ist der Anspruch der rationalistischen Philosophie gebrochen, die Welt insge-

8 In Hume 1754–1756.
9 XVIII 69 – Reflexion 5037.

samt begrifflich erfassen zu können. Das große Licht von 1769 bringt für diese Entdeckung einer handfesten rationalistischen Unterbestimmung die entscheidende Ergänzung und vermeintliche Lösung. In der Dissertation von 1770, *De mundi sensibilis atque intelligibilis forma et principiis* (Über die Form und die Prinzipien der sensiblen und intelligiblen Welt), wird diese Lösung in ihrer ersten Phase vorgestellt. 1770 wird das begriffliche Defizit in der Erkenntnis eines Raumfaktums, bei dem wir 1768 stehenblieben (rechte und linke Hand), in dreifacher Weise philosophisch bearbeitet: Erstens wird es auf Räumlichkeit überhaupt erweitert, zweitens in einer Parallelaktion auch auf die Zeit angewendet und drittens ontologisch uminterpretiert. Diese drei Elemente werden fast unverändert unter dem Titel der »Transzendentalen Ästhetik« in die KrV übernommen und müssen uns deswegen interessieren.

Erstens: Nicht nur die inkongruenten Gegenstücke wie linke und rechte Hand, sondern alle räumlichen und geometrischen Gebilde überhaupt sind, so die These von 1770, nicht begrifflicher, sondern spezifisch anschaulicher Art. Einen Kreis denkt man nicht, sondern man sieht ihn, man konstruiert ihn nach begrifflicher Anweisung. Krude heißt es 1770 sogar: »oculis subjiciendo« (II 403): Die geometrischen Erkenntnisse werden dadurch gewonnen, daß man ihre Objekte »den Augen unterwirft«. Die anschaulichen Figuren der euklidischen Geometrie sind also keine etwas ungenauen Instantiierungen begrifflicher Konzepte, sondern sie sind die geometrischen Gebilde selbst.

Zweitens: Was für den Raum gilt, gilt auch für die Zeit; auch an ihr haben wir eine unbegriffliche Vorgabe, deren wir uns anschauend-unmittelbar bewußt werden. Man kann sagen: Weder Raum noch Zeit könnte man Wesen, die nicht schon über eine Raum-Zeit-Anschauung verfügen, diskursiv erklären; sie könnten mit den Worten Raum und Zeit so wenig verbinden wie Blinde oder Farbenblinde mit Farbwörtern.

Drittens: Raum und Zeit sind keine Substanzen oder Dinge,

sie sind auch keine Relationen zwischen Dingen, sondern sind Formen unserer Anschauung. Wir strukturieren etwas räumlich oder zeitlich, und mehr als solche subjektiven Formen sind Raum und Zeit nicht: Weisen unseres Strukturierens von Empfindungen, von denen wir als begrenzte Wesen affiziert werden und die, wir wissen es schon, nicht auf Begriffe reduzierbar sind. Kant spricht von einer »reinen« Anschauung von Raum und Zeit, weil die Struktur selbst vor allen besonderen Inhalten vorhergeht. Die beiden Formen der reinen Anschauung können wir in anschaulicher Erkenntnis für sich thematisieren; dann erzeugen wir die Geometrie und die Arithmetik. Also: Raum und Zeit entstammen nicht der Erfahrung, denn sie (Kant sagt: ihre Vorstellungen) werden bei jeder äußeren Erfahrung immer schon vorausgesetzt. Hier handelt es sich um eine Positionierung zwischen Empirismus (Holen aus der Erfahrung – aber die ist erst möglich unter Voraussetzung der Vorstellungen von Raum und Zeit) und Rationalismus (Reduktion auf begriffliche Strukturen – aber die sind defizitär).

Diese Erkenntnis der Subjektivität und Nichtbegrifflichkeit von Raum und Zeit ist, so Kant, so paradox wie die Erdrotation im kopernikanischen System. Nur unter dem Blick der Vernunft sind wir, wie es heißt, transzendentale Idealisten (vgl. A 28: »durch die Vernunft an sich selbst erwogen«), sonst bleiben wir empirische Realisten, so wie wir auch nach Kopernikus die Sonnen- und Sternbewegung sehen, nicht die Erdrotation. Der Schein der Sternbewegung und der Schein der Erkenntnis der Dinge an sich ist unaufhebbar und besteht auch nach der Kantischen *Kritik* fort.

Die Raum-Zeit-Theorie erzwingt Kant zufolge eine Unterscheidung von Ding an sich und Erscheinung. Die Subjektivierung von Raum und Zeit und damit die Trennung von Ding an sich und Erscheinung läßt sich in einem bestimmten Aspekt ganz gut mit dem Fernsehen vergleichen. Das uns unbekannte Ding an sich schickt in einer uns gänzlich entzogenen, nicht erkennbaren Weise Impulse an »uns«, unser Gemüt, das diese Impulse nach einer subjektiven Installation durch die Bilder und ihre Abfolge am Bildschirm dekodiert. Für Gott wäre die Menschheit eine Fernsehnation, die er unermüdlich mit seinem weltgeschichtlichen Programm beliefert.

1770 meint Kant noch, er könne eine rein begriffliche Erkenntnis der unsinnlichen Wirklichkeit gewinnen; 1781 unterwirft er ebendiese vermeintliche Erkenntnis der Kritik. 1770 ist der monolithische Rationalismus gesprengt (der, im Vergleich, das elektronische Geschehen in den Kabeln mit der Darstellung auf dem Bildschirm identifizierte und wegen der – jetzt durchschauten – Unvereinbarkeit in einen dauernden scholastischen Streit geraten mußte). Er ist durch eine Doppelstruktur ersetzt. Neben die Logik tritt die Ästhetik, neben den Verstand bzw. die Vernunft tritt die Anschauung. Beides ist nicht aufeinander reduzierbar, sondern es sind zwei getrennte Erkenntnisstämme in uns, die eine wirkliche Erkenntnis ermöglichen, nämlich dort, wo sich das eine auf das andere, der Begriff auf die Anschauung, applizieren läßt.

Neben das Cartesische »cogito« tritt also das »video«, ich denke und ich schaue an. Nur beides zusammen führt zur Erkenntnis, aber jedes für sich läßt sich in getrennten Wissenschaften thematisieren: die Raumanschauung in der euklidischen Geometrie, das Denken in der Aristotelischen Logik. Das sind zwei aus der Antike überkommene Vorgaben, die Kant übernimmt und rechtfertigt. Das Denken ist in uns selbst, und die subjektivistische Raum-Zeit-Theorie besagt dasselbe für unsere Anschauungsformen Raum und Zeit. Es gibt keine Subjekt-Objekt-Differenz, und so ist es kein Zufall, daß weder die Geometrie Euklids noch die Aristotelische Logik fehlerhaft sind und schon in der Antike praktisch vollständig entwickelt wurden. Beide sind nichts anderes als die unmittelbare Selbstexplikation unseres Anschauens und unseres Denkens. Wir wissen a priori des weiteren, daß alle Erscheinungen im Raum den Gesetzen der euklidischen Geometrie unterliegen und daß sie als Gegenstände der Erkenntnis nach den Prinzipien unseres Verstandes konstituiert sein müssen.

III. Die transzendentale Logik (Analytik des Verstandes, Dialektik der Vernunft)

Wir wissen jetzt: Raum und Zeit sind nichts anderes als die Formen unserer Sinnlichkeit. Was sich diesen Formen unterwirft, erscheint uns, ist Erscheinung, gehört zum Mundus sensibilis. Was sich nicht unterwirft, ist Ding an sich, nur intelligibel, Noumenon. Die Dissertation von 1770 behauptete noch unkritisch und gewissermaßen naiv, daß wir sowohl Erscheinungen wie auch Dinge an sich erkennen können, Dinge an sich, wie z. B. Gott und die substantielle Verfaßtheit aller möglichen physischen Welten. Entscheidend war die Subjektivierung der Erscheinungswelt durch die Einsicht, daß Zeit und Raum subjektive Formen sind, in denen sich uns Innen- und Außenwelt darstellen. Wie soll diese Erkenntnis der Erscheinungen und, davon getrennt, der Dinge an sich nun möglich sein? Kant hat diese Frage näher erst nach 1770 untersucht. Damit beginnt die fast zehnjährige schweigende Bergwanderung. Erst kurz vor 1781 ist der Königsberg der Erkenntnis erklommen.

1772 heißt es in einem Brief Kants: »[...] so bemerkte ich, daß mir noch etwas wesentliches mangele [...] Ich frug mich nemlich selbst: auf welchem Grunde beruhet die Beziehung desjenigen, was man in uns Vorstellung nennt, auf den Gegenstand? [...] unser Verstand ist durch seine Vorstellungen weder die Ursache des Gegenstandes [...] noch der Gegenstand die Ursache der Verstandesvorstellungen (in sensu reali).« (X 130) Die Welt ist nicht das Produkt unserer Imagination oder wechselnden Kultur, noch sind die neuronalen Netze die Ursache unserer Begriffe von dieser Welt, z. B. des Ursachenbegriffs. Wie können sich Verstandesbegriffe erkennend auf das beziehen, was sie nicht sind, die reale Welt? Der

Pakt der neuzeitlichen Erkenntnis lautet: Der Mensch verzichtet auf den theoretischen Zugriff auf die »intima natura rerum« oder die Dinge an sich, sichert sich jedoch die vorbehaltlose Erkenntnissouveränität über die Erscheinungen. Sie unterliegen, wir wissen es, seinen Formen der Anschauung. Es soll jetzt beim nächsten Schritt der KrV gezeigt werden, *daß* sich tatsächlich und *wie* sich unsere Begriffe erkennend auf diese Erscheinungen beziehen. Wir wissen schon: Die Vernunft schießt über das Gebiet der Anschauung hinaus und prätendiert Erkenntnisse der Seele an sich, der Welt im ganzen und Gottes. Aber sie gerät dabei in eine Dialektik, eben weil den Begriffen die Stütze in der Anschauung fehlt.

Die Frage der Analytik ist: Um welche Begriffe handelt es sich genau, und wie läßt sich die Sphäre des Verstandes und seiner Begriffe, der Kategorien, auf die heterogenen Formen der Anschauung und des in ihr Gegebenen beziehen? Zwei Aufgaben also waren zu lösen; in der Terminologie der KrV: erstens die Ermittlung der Kategorien und zweitens deren transzendentale Deduktion, d. h. der Nachweis, daß und wie sich die ermittelten Kategorien des Verstandes auf Anschauungen zur Erkenntnis von Erscheinungen beziehen lassen.

Wir können die Kategorien und deren vollständige Erfassung in einer Kategorientafel nicht ohne eine vorgeschaltete Urteilstafel erfassen, das steht eindeutig im Text. Die Urteilstafel wiederum entspringt der Analyse des Urteils in der Orientierung an der Tradition der Aristotelischen Logik, und damit sind wir beim Einfachsten auf dieser Welt angekommen. Die Logiktradition verfährt nach dem Baukastenprinzip und stellt an den Anfang Begriffe wie »Mensch« und »sterblich«; dann folgt das Urteil als wahrheitsfähige Verknüpfung zweier Begriffe: »Alle Menschen sind sterblich«, und drittens der Syllogismus als notwendige Verbindung zweier Urteile: »Alle Menschen sind sterblich; alle Athener sind Menschen«, also gilt jetzt notwendig: »Alle Athener sind sterblich.« Mehr als diese drei logischen Grundelemente gibt es nicht: Begriff, Urteil, Schluß. In der Neuzeit wird ein viertes Stück hinzugefügt, die Methodenlehre, die die Frage behandelt, wie die logischen Operationen in wissenschaftlichen Zusammenhängen eingesetzt werden. Zuerst der Aufbau des logischen Teils der KrV; er sieht folgendermaßen aus:

Raum – Zeit	Begriffe	Urteile	Schlüsse
Anschauung	Verstand	Verstand	Vernunft/Methodenlehre
		(Urteilskraft)	

Zurück zur Urteilstafel. Auch sie ist vierteilig, Quantität, Qualität, Relation und viertens die Modalität. Das hieße, daß sich die Quantität (allgemeine, besondere, einzelne) auf die Begriffe, die Qualität (bejahende, verneinende, unendliche) auf die Urteile und die Relation (kategorische, hypothetische, disjunktive) auf die drei möglichen Syllogismen bezieht, die Modalität aber die Methodenlehre aufnimmt. Bei einer derartigen Rekonstruktion enthält die Urteilstafel die Konzeption der Transzendentalen Logik und Methodenlehre in nuce, und man braucht keinen weiteren Ursprung der Urteilstafel als die von Kant selbst als völlig gewiß anerkannte Aristotelische Logik.

Die Kategorientafel wird aus der Urteilstafel gewonnen: »Dieselbe Funktion, welche den verschiedenen Vorstellungen *in einem Urteile* Einheit gibt, die gibt auch der bloßen Synthesis verschiedener Vorstellungen *in einer Anschauung* Einheit, welche, allgemein ausgedrückt, der reine Verstandesbegriff heißt.« (A 79) Es soll jetzt nicht näher verfolgt werden, *wie* Kant die so gewonnenen Begriffe als raum-zeitlich auslegbar in der »Transzendentalen Deduktion« darlegt. Entscheidend ist, *daß* diese Beziehung überhaupt gelingt, da sonst die Verstandesbegriffe ohne Sinn und Bedeutung blieben. Eine entscheidende Rolle spielt bei dieser Beziehung der Begriffe auf Anschauung und Erscheinungen die Einheit des Ich – das transzendentale Selbstbewußtsein als »der höchste Punkt, an den man allen Verstandesgebrauch, selbst die ganze Logik, und, nach ihr, die Transzendentalphilosophie heften muß, ja, dieses Vermögen ist der Verstand selbst« (B 134) – und dann die Zeit. Die Verzeitlichung des Begriffs ist die Brücke zu seiner Anwendung nicht nur im inneren Sinn, sondern auch im äußeren, den Kant eigentlich immer im Blick hat. Die verzeitlichten Kategorien bilden die Basis der Grundsätze des Verstandes, die zugleich die Grundgesetze der Gegenstände in den Erscheinungen sind. Nach diesen Grundsätzen konstituieren wir gewissermaßen die Natur, indem wir sie als bloße Erscheinungen zuerst als extensive Größen ermöglichen, die jeweiligen Raumstrukturen also in die Form unserer äußeren Anschauung hineinzeichnen, sodann als intensive Größen, die die qualitative Realität – ja, was nun? selbst realisiert? als gegebene nachvollzieht? Wie immer, der Grundsatz selbst lautet: »In allen Erscheinungen hat das Reale, was ein Gegenstand der Empfindung ist, intensive Größe, d. i. einen Grad.« (B 207) Wie hier die Realität zu fassen ist, wurde besonders im Marburger Neukantianismus zum Gegenstand einer folgenreichen Ursprungsfrage.

Das dritte Set von Bedingungen der Möglichkeit unserer Erfahrung und damit der Gegenstände der Erfahrung nach der extensiven und intensiven Größe der Erscheinungen als solcher ist die Verknüpfung der so geordneten Empfindungen zu Gegenständen in einer dreifachen Struktur. Es muß erstens ein beharrlich identisches Etwas gedacht werden, das sodann im Hinblick auf seine kausalen Reaktionen auf andere Weltdinge oder Ereignisse bestimmt wird und das drittens in universeller Wechselwirkung aller physikalischen Körper überhaupt bestimmt wird. Das Etwas-Beharrliches-Sein fixiert etwas im Fluß der Erscheinungen; es kann damit zu einem Kausalitätszentrum werden, d. h., das noch anonyme Etwas wird bestimmt im Hinblick auf seine Funktionen in wechselnden Kontexten. Nehmen wir einen Stein. Es handelt sich um ein beharrliches Etwas (Substanz), das bei einer so und so gearteten Bewegung die und die Effekte erzeugt (Kausalität). Als physikalischer Körper steht er drittens in einer kosmischen Wechselwirkung, und sei diese auch noch so minimal.

Der vierte Bedingungskomplex bringt keinen neuen Inhalt, sondern fixiert die Weise, wie eine bestimmte Naturerkenntnis als mögliche, wirkliche oder notwendige in den Gesamtzusammenhang der einigen, allbefassenden Erfahrung integriert ist.

Nun ist die Erfahrung Ergebnis einer Tätigkeit, in welcher das in der Anschauung Gegebene nach den Kategorien miteinander verknüpft wird und durch diese Verknüpfung als ein Zusammenhang allererst entsteht. Das sog. transzendentale Subjekt oder auch technischer: das transzendentale Selbstbewußtsein oder Ich ist das Spontaneitätszentrum, das die Tätigkeit ausübt und die Einheit der Erfahrung gewährleistet. Dieses Ich kann nur aus und in dieser seiner Funktion der Ermöglichung einer gesetzlichen, einheitlichen Erfahrung und ihrer Gegenstände bestimmt werden; es ist selbst nicht Gegenstand der Erkenntnis.

Subjektivität ermöglicht Objektivität: Wir haben uns der Dinge im Modus der bloßen Erscheinung bemächtigt, denn sie sind ja als anschaubare und erkennbare Erscheinung in uns. Jetzt können wir sie in diesem Zustand der Domestikation zur allgemein verbindlichen Objektivität bestimmen und den Zentralsatz gewinnen: Die subjektiven Bedingungen unserer Erfahrung sind die Bedingungen der Gegenstände der Erfahrung. Die Pole der Deduktion: eine einheitliche Erfahrungswelt bzw. Natur auf der Objektseite, eine Einheit des Bewußtseins auf der Subjektseite. Es ist gewissermaßen die Tautologie, daß die Gegenstände unseres erkennenden Bewußtseins den Bedingungen dieses Bewußtseins genügen müssen. Es gilt aber auch umgekehrt: Unser Bewußtsein ist immer objekt-intentionaler Natur, Gegenstandsbewußtsein, weil es nur in der synthetischen Einheit der Erfahrung und ihrer Gegenstände besteht. Sich selbst kann es nicht erkennen.

Wir brechen hier das Referat über die »Transzendentale Analytik« ab. Wir stehen nach Kant in der Erkenntnis der Phänomene des inneren und des äußeren Sinnes immer in einem Bedingungsgefüge, bei dem die Vernunft, das Vermögen der

Schlüsse, die Stafette vom Verstand, dem Vermögen der Begriffe und Urteile, übernimmt und die Linie ins Unbedingte verlängert und auf drei Endbegriffe stößt: die menschliche Seele selbst, die Welt im ganzen und Gott. Wir sahen schon, daß sich hier keine Erkenntnis mehr realisieren läßt, weil weder Raum noch Zeit als sinnliche Folie der Begriffe zur Verfügung stehen. Die Vernunft gerät ins Taumeln, in eine Dialektik, wie die Kritik feststellt und auch aufklärt. Das war die »Transzendentale Dialektik«, mit der wir anfingen.

Da gilt, daß »die Natur« (wie Kant sagt) nichts Grundsätzliches umsonst macht, kann auch hier gefragt werden, wozu die erkenntnisleeren, wiewohl denknotwendigen Ideen dienen mögen. Die Antwort lautet: Es sind regulative Ideen, die unseren sonst richtungslosen Verstand in der potentiell unendlichen Forschung und Weiterfrage leiten. Dem soll hier nicht nachgegangen werden, nur ein Nebenprodukt muß erwähnt werden. Die Vernunft entwickelt ein Prinzip der grundsätzlichen Angemessenheit der Natur an unseren Verstand. Nach den bloßen Kategorien und Grundsätzen wäre eine Natur denkbar, die so mannigfaltig ist, daß wir niemals auf gleichartige Phänomene stoßen würden und sie sortieren könnten (Mineralien, Pflanzen, Tiere etc.). Das Prinzip der Angemessenheit der Natur an unser Erkenntnisvermögen besagt, daß unsere systematische Naturbestimmung nach einzelnen Gesetzen und Arten und Gattungen nicht ein reines Ökonomieprinzip unserer Forschung ist, sondern grundsätzlich ein Konstitutionsprinzip der Erscheinungen darstellt. In der KdU wird aus dieser Angemessenheitsidee die Naturästhetik entwickelt: Das Naturschöne ist das Echo der Einstimmung unserer Erkenntniskräfte in die sich uns darbietende Natur überhaupt.

Die regulative Funktion der drei Vernunftideen dient dazu, dem Verstand die Orientierung in seinen kategoriengeleiteten Untersuchungen zu geben. Wir können hier eine Tendenz beobachten, die bis heute wirksam ist: Die Abwertung des kalten, orientierungslosen Verstandes und die Hochschätzung der richtungweisenden Vernunft. Die Vernunft hat also in der KrV nicht nur die Funktion, den Verstand mit ihren regulativen Ideen des Unbedingten zu leiten, sondern eröffnet mit der Idee der Zweckmäßigkeit noch zwei Felder, die der Entstehungsort des zweiten Teils der KdU sein werden. Sie besagte für deren ersten Teil, daß die Natur, die wir zu erkennen suchen, unserem Erkenntnisvermögen angemessen ist. Sie ist so strukturiert, daß wir mit den Ordnungsformen etwa von Arten und Gattungen eine in ihr selbst liegende Ordnung treffen. Es gibt also eine Korrespondenz der Zweckmäßigkeit der Natur für unseren Verstand, die der Verstand selbst mit seinen Kategorien nicht entdecken könnte. Diese Zweckmäßigkeit oder Angemessenheit drückt sich, so wird die KdU lehren, im Phänomen der Schönheit der Natur für uns aus. Sodann entdeckt die Vernunft ein weiteres Prinzip, das der Zweckmäßigkeit der Natur für sich selbst in bestimmten Sonderphänomenen. Wir können die für unser Erkenntnisvermögen zweckmäßige Natur in den Organismen so interpretieren, daß der Verstand nicht vor einer unbegreiflichen zufälligen Zusammenstimmung der Teile stehenbleibt, sondern daß die Natur selbst unter der Idee von Zwecken stehend erkannt werden kann. Diese Vernunftidee der Zwecke in der Natur wird die KdU für die neukonzipierte reflektierende Urteilskraft reklamieren. Sie bildet den Inhalt der zweiten Hälfte der KdU: Zuerst wird unter dem Namen der Ästhetik das Schöne (und Erhabene), sodann unter dem Namen der Teleologie die Zweckmäßigkeit der Natur für sich selbst behandelt.

Wir könnten jetzt unseren Abriß bis ins letzte Filigran der Wendeltreppen und Geheimverbindungen des monumentalen Baues ausdifferenzieren und dabei eine ganze Bibliotheken umfassende Literatur mit den raffiniertesten und klügsten, aber auch skurrilsten Beobachtungen und Interpretationen seit dem ersten Erscheinen der KrV einbeziehen. Aber philosophische Werke muten dem Leser zu, die Argumente nicht nur zur genauen Kenntnis zu nehmen und philologisch um- und umzuwenden, sondern sie sich zu eigen zu machen, sie kritisch zu erwägen und dann zu akzeptieren oder zurückzuweisen.

IV. Probleme der KrV

Kehren wir noch einmal zu einigen der entscheidenden Theorieteile zurück und greifen einige Probleme heraus, die sich dem kritischen Leser der *Kritik* in den Weg stellen.

»Der Raum ist kein empirischer Begriff, der von äußeren Erfahrungen abgezogen worden. Denn damit gewisse Empfindungen auf etwas außer mich bezogen werden (d. i. auf etwas in einem anderen Orte des Raumes, als darinnen ich mich befinde), imgleichen, damit ich sie als außer- und nebeneinander, mithin nicht bloß verschieden, sondern als in verschiedenen Orten vorstellen könne, dazu muß die Vorstellung des Raumes schon zum Grunde liegen.« (A 23) Hiermit ist, so scheint es, gemeint, daß das selbst raumlose Subjekt einen Vorstellungsraum aufspannt, in dem es die passiv rezipierten Empfindungen (z. B. der roten und grünen Farbe) dort und dort plaziert und sich selbst als empirisches Körper-Ich im Raumkontinuum im Zentrum der Empfindungsprojektionen lokalisiert. So bin ich im Zentrum der Empfindungsverteilungen wirklich hier, und der sonst noch leere Vorstellungsraum gewinnt eine empirische Wirklichkeit. Jetzt kann ich mir zwar noch vorstellen, selbst dort hinten zu sein, aber da ich dort nicht empfinde, bin ich dort nicht, sondern in dem empfindungsmarkierten Hier. So weit, so gut.

Die qualitative Identität meines räumlichen Vorstellungsmediums mit dem anderer Menschen (»Wir können demnach nur aus dem Standpunkte eines Menschen vom Raum, von ausgedehnten Wesen usw. reden.« (A 26)) sei gewährleistet durch die euklidische Geometrie (A 24, Ziffer 3). So läßt sich das räumliche »außer mir« und »außer einander« exakt bestimmen (dazu gleich Näheres). Nicht jedoch gewährleistet ist die *numerische* Identität der so bestimmten Raumvorstellungen aller empfindenden Wesen. Es ist widerspruchsfrei möglich, daß es in diesem einen Vorstellungsraum des Ich allein dieses Ich gibt und seine in sein subjektives Außen hinausbezogenen Empfindungen. Daß einige Bündel von Empfindungen, die sich dort hinten vereinen, ihrerseits ein Mensch mit eigener Empfindungsrezepion und -projektion zu sein scheinen, geht mich gewissermaßen nichts an. An keiner Stelle spielt Kant mit dieser theoretischen Möglichkeit, denn er nimmt die numerische Identität des strukturgleichen Raumes aller Menschen an. Damit aber setzt er den einen gemeinsamen, subjekt- und vorstellungsunabhängigen unabhängigen Raum an sich voraus.

Große Probleme bereitet auch die These, die euklidische Geometrie bestimme unseren Anschauungs- und damit Weltraum. Punkt, Gerade und Ebene werden jedoch, anders als bei Euklid, als Gegebenheiten des vorausgesetzten Raumes gefaßt. Die Präzedenz des Raumes vor den Objekten der Geometrie wie Punkt, Gerade und Ebene destruiert jedoch die Möglichkeit der von Kant übernommenen geometrischen Sätze, etwa »daß zwischen zwei Punkten nur eine gerade Linie sei« (A 24). Für den Raum gilt, daß er ins Unendliche teilbar ist; jedes Raumstück, auch der Punkt als ein Etwas im Raum, muß ins Unendliche teilbar sein; damit aber gilt, daß es zwischen zwei Punkten unendlich viele Geraden gibt. Euklid selbst führt in seinen *Elementen* den Punkt ebenso wie die Linie und Ebene ohne allen Raum ein und entgeht daher dem Kantischen Dilemma. Vom Punkt heißt es auch: »[…] denn dieser ist nur als die Grenze eines Raumes (mithin eines Zusammengesetzten) möglich« (A 440). Genauer: »[…] indessen daß doch selbst […] ein Punkt die Grenze der Linie, aber doch noch immer ein Ort im Raum […] ist« (IV 354, 20–21). Aber damit wird das Dilemma nicht aus der Welt geschaffen, denn die Linie im Raum muß ausgedehnt und damit wieder ins Unendliche teilbar sein. Die Grenzen einer Raumlinie sind also unweigerlich eine Fläche, wieder ins Unendliche teilbar.

Wenn die These der Subjektivität von Raum und Zeit höchst problematisch ist, dann ist auch die in ihr fundierte *Einführung* der Differenz von Ding an sich und Erscheinung gefährdet.[10] Kant begründet diese Unterscheidung mit der notwendigen Subjektivierung von Raum und Zeit und stützt sich im Folgenden auf diese Vorgabe. Kann man die Raum-Zeit-Theorie unabhängig von diesem Problem verteidigen? Oder müssen wir gestehen: Ohne das Ding an sich kommen wir in die KrV nicht hinein, und mit ihm können wir nicht in der KrV verbleiben?[11]

Gegen die Idee dieser Trennung wird häufig eingewendet, wir könnten nicht gut Aussagen vom Ding an sich machen und gleichzeitig behaupten, es entziehe sich unserer Erkenntnis. Diesem Einwand kann man entgegenhalten, daß Kant Erkennen und Denken voneinander trennt. Die Erkenntnis wird restringiert auf Erscheinungen in Raum und Zeit, das Denken umfaßt sogar widersprüchliche Aussagen und vor allem denknotwendige hyperbolische Objekte wie die Vernunftidee von Gott, der Welt im ganzen und des Wesens unserer Seele, damit auch des Dinges an sich. Die Beziehung zwischen Ding an sich und Erscheinung soll so gedacht werden, daß die Erscheinungen das Ding an sich zur Erscheinung bringen, sie also ontologisch im Ding an sich gründen. Die Relation würde durch eine nichtverzeitlichte Kategorie der Kausalität nur *gedacht*, nicht *erkannt* werden. Wir gelangen hierdurch jedoch zu einer anderen Schwierigkeit: Die über sich

10 Die KpV gewinnt die Differenz von Ding an sich und Erscheinung auf eigene Faust: Das Faktum des kategorischen Imperativs erweist die Freiheit als wirklich, damit aber setzt es die Unterscheidung von »mundus sensibilis«, der Welt der Erscheinungen unter Gesetzen der Natur, und des »mundus intelligibilis«, der moralischen Welt freier Vernunftwesen. Hiermit ist eine Konkurrenzsituation zwischen theoretischer und praktischer Vernunft entstanden und das Problem der Einheit der Vernunft geboren.

11 Vgl. Jacobi 1812–1825, II 304 – *David Hume über den Glauben* (1787).

selbst reflektierende, ihre internen Grenzen setzende Vernunft denkt das Ding an sich als unerkennbare Wirklichkeit, die uns affiziert und dadurch in die bloßen Formen von Raum und Zeit einen Inhalt bringt. Aber die Physik und Physiologie qua Erscheinungswissenschaften zeigen, daß und wie wir von Lichtwellen und akustischen Wellen etc. affiziert werden. Damit gelangen wir zu einer doppelten Affektion, einer gedachten und einer erkannten, einer transzendentalen und einer empirischen. Kant selbst hat diese Dopplung nie thematisiert, obwohl sie vor der Haustür seines philosophischen Gebäudes liegt.

Die gänzliche Trennung der »Transzendentalen Ästhetik« von der »Transzendentalen Logik«, die für die Genese und gedankliche Struktur der KrV essentiell ist, wie wir sahen, ist keine in einem höheren Begriff begründete notwendige Dichotomie, wenigstens gibt Kant einen derartigen Begriff nicht an. Die historische Quelle der dualen Anlage von Ästhetik und Logik ist u. a. Alexander Baumgarten in der Schrift *Aesthetica* (1750). Dort kann problemlos der Begriff der ›cognitio‹, der Erkenntnis, als Oberbegriff fungieren, aber das ist bei Kant nicht mehr möglich, weil die Erkenntnis gerade in der Synthese von Anschauung und Verstand bestehen soll. Es kommt hinzu, daß die transzendentale Apperzeption, der »höchste Punkt« (B 134), nicht als ein Vermögen der Unterscheidung von Anschauung und Begriff fungiert, sondern die Unterscheidung wird vielmehr vorausgesetzt; das Ich leistet dann die Synthesis der Erfahrung. Diese Dichotomie haben weder die späteren Idealisten Fichte, Schelling und Hegel akzeptiert noch die Marburger Neukantianer. Wer also die Raum-Zeit-Lehre verteidigen will, hat es mit einer Phalanx von Gegnern zu tun.

Weiter: Läßt sich die Kategorientafel als vollständige Darstellung der Grundbegriffe des Verstandes retten? Oder muß man diese Systemstelle modifizieren? Hermann Cohen wollte die Grundbegriffe dem jeweiligen Stand der Wissenschaft anpassen, also die vollständige Tafel durch eine bewegliche Begrifflichkeit mit offener Zukunft ersetzen (Cohen 1871); Ernst Cassirer plädiert an dieser Systemstelle für ein offenes Prinzip der Symbole und erweitert damit die KrV zu einem Konzept der Kulturbildung überhaupt (Cassirer 1923–1929). Läßt sich Kants geschlossene Konzeption von ihrer logischen Grundlage, der Urteilstafel, gegen diese späteren Alternativen verteidigen?

Bei Kant kommen Häuser und Schiffe und Hunde als Klassen von Gegenständen vor, deren Erkenntnis durch die Grundsätze des Verstandes ermöglicht würde. Was bestimmen die Grundsätze genau? Erreichen wir einzelne Gegenstandsklassen oder gar singuläre Dinge wie den Tisch dort? Wir sahen, daß die Grundsätze zwar als Bedingungen der Möglichkeit unserer Erfahrung auch die Bedingungen der Möglichkeit der Gegenstände der Erfahrung sein sollen, aber sie können nur die notwendigen Bedingungen, niemals die auch hinreichenden sein. Nehmen wir nur die Kategorien und Grundsätze, so gelangen wir nie zu einer Bestimmung einer Gegenstandsklasse oder gar der Erfassung eines individuellen Gegenstands im kosmischen Totum hier und jetzt. Welches sind die Bedingungen, die jetzt noch fehlen, um überhaupt Gegenstände zu ermöglichen? Ich denke, wir lernen sie weder in der KrV noch in der KdU kennen. Häufig sind in Kants Rede die Erscheinungen, die wir kategorial bestimmen, immer schon die Gegenstände. Diese Redeweise kommt unserer Überzeugung entgegen, daß wir die Gegenstände im Akt der Wahrnehmung nicht gut hervorbringen können, sondern sie als solche ursächlich von der Natur oder den Fabriken hervorgebracht werden. Wie aber kommt die Bank dort transzendental in unsere Erscheinungswelt? Rekonstruieren wir sie in unserer Erfahrung, oder konstituieren wir sie aus dem amorphen Mannigfaltigen der Empfindung?

Hiermit ist eine weitere Problemzone angesprochen. Kant spricht von Erfahrung – aber von welcher Erfahrung? Ist es die Isaac Newtons und Leonhard Eulers, oder ist es die Erfahrung des Hausdieners Lampe? Oder ist die Alternative falsch? Eine mögliche Interpretation: Wir finden uns immer schon in lebensweltlichen Zusammenhängen mit pragmatisch identifizierbaren Gegenständen, der Mond, der Regenbogen, das Ungeheuer von Loch Ness, die Himmelfahrt von Mekka und die Erscheinung von Lourdes, Lebenswelt im Status naturalis, in dem vieles nicht zueinander passen will. Dieser Folklorewelt tritt jetzt die Wissenschaft gegenüber und sortiert und erkennt sie, vermißt sie und legt Kausalpisten fest und erstellt die eine gemeinsame Welt der Erfahrung. Lourdes scheidet aus: Wunder passen nicht in den Kontext einer gemeinsamen Erfahrungswelt.

Betrachten wir das Kausalgesetz. 1781 lautet der Grundsatz: »Alles, was geschieht (anhebt zu sein), setzt etwas voraus, worauf es nach einer Regel folgt.« (A 189) 1787: »Alle Veränderungen geschehen nach dem Gesetze der Verknüpfung der Ursache und Wirkung.« (B 232) Besonders die zweite Fassung stellt klar, daß alles Weltgeschehen nicht nur durch phänomenale, sondern materielle Ursachen bedingt ist, denn Ursache und Wirkung lassen sich nur im Externen fixieren, nicht im psychologischen Geschehen. Beide Fassungen schaffen uns die Wunder vom Halse. Es ist nach Kant nicht möglich, daß der Kandidat einer Prüfung in der experimentellen Naturwissenschaft seine falschen Meßergebnisse auf ein blitzhaftes Wunder zurückführt; in dubio pro reo, jedes Gericht müßte ihm Recht geben, wenn man die Wunder nicht a priori ins Exil schicken könnte. Hier sind alle Wissenschaftler Kantianer, Wunder müssen verboten werden. Die Frage wird jedoch brisant, wenn sich der Wissenschaftler selbst nicht mehr in seine Ich-Hoheit zurücklehnen kann, sondern alles Experimentieren in Physik und Psychologie selbst ein bloßes Geschehen der materiellen Natur ist. Kants Grundsatz besagt, daß *alles* Geschehen der Erscheinungswelt überhaupt seine notwendige und hinreichende Bestimmung in einer extern festlegbaren Naturursache findet. Der Handlungsbegriff wird damit zu einer vorwissenschaftlichen Fiktion in der Dichtungswelt unserer Umgangssprache. Kants KrV ist dann in

Wirklichkeit das Produkt neuronaler Prozesse, das Motto »de nobis ipsis silemus« paßt, denn es gibt uns nicht, so daß wir nicht über uns reden können. War die beliebte These »Gedanken ohne Inhalt sind leer, Anschauungen ohne Begriffe sind blind« (A 51) so gemeint? Ist es ein empiristisches Sinnprinzip, das die KrV, die dieses Sinnprinzip anschauungslos erkennen will, gleich mit abführt? Mit dem empiristischen Sinnprinzip hebt sich die KrV selbst auf. Die Begriffe des Begriffs, des Urteils, der Analytik, der Synthesis, der transzendentalen Apperzeption können und müssen instanziiert oder vielleicht illustriert, aber nicht auf Anschauung zur Ermöglichung von Erkenntnis bezogen werden. Sie haben keine empirischen Geltungsbedingungen. Oder läßt sich die Kantische These darauf beziehen, daß wir bei bestimmten allgemeinen Begriffen wissen müssen, wie sie sich operationalisieren lassen? Gedanken sind soviel wert, wie ihre Anwendung gelingt und tauglich ist.

V. Was bleibt?

Nach dem beschwerlichen Aufstieg auf den »mons realis« menschlicher Erkenntnis haben wir kritisch auf die *Kritik* zurückgeblickt – in der Kritik selbst noch dem Werk verpflichtet, das die Maßstäbe für seine Erhaltung und seine punktuellen Überwindungen setzt.

Literatur

Brandt, R. (1999): *D'Artagnan und die Urteilstafel.* München.
Cassirer, E. (1923–1929): *Philosophie der symbolischen Formen.* Berlin. 3 Bde. (Nachdruck Darmstadt 1987–1990).
Cohen, H. (1871): *Kants Theorie der Erfahrung.* Berlin (auch in: *Werke.* Hg. von H. Holzhey. Hildesheim 1987, Bd. 1).

Hume, D. (1754–1756): *Vermischte Schriften.* Hg. von J. G. Sulzer u. a. Hamburg/Leipzig.

Jacobi, F. H. (1812–1825): *Werke.* Leipzig.

Kant, I. (1781/1787): *Kritik der reinen Vernunft.* Hg. von J. Timmermann. Hamburg 1998.

Kant, I. (1900 ff.): *Gesammelte Schriften.* Akademie-Ausgabe. Berlin.

Mendelssohn, M. (1971 ff.): *Gesammelte Schriften.* Stuttgart/Bad Cannstatt.

Nietzsche, F. (1967 ff.): *Werke.* Begründet von G. Colli u. M. Montinari. Weitergeführt von W. Müller-Lauter u. K. Pestalozzi. Berlin/New York.

Schütz, C. G. (1785): »Rezension der *Grundlegung zur Metaphysik der Sitten*«. *Allgemeine Literatur-Zeitung* 2 (Nr. 80), 21–23.

OTFRIED HÖFFE

Immanuel Kant: *Kritik der praktischen Vernunft*

I. »Kritik der reinen Vernunft«, »Grundlegung« und »Kritik der praktischen Vernunft«

Auf dem Höhepunkt der europäischen Aufklärung wendet Immanuel Kant eine Leitidee der Epoche, die Kritik, auf zwei andere Leitideen, auf Vernunft und Freiheit, an. So unterwirft er die Aufklärung einer radikalen Selbstkritik, die er in drei berühmten Fragen zusammenfaßt: (1) Was kann ich wissen? – (2) Was soll ich tun? – (3) Was darf ich hoffen? (KrV, B 833).[1]

Die Antwort auf die erste Frage, die transzendentale Vernunftkritik, fällt so umfassend und so neuartig aus, daß sie Epoche macht. Das zuständige Werk, das nach etwa zwanzigjährigem Denkbemühen und nach einer zehnjährigen Publikationspause erscheint, die *Kritik der reinen Vernunft*, ist nach Schopenhauer »das wichtigste Buch, das jemals in Europa geschrieben worden« (Schopenhauer 1987, Nr. 157). Weil viele Philosophen diese Einschätzung teilen – noch Charles S. Peirce nennt Kants erste *Kritik* »meine Muttermilch in der Philosophie« (Peirce 1967, 287) –, treten Kants andere Werke oft in den Hintergrund. Die *Kritik der praktischen Vernunft* steht zusätzlich noch im Schatten von Kants erster kritischer Schrift zur Moralphilosophie, der *Grundlegung zur Metaphysik der Sitten*.

Gegen diese doppelte Geringerschätzung sprechen zwei Gründe: *Einerseits* läßt sich nicht leugnen, daß mittlerweile viele der Thesen der *Kritik der reinen Vernunft* stark relativiert

---

1 Kants *Kritik der reinen Vernunft* wird nach deren erster (A) und zweiter Auflage (B) angegeben; sonst werden alle Schriften Kants nach der Akademie-Ausgabe (Kant 1900 ff.) mit Angabe der Bandzahl (römische Ziffern) und Seitenzahl (arabische Ziffern) zitiert.

sind, etwa der transzendentale Ansatz durch die sprachphilosophische Wende (»linguistic turn«) und die Theorie der
Mathematik durch Zweifel am synthetischen Charakter ma-
thematischer Urteile. Grundelemente von Kants Moralphilosophie werden hingegen bis heute weithin anerkannt: die uneingeschränkte, kategorische Gültigkeit als Begriffselement
moralischer Forderungen, die Verallgemeinerungsfähigkeit
(Universalisierung) als deren notwendiges Kriterium und der
Selbstzweckcharakter des Menschen, seine unveräußerliche
Würde. Nach mehr als zwei Jahrhunderten intensiver Debatte
erweisen sich damit Grundaussagen der zweiten *Kritik* als
überzeugungsfähiger denn die der ersten *Kritik*. Zugleich
zeigt sich Jean Paul gegenüber Schopenhauer als weitsichti-
ger. Denn er schreibt einem Freund, Kant sei »kein Licht der
Welt, sondern ein ganzes strahlendes Sonnensystem auf einmal«, und begründet diese Wertschätzung mit einer Empfehlung, die sich gerade nicht auf die erste Kritik, sondern auf
Kants Moralphilosophie richtet: »Kaufen Sie sich um Himmels
willen zwei Bücher, 1. Kants Grundlegung zu einer Metaphysik der Sitten und 2. Kants Kritik der praktischen Vernunft.«[2]

Andererseits, im Verhältnis zur *Grundlegung*, enthält die
zweite *Kritik* für das Prinzip der Pflicht mehr als nur eine »vorläufige Bekanntschaft« und die Angabe einer »bestimmte[n]
Formel« (V 8). Das Mehr beginnt mit einer Erweiterung des
Themenbereichs. So nimmt die Begründung der Moralphilosophie im engeren Sinn, die »Analytik der reinen praktischen
Vernunft«, ein neues Lehrstück, das »Faktum der Vernunft«,
auf. Mit ihm beweist die reine praktische Vernunft ihre »Realität durch die Tat« (V 3). Überdies zählt zur Begründung der
Moralphilosophie im weiteren Sinn eine »Dialektik der reinen
praktischen Vernunft«, die wiederum Kants dritte Frage betrifft. Während die *Grundlegung* sich im wesentlichen nur mit
der zweiten Frage befaßt: »Was soll ich tun?«, geht es in der
zweiten *Kritik* zusätzlich um die dritte Frage »Was darf ich

2 Paul 1922.

hoffen?«. Die *Grundlegung* geht in ihren beiden ersten Abschnitten von der Wirklichkeit der Moral als moralisch gutem Willen, als Moralität, aus und fragt nach dem Begriff und Kriterium dieser Wirklichkeit. Dagegen untersucht die zweite *Kritik* deren Möglichkeit; in der Sache fragt sie: »Wie ist die Moralität, nämlich eine reine Willensbestimmung, möglich?« Weil sich die Moralität im Sittengesetz niederschlägt, läßt sich Kants Frage auch so formulieren: »Wie läßt sich das Sittengesetz vor der Vernunft rechtfertigen?« Kant gibt sich damit nicht zufrieden. Letztlich will er »dartun, daß es reine praktische Vernunft gebe« (V 3). Er will die Wirklichkeit der reinen praktischen Vernunft beweisen.

Obwohl es in der Wirkungsgeschichte anders aussieht, wird der ursprünglich größere philosophische Rang, den die *Grundlegung* in ihrer »Vorrede« beansprucht (IV 391), durch die *Kritik der praktischen Vernunft* relativiert: Die zweite *Kritik* ist nicht bloß themenreicher als die *Grundlegung*, sondern auch in der Problemstellung klarer, in der Begrifflichkeit genauer und im Gedankengang zupackender. Darüber hinaus ist der Text im Verhältnis zur ersten *Kritik* einfacher geschrieben und enthält kaum Abweichungen vom Leitthema. Er ist freilich nicht annähernd so themenreich wie die erste Kritik. Für deren Frage, wie reine Vernunft *a priori* Objekte erkennen kann, sind sehr viel mehr Teil- und Unterfragen zu behandeln als für die Frage der zweiten *Kritik*, wie die reine Vernunft unmittelbar ein Bestimmungsgrund des Willens sein könne (vgl. V 44). Andererseits setzt die zweite *Kritik* die erste fort. Denn in der ersten *Kritik* wird die Freiheit als denkmöglich, in der zweiten als wirklich erwiesen. Im übrigen hat Kant bei der ersten *Kritik* die zweite noch nicht im Blick; er befaßt sich deshalb im »Kanon der reinen Vernunft« schon mit der zweiten und dritten Frage. In gebotener Kürze stellt er sowohl für die zweite Frage das moralische Gesetz auf als auch für die dritte Frage das »Ideal des höchsten Guts«: die Idee einer Intelligenz, die für eine zur Glückswürdigkeit proportionale Glückseligkeit sorgt (B 838).

Kants Unterscheidung von praktischer und theoretischer Vernunft hat eine Tragweite, die bisher kaum gesehen worden ist: Im Gegensatz zur theoretischen Vernunft ist die praktische Vernunft von allen erkennenden Elementen freigesetzt; die epistemischen Elemente werden geradezu liquidiert. Damit setzt sich Kant, ohne Platon zitieren zu müssen, von dessen *Politeia* streng ab: von der Bindung des moralisch Guten an epistemische Bedingungen und von der daraus folgenden Erwartung, Philosophen verfügten über eine besondere Eignung zum Herrschen. Kant setzt einer für Philosophen reservierten Moral die Moral der gemeinen Menschenvernunft entgegen. Dort, wo die Moral, einschließlich der Rechtsmoral, der Gerechtigkeit, sich von aller Bindung an epistemische Elemente – bei Platon die Ideenlehre, besonders die Idee des Guten – frei macht, wo sie der gemeinen, sowohl allgemeinen als auch einfachen Menschenvernunft offensteht, verlieren Philosophen ihre moralischen und die daraus abgeleiteten politischen Privilegien. Kants berühmte Kritik an Platons Philosophen-Königssatz (vgl. VIII 369) beginnt schon hier: in der Trennung der praktischen von der theoretischen Vernunft, verbunden mit einer Demokratisierung der Moral.

Auf die zweiteilige Elementarlehre folgt, in Parallele zur ersten *Kritik*, als zweiter Teil die (sehr knappe) »Methodenlehre«. Wie die erste, so nimmt auch die zweite *Kritik* Descartes' Programm eines »Discours de la méthode«, einer »Abhandlung über die Methode«, auf. Kant interessiert sich aber nicht etwa für die Methode der Moralphilosophie, gewissermaßen für eine theoretische Methode hinsichtlich der Moral, für deren ›wissenschaftliche Erkenntnis‹ (151). Ohne sich auf Aristoteles zu beziehen, nimmt er dessen Programm der Ethik als einer praktischen Philosophie auf (»das Ziel liegt nicht im Erkennen, sondern Handeln«: *Nikomachische Ethik* I 1, 1095a6f.). Er verschärft es hier zur Aufgabe, die Art zu untersuchen, »wie man den Gesetzen der reinen praktischen Vernunft *Eingang* in das menschliche Gemüt, *Einfluß* auf die Maximen desselben verschaffen, d. i. die objektiv praktische

Vernunft auch *subjektiv* praktisch machen könne« (V 151). Kant denkt nicht etwa über die in der zweiten Vernunftkritik praktizierte Methode nach; dies geschieht ein wenig in der »Vorrede«, am Ende der Analytik, in deren »kritischer Beleuchtung«, und in den letzten Absätzen der Schrift, dem zweiten und dritten Absatz vom »Beschluß« (V 163).

In der Methodenlehre skizziert Kant eine Theorie moralischer Erziehung, von der der heutige Schulunterricht »Ethik« viel lernen könnte. In genialer Kürze unterscheidet Kant zwei Phasen: eine pragmatische und eine im engeren Sinn moralische Erziehung, und bei der zweiten Phase die Erziehung zur Legalität und ihre Steigerung zur Moralität. Wegen der strengen Trennung der praktischen von der theoretischen Vernunft relativiert Kant das Cartesische Programm und zugleich das seiner ersten *Kritik*. Denn der Singular einer einzigen und einheitlichen Methodenlehre weicht einem Dual: Die bislang als generell gültig erscheinende »Abhandlung über die Methode« wird herabgestuft zu einer »Abhandlung der bloß theoretischen Methode«. Diese wird um eine »Abhandlung über die praktische Methode« ergänzt und – aus dem Blickwinkel der zweiten *Kritik* – auch vervollständigt. Denn eine dritte *Kritik* mit ihrer dritten Methodenlehre tritt noch nicht in den Blick. Im Gegenteil hält Kant das in der ersten Kritik begonnene Programm mit der zweiten Kritik für beendet:

Seit der ersten *Kritik* kommt es Kant auf drei Ideen an, auf Freiheit, Gott und Unsterblichkeit. Wie es schon in der »Vorrede« heißt, wird in der zweiten Kritik die »Realität« jenes Begriffes, der Freiheit, bewiesen, der »den *Schlußstein* von dem ganzen Gebäude eines Systems der reinen, selbst der spekulativen Vernunft« ausmacht (V 3f.). Kant hält also das gesamte Vernunftgebäude für begründet, zumal mit dem Begriff der Freiheit auch »alle andere Begriffe (die von Gott und Unsterblichkeit) ... Bestand und objektive Realität« erhalten (V 4). Für ein zwischen Natur und Freiheit vermittelndes Vermögen, für eine (reine) Urteilskraft, sieht Kant keine Aufgabe. Die Vermittlung zwischen Freiheit und Natur, die durchaus behandelt wird, betrifft die zur Tugend als der Glückswürdigkeit proportionale Glückseligkeit (V 110). Es geht also um das auf die Postulate von Unsterblichkeit und Gott gerichtete Hoffen.

Nur das letzte Textstück der zweiten *Kritik*, der »Beschluß«, hat aus gutem Grund in der ersten *Kritik* keine Parallele. Kant wirft hier jenen Rückblick auf die Leistung beider Kritiken, der mit den berühmten Worten beginnt: »Zwei Dinge erfüllen das Gemüt mit immer neuer und zunehmender Bewunderung und Ehrfurcht, je öfter und anhaltender sich das Nachdenken damit beschäftigt: *der bestirnte Himmel über mir und das moralische Gesetz in mir*« (V 161). Der »bestirnte Himmel« nennt das Thema der ersten *Kritik*, die Natur in ihrer Gesetzmäßigkeit, das »moralische Gesetz« dagegen das Thema der zweiten *Kritik*. Die Erläuterung zeigt, warum Kant hier wie höchst selten in seinem Œuvre pathetisch wird: Er verfolgt ein existentielles Interesse (»ich ... verknüpfe sie [beide Dinge] unmittelbar mit dem Bewußtsein meiner Existenz«: V 162). »Der erstere Anblick einer zahllosen Weltenmenge vernichtet gleichsam meine Wichtigkeit«, mit der Einschränkung: »als eines *tierischen Geschöpfs*«. »Der zweite erhebt dagegen meinen Wert, als einer *Intelligenz*, unendlich durch meine Persönlichkeit, in welcher das moralische Gesetz mir ein ... von der ganzen Sinnenwelt unabhängiges Leben offenbart« (V 161). Zugleich gibt Kant eine säkulare Antwort auf Pascals religiöses Erschrecken (*Pensées/Gedanken*: ed. Brunschvicg, Nr. 693): Durch die moralische Größe des Menschen wird seine kosmologische Winzigkeit nicht bloß ergänzt, sondern sogar mehr als aufgewogen.

Darüber hinaus bekräftigt Kant den Zusammenhang der zweiten mit der ersten *Kritik*. Die *Kritik der reinen Vernunft* beginnt mit einem praktischen Interesse, das vor allem in der zweiten Auflage betont wird. Im Bacon-Motto nimmt sich Kant einen Beitrag zur menschlichen Wohlfahrt und Würde vor, in der »Vorrede« wendet er sich gegen Atheismus, Materialismus und Fatalismus (B xxxiv) und will »allen Einwürfen wider Sittlichkeit ... auf alle künftige Zeit ein Ende machen«

(B xxxi). Dieses Ein-Ende-Machen, die in Kants Augen endgültige Widerlegung aller moralischen Skepsis, vollendet sich
erst im »Beschluß« der zweiten *Kritik*.

II. Die Grundaufgabe

In der *Kritik der praktischen Vernunft* wendet sich Kant gegen
alle bisherigen Begründungen des Gipfels praktischer Verbindlichkeit: der Sittlichkeit bzw. Moral. Während man vorher deren Ursprung in der Ordnung der Natur oder der Gemeinschaft, im Verlangen nach Glück, im Willen Gottes oder
im moralischen Gefühl suchte, zeigt Kant, daß all diese Versuche mißlingen. Sein Nachweis erfolgt analog zur ersten
Kritik, denn nach Kant geht es in beiden Fällen um denselben
Anspruch, den auf eine streng allgemeine und objektive Gültigkeit. Im Bereich des Theoretischen erhebt die Wissenschaft
diesen Anspruch und nennt sich »Wahrheit« ohne einschrän-
kenden Zusatz: (theoretische) Wahrheit tout court. Im Bereich des Praktischen erhebt den Anspruch die Moral, die
ebenfalls eine uneingeschränkte Verbindlichkeit meint: die
höchste Stufe praktischer Objektivität, man kann sagen: praktische Wahrheit.

Die *Grundlegung* geht vom Begriff des schlechthin Guten
aus und gelangt über den Zwischenbegriff der (moralischen)
Pflicht zum Begriff und Kriterium dieser Pflicht, dem kateg1o-
rischen Imperativ. Die zweite *Kritik* weicht wegen ihrer an-
dersartigen Aufgabe davon ab. Kant bestimmt die Moral nicht
als das schlechthin Gute, sondern als das schlechthin allgemeine, streng objektive praktische Gesetz, das er wiederum
vom Vermögen streng objektiver Gesetze, der Vernunft, her
bestimmt. Seine Neubegründung der Moral erfolgt in Form
einer kritischen Prüfung der praktischen Vernunft. Diese ist
jedoch keine andere als die theoretische Vernunft, vielmehr
»nur eine und dieselbe Vernunft …, bloß in der Anwendung

unterschieden« (IV 391); sie ist hier nicht mehr theoretisch (»erkennend«), sondern praktisch (»wollend«) tätig.

Kant versteht unter der Vernunft das Vermögen, den Bereich der Sinne zu übersteigen und dabei streng objektiven Gesetzen bzw. Prinzipien zu folgen. Die theoretische Vernunft nimmt den Überstieg für das Erkenntnisvermögen vor und wird von theoretischen Prinzipien bestimmt, während die praktische Vernunft nicht etwa unmittelbar das Handeln, wohl aber das ihm zugrundeliegende Begehrungsvermögen und dessen praktische Prinzipien betrifft. Das vernunftbestimmte Begehrungsvermögen, die praktische Subjektivität, heißt auch Wille, der für Kant keine irrationale Kraft ist, sondern etwas Rationales: die Vernunft in bezug auf das Handeln. Genauer besteht die praktische Vernunft, der Wille, im Vermögen, »den Vorstellungen entsprechende Gegenstände entweder hervorzubringen, oder doch sich selbst zu Bewirkung derselben (das physische Vermögen mag nun hinreichend sein oder nicht), d. i. seine Kausalität zu bestimmen« (V 15).

Vier Gesichtspunkte in dieser Definition sind wichtig: (1) Wegen des Ausdrucks »Bestimmungsgründe« geht es um ein Begehren, das nicht von den momentanen Gefühlen des Angenehmen oder Unangenehmen, sondern von Gründen geleitet ist. Auch die einfache, nicht erst die reine praktische Vernunft besteht in einem prinzipiengeleiteten Begehren; ihre Prinzipien sind entweder, so das Minimum, technische oder, so die Steigerung an praktischer Vernunft, pragmatische Imperative. (2) Der Ausdruck »hervorbringen« verweist auf eine produktive Kraft, (3) die allerdings – besagt die Klammer – nicht physisch zureichend sein muß; zwischen Wollen und Handeln besteht eine Differenz. (4) Und gemäß dem Moment »sich selbst zu Bewirkung derselben bestimmen« geht es um eine Entscheidung. Die reine praktische Vernunft besteht nun in reinen Vernunftgründen für den Willen, d. h. in der Fähigkeit, das dem Handeln zugrundeliegende Begehren unabhängig von sinnlichen Antrieben: den Trieben, Bedürfnissen und

Leidenschaften, ohnehin den Empfindungen des Angenehmen und Unangenehmen, zu bestimmen. Ihre Prinzipien sind die kategorischen Imperative.

Die Frage, ob die Vernunft praktisch sein kann, und die Anschlußfrage, ob es sie auch als reine praktische Vernunft, als moralische Subjektivität, gebe, zieht sich als ein Grundproblem durch die Philosophiegeschichte. Vor diesem Hintergrund darf man Kants ebenso klares wie knappes Vorgehen »genial« nennen. Als erstes präzisiert er den Begriff und überwindet mit ihm viele Mißverständnisse: Die praktische Vernunft ist keine Erkenntnisfähigkeit, die sich lediglich auf einen besonderen Gegenstand, die Praxis, richtet. Sie ist vielmehr eine grundverschiedene, nicht etwa vom Erkennen abgeleitete, sondern ganz eigenständige Fähigkeit, die des Wollens. Solange man die praktische Vernunft als eine Erkenntnisfähigkeit bestimmt, die sich lediglich auf einen bestimmten Gegenstand, die Praxis, richtet, erscheint der Gedanke einer reinen praktischen Vernunft als unsinnig. Denn wie soll eine reine Erkenntnisfähigkeit das Handeln leiten können? Wird dagegen die praktische Vernunft als Bestimmungsgrund des Handelns verstanden, so wird die reine praktische Vernunft zu etwas, das zwar schwierig, aber nicht unmöglich zu denken ist: zu einem reinen, von externen Vorgaben unabhängigen Wollen.

An diese Begriffsbestimmung schließt sich nahtlos Kants zweiter Argumentationsschritt an, die Frage: Wodurch bestimmt sich ein reines Wollen? Der dritte Argumentationsschritt gibt die Antwort: Da die Materie des Wollens von außerhalb des Willens kommt, muß ein reines Wollen auf jede Bestimmung durch die Materie verzichten, so daß angesichts der Alternative »Materie oder Form« nur die Form als Bestimmungsgrund übrigbleibt. Eine reine Form wiederum – so der vierte Argumentationsschritt – ist für jedes willensfähige, also im praktischen Sinn vernünftige Wesen gleich, weshalb diese Gleichheit, sprich: das allgemeine Gesetz, zum Erkennungszeichen des reinen Wollens wird.

Wie im Bereich des Theoretischen, so trifft Kant auch im Praktischen eine methodisch scharfe Unterscheidung zwischen einem von sinnlichen Bestimmungsgründen noch abhängigen Vermögen, dem »pathologisch-affizierten Willen« (V 19), und einem davon ganz unabhängigen, reinen Willen. Dort handelt es sich um die empirisch bedingte (V 15), hier um die reine praktische Vernunft. Während nun die empirisch bedingte Vernunft einen Teil ihrer Bestimmung von Trieben, Bedürfnissen, Gewohnheiten und Leidenschaften erhält, ist die reine praktische Vernunft auf sich, d. h. auf ihre reine Form, gestellt.

Schon in der »Vorrede« (V 3) behauptet Kant, was in der »Analytik« die entscheidende »Folgerung« aus dem »Grundgesetz der reinen praktischen Vernunft« bildet: daß die reine Vernunft »für sich allein praktisch« sein kann (V 31). Mit dieser Behauptung weist Kant die Ansprüche der empirisch bedingten praktischen Vernunft in ihre Grenzen. Deretwegen findet im Bereich des Praktischen gegenüber dem des Theoretischen eine Umkehrung des Beweiszieles statt. Sie schlägt sich schon im Titel der beiden Werke nieder. Beim Erkennen weist Kant die Anmaßungen der *reinen Vernunft* zurück, weshalb die entsprechende Schrift *Kritik der reinen Vernunft*, genauer: ›der reinen theoretischen bzw. spekulativen Vernunft‹, heißt. Weil er beim Handeln dagegen, genauer: bei der Willensbildung, die Anmaßungen der *empirisch bedingten* Vernunft zurückweist, nennt er seine Schrift »Kritik der praktischen« und nicht der »*reinen* praktischen Vernunft«. Zu widersprechen ist nämlich der Ansicht, selbst die Prinzipien der Moral seien von der Erfahrung abhängig. Mit Blick auf Hume (vgl. V 13 f.; 50 ff.) verwirft Kant den sittlichen Empirismus (vgl. V 7; 71).

Die erste *Kritik* sucht einen mittleren Weg zwischen dem Empirismus (von Locke und Hume) und dem Rationalismus (von Descartes, Spinoza, Leibniz und Wolff). Kant gibt beiden Richtungen sowohl recht als auch unrecht. In der zweiten *Kritik* lehnt er nur den Empirismus, diesen aber rundum, »in der ganzen Blöße seiner Seichtigkeit«, ab (V 94). Er sagt sogar, mit dem Empirismus könne es »schwerlich … Ernst sein«; »vermutlich« sei er »nur zur Übung der Urteilskraft … aufgestellt«, um »durch den Kontrast die Notwendigkeit rationaler Prinzipien a priori in ein helleres Licht zu setzen« (V 14). Der strenge Rationalismus zeigt sich schon im Aufbau des ersten Hauptstückes. In Anlehnung, aber nicht Übernahme des *mos* bzw. *ordo geometricus*, der mathematischen Methode, des Rationalismus und seines Höhepunktes, Spinozas *Ethica, Ordine Geometrico demonstrata*, beginnt Kant mit Definitionen (»§ 1. Erklärung«). Daran schließt er Lehrsätze mit deren Begründungen, Folgerungen und Anmerkungen an. Allerdings enthält § 1 sowohl mehr als auch weniger denn die erforderlichen Begriffsbestimmungen. Er enthält mehr, weil Kant auch »sich erklärt«; er stellt die zu lösende Aufgabe vor: Wie kann der Mensch trotz seiner Sinnlichkeit (»pathologisch-affizierter Wille«) die für die reine Vernunft charakteristische Allgemeingültigkeit im Bereich des Handelns denken und darüber hinaus auch verwirklichen? Auf der anderen Seite enthält die »Erklärung« weniger, da es nur vorläufige, bloß nominale Begriffsbestimmungen sind. Die anspruchsvollere Bestimmung des entscheidenden Begriffs, des praktischen Gesetzes, erfolgt erst gegen Ende des ersten Hauptstückes, im § 7.

Übrigens hebt Kant nirgendwo in der zweiten *Kritik* den moralischen Zeigefinger. Er warnt nicht etwa vor dem Empirismus, weil der für die Sittlichkeit so schädliche Folgen habe. Nicht etwa schon in der »Vorrede«, sondern erst am Ende des zweiten Hauptstückes der »Analytik«, und auch dann nur kurz, aber in aller Deutlichkeit, warnt er vor dem Empirismus, hält dessen Kritik für »viel wichtiger und anratungswürdiger« als die des Mystizismus, da »der *Empirism* die Sittlichkeit in Gesinnungen … mit der Wurzel ausrottet und ihr ganz etwas anderes, nämlich ein empirisches Interesse … statt der Pflicht unterschiebt« (V 71). Nüchtern führt Kant die Empirismuskritik, indem er sich eine zur ersten *Kritik* (A xii, B xxii–xxiv) analoge Aufgabe stellt, »die Prinzipien a priori … nach den Bedingungen, dem Umfange und Grenzen ihres Gebrauchs« auszumitteln (V 12) bzw. diese Prinzipien »ihrer Möglichkeit, ihres Umfanges und Grenzen« nach (V 8) vollständig anzugeben. Seine stilistische Zurückhaltung geht sogar so weit, daß er im ersten Hauptstück zunächst von »praktischen« Gesetzen spricht und erst in der »Anmerkung« nach § 6 den Ausdruck des »moralischen« Gesetzes einführt.

III. Zum Aufbau

Wie die erste, so beginnt auch die zweite *Kritik* mit einer »Vorrede« und einer »Einleitung«. Auf sie folgt als erster, umfangreicherer Teil eine »Elementarlehre der reinen praktischen Vernunft«. Diese folgt ausdrücklich der Gliederung der ersten *Kritik* (V 16; 89–91), allerdings subsumiert Kant jetzt die »Ästhetik« unter die »Analytik«. Sonst fängt er wie in der ersten *Kritik* mit einer »Analytik« als »Regel der Wahrheit« an und läßt eine »Dialektik« als »Darstellung und Auflösung des Scheins in Urteilen der praktischen Vernunft« folgen (V 16). Dabei enthält die Analytik (im neuen, erweiterten Verständnis) wie die der ersten *Kritik* drei Teile, allerdings in genau umgekehrter Reihenfolge (ebd.). Die erste *Kritik* beginnt mit einer – dort der transzendentalen Analytik vorangestellten – Theorie der Sinnlichkeit, der Ästhetik, und läßt auf sie zuerst eine Analytik der Begriffe, sodann eine der Grundsätze folgen. Die zweite *Kritik* fängt dagegen mit einer Analytik der Grundsätze an, um dann eine der Begriffe und eine der (allerdings nichtsinnlichen) Triebfedern anzuschließen. Der Grund für die Umkehrung liegt im anderen Thema. Während es beim Erkennen um das Verhältnis der Vernunft zu Gegenständen geht, die es ohne Sinnlichkeit nicht gibt, kommt es jetzt auf den Willen an, der seine moralische Qualität, die Reinheit, in seinen Grundsätzen offenbart.

Der einfache, nicht reine Wille tritt in subjektiven Grundsätzen, Maximen, zutage, beispielsweise der Maxime, »keine Beleidigung ungerächet zu erdulden«. Da nur dort reine Vernunft und zugleich ein reiner Wille vorliegt, wo die subjektiven Grundsätze auch objektiv, das heißt »für den Willen jedes vernünftigen Wesens« (V 19), gültig sind, sucht Kant die entsprechenden objektiven Grundsätze auf, die »praktische allgemeine Gesetze« heißen (V 27) und den kategorischen Imperativen entsprechen (V 41).

Die auf dieses Programm und Beweisziel folgende Argumentation läßt sich in sieben Beweisschritte untergliedern: Im *ersten* Beweisschritt, den Lehrsätzen I–II (§§ 2–3), scheidet Kant alle Maximen aus, die einem empirisch bestimmten Willen entspringen, zeigt, daß sie keine praktischen Gesetze abgeben können (§ 2), und nennt ihr Leitprinzip, die Selbstliebe oder eigene Glückseligkeit (§ 3). Später spricht er auch von Heteronomie (Fremdbestimmung) der Willkür (§ 8). Im *zweiten* Beweisschritt argumentiert Kant *e contrario*; er schließt vom untauglichen Prinzip, allen materialen Bestimmungsgründen, auf das allein taugliche Prinzip, die Form, genauer: die reine Form, die allein sich zum Bestimmungsgrund eines reinen Willens eignet, und gibt ihr im *dritten* Schritt eine gehaltliche Fülle: die allgemeine Gesetzgebung (Lehrsatz III: § 4).

Als nächstes stellt Kant zwei Aufgaben vor, denen sich die Beweisschritte 4 und 5 widmen. Zu finden ist einerseits die Beschaffenheit eines nur durch die Gesetzesform bestimmten Willens (§ 5: Aufgabe I) und komplementär dazu das dem freien Willen korrespondierende Gesetz (§ 6: Aufgabe II). Gesucht ist das höchste Moralprinzip in seiner doppelten, subjektiven und objektiven Bedeutung: einerseits das Prinzip der moralischen Subjektivität und andererseits das ihr entsprechende objektive Gesetz, das zugleich das höchste Moralkriterium beinhaltet. Bei der ersten Aufgabe erhält, was nach dem Ausscheiden aller materialen Prinzipien noch bleibt, eine eigene Fülle. Das Überbleibsel, die Form, muß – so der *vierte* Beweisschritt – den Willen bestimmen können; das

Prinzip moralischer Subjektivität zeigt sich in der transzendentalen Freiheit.

Das objektive Moralprinzip, das den freien Willen bestimmende Gesetz, das Grundgesetz der reinen praktischen Vernunft, auch Sittengesetz oder moralisches Gesetz genannt, lautet daher, so der *fünfte* Beweisschritt: »Handle so, daß die Maxime deines Willens jederzeit zugleich als Prinzip einer allgemeinen Gesetzgebung gelten könne« (§ 7; V 30). Genaugenommen handelt es sich aber nicht um das Sittengesetz selbst, sondern um dessen Gestalt bei endlichen, nichtreinen Vernunftwesen. Ohne den Ausdruck zu verwenden, formuliert Kant den (aus der *Grundlegung* bekannten) kategorischen Imperativ.

Wer von der *Grundlegung* kommt, wird überrascht, daß deren Hauptbegriff, der kategorische Imperativ, in der zweiten *Kritik* fast keine Rolle spielt. Die erste wichtigere Stelle (vorher aber schon V 21), § 7, hilft, diesen Umstand zu erklären: Kant setzt die kategorischen Imperative mit den »praktischen Gesetzen (welche Handlungen zur Pflicht machen)« gleich (V 41), so daß der Sache nach der kategorische Imperativ von Anfang an, seit dem ersten Satz der »Analytik«, gegenwärtig ist. Dazu kommt, daß Kant den für den kategorischen Imperativ vorausgesetzten Begriff der Pflicht in der *Grundlegung* schon zu Beginn (IV 397), in der zweiten *Kritik* erst spät, im dritten und letzten Hauptstück der »Analytik«, einführt (V 80).

Schon in der Anmerkung zu § 5 und § 6 deutet Kant an, was er in der Anmerkung zum »Grundgesetz« und einer weiteren Anmerkung zur »Folgerung« aus dem Grundgesetz des näheren ausführt: jenes schwierige Lehrstück, das den *sechsten* Beweisschritt ausmacht: das Faktum der Vernunft. Daran schließt sich, als *siebter* Schritt, die Ausformulierung der schon im vierten Schritt herausgearbeiteten These von der transzendentalen Freiheit, die »Autonomie des Willens«, an.

IV. Willensfreiheit, Sittengesetz bzw. kategorischer Imperativ und Faktum der Vernunft

Drei Elemente der siebenteiligen Argumentation verdienen in einer Einführung nähere Erläuterung: das Prinzip der moralischen Subjektivität, die Willensfreiheit, ihr Kriterium, der kategorische Imperativ, und der Nachweis ihrer Wirklichkeit, das Faktum der Vernunft.

1. Willensfreiheit. Zur Bestimmung der moralischen Subjektivität als der reinen praktischen Vernunft argumentiert Kant mit den Begriffen von Materie und Form. In der *Logik* nennt er Materie den »Gegenstand« und Form »die Art, *wie* wir den Gegenstand erkennen« (IX 33). Auf das Thema der zweiten *Kritik* übertragen, liegt die Materie im Gegenstand des Willens und die Form in der Art, wie wir den Gegenstand wollen (nicht etwa: erkennen). Nun fallen unter die Materie alle Gegenstände, Zustände oder Tätigkeiten, deren Wirklichkeit man deshalb begehrt, weil sie Lust verspricht. Begehren und Lust beziehen sich dabei nicht nur auf die »niederen«, sinnlichen Freuden (des Essens, Trinkens, der Sexualität, des Ausspannens), sondern auch auf die »höheren«, geistigen Freuden aus intellektueller, kreativer oder sozialer Tätigkeit (§ 3, Anm. I). Denn in beiden Fällen ist man von der erwarteten Annehmlichkeit bestimmt, was erstens für den Willen von außen kommt, also heteronom ist, zweitens von der Erfahrung abhängt und drittens, weil erfahrungsabhängig, bestenfalls generelle, aber niemals die für praktische Gesetze erforderliche strenge Allgemeinheit erlaubt (V 36). Statt dessen beugt sich der moralische Wille einer kompromißlosen Einsicht: »Die Ehrwürdigkeit der Pflicht hat nichts mit Lebensgenuß zu schaffen; sie hat ihr eigentümliches Gesetz, auch ihr eigentümliches Gericht« (V 89). Kant räumt zwar ein, daß jedes endliche (bedürftige) Vernunftwesen seinen eigenen Vorteil, letztlich sein Glück, verstanden als Zufriedenheit mit dem ganzen Dasein, mit Notwendigkeit sucht (§ 3, Anm. II). Weil diese Zufriedenheit aber von der (individuellen, sozialen und gattungsmäßigen) Besonderheit des Subjekts und von den Möglichkeiten abhängt, die ihm die natürliche und soziale Welt bieten, weil das Glück also empirisch bedingt ist, genügt es nicht dem Kriterium der reinen praktischen Vernunft, der allgemeinen Gesetzlichkeit.

Da selbst geistige Interessen ausgeschieden werden, fragt es sich, ob nicht das gesamte Feld möglicher Bestimmungsgründe ausgeschritten sei, es folglich für die Sittlichkeit keinen Platz mehr gebe. Im dritten Hauptschritt zeigt Kant, daß nach Ausschluß aller Materie immer noch die Form, aber auch nur die Form der Maximen übrigbleibt, so daß sie den einzigen Bestimmungsgrund des Willens ausmacht (§ 4). Nun ist die bloße Gesetzesform kein möglicher Gegenstand der Sinne; sie transzendiert alle Erscheinungen und ihr Prinzip, die Kausalität. Der in der ersten *Kritik* gewonnene Begriff der transzendentalen Freiheit, die Unabhängigkeit von aller Natur, entpuppt sich daher in der zweiten *Kritik* als die praktische (moralische) Freiheit: Der von aller Fremdbestimmung und ihrer Kausalität freie Wille gibt sich selbst sein Gesetz, er zeichnet sich durch Autonomie, Selbstgesetzlichkeit, aus. Negativ besteht die Freiheit in der Unabhängigkeit von materialen Bestimmungsgründen, positiv in der Selbstbestimmung oder eigenen Gesetzgebung (§ 8).

Mit der Begründung des Handelns aus dem Begehren und mit der des Begehrens aus der Autonomie erhalten die Gedanken von Rationalität und Verantwortlichkeit eine neue Schärfe und Radikalität. Der Mensch bleibt zwar ein Bedürfnis- und – was Kant hier nicht thematisiert – ein Geschichts- und Gesellschaftswesen. Moral, als Autonomie verstanden, schließt weder die Bedürfnisse noch die gesellschaftlichen Abhängigkeiten aus; im Gegenteil sind sie sogar als Bestimmungsgrund zugelassen. Denn: »Glücklich zu sein, ist notwendig das Verlangen jedes vernünftigen, aber endlichen Wesens und also ein unvermeidlicher Bestimmungsgrund seines Begehrungsvermögens« (V 25). Selbst Kant-Kenner überlesen oft, daß Kant der Eigenliebe dieses Recht einräumt – vorausgesetzt, daß sie sich »auf die Bedingung der Einstimmung mit diesem [moralischen] Gesetze einschränkt«, mithin zu einer ›vernünftigen Selbstliebe‹ wird (V 73). Dabei bedeutet »vernünftig« nicht »wohlüberlegt« oder »wohlkalkuliert«. Es geht nicht um pragmatische Imperative, die das langfristig größte Eigenwohl bewirken, sondern um eine Selbstliebe, die sich vorab den Einschränkungen aller moralischen Pflichten unterwirft. In Kants Sinn vernünftig ist eine Selbstliebe, die sich stets innerhalb der Grenzen der reinen praktischen Vernunft bewegt.

Nach Ansicht mancher Existenzphilosophen muß ein Mensch, um frei zu sein, aus dem Nichts neu anfangen. Dieser Ansicht widerspricht Kant mit seinem Prinzip der Freiheit vehement. Nach Kant soll der Mensch nicht Vitalität, Sensibilität und soziale Orientierungen zugunsten einer dann leeren Rationalität zum Verschwinden bringen. Eine »lautere« Moralität schlägt sich weder auf die Seite von Askese und Lebensflucht noch auf die von Traditions- und Geschichtslosigkeit und einer Kritik gewachsener Lebensformen. Ihr geht es auch nicht um ein »eigentliches« oder »authentisches« Leben. Autonomie bedeutet, mehr als ein bloßes Bedürfnis- und Gesellschaftswesen zu sein und in dem Mehr, aber nicht in einem Statt-dessen, zum entscheidenden Selbst, zum moralischen Wesen als einem Wesen reiner praktischer Vernunft, zu finden.

Das Prinzip der Autonomie stellt die philosophische Ethik auf ein neues Fundament. Der Grund der Sittlichkeit liegt weder in der wohlwollenden Selbstliebe (Rousseau) noch in einem moralischen Gefühl (moral sense: Hutcheson, Shaftesbury, Hume). Gewiß, im Rahmen der Pflicht zur eigenen Vollkommenheit soll man das moralische Gefühl (V 38) und das Wohlwollen kultivieren (vgl. VI 386 f.). Beide, wohlwollende Selbstliebe und moralisches Gefühl, sind aber lediglich faktische, zudem zufällige Befindlichkeiten des Subjekts, daher nicht streng allgemeingültig. Rousseau und die Moral-sense-

Philosophen bleiben vielmehr einem verfeinerten Empirismus verhaftet.

Noch weniger gründet die Sittlichkeit in einem physischen Gefühl (wofür Epikur steht, den Kant jedoch nicht für moralisch »so niedrig gesinnt« hält, »als man aus den Prinzipien seiner Theorie ... schließen möchte«: V 115). Selbst die Vollkommenheit der Dinge (Stoiker, Wolff) oder der Wille Gottes (Crusius, theologische Moralisten) sind für moralische Verpflichtungen keine letzte Instanz. Eine Maxime ist für Kant nicht deshalb vernünftig, weil Gott sie gebietet, sondern Gott gebietet sie, weil sie und er selbst vernünftig sind. Auch wenn es empirisch gesehen manchmal umgekehrt sein mag – systematisch betrachtet folgt die Moralität nicht aus einem religiösen Glauben, sondern geht ihm voran.

2. Sittengesetz bzw. kategorischer Imperativ. Mit dem »Grundgesetz der reinen praktischen Vernunft« (§ 7) bzw. Sittengesetz (V 31) stellt Kant für die Moral ein höchstes Beurteilungskriterium auf. Das dazugehörige Urteilsvermögen, die »reine praktische Urteilskraft«, beinhaltet gegenüber der seit Aristoteles vorherrschenden Urteilskraft, der *phronesis*: Klugheit, eine neuartige und in moralischer Hinsicht grundlegendere Gestalt. Aristoteles' *phronesis* setzt die moralische Ausrichtung mittels Tugend schon voraus und begnügt sich, die Wege zum entsprechenden Ziel zu bestimmen (*Nikomachische Ethik* VI 13, 1144a8 f.). Kants reine praktische Urteilskraft ist dagegen für die moralische Ausrichtung selbst, für die Unterscheidung unmoralischer von moralischen Maximen zuständig (s. »Von der Typik«; vgl. Höffe 1995).

Über dieser Urteilsaufgabe darf man nicht übersehen, daß das moralische Grundgesetz oder der kategorische Imperativ kein neutrales Angebot machen. Für Kant sind sie mehr als ein bloßes Meßinstrument, ein Moralometer, das lediglich anzeigt, worin die moralischen Verbindlichkeiten bestehen, um dem Handelnden zu überlassen, ob er sie anerkennen will oder lieber nicht. Als ein »kategorisch praktischer Satz« (V 31) beginnt das Grundgesetz mit einem bedingungslosen

»Handle ...!«. Erst in zweiter Linie sagt es, woran sich das entsprechende Handeln bemißt: an der Verallgemeinerungsfähigkeit der Maximen.

Während in der *Grundlegung* die Frage, was man tun soll, in drei sich steigernde Teilfragen gegliedert wird, in ein technisches, ein pragmatisches und ein moralisches Sollen, spielt in der *Kritik der praktischen Vernunft* das erste Verständnis keine große Rolle. In der »Anmerkung« zu § 1 heißt es aber interessanterweise, daß die Regeln, die unter alle praktischen Grundsätze, also auch unter die moralischen, fallen, einen technischen bzw. instrumentalen Charakter haben, denn sie schreiben eine »Handlung als Mittel zur Wirkung als Absicht« vor (V 20). Im Vorübergehen zeigt sich, daß die heute beliebte Alternative »Deontologie oder Konsequentialismus« für Kant kein Entweder-Oder bedeutet. Die Pflichten selbst, etwa das Tötungs- oder das Lügeverbot, aber auch das Hilfsgebot lassen sich zwar nach Kant nicht von ihren Folgen her, also konsequentialistisch, rechtfertigen. Im Rahmen derartiger Pflichten, namentlich dem Hilfsgebot, muß man sich die Folgen einer Handlung überlegen, insbesondere ob die Handlung ein wirksames Mittel zum Zweck ist. Im wesentlichen geht es der zweiten *Kritik* aber nur um die beiden anderen Klassen von Imperativen, um die pragmatischen Imperative, die jetzt Prinzipien der Selbstliebe oder eigenen Glückseligkeit heißen (V 22), und um moralische Imperative, jetzt ›kategorisch praktische Sätze‹ genannt (V 31).

3. Faktum der Vernunft. Mit den beiden Theoriestücken, dem Prinzip der Autonomie und dem Kriterium der Verallgemeinerbarkeit von Maximen, erreicht Kant sein Beweisziel noch nicht: die Überwindung des ethischen Empirismus und Skeptizismus. Insbesondere der Skeptizismus läßt sich nur widerlegen, wenn die Sittlichkeit nicht bloß widerspruchsfrei gedacht, sondern auch gegen den Verdacht verteidigt wird, sie beruhe auf persönlichen, gruppenspezifischen, epochalen oder gattungsspezifischen Täuschungen. Kant tritt diesem Verdacht mit dem Gedanken »Faktum der Vernunft«, genauer:

»Faktum der (reinen praktischen) Vernunft«, entgegen (§ 7, Anmerkungen; »Von der Deduktion der Grundsätze«: V 47; vgl. V 30; 72; 105).

Als Faktum der Vernunft bezeichnet Kant an der zentralen Stelle (V 31) nicht das Sittengesetz bzw. das moralische Gesetz selbst, sondern deren Bewußtsein. Dabei handelt es sich nach Kant um die unbestreitbare, nicht empirische (V 31), sondern *a priori* gegebene (V 47) und apodiktisch gewisse Tatsache, einer unbedingten Verpflichtung bewußt zu sein. Darin kündigt sich die Vernunft »als ursprünglich gesetzgebend (sic volo, sic jubeo)« an (V 31).

Zum Beleg, daß das Faktum der Vernunft unleugbar ist, weist Kant auf Urteile hin, in denen wir unabhängig von einer konkurrierenden Neigung und ihrem Prinzip die moralisch richtige Handlung aussprechen. Kant fragt, ob jemand, unter Androhung der »unverzögerten Todesstrafe« aufgefordert, »ein falsches Zeugnis wider einen ehrlichen Mann« (V 30) abzulegen, es für möglich halte, das falsche Zeugnis zu verweigern. Die Antwort auf diese Frage lautet: ja. Auch wenn das falsche Zeugnis verständlich sein mag, weil man mit einem übermächtigen Lebensinteresse rechnet, wird man es als moralisches Unrecht einschätzen. In dieser Einschätzung setzt man das Sittengesetz als eine unbedingte, von jeder Bedrohung des eigenen Wohlergehens unabhängig gültige Gesetzgebung als wirklich an. Darin, daß wir in der Tat das bewußt falsche Zeugnis verurteilen, sieht Kant die von aller *praktischen* Empirie, die von aller Neigung unabhängige praktische Vernunft, als real erwiesen. Die Moralität erscheint nicht länger als ein lebensfremdes Sollen, sondern als eine Wirklichkeit, die wir immer schon anerkennen (vgl. die Diskussion eines Beispiels reiner Tugend V 155). Gegen den Verdacht, die Sittlichkeit sei eine Erfindung von Moralisten, führt Kant das Vernunftfaktum an und sagt, es sei im Wesen aller Menschen »einverleibt« (V 105) und »mit der gröbsten und leserlichsten Schrift in der Seele des Menschen geschrieben« (VIII 287).

Da die reine praktische Vernunft in der Freiheit des Willens besteht, stellt die These vom Vernunftfaktum den dritten Schritt in Kants Lehre der Freiheit dar: (1) Im Antinomien-kapitel der ersten *Kritik* weist Kant die Denkmöglichkeit der transzendentalen Freiheit nach; (2) das Prinzip der Autono-mie aus der zweiten *Kritik* weist die transzendentale Freiheit als einen negativen Begriff aus, der positiv gesehen in der mo-ralischen Freiheit besteht; (3) das Faktum der Vernunft belegt schließlich, daß die transzendentale und zugleich moralische Freiheit wirklich ist.

Gegen das Vernunftfaktum drängt sich der Einwand auf, Kant begehe hier den Sein-Sollens-Fehler, der aus bloßen Seins- (Tatsachen-) Aussagen Sollensaussagen ableitet. In Wahrheit zeigt sich darin die scheinbar paradoxe Situation der Kantischen Ethik, vielleicht sogar jeder Moralphilosophie: Reflektiert wird auf etwas, das im moralischen Bewußtsein (oder moralischen Reden usw.) immer schon gegeben ist, also auf ein Faktum, ein *Ist*, und doch soll die Reflexion zum Sit-tengesetz, dem Grund und Maßstab des *Sollens*, führen. Der Grund: Das Faktum bedeutet keine gewöhnliche, naturale Tat-sache, sondern das Bewußtsein eines moralischen Sollens. Zudem bietet Kant einen differenzierten Vorschlag, das Sein-Sollens-Problem innerhalb der Moralphilosophie zu lösen: Erstens und vorab setzt er die theoretische Vernunft, die den Beweis des Seins untersucht, von der praktischen Vernunft ab, die sich auf das Sollen richtet. Zweitens unterscheidet er – insbesondere in der *Grundlegung* – verschiedene Arten und zugleich Stufen des Sollens: den technischen, pragmatischen und kategorischen Imperativ, die ebenso viele Stufen der praktischen Vernunft bedeuten. In der zweiten *Kritik* hebt er die empirisch bedingte, vor allem pragmatische Vernunft von der reinen praktischen, moralischen Vernunft ab, weshalb letztere sich aus einer nichtmoralischen Erfahrung grund-sätzlich nicht ableiten läßt. Drittens meint das Vernunftfak-tum keine empirische Tatsache, sondern die moralische Selbsterfahrung des reinen praktischen Vernunftwesens. Als moralische Erfahrung dokumentiert sich die Selbsterfahrung nicht notwendigerweise in empirisch beobachtbaren Handlungen, sondern schon in moralischen Urteilen über Handlungen bzw. über das zugrundeliegende Begehren. Als Selbsterfahrung urteilt sie über die Qualität des eigenen Begehrens. Vor allem und viertens bilden diese Urteile keine empirische Vorgabe, sondern etwas, worin sich der Mensch als moralisches Subjekt konstituiert und zugleich wiedererkennt. Es handelt sich um ein Faktum im ursprünglichen Sinn von etwas, das gemacht, und zwar vom Urteilenden selbst gemacht ist: Indem man die entsprechenden Entscheidungssituationen moralisch beurteilt – nicht notwendigerweise auch moralisch bewältigt –, bringt man sich als moralisches Wesen in die Wirklichkeit. Gemeint ist eine zu leistende Tat, freilich keine sinnliche, sondern eine intelligible Tat, die zugleich eine Tatsache ist. Schließlich leitet Kant aus dem Vernunftfaktum keine Sollensaussagen ab: Argumentationslogisch betrachtet folgt das Sittengesetz nicht aus dem Vernunftfaktum, sondern aus dem Begriff eines uneingeschränkt allgemeinen, streng objektiven Gesetzes.

V. Zur »Dialektik der reinen praktischen Vernunft«

Die reine Vernunft hat für Kant »jederzeit ihre Dialektik« (V 107). Indem sie nämlich die Totalität der Bedingungen, also das Unbedingte, auf Erscheinungen anwendet, als wären sie Sachen an sich selbst, verwickelt sie sich in einen unvermeidlichen Schein. Im Fall der zweiten *Kritik* betrifft die Dialektik das höchste Gut, ferner zwei mit ihm verbundene Postulate der reinen praktischen Vernunft: die Unsterblichkeit der Seele und das Dasein Gottes, nicht zuletzt den Primat der reinen praktischen Vernunft. Zu diesem zweiten kann sich die Einführung auf wenige Bemerkungen beschränken:

Die reine praktische Vernunft sucht zum praktisch Bedingten, zu allem, was auf Neigungen und Naturbedürfnissen beruht, das Unbedingte im Sinne einer absoluten Totalität. Diese

Totalität bzw. das Höchste ist in zwei Weisen denkbar, dominant und inklusiv. Im dominanten Sinn besteht das Oberste (supremum) in der Bedingung, die selbst unbedingt ist (originarium), im inklusiven Sinn im Vollendeten (consummatum) als jenem schlechthin umfassenden Ganzen, das seinerseits kein Teil eines noch größeren Ganzen ist. Nun liegt das dominant höchste Gut in der Tugend zu verstehen als die Würdigkeit, glücklich zu sein. Dabei fehlt zum inklusiv Guten, daß der Tugendhafte der Glückseligkeit auch teilhaftig wird, und zwar gemäß seiner Glückswürdigkeit, der Tugend. Die tatsächlich erreichte Glückseligkeit soll der moralisch (noumenal) verdienten Glückseligkeit entsprechen, auf daß eine Proportionalität von Glückseligkeit und Glückswürdigkeit stattfinde (schon B 836 ff.).

Zwei wichtige Lösungsvorschläge stammen schon aus der Antike. Kant verwirft sie beide, den Vorschlag der Epikureer und den der Stoiker. Beide vereinfachen seiner Ansicht nach das Problem: »Der Begriff der Tugend lag nach dem *Epikureer* schon in der Maxime seine eigene Glückseligkeit zu befördern; das Gefühl der Glückseligkeit war dagegen nach dem *Stoiker* schon im Bewußtsein seiner Tugend enthalten« (V 112). Weil für die Epikureer in der eigenen Glückseligkeit und für den Stoiker in der Tugend schon das ganze höchste Gut liegt, erkennen sie jeweils nur die eine Seite an und unterschätzen das Gewicht der anderen. Kant versucht sich dagegen an einer scheinbaren Unmöglichkeit: Er will Glückseligkeit und Tugend sowohl in ihrem Eigenwert anerkennen als auch miteinander versöhnen. Zu diesem Zweck führt er allerdings zwei Elemente ein, die in der Regel aus der Religion, namentlich der jüdisch-christlichen, stammen und dem Religionsskeptiker Schwierigkeiten bereiten. Mit der Postulatenlehre geht Kants Moralphilosophie in eine Religionsphilosophie über, freilich nicht in eine Philosophie göttlicher Offenbarung, sondern, wie er es in seiner späteren Religionsschrift im Titel sagt: in eine »Religion innerhalb der Grenzen der bloßen Vernunft«.

Eine Ethik der Autonomie läßt zwar keine andere moralische Triebfeder als die Achtung vor dem moralischen Gesetz zu. Wer nur deshalb moralisch handelt, weil er im Jenseits Lohn und Strafe erwartet, verfehlt die Lauterkeit der Moralität. Die eine, für den theoretischen und den praktischen Gebrauch gemeinsame Vernunft drängt aber nach einer Einheit der zwei Vernunftbereiche. Wegen dieses Bedürfnisses nach Einheit drängt sich gegenüber der »Analytik« eine neue Frage auf, nicht mehr die nach Begriff, Kriterium und Wirklichkeit, sondern die nach dem Sinn der Moralität. Der »Analytik« geht es um die Vollkommenheit der handelnden Subjekte, der »Dialektik« um die Vollkommenheit der Welt: Wie kann sie nicht bloß in sich, als Natur, sondern auch im Blick auf die Moral vollkommen sein?

Die Antwort auf die neuartige Frage liegt im höchsten (obersten und vollständigen) Gut, in der Harmonie der Moralität als Glückswürdigkeit mit der tatsächlich eintretenden Glückseligkeit: Daß man in demselben Maße glücklich werde, wie man moralisch lebe, diese Harmonie ist nach Kant nur unter zwei Voraussetzungen denkbar: dem Dasein Gottes, der für die Harmonie sorgt, und der Unzerstörbarkeit der Person, der Unsterblichkeit der Seele, die in den Genuß der Harmonie zu gelangen erlaubt. Kant nennt die Voraussetzungen Postulate der reinen praktischen Vernunft. Diese muß sie nämlich unterstellen, um ihr Sinnbedürfnis, das an das höchste Gut gebunden ist, als erfüllbar zu denken: Der Rechtschaffene »will«, daß Gott existiert und seine Seele unsterblich ist.

Die Proportionalität von tatsächlicher und verdienter Glückseligkeit setzt deren Verbindung (Synthesis) voraus, die weder analytisch noch empirisch gegeben ist. Trotzdem läßt sie sich – so Kant – nur nach dem die Empirie beherrschenden Prinzip, dem Ursache-Wirkungs-Verhältnis, denken. Daraus folgen zwei sich widerstreitende Gesetzlichkeiten, mithin eine Antinomie: Erstens kann das Verlangen nach Glück nicht die Ursache von moralischen Maximen sein. Denn dem Glücksverlangen liegt der veritable Gegner des moralischen

Gesetzes, das Prinzip Eigenliebe, zugrunde. Zweitens taugen die moralischen Maximen nicht als Ursache der Glückseligkeit, weil diese nicht von moralischen Gesinnungen, sondern von Naturgesetzen und dem physischem Vermögen abhängt.

Überwinden läßt sich die Antinomie durch die beiden Postulate der reinen praktischen Vernunft: *Einerseits* ist die völlige Angemessenheit der Gesinnungen an das Sittengesetz, die Heiligkeit, bei endlichen Vernunftwesen nur als ein unendlicher Fortschritt denkbar, der wiederum eine ins Unendliche gehende Existenz des Vernunftwesens, mithin die Unsterblichkeit der Seele, voraussetzt.

(Hier drängen sich zwei Rückfragen auf. Erste Frage: Kann der Mensch überhaupt im strengen, »ontologischen« Sinn heilig werden? Er müßte doch seine Endlichkeit, nämlich Verführbarkeit zu unmoralischem Wollen, verlieren. Tatsächlich bleibt er trotz einer steigenden Lauterkeit als Sinnenwesen an das Verlangen nach Glück und die daraus resultierende Verführbarkeit gebunden, so daß er sich zumindest im »ontologischen« Sinn der Heiligkeit nicht annähern kann. Für eine »pragmatische« Annäherung, für eine hinreichend feste Tugend, muß der Fortschritt vielleicht nicht unendlich sein. Zweite Frage: Ist die von der Leiblichkeit befreite Person, die unsterbliche Seele, von Versuchungen der Eigenliebe nicht ohnehin frei? Dort scheint also Unmögliches, hier Unnötiges verlangt zu werden.)

Andererseits braucht es ein Wesen, das durch seinen vollkommenen Verstand (Allwissen) und seinen vollkommenen Willen (Allgerechtigkeit und Allmacht) für das höchste Gut tatsächlich Sorge trägt. Methodisch gesehen sind beide Postulate keine »theoretischen Dogmata«; denn sie erweitern die Erkenntnis nicht in theoretischer, sondern nur in praktischer Absicht. Sie gehen vom Grundsatz der Moralität aus, der seinerseits kein Postulat, sondern ein Gesetz ist.

VI. Aktualität und Provokation

Nach diesem kurzen Blick in die Dialektik seien nur wenige Momente an Kants Moralphilosophie hervorgehoben, die sie aktuell und provokativ machen:

1. Moralische Erziehung. Einige Gründe für Kants Aktualität sind schon genannt, etwa daß Kant in der »Methodenlehre« eine Theorie moralischer Erziehung skizziert, von der der heutige Schulunterricht »Ethik« viel lernen könnte. Sie stellt eine gewichtige Alternative zum Vorschlag dar, die Moral anhand von Dilemmata zu diskutieren. Wichtig ist beispielsweise, an den Hang der Vernunft anzuknüpfen, der sich auch bei Jugendlichen findet, »in aufgeworfenen praktischen Fragen selbst die subtilste Prüfung mit Vergnügen einzuschlagen« (V 154). Auch lohnt es sich, »das Prüfungsmerkmal der reinen Tugend an einem Beispiele« zu zeigen. »Man erzähle die Geschichte eines redlichen Mannes, den man bewegen will, den Verleumdern einer unschuldigen, übrigens nicht vermögenden Person beizutreten. Man bietet Gewinne ..., er schlägt sie aus ... Nun fängt man es mit der Androhung des Verlusts an ... so wird mein jugendlicher Zuhörer stufenweise von der bloßen Billigung zur Bewunderung, von da zum Erstaunen, endlich zur größten Verehrung und einem lebhaften Wunsch, selbst ein solcher Mann sein zu können ... erhoben werden ... Also muß die Sittlichkeit auf das menschliche Herz desto mehr Kraft haben, je reiner sie dargestellt wird« (V 155).

2. Existentielles Gewicht. Von einem Moralphilosophen, der häufig als Gegenspieler Kants angesehen wird, von Aristoteles, stammt der Gedanke einer nachdrücklich praktischen Philosophie (*Nikomachische Ethik* I 1, 1095a5f.). In Kants radikaler Grundlagenreflexion sehen manche Interpreten den Gedanken der praktischen Philosophie entschwinden. Tatsächlich ist er nicht nur in der *Metaphysik der Sitten*, ihrer *Rechtslehre* und ihrer *Tugendlehre*, gegenwärtig. Auch der zweiten *Kritik* (und schon der *Grundlegung*, selbst der ersten

Kritik, vgl. B xxxi, B xxxv u.a.) liegt eine praktische, ja existentielle Intention zugrunde. Gegen einen ethischen Skeptizismus, der die Gültigkeit moralischer Pflichten grundsätzlich in Zweifel zieht, und gegen einen ethischen Empirismus, der an ihrer Reinigkeit und Strenge zweifelt, stellt Kant das gewöhnliche moralische Bewußtsein auf einen sicheren Grund und bestätigt es in seiner Unbedingtheit: Als reines, von allen empirischen Elementen der Lust und Unlust unabhängiges Gesetz entspringt die Moral der Autonomie des Willens.

3. Kritik an Konsequentialismus und Utilitarismus. Nach einem beliebten Vorwurf sei Kants Ethik gegen das Wohlergehen konkreter Menschen gleichgültig und wegen dieser Gleichgültigkeit dem Utilitarismus unterlegen, der die Moral in Begriffen allgemeinen Wohlergehens definiert. In Wahrheit weiß Kant, wie schon gesagt, daß jedes endliche Vernunftwesen nach Glück verlangt (V 25); und die Sorge für das Wohl anderer hält auch er für moralisch geboten (V 34; vgl. IV 398; VI 450). Während der Utilitarismus aber sein Leitprinzip, das Wohlergehen anderer, nicht mehr begründet, läßt sich Kant auf die Begründung ein. Zudem stellt er für das Sittengesetz mit der Verallgemeinerung von Maximen ein Kriterium bereit.

Weiterhin hält er das Wohlergehen anderer nicht für die einzige Pflicht. Er kennt vielmehr zwei pflichtgebotene Zwecke, neben der fremden Glückseligkeit auch die eigene Vollkommenheit (VI 385). Außerdem stellt er sich der vom Utilitarismus vernachlässigten Frage, unter welchen apriorischen Bedingungen ein Subjekt überhaupt zur Moral fähig sei. Im Widerspruch zu dem unter den Utilitaristen beliebten Hedonismus antwortet Kant mit der Autonomie des Willens. Aus diesen Gründen erscheint die utilitaristische Ethik nicht einfach als falsch, wohl aber als moralisch und zugleich philosophisch ergänzungs- und zugleich korrekturbedürftig. Insofern stellt sie weniger ein Gegenmodell zu Kant als eine nicht hinreichend gründliche Moralphilosophie dar.

Gegen den Utilitarismus spricht auch, daß er im Namen des

Allgemeinwohls gegen die Gerechtigkeit zu verstoßen erlaubt. Weil Kant dagegen zu Recht Einspruch erhebt, mit dem Vorrang der engen Rechtspflichten vor den weiten ethischen Pflichten (vgl. VI 390–394), weil beispielsweise das Tötungs- und das Betrugsverbot nicht um des Hilfsgebots willen verletzt werden dürfen, bietet er in der Tat gegenüber dem Utilitarismus nicht bloß die philosophisch, sondern auch die moralisch überlegene Alternative.

4. *Zur Subjektivität der Moral.* Viele Moralphilosophen begnügen sich mit einem höchsten Kriterium für Moral. Auch Kant befaßt sich mit dieser Aufgabe, sieht aber zu Recht, daß die Frage nach der Moral noch nicht beantwortet ist. Da es in der Moral auf die menschliche Verantwortung, genauer: deren höchste Stufe, ankommt, genügt es nicht, das Kriterium zu kennen, an dem sich die Verantwortung mißt. Wichtig ist auch die Frage, welches Subjekt zu dieser Verantwortung denn fähig ist. Zu diesem Behuf ist nach dem moralischen Subjekt zu fragen, wofür bei Kant der Maximenbegriff eine wichtige Mittlerrolle einnimmt. Zu Recht bezieht sich Kant in diesen Sätzen auf Maximen. Schon in der ersten *Kritik* versteht er darunter subjektive Gründe der Handlungen, d. i. subjektive Grundsätze (B 840). In seinen moralphilosophischen Schriften ergänzt er erläuternd, daß derartige Grundsätze eine allgemeine Bestimmung des Willens enthalten und mehrere praktische Regeln unter sich haben (§ 1; vgl. IV 420f.). Als *subjektive* Grundsätze können sie von Individuum zu Individuum verschieden sein, müssen es aber nicht. Als *Willens*bestimmungen bezeichnen sie nicht Ordnungsschemata, die ein objektiver Beobachter dem Handelnden unterstellt; es sind vielmehr Prinzipien, die der Handelnde selbst als die eigenen anerkennt. Und als *Grund*sätze, die mehrere Regeln unter sich haben, steht »unser ganzer Lebenswandel« auf dem Prüfstand (B 840): Maximen beinhalten die Art und Weise, wie man sein Leben als ganzes führt, freilich bezogen auf bestimmte Grundaspekte des Lebens und Zusammenlebens, etwa auf Hilfsbedürftigkeit, Lebensüberdruß oder Beleidigungen oder,

so die Beispiele der zweiten *Kritik*, auf ein Rachebedürfnis (§ 1) und auf Habsucht (§ 4, Anmerkung).

Die Handlungsregeln, die unter die Maxime fallen, haben dagegen mit den wechselnden Bedingungen des Lebens zu tun und fallen entsprechend verschieden aus. Ohne daß es Kant im Rahmen seiner praktischen Vernunftkritik eigens hervorhebt, ist eine Maximenethik der verbreiteten Regel- oder Normenethik mindestens vierfach überlegen:

Weil die Willensgrundsätze von den wechselnden Umständen absehen, wird in ihnen das normative Grundmuster einer Handlung herauspräpariert. Infolgedessen sieht man, wieso unterschiedliches Handeln eine gemeinsame Qualität, die des Moralischen oder des Nichtmoralischen, haben kann, ohne deshalb in einen ethischen Relativismus auf der einen oder einen starren Regeldogmatismus auf der anderen Seite fallen zu müssen. Die Maxime gibt den normativen Grundriß an, der erst durch jene »Kontextualisierung« zur konkreten Handlung wird, die eine moralisch-praktische Urteilskraft mittels produktiver Beurteilungsprozesse vornimmt.

Als gemeinsame Lebensgrundsätze verhindern Maximen, daß sich die Biographie eines Menschen in eine unübersehbare Mannigfaltigkeit von Regeln oder gar unendlich viele Einzelhandlungen aufsplittert. Durch Maximen werden die Teile eines Lebens zu einheitlichen Sinnzusammenhängen verbunden, die das Sittengesetz bzw. der kategorische Imperativ auf ihre moralische oder aber nichtmoralische Qualität hin beurteilt.

Weil Maximen von den wechselnden Randbedingungen der Person und der Gesellschaft absehen, kommt in ihnen der Charakter des Menschen zum Ausdruck. Nicht Normen, sondern Maximen sind der angemessene Gegenstand für Fragen der moralischen Identität, der moralischen Integrität und der moralischen Erziehung.

Schließlich erlaubt erst eine Maximenethik, die Moral im Sinne von Moralität zu prüfen. Denn nur bei den letzten, selbstgesetzten Grundsätzen des Begehrens läßt sich feststellen, ob das Handeln bloß pflichtgemäß, also legal, oder aus Pflicht, mithin moralisch, geschieht.

Die Allgemeinheit, die in jeder Maxime steckt, ist freilich erst eine subjektive und relative Allgemeinheit, nicht die objektive: absolute und strenge Allgemeinheit, die schlechthin jedes Vernunftwesen umfaßt. Deshalb prüft der zweite Gesichtspunkt im Sittengesetz, die Verallgemeinerung, ob der subjektive Lebenshorizont einer Maxime auch als objektiver Lebenshorizont sowohl einer einzelnen Person (vgl. 28, 25f.) als auch einer Gemeinschaft von Personen gelten kann. Aus dem bunten Strauß subjektiver Grundsätze werden die moralischen von den nichtmoralischen geschieden, und der Handelnde ist aufgefordert, nur den moralischen Maximen zu folgen.

Ziehen wir eine Bilanz: Auch wenn man Kant nicht immer folgt, so ist ihm darin zuzustimmen, daß die kritische Begründung einer sachgerechten Moralphilosophie mindestens vier Aufgaben zu erfüllen hat: (1) eine semantische Aufgabe: die Bestimmung des Begriffs der Moral bzw. des moralisch Guten; (2) eine kriteriologische Aufgabe: die Begründung eines höchsten Gesetzes oder einer höchsten Regel für die Moral; (3) eine subjektivitätstheoretische Aufgabe: die Bestimmung der dem Begriff und dem Gesetz entsprechenden moralischen Subjektivität; (4) Überlegungen zum Problemfeld höchstes Gut und Postulatenlehre, nämlich zur Frage, wie sich die »naturale« Bestimmung des Menschen, sein Verlangen nach Glück, zur Vernunftbestimmung, der Moral, verhält.

Blickt man auf die gegenwärtigen dominierenden Moralphilosophen, etwa auf Rawls, die Diskursethik und den Utilitarismus, so erscheinen sie alle insofern als eklektisch, als sie sich mit weniger Aufgaben als Kant zufriedengeben und ihr Weniger von der Sache her kaum überzeugt. Somit dürfte auch nach mehr als zwei Jahrhunderten die *Kritik der praktischen Vernunft* schon hinsichtlich der reicheren Aufgabenstellung ihresgleichen suchen. Und gute Gründe sprechen für die Annahme, daß dies auch für die Lösung der Aufgaben gilt:

(1) Die Moral meint ein schlechthin objektives Gesetz; (2) ihr Kriterium liegt in der Verallgemeinerung der Maximen und (3) ihr subjektiver Ursprung in der Autonomie des Willens. (4) Wenn man das Problem des höchsten Gutes nicht länger verdrängt, so erscheint es ohne eine Postulatenlehre oder zumindest ein gleichwertiges Äquivalent als kaum lösbar. Infolgedessen darf man Jean Paul abwandeln: Kaufen Sie sich um Himmels willen Kant; und langt es nur zu einem Buch, dann sollte es die *Kritik der praktischen Vernunft* sein.

Literatur

Beck, L. W. (1974): *Kants »Kritik der praktischen Vernunft«. Ein Kommentar.* München [3]1995.

Höffe, O. (1983): *Immanuel Kant.* München [5]2000.

Höffe, O. (1995): »Aristoteles oder Kant – wider eine plane Alternative«. *Aristoteles: Die Nikomachische Ethik (Klassiker Auslegen,* Bd. 2). Hg. von O. Höffe. Berlin, 277–304.

Paul, J. (1922): »Brief an Pfarrer Vogel in Rehau 13. 7. 1788«. *Die Briefe Jean Pauls.* Hg. von E. Berend. München, Bd. 1.

Kant, I. (1781/1787): *Kritik der reinen Vernunft.* Hg. von J. Timmermann. Hamburg 1998.

Kant, I. (1900 ff.): *Gesammelte Schriften.* Akademie-Ausgabe. Berlin.

Peirce, Charles S. (1967): »Vorwort zu *Mein Pragmatismus* (1909)«. *Schriften I: Zur Entstehung des Pragmatismus.* Hg. von K.-O. Apel. Frankfurt a. M., 285–292.

Schopenhauer, Arthur (1987): *Gesammelte Briefe.* Hg. von A. Hübscher. Bonn 1978, [2]1987.

RÜDIGER BUBNER

Georg Wilhelm Friedrich Hegel:
Grundlinien der Philosophie des Rechts –

Der erbitterte Streit der Hegel-Schüler um die liberale oder restaurative Auslegung der Rechtsphilosophie des Meisters im Vormärz des 19. Jahrhunderts war verklungen, und die Parole »Zurück zu Kant« hatte im Neukantianismus Marburger oder Heidelberger Observanz am Ausgang des 19. Jahrhunderts für Ernüchterung gesorgt. Da beginnt sich Wilhelm Dilthey in der Distanz des Historikers für die noch unerforschte »Jugendgeschichte Hegels« zu interessieren. Dieser historischen Rückwendung verdanken wir die Kenntnis der zu Beginn des 20. Jahrhunderts schließlich von Diltheys Schüler Nohl herausgegebenen Jugendschriften Hegels, die der Editor als theologische Fingerübungen einstuft. Der Marxist Georg Lukács hat das im Moskauer Exil unter Stalin später als »reaktionäre Legende« zurückgewiesen und den ökonomisch-politischen Kern der Jugendschriften Hegels herauszuarbeiten versucht.

Eines ist seit langem sicher: Ohne ein angemessenes Verständnis der frühen Ideen Hegels wird man keine unparteiische Stellungnahme zum Hauptwerk der Rechtsphilosophie gewinnen können. Ich vertrete die These, daß unbesehen der Gesamtentwicklung des Systems sowie der Methodenprobleme seines Aufbaus gerade das späte Buch Hegels mit dem Titel *Grundlinien der Philosophie des Rechts* von 1821 die Einlösung der Hoffnungen der Jugendzeit des Autors bietet. Diese These widerspricht der lange gehegten Auffassung, der frühe Hegel, der Freund der Französischen Revolution, hätte Hoffnungen geweckt, die der späte Hegel, der Preußenknecht, verraten habe. Doch beginnen wir mit Tatsachen.

Die Rechtsphilosophie aus Hegels triumphalen Jahren an der Berliner Universität sagt im Nebentitel, sie sei bloß ein »Grundriß zum Gebrauch für seine Vorlesungen«. Das erinnert daran, daß in Zeiten, zu denen anders als im Gefolge der massenhaften Taschenbuchproduktion Bücher noch ein rares Gut waren, studentische Nachschriften der Kathedervorträge zahlreich angefertigt wurden. Die Idealisten verwarfen die verfügbaren Handbücher, aus denen noch Kant kommentierend vorgelesen hatte, zugunsten des originellen Philosophierens im öffentlichen Auftritt. Fichte, der erster Rektor der Berliner Universität werden sollte, hatte mit dem Usus am Beginn seiner Karriere begonnen. Das Nachschriftenwesen setzt uns heute übrigens instand, zahlreiche Varianten aus unterschiedlichen Vorlesungszyklen Hegels zur Rechtsphilosophie mit dem gedruckten Text zu vergleichen. Das befriedigt nicht bloß philologische Neugier, sondern hilft in diesem Falle auch zur Urteilsbildung über die Stellung des Professors gegenüber der nach den Karlsbader Beschlüssen in Preußen präsenten Zensur. Diese Spezialistendebatte lasse ich freilich beiseite.

I.

Ich beginne mit einem Rückblick auf die Jugendschriften Hegels, die zwischen Abhandlung und Skizze oder Gelegenheitsnotiz schwanken und keineswegs für ein breites Publikum gedacht waren. Wir Späterkommenden wissen immer mehr und versetzen daher leicht die unübersichtliche Situation der anfängerhaften Selbstverständigung in eine Teleologie, die ex post erst zu rekonstruieren ist. Klarerweise aber kündigen die Texte bereits für sich genommen einen genialen Kopf an. Die umfangreichen Materialien aus der Tübinger, Berner und Frankfurter Frühzeit, die Hegel zunächst als Abgänger des theologischen Stifts und später als Hauslehrer verfaßte, entwerfen nämlich in Rohgestalt das umfassende

Konzept einer auf die Veränderungen und die Nöte der Zeit antwortenden Lebensform für freie Menschen.

Als Hegel seine Wanderjahre beschließt und dem jüngeren, aber längst erfolgreichen Freunde Schelling nach Jena in der akademischen Laufbahn folgt, resümiert er in einem berühmten Brief: »In meiner wissenschaftlichen Bildung, die von untergeordneten Bedürfnissen der Menschen anfing, mußte ich zur Wissenschaft vorgetrieben werden, und das Ideal des Jünglingsalters mußte sich zur Reflexionsform, in ein System zugleich verwandeln; ich frage mich jetzt, während ich noch damit beschäftigt bin, welche Rückkehr zum Eingreifen in das Leben der Menschen zu finden ist« (an Schelling am 2.11.1800). Das System entsteht aus Anstrengungen einer formalen Umsetzung des Jugendideals, aber der Wunsch nach Einwirkung in das öffentliche Leben bleibt bestehen. Die späte Rechtsphilosophie liefert dafür den Beleg.

Man muß sich die intellektuelle Ausgangslage im letzten Jahrzehnt des 18. Jahrhunderts vorstellen. Zwei Kräfte wirken insbesondere auf die Diskussion in Deutschland. Einmal nehmen die aufgeklärt Gesonnenen die Revolutionsereignisse in Frankreich genauestens wahr und durchleben wie der engagierte Beobachter die Entwicklung jenseits des Rheins. Fichtes anonym publizierte Verteidigung des Rechts der Revolution vor der deutschen Öffentlichkeit wird beispielsweise von Tübinger Stiftlern mit Enthusiasmus studiert. Die zweite, die Epoche insgesamt prägende Kraft entsprang der Kantischen Denkrevolution, die nicht nur, wie heute üblich, vorwiegend als Destruktion der traditionellen Metaphysik und einer mit ihr verbundenen Emanzipation des autonomen Subjekts aufgefaßt wurde. Kant eröffnet im Auge seiner damaligen Leser vielmehr einen aussichtsreichen Weg zur Vollendung der Philosophie, an dem mitzuarbeiten lohnen müßte.

Für Hegel mehr noch als für seine Gedankenfreunde im Stift, Schelling und Hölderlin, tritt zusätzlich die intensive Auseinandersetzung mit einer fortschrittlichen, d. h. kantianisch argumentierenden Theologie ins Zentrum, die unter

194

moderner Maske doch den alten Dogmatismus vertritt. Hegel schlägt sich mit der für einen gläubigen Aufklärer in der Tat quälenden Frage herum, wie die Religion der Liebe und der Versöhnung, die das Christentum gegenüber kulturellen Alternativen einmal bedeutete, unter das Verstandesregiment einer Verwissenschaftlichung als Theologie geraten konnte. Wie hat das Entfremdungsschicksal der Moderne den originären Geist des Christentums, der aus Spiritualität lebt, zur Positivität, zur hierarchischen Fixierung, zum doktrinären Lehrbestand verkommen lassen? Für einen konsequenten Atheisten im Stile des 18. Jahrhunderts läge hier gar kein Problem. Denn Religion galt ihm ohnehin als Aberglauben für einfache Gemüter. Indes lassen die historischen Degenerationsphantasien von Montesquieu über Gibbon bis zu Rousseau eine durch Reflexionsarbeit aufgerissene Kluft in der Identität der einzelnen wie der Gruppe, der Gemeinde, des Staats beklagen. Die Moderne hat bei all ihren Fortschritten zugleich ein moralisches Problem zwangfreier Vergesellschaftung offengelassen.

So tritt für den jungen Hegel, der sich in seiner Welt zurechtfinden möchte, zu den Veränderungsimpulsen der politischen Revolution im westlichen Nachbarland und der aus dem fernen Königsberg herüberschallenden Fundamentalkritik der Vernunft die historische Diagnose hinzu, die den Gedankenhaushalt erweitert. Der Vision einer glücklichen Herkunft aus Griechenland und Christentum, die vergangen ist, entspricht auf kontrastierende Weise das aktuelle Leiden an einer unglücklichen Gegenwart. Im Zeichen des alten deutschen Reiches und seiner Vielstaaterei, die zum Untergang verurteilt ist, hat die vorherrschende Entzweiung Wurzeln im Bewußtsein der Zeitgenossen geschlagen. Philosophie muß in einem solchen Zeitbezug sich neu bewähren.

Über die kritische Auseinandersetzung mit dem historischen Geschick der Religion, welche von ursprünglich lebensstiftender Potenz zu einem abstrakten Lehrgebäude erstarrt war, hat Hegel das Thema der Geschichte als systematisch integrativen Gegenstand erschlossen. Politische Interessen haben die ganze Generation vereint. Das macht noch keinen Philosophen. Aber die negativistische Zeitdiagnose vor dem Hintergrund einheitlicher Lebensformen aus der Vergangenheit verleiht der Beschäftigung mit der aktuellen Gegenwart eine weitertreibende Dynamik, die den Gedanken nicht zur Ruhe kommen läßt. Es sei denn, er erschaffe sich ein philosophisches System, welches alle Wissensgehalte einheitlich miteinander verknüpft und aus der Vermittlungskraft des Geistes sich entwickeln läßt.

Allerdings bedeutet die Systemkonstruktion kein entrücktes Abstraktionsgeschäft für Fachgenossen, wie irgendeine andere der zahllosen Spezialwissenschaften, die wir kennen. Die systematische Arbeit soll, nach Auskunft des oben zitierten Briefes von Hegel an Schelling, ein Wiedereingreifen in das reale Leben der Menschen ermöglichen. Das besagte ebenfalls die in theologischer Sprache noch formulierte Parole der Tübinger Freunde: das Reich Gottes komme und unsere Hände seien nicht müßig im Schoß! Hier liegt eine der Quellen für die weltgeschichtliche Enderwartungsstimmung, die durch das 19. Jahrhundert weitergewirkt hat. Der gesellschaftliche und politische Attentismus mobilisierter Massen erklärt sich aus der zukunftsgewissen Bewußtseinsstellung einer ursprünglichen Elite.

II.

Im Gefolge der Jugendschriften vertieft Hegel sich einerseits in die Materialkenntnis, die für ein enzyklopädisches System, wie das seine schließlich eines werden sollte, unerläßlich ist. Die von der Forschung inzwischen erfolgreich geordneten Konvolute der Jenaer Periode nach 1800 zeigen die konstruktiven Gehversuche eines Systematikers. Andererseits nimmt Hegel in seinen kritischen Studien vielfältig Stellung zur Philosophie der Epoche und ihrer wichtigsten Standpunkte.

Hegel spricht von einem »Bedürfnis der Philosophie«, das sich in der Zeit melde. Diese Linie führt in die weiten Horizonte von Hegels historischem Denken, dessen erstes Resultat zugleich die erste Buchveröffentlichung des Autors darstellt. Ich meine die *Phänomenologie des Geistes*, ein unverblaßtes Rätselwerk der Interpretation. Darüber dachte das soeben vergangene Jahrhundert von Heidegger und der französischen Schule bis zur marxistischen Fraktion, Hegel habe hierin die wesentliche Bekundung seiner Einsichten niedergelegt. Alles andere sei zu vernachlässigen, auch die reaktionäre Rechtsphilosophie.

Schon für Dilthey am Wechsel vom 19. zum 20. Jahrhundert hatte als ausgemacht gegolten, daß der historische Denker Hegel aktuell bleibe, während der Systematiker keine Wirkungschance mehr in einer von den Wissenschaften geprägten Epoche verdiene. Das Rätsel, um das die *Phänomenologie* kreist, ist freilich die Verbindung von Geschichte und Metaphysik. Eines kann vom anderen nicht getrennt werden. Der Leser tut gut daran, diesen Fluchtpunkt im Auge zu behalten. Sonst gerät er in die übliche Gefahr, im Lichte zeitgenössischer Interessen einen klassischen Text wie einen Steinbruch zu benutzen.

Allerdings ist die *Phänomenologie des Geistes* nicht unser Thema. Aber ihre raffiniert ausgebildete Methode, mit deren Hilfe sich der Autor zur Schwelle der Metaphysik vorarbeitet, lehrt uns, daß substantielle philosophische Äußerungen nicht länger wie die klassische Metaphysik ganz ohne einen Zeitbezug auskommen. Daß jede Philosophie in ihrer Zeit steht, dürfte eine triviale Beobachtung sein. Die Vorrede zur Rechtsphilosophie, der ich mich jetzt, nach den Präliminarien, zuwende, drückt das Verhältnis allerdings folgendermaßen aus: »Das, *was ist*, zu begreifen, ist die Aufgabe der Philosophie, denn das, was ist, ist die Vernunft. Was das Individuum betrifft, so ist ohnehin jedes ein Sohn seiner Zeit; so ist auch die Philosophie, *ihre Zeit in Gedanken erfaßt*. Es ist ebenso töricht, zu wähnen, irgendeine Philosophie gehe über ihre gegenwärtige Welt hinaus, als, ein Individuum überspringe seine Zeit ... Geht seine Theorie in der Tat darüber hinaus, baut es sich eine Welt, *wie sie sein soll*, so existiert sie wohl, aber nur in seinem Meinen – einem weichen Elemente, dem sich alles Beliebige einbilden läßt.«

Das Zitat muß empörend klingen für unbefangene Ohren, und es ist als Anzeichen des ideologischen Grundzugs von Hegels Philosophie berühmt geworden. Daß das Begreifen der Wirklichkeit Aufgabe der Philosophie sei, will man wohl zugeben. Aber der Anschlußsatz »denn das, was ist, ist die Vernunft« scheint jeder kritischen Weltauffassung den Boden zu entziehen. Ist die Wirklichkeit nicht das Gegenteil der Vernunft? Muß nicht zumindest auf das Irrationale und Widersprüchliche in den gegebenen Verhältnissen das schärfste Augenmerk gelenkt werden? Daran hat etwa die Frankfurter Schule ihre Opposition gegen Hegel festgemacht. Nun wird aus der Folgerung offenkundig, daß die Dinge so einfach nicht liegen können. Eine Philosophie, die ihre Zeit in Gedanken erfaßt, erfüllt nicht die journalistische Aufgabe des Berichts über die Fakten des Tages oder das, was jeweils dafür gehalten wird. Keine treue Schilderung des Bestehenden kann gemeint sein, denn evidentermaßen ist das Bestehende nicht der Gedanke. In Gedanken soll die Zeit aber durch die Philosophie gemäß jenem Diktum gefaßt werden. Folglich muß mit einem Unterschied zwischen Oberfläche und Substanz, Grundtendenz und Aktualität gerechnet werden oder zwischen dem, was wirklich scheint, und dem, dessen Existenz vernünftig legitimiert werden kann. Aus lauter Scheu vor ideologischer Verblendung sollte nicht von dem Dogma ausgegangen werden, überhaupt keine Vernunft stecke in den historischen Beständen oder alles Wirkliche sei der pure Unsinn und daher radikal zu negieren. Das würde in der Folgerung enden, das historisch Existierende zugunsten einer Versöhnungsutopie in unbestimmter Zukunft zu verwerfen.

Hegels Auffassung von der historischen Wirklichkeit sieht anders aus. Sie erlaubt Vernunftmomente, ganz im Sinne der antiken Logos-Konzeption des Kosmos, in die Wirklichkeit Einzug zu halten. Diese realisierten Vernunftmomente gilt es im Gewirr der alltäglichen Informationen und vorübergehenden Ereignissen zu dechiffrieren. Seine Zeit in Gedanken zu erfassen heißt also:

1) Einer Epoche ihre Kontur geben, statt im Strudel der Aktualitäten unterzugehen. Es heißt,

2) das Wesentliche vom Unwesentlichen zu trennen. Diese Arbeit wird der Vernunft von keiner Instanz abgenommen, denn alles Vorhandene drängt gleichermaßen auf Registrierung. Was in Gedanken erfaßt wird, ist also

3) die historisch-strukturierte Wirklichkeit ohne die ständige Begleiterscheinung der Kontingenz.

In diesem Sinne kann man das skandalöse Zitat als eine Aufforderung zur rationalen Orientierung unter den gegebenen Umständen lesen. Dagegen eine Welt zu bauen, wie sie sein soll, erweist sich als das tiefe Mißverständnis des Verdoppelns der Wirklichkeit durch Reiche der Phantasie, des Wünschbaren, der spannungsfreien Harmonie, der endgültigen Gerechtigkeit usw. Hier fallen wir auf subjektive Meinungen zurück, die beliebig zu haben sind, weil der Härtetest der Verwirklichung oder historischer Implementierung stets leichtfüßig umgangen wird.

So war es eine Weile üblich, von Politikern Visionen zu verlangen, wie sie etwa der Künstler anbietet, der keine Verantwortung zu tragen hat außer derjenigen für sein eigenes fiktionales Werk. Im historischen Leben politischer Gemeinschaften taugen aber Visionen nicht viel, denn gerade sie lenken uns an der Wirklichkeit vorbei und zählen zum ideologischen Zierat der öffentlichen Diskurse. Ich gebe nur ein konkretes Beispiel, das uns allen vertraut ist. Es ist eine Sache, sich am Zauberwort »Europa« zu berauschen, zumal unklar bleiben kann, welche Ideale man sucht oder aus welcher nationalen Unglücksgeschichte man eventuell auszusteigen begehrt. Eine ganz andere Sache ist die wuchernde Bürokratie in Brüssel, die Ratlosigkeit angesichts der Forderungen nach

Erweiterung der Gemeinschaft und der entsprechenden Schwierigkeiten. Außer Frage steht, daß ein Konzept von Europa eine epochale Herausforderung darstellt. Bei der institutionellen Umsetzung hingegen hapert es hinten wie vorn. Sie mögen dieses Beispiel anders beurteilen. Ich glaube aber nicht, daß man der Beschreibung der Realität prinzipiell widersprechen wird. Offenkundig haben wir es mit dem Fall eines Auseinanderdriftens zwischen Vision und defizienter Ausführung zu tun.

III.

Hegels Rechtsphilosophie fördert ein Denken in Institutionen, das dem geschilderten Fehler nicht erliegt. Die Welt, in der wir leben, soll nicht die Welt der Träume sein, wo der eine dieses, ein anderer jenes erhofft, und zwar je nach Zeitpunkten und biographischen Stationen durchaus wechselnd. Die Welt, in der wir leben, muß von einem Charakter der Ordnung getragen sein, wie nur das Recht ihn schafft. Es hängt aber alles davon ab, daß diese Lebenswelt ihre Existenz der Vernunft verdankt und nicht dem Zufall, der Hegemonie von Herrschaft oder bloß dem Herkommen, d. h. der äußeren Genese. In anderen Worten gesagt: Wir akzeptieren als Sphäre unseres gemeinsamen Tuns nicht ein bloßes Resultat kausaler Ereignisketten. Daß das und das Ursache für den gegenwärtigen Zustand sei, genügt vielleicht dem theoretischen Interesse an Kausalverknüpfung, nicht aber den substantiellen Bedürfnissen der Lebenswelt. Uns genügen keine historischen Erklärungen, die man immer liefern kann, um die Akzeptanz derjenigen Ordnung, in der wir uns finden, zu befördern. Ebensowenig sind wir bereit, uns einer Gewalt zu beugen, deren Legitimation entweder nicht vorhanden oder ohne unsere Beteiligung verfügt wurde. Zustimmung nämlich ist die Basis der Stabilität der Verhältnisse. Wir wollen schließlich auch nicht dahingehend belehrt werden, daß die Dinge, wie sie nun einmal sind, aufgrund von Tradition ein altes Herkommen repräsentieren und mithin bewährte Beglaubigung finden. Man kann die drei genannten Erfordernisse so zusammenfassen, daß wir dort leben wollen, wo wir uns zu Hause fühlen können. Denn die Institutionen, in denen wir leben und die unsere Sozialisation gesteuert haben, längst bevor wir mündige Entscheidungen treffen konnten, sollen die unsrigen sein und uns angehören, wie die vertraute Lebenswelt, aus der man sich nicht freiwillig oder jedenfalls nicht in der Regel verabschiedet. Alle andersgearteten Verhältnisse stünden unter dem dominanten Vorzeichen der Entfremdung.

Ich habe in einfachen Worten auszudrücken versucht, was ich für den Kern der Hegelschen Theorie über Recht und Politik halte. Mit dieser Vereinfachung, welche die dialektisch-systematische Terminologie Hegels zunächst meidet, verbinde ich die Hoffnung, jenseits der Vergegenwärtigung eines klassischen Textes der Philosophie ein inhaltliches Angebot aktuellen Wiedererkennens zu formulieren. Wenn das Gesagte in die Fachsprache Hegels zu übersetzen ist, so müßte gesagt werden, daß die Wirklichkeit des Rechts eine Existenzform darstellt. Es handelt sich um eine nach außen getretene, in die Gestaltung der geschichtlichen Umstände investierte Leistung der Vernunft, die durch Kooperation der beteiligten und betroffenen Subjekte legitimiert und so in ihrer Geltung auf Dauer gestellt wird.

Der entscheidende Legitimationsgrund für die historische Ausformung von Institutionen, die konkretes Sozialleben tragen, ist das Mitmachen, Geleitetwerden und dauerhafte Zustimmen der Subjekte. Hier springt ins Auge, daß eine freie Stellung außerhalb der Institutionen für Subjekte gar nicht eingeräumt wird. Nun mag man einwenden, darin stecke eine Urtäuschung. Denn wenn die einzelnen unter dem Gestaltungsdruck und im Vorrecht der Institutionen aufwüchsen, kämen sie nie in die Lage eines unbeeinflußten Urteils. Sie hätten immer schon zugestimmt, ohne je gefragt worden zu sein.

Damit stoßen wir auf das Paradox des sog. Naturzustands. Der Naturzustand heißt jene wildwüchsige, ungeordnete und konfliktträchtige Existenzform, die allem Rechte vorangeht. Das neuzeitliche Rechtsdenken unterscheidet sich darin klar von der antiken Grundposition, in der ursprünglich ein jeder Bürger einer Polis ist und nur als solcher seine Handlungen vollziehen und sein Leben mit Glücksaussichten führen kann. Gegen die substantielle Sittlichkeit der Antike steht das moderne Individuum, das vom Ganzen abgespalten ist und sich außerhalb der jeweiligen Ordnung zu stellen vermag, um vermeintlich von neutraler Warte über seine Interessen zu befinden und gegebenenfalls die geregelte Kooperation mit seinesgleichen zu suchen. Diesen Schritt aus dem Naturzustand heraus, der als Kulturursprung zu deuten ist, vermittelt der Gesellschaftsvertrag, von dem alle seine Befürworter von Hobbes bis zu Kant erklärt haben, daß er eine notwendige Fiktion sei und sonst gar nichts. Zwar liegt diese Fiktion typischerweise den modernen Verfassungen von Einzelstaaten zugrunde. In Wahrheit hat aber nie aus tausendundeiner Schwierigkeit ein realer Akt der Abstimmung aller stattgefunden. In Wahrheit haben wir zu historischen Zeiten nie die Einzelexistenz in den Wäldern geführt, welche in der Kontrastfigur der europäischen Aufklärung, nämlich dem »Wilden«, imaginiert wurde. Die Einrichtungen des Staates gingen stets voran, und Bildung hieß, in sie einsozialisiert zu werden. Hegel ist der einzige moderne Autor, der Bedeutendes zur Theorie von Recht und Politik vorgetragen hat, ohne den Gesellschaftsvertrag als Legitimationsfiktion zu unterstellen. Er hielt die Vertragstheorie einfach für das, was sie war und für was ihre Vertreter sie stets auch ausgegeben hatten, nämlich für eine Abstraktion im Dienste konstruktiver Absichten für politische Ordnung. Theoretiker des Gesellschaftsvertrags sind gezwungen, um der Konsistenz ihres Modells willen von historischen Bedingungen abzusehen. Diesen Preis zugunsten der Reinheit von Theorie will Hegel, der historische Realist, nicht zahlen.

Wie für die erwähnten Propheten des Gesellschaftsvertrags im 17. und 18. Jahrhundert gilt dieser Einwand nicht minder für zeitgenössische Vertragstheoretiker, etwa Rawls oder Habermas. Sie führen je mit ihren Mitteln sog. Idealisierungen ein, die dann das gewünschte Ergebnis schlüssig erscheinen lassen. Der »veil of ignorance« bei Rawls oder die vorgängigen Diskursregeln bei Habermas erfüllen denselben Zweck einer ahistorischen Unterstellung, aus der ungetrübte Rationalität in die bestehenden Verhältnisse fließen soll.

Es wäre wohl nützlich, diese Kontroverse mit Hegels vorwiegend historischem Bewußtsein weiter auszuspinnen. Ich bescheide mich an dieser Stelle mit der Gegenüberstellung jener kontraktualistischen Legitimationsfiktion und der Rekonstruktion der normativen Struktur von institutionell verfaßten Lebenswelten.

IV.

Abschließend sei ein Blick geworfen auf den inneren Aufbau des Buches, das wir besprechen: die *Grundlinien der Philosophie des Rechts* von 1821. Die Dreiteilung überrascht keinen, der mit Hegels dialektischen Prozeduren vertraut ist. Sie hat aber, im Unterschied zu manch schulbedingter Binnengliederung, der man in Kants Werk begegnet, eine sachliche Wurzel. Am Anfang steht eine als dunkel verschriene Einleitung, die im impliziten Dialog mit Kants Begrifflichkeit den freien Willen als Ursprung des Rechts exponiert. Der § 29 fixiert das Resultat. Er lautet: »Dies, daß ein Dasein überhaupt Dasein des freien Willens ist – ist das Recht.« Man sieht gleich, daß das Recht den Willen schützt und nicht umgekehrt der Wille das Recht gebiert.

Axel Honneth[1] hat jüngst den Versuch unternommen, von dieser Analyse des Willensbegriffs her Anschluß an die inter-

1 Honneth 2001.

nationale Debatte zu finden, die weithin vom Kantianismus beherrscht ist und Hegels Rechtsphilosophie unter Verdacht stellt. Ich ziehe es vor, die Eigenart der Rechtsphilosophie Hegels aus ihren Stärken heraus zu verteidigen. Und dazu zählt sicher der Institutionalismus, weniger aber die Willensanalyse.

Der *Erste Teil* des Buches entfaltet *das abstrakte Recht* mit seinen Einrichtungen wie Eigentum, Vertrag usw. Seit der römischen Rechtskultur, die bis zu den Neukodifikationen um 1800 das europäische Rechtsdenken geprägt hat, besteht der Apparat formaler Regelungen zur Streitschlichtung im interpersonalen Verkehr. So begegnet uns das Recht übrigens heute noch, wenn wir aus dem anstandslosen Flusse des gemeinschaftlichen Alltagslebens herausgeworfen werden und an juristische Grenzen stoßen. Dann kommt der Strafbefehl ins Haus, die Vorladung, der Gerichtstermin usw. Anschaulich präsentiert sich in dieser Sphäre das Recht – schon die griechische Tragödie machte daraus ein Theaterstück, und unzählige Filme leben von derartigen Konstellationen. Dennoch muß man sich vor Augen halten, daß dies nicht die Normalität, sondern der Sonderfall ist. Normalerweise trägt die Rechtsordnung nämlich die höchst komplexen Handlungsabläufe in einer Gesellschaft, ohne daß zu Korrekturmaßnahmen der geschilderten Art geschritten werden muß. Und diese Normalität faßt Hegel schließlich im Begriff der »sittlichen Welt«.

Zunächst aber setzt der *Zweite Teil* unter der Überschrift *Die Moralität* sich intensiv mit der Position Kants auseinander, die das Moralproblem in die Innerlichkeit des subjektiven Gewissens verlagert. Auch diese Auseinandersetzung im einzelnen zu verfolgen wäre lohnend. Aber es geht hier nicht um die Angemessenheit der Gegenüberstellung. Der fundamentale Kontrast zu Kant kommt in der Betitelung des *Dritten Teils* zum Vorschein. Auf *Die Moralität* folgt *Die Sittlichkeit*. Es fällt immer schwer, den Unterschied vom Wort her zu erklären. Denn wie Ethik vom griechischen Wort »Ethos« und die

Übersetzung als moralitas vom lateinischen Wort »mos« kommt, so hat das altmodische deutsche Wort »Sitte« die »Sittlichkeit« geprägt. Für den unbefangenen Blick zeigt sich gar kein Unterschied.

Indes liegt das wesentliche Augenmerk der Untersuchungen zur »Sittlichkeit« auf den Gestalten des »objektiven Geistes«, d. h. der im Prinzip über die Subjektivität des forum internum hinausreichenden Strukturierung der Welt durch die Idee der Freiheit. Das sind im weitesten Sinne die Institutionen, von denen ich schon öfter gesprochen habe. Institutionen werden eigens eingesetzt. Sie sind nirgends umstandslos vorzufinden. Sie stellen keine Naturgegebenheiten dar. Sie dienen bestimmten Zwecken und müssen zugunsten derselben in Geltung gehalten werden. Folglich können Institutionen nur einer Vernunftarbeit entspringen, die sich nicht mit pauschalen Verfügungen wie dem Universalismus des kategorischen Imperativs begnügt. Institutionen sind gleichsam »zweite Natur«.

Die Vernunftarbeit dringt in die objektiven Gegebenheiten ein, diagnostiziert sie, fällt Distinktionen, gestaltet um und baut Handlungssphären unterschiedlicher Reichweite und Struktur auf. Diese Handlungssphären dienen ausschließlich der Ermöglichung der Realisierung des Freiheitsanspruchs, den Subjekte erheben. Es sind Institutionen der Freiheit und insofern nach Hegels Begrifflichkeit objektiv gewordener, in Konkretion geronnener Geist. Diesen Ansatz gilt es festzuhalten, wenn der Institutionenbegriff von anderer Interessenlage her, also etwa vom Systemfunktionalismus, interpretiert wird. Recht ist im Kern, gemäß Hegels Auffassung, institutionell garantierte Freiheit und sonst nichts.

Unter dieser Voraussetzung gliedert sich der dritte Teil des Buches, welcher die Sittlichkeit entfaltet, wiederum in drei Einheiten. Die freilich gehen ineinander über, was die philosophische Darstellung anbetrifft, und sind in der historischen Realität ohnehin miteinander verfugt. Wir haben also keine irgend geartete Evolution vor uns, sondern ein Ensemble von gegliederten Sphären, die die Geschlossenheit einer Lebensform ausmachen. Die erste sittliche Einheit bildet die Familie, die seit Menschengedenken als Grundlage der Gesellschaft galt. Hegels Auffassung nimmt die Lehre vom Haus als Wirtschaftseinheit, die der Aristotelismus der europäischen Tradition der Ökonomie vermacht hatte, und eine christlich beeinflußte Spiritualität von Liebe und Ehe zusammen. Darin spiegelt sich das Selbstverständnis, das vergangenen Jahrhunderten eigentümlich war. Vielleicht trägt heutzutage der vordringende Individualismus zur Erosion dieser Institution der Familie bei. Wir wissen es noch nicht.

Die zweite Ebene der Sittlichkeit bildet die »bürgerliche Gesellschaft«, die Hegel entgegen der Polis-Überlieferung vom Staate klar trennt. Hier regiert die Rationalität des Marktes ein »System der Bedürfnisse«, das so heißt, weil der hin- und herlaufende, extrem flexible Austauschverkehr dank privater Bedürfnisse ein System der Verteilung und Versorgung auf objektiver Ebene stiftet. Hegel ist klar (§ 189), daß er einen Tribut an die moderne Entwicklung entrichtet, die mit der Perfektion der Marktrationalität einhergeht, wozu die in jener Epoche neu aufkommende Nationalökonomie von Smith und Ricardo die angemessene Analyse liefert.

War die alte Hauswirtschaftslehre auf private Subsistenzsicherung als Basis für politisch freie Akteure bezogen, so bringt die innovative Erweiterung der Wirtschaftskräfte auf das gesamtgesellschaftliche Niveau eine neue Struktur der Sozialität mit sich. Privatinteressen in Masse zusammengenommen erzeugen ein Gesamtinteresse, das wie die vielzitierte Metapher der »invisible hand« systematisch durchgreift, ohne in die Intentionen des einzelnen sich auflösen zu lassen. Dank einer allseitig im Austausch erfolgenden Befriedigung der speziellen Bedürfnisse der vielen einzelnen sind diese, ohne es eigentlich zu wollen und ausdrücklich zu planen, in einen gesellschaftlichen Zusammenhang verwoben, der ihre Individualität übersteigt, obwohl er gerade an der je eigenen Bedürfnisspezifikation ansetzt.

Mit gutem Grund hat man Hegels Analyse der bürgerlichen Gesellschaft gepriesen, die, obwohl sie an die Ideen des 18. Jahrhunderts anknüpft, doch eine eigenständige und überzeugende Aufschlüsselung der modernen Gesellschaftsbeziehungen liefert. Der Marxismus hat davon ebenso profitiert wie die voranschreitenden Sozialwissenschaften.

Nun erscheint bei allem Raffinement der Analyse die bürgerliche Gesellschaft nicht als letzte Antwort auf die Erfordernisse der Sittlichkeit. Denn das Marktgeschehen, das zwar eine eigene Dynamik der Systematisierung entwickelt, ist weder als ein politisches Ziel gesetzt, noch erfüllt es die Rollenqualifikation des Staatsbürgers. Die Vereinigung über den Markt widerfährt uns eher, als daß wir dieselbe vollends in Regie nehmen könnten. In unseren Tagen zeigt sich die Problematik an der Globalisierung, die eine Internationalisierung der Märkte jenseits der klassischen nationalen Kontrolle vorführt. Der Markt hat sich aus politischer Regulierung emanzipiert und breitet sich global aus, ohne daß wir gleichgewichtige Institutionen globaler Ordnungsstiftung bereits geschaffen hätten. Ob der Vorsprung des Marktes je politisch wieder ausgeglichen werden kann, scheint gegenwärtig fraglich.

Hegel jedenfalls hat keinen Zweifel gelassen an der nötigen Unterordnung des Marktes als Ort nicht selbstverantworteter Vergesellschaftung unter die Autonomie des sittlichen Staates, der unser Freiheitsbedürfnis erst real erfüllt. An dieser Schnittstelle entfernt er sich von Tendenzen des wild gewordenen Liberalismus. Hegel schreibt: »Wenn der Staat mit der bürgerlichen Gesellschaft verwechselt und seine Bestimmung in die Sicherheit und den Schutz des Eigentums und der persönlichen Freiheit gesetzt wird, so ist das Interesse der Einzelnen als solches der letzte Zweck, zu welchem sie vereinigt sind, und es folgt hieraus ebenso, daß es etwas Beliebiges ist, Mitglied des Staates zu sein. – Er hat aber ein ganz anderes Verhältnis zum Individuum; indem er objektiver Geist ist, so hat das Individuum selbst nur Objektivität, Wahrheit und Sittlichkeit, als es ein Glied desselben ist. Die *Vereinigung* als solche ist selbst der wahrhafte Inhalt und Zweck, und die Bestimmung der Individuen ist, ein allgemeines Leben zu führen« (§ 258).

Es wäre hilfreich, eine Gegenüberstellung mit dem Protagonisten des Liberalismus im 19. Jahrhundert, mit John Stuart Mill vorzunehmen. Der hatte in der Tat den einzelnen ins Zentrum gestellt, um die staatliche Institution zum Schutz dessen an den Rand zu verweisen. Wilhelm von Humboldt, auf den Mill sich beruft, hatte unter dem Eindruck der Französischen Revolution die »Grenzen der Wirksamkeit des Staates« zum Nutzen der Entfaltung des Individuums beschworen. Wenn wir uns selber prüfen, so werden wir feststellen, daß wir allesamt Liberale in diesem spezifischen Sinne sind, ob wir das bekennen oder nicht.

Die aktuelle Debatte der politischen Philosophie kann dahingehend zugespitzt werden, ob das Individuum mit seinen Privatinteressen als Ausgangspunkt und als Zielpunkt aller politischen Einrichtungen und Anstrengungen fungiert. Oder gibt es jenes allgemeine Leben, das zu führen ein jedes Individuum aufgerufen ist? Dazu müßte es sich durch Bildung, d. h. Abstreifung der Ecken und Kanten seiner rohen, unmittelbaren Befindlichkeiten und Launen erheben. Denn nicht als Marktgänger und Partizipant am Warenaustausch sind wir wirklich freie Menschen. Die Konsumfreiheit gaukelt uns Unabhängigkeit und Selbständigkeit nur im Horizont der Zwänge von Produktion und Verkauf vor.

Daß im Gegensatz zu diesem verbreiteten Scheine das Individuum nur Objektivität, Wahrheit und Sittlichkeit als Glied der Allgemeinheit hat, als Staatsbürger, der auf Vereinigung mit anderen seinesgleichen in Äquivalenz des wechselseitigen Freiheitsanspruchs ursprünglich und primär bezogen ist – das macht die Bedeutung von Hegels Staatsauffassung aus. Es wird erkennbar, daß darin eine Erneuerung der antiken Bürgerrolle innerhalb der Polis angestrebt wird, die das Interessenkalkül überwindet, auf das der Gesellschaftsvertrag von Hause aus fixiert bleibt. Was immer sonst über Hegels Stellung zur konstitutionellen Monarchie seiner Zeit zu sagen ist – und unendlich oft hat man sich darüber erregt –, ich jedenfalls plädiere dafür, im Kontext unserer heutigen Kontroverse um einen adäquaten Begriff des Politischen, den genannten Vorschlag Hegels im Spiele zu halten, der dem Subjekt jenseits seiner immediaten Interessenbefriedigung durch ökonomische Sättigung einen Weg in ein »allgemeines Leben« offenhält, das uns in unsere eigene Wahrheit dank institutioneller Beziehung auf die Vereinigung mit anderen verpflichtet. Nur als Bürger im Rahmen des existierenden Rechtes ist der Mensch frei. Und nur als Bürger darf er mehr sein als bloße Anspruchsinstanz bzw. Verteilungspartner bei der öffentlichen Distribution der vorhandenen Güter.

Literatur

Avineri, S. (1976): *Hegels Theorie des modernen Staates*. Frankfurt a. M.

Bubner, R. (1996): *Welche Rationalität bekommt der Gesellschaft?* Frankfurt a. M.

Honneth, A. (2001): *Leiden an Unbestimmtheit*. Stuttgart.

Riedel, M. (1969): *Studien zu Hegels Rechtsphilosophie*. Frankfurt a. M.

Ritter, J. (1969): *Metaphysik und Politik*. Frankfurt a. M.

Schnädelbach, H. (2000): *Hegels praktische Philosophie*. Frankfurt a. M.

Siep, L. (Hg.) (1997): *Hegels Grundlinien der Philosophie des Rechts*. Berlin.

HELMUT HOLZHEY

Hermann Cohen: *Ethik des reinen Willens*

»Die Ethik ist eine sehr subtile Sache, ich sehe, daß man sie behandeln kann, ohne Phrasen zu machen.« Die briefliche Äußerung Hermann Cohens stammt aus dem Jahre 1872, als er – erst dreißigjährig – bereits an seinem zweiten Kant-Buch arbeitete. Das erste über *Kants Theorie der Erfahrung* war im Jahr zuvor veröffentlicht worden und hatte den Verfasser in der akademischen Welt bekannt gemacht. Sein Versuch, durch eine genaue Interpretation der *Kritik der reinen Vernunft* die Philosophie seiner Zeit »durch die Wiederaufrichtung der Kantischen Autorität« zu erneuern, war erfolgreich: Cohen brachte den Neukantianismus auf den Weg und wurde zu einem seiner bedeutendsten Vertreter. 1877 folgte das erwähnte Buch *Kants Begründung der Ethik* (mit einer einleitenden Untersuchung zur metaphysikkritischen Ideenlehre) und 1889 *Kants Begründung der Ästhetik*. So wie er dieser Trilogie eine Systematik zugrunde legte, die sich an das System der Kantischen Kritiken anlehnte, so gliederte er auch sein eigenes *System der Philosophie* in drei Teile, schrieb also nacheinander eine Erkenntnislehre (Logik), eine Ethik und eine Ästhetik. Allerdings sollte ein vierter Teil hinzukommen, in dem das sich nach Denken, Wollen und Fühlen auffächernde Kulturbewußtsein als Einheit in einer philosophischen Psychologie dargestellt würde. Cohen ist nicht mehr dazu gekommen, diesen Teil zu schreiben, obwohl er über das Thema in Marburg – wo er zwischen 1876 und 1912 als ordentlicher Professor der Philosophie lehrte – eine Vorlesung gehalten hat.

Für die Vorstellung eines Werks aus seiner Feder war zunächst an die *Logik der reinen Erkenntnis* von 1902 zu denken.

Für die *Ethik des reinen Willens* von 1904[1] sprach, daß es besondere Schwierigkeiten gemacht hätte, auf angemessene *und* leserfreundliche Art eine Theorie vorzuführen, die den »Ursprung« von Erkenntnis rein ins Denken setzt und in ihrer Urteils- bzw. Kategorienlehre gegen Kants erkenntnistheoretischen Dualismus von Anschauung und Denken gerichtet ist. Umgekehrt schätze ich die *Ethik des reinen Willens* als das – neben seinem Opus postumum *Religion der Vernunft aus den Quellen des Judentums* (1919) – persönlichste Werk Cohens ein, in dem ihm eine interessante Verknüpfung von Schul- und Weltbegriff der Philosophie gelungen ist, und das nicht zuletzt wegen der in ihm artikulierten Bezüge zur Religion (des Judentums) und zur Politik. Außerdem nutze ich gern die mit der Vorstellung dieser *Ethik* gebotene Möglichkeit, aus der Lektüre eines Buches Gewinn für ethische Diskurse von heute zu ziehen.

Obwohl in fortlaufender Kapitelzählung aufgezogen, hat die *Ethik des reinen Willens* zwei voneinander getrennte Teile, einen ersten rechtsethischen und einen zweiten, kürzeren tugendethischen Teil. Eine Parallele zur Gliederung von Kants *Metaphysik der Sitten* in eine Rechtslehre und eine Tugendlehre ist deutlich. Doch fasse ich jetzt nur die Unterschiede ins Auge: In den philosophischen Belangen seines Buches trennt Cohen nicht, wie Kant, zwischen Recht und Moral, schreibt also keine philosophische Rechtslehre, sondern begründet seine Ethik als eine »Ethik des Rechts« (70). Ferner übernimmt seine Tugendlehre die Aufgabe, das Problem der Verwirklichung moralischer Forderungen im individuellen Leben anzugehen und zu seiner praktischen Lösung zu ermutigen. Schließlich steht zwischen den beiden Teilen der *Ethik des reinen Willens* ein Kapitel über die Idee Gottes (Kap. 9) – dazu gibt es keinerlei Parallele bei Kant (auch wenn inhaltlich von

---

1 1. Aufl. 1904. Die 2. revidierte Auflage von 1907 ist als Bd. 7 der *Werke* nachgedruckt worden (1981); ich zitiere nach ihr unter bloßer Angabe der Seitenzahlen.

einer Art kritischer Verwandtschaft mit dessen Lehre, praktische Vernunft postuliere die Existenz Gottes und die Unsterblichkeit der Seele, gesprochen werden darf).

I. Das Ethos des Ethikers

Ich möchte zunächst von einer göttlichen Verknüpfung absehen und statt dessen einen Bogen menschlicher Art schlagen, einen Bogen, den der Autor selbst mit seiner Person über den Text gezogen hat. Das Schreiben von Ethiken ist eine Form menschlichen Handelns und unterliegt als solches rechtlichen wie moralischen Normen. Eine einschlägige moralische Norm lautet, daß man Argumente, nicht aber die Person angreifen solle, die die fraglichen Argumente vertritt. Sie zu befolgen bedeutet nun allerdings nicht, daß die Person des Autors für die Moral des von ihm geführten Ethikdiskurses gleichgültig wäre. So könnte nur urteilen, wer den Diskurs in der Auseinandersetzung von Argumenten aufgehen ließe. Selbst hinter einer solchen Positionsbestimmung wird immer eine philosophische Haltung auszumachen sein, die sich nicht in Argumente ummünzen läßt. Ich spreche von einem *Ethos* und behaupte, daß zur Moral des Diskurses ein solches Ethos gehört. Das gilt keineswegs nur für die Ethik. Vom persönlichen Ethos der Philosophierenden ist vielmehr gerade in philosophischen Grundlegungsprozessen die Rede. Edmund Husserl zum Beispiel hat es in seinen *Cartesianischen Meditationen* für sich so umschrieben: »Jeder, der ernstlich Philosoph werden will, muß sich ›einmal im Leben‹ auf sich selbst zurückziehen und in sich den Umsturz aller ihm bisher geltenden Wissenschaften und ihren Neubau versuchen.« Das sei Conditio sine qua non eines »echten Philosophen«.[2] Husserl macht das Ethos des Philosophen in Gestalt einer Authentizitätsforderung namhaft; bezeichnenderweise qualifiziert er eine so durch

2 Husserl 1950, Bd. 1, 44 und 4.

die philosophierende Person bestimmte Philosophie als Weisheit. – Ein zweites Beispiel: Für den späteren Heidegger ist Denken selbst »ethisch«. Das hier gemeinte Ethos des Denkers hat freilich nicht normativen Charakter; »Ethos« bedeutet vielmehr »Aufenthalt«, den Aufenthalt im Denken des Seins, und solch denkender Aufenthalt ist »in sich schon die ursprüngliche Ethik«[3].

Cohen äußert sich zu seinem Ethos als Ethiker in der Vorrede zur 1. Auflage seiner *Ethik des reinen Willens* mit einem »persönlichen Wort über dieses Buch ... über das, was es anstrebt«. Als Verfasser einer Ethik sieht er sich gewissermaßen in einem Glashaus sitzen. Eine Scham überkommt ihn, weil er »bei Lebzeiten eine Ethik herausgibt«. Genügt er den persönlichen Erfordernissen eines Ethikers, genügt er der Authentizitäts- oder Glaubwürdigkeitsforderung? Er erinnert an den »bekannten Ausspruch ...: daß der Ethiker ebensowenig ein guter Mensch zu sein brauche, wie der Maler ein schöner«. Wie rettet sich der Autor vor diesem Zynismus, wie rettet er sich aber auch gegenüber hypermoralischen Ansprüchen? Indem er sein Arbeitsethos deklariert. Dieses besteht darin, die Sittlichkeit zunächst als »ein Problem der Erkenntnis« zu bearbeiten, »in aller der Genauigkeit und Nüchternheit und Sachlichkeit, welche jedes theoretische Problem erfordert«. Ethik soll nicht mit Moral verwechselt werden, die Thematisierung (heute z. B. des Problems der Euthanasie) nicht mit (mörderischer) Gesinnung. Gleichwohl verkennt Cohen nicht, daß zwischen der »methodischen Arbeit« am Problem der Sittlichkeit und dem »sittlichen Selbstbewußtsein« des Autors eine innere Beziehung besteht. Gestiftet wird diese Beziehung durch ein Ethos, das ich das *Ethos der Suche* nenne: eine Grundhaltung, welche die kognitive Arbeit an der ethischen Theorie (mitsamt ihrem eigenen Ethos) in eine praktische Zielsetzung einbindet, eine Zielsetzung, *auf die hin*, nicht *von der her* Ethik betrieben wird. Das Ethos der Suche ist demjenigen Ethos genau

3 Heidegger 1967, 187.

entgegengesetzt, das sich als Ethos des christlichen Glaubens an einem Wort Jesu, etwa an seinem »Es ist vollbracht« am Kreuz, orientiert. Wie führt nun die Haltung der *Suche* zur rational ausweisbaren Verknüpfung von (wissenschaftlicher) Erkenntnis und Sittlichkeit? Cohen verbindet Haltung und Argument, indem er Erkenntnis, auch ethische Erkenntnis, als *problem*orientierte Aufgabe begreift, die von sich her auf ein Suchen festgelegt ist. Dieses Suchen bleibt nicht, so Cohen, ein bloß theoretisches *Untersuchen*, sondern prägt sich im Ethiker zum Ethos des Verlangens »nach der Enthüllung« der »Menschheit in allen Völkern und in jedem Menschen« aus. Dieses Ideal einer wahrhaft humanen Welt zeigt alle Merkmale eines Ideals: das Bild einer Vollkommenheit, die durch Vervollkommnung angestrebt, aber wegen der Unabschließbarkeit des Vervollkommnungsprozesses mit dem Stigma der Unvollkommenheit gezeichnet ist (423 f.). Ein solches Verlangen zu tragen qualifiziert den Philosophen zum Ethiker; das Ethos des Ethikers besteht darin, nicht an der »Realität des Sittlichen« angesichts der Tatsachen zu verzweifeln, nicht in seinem Denken dem »Irrewerden und … Irremachen der sittlichen Kultur an sich selber« nachzugeben (VIII f.).

Die theoretische Suche nach der Idee des Guten wird durch den Affekt der Hoffnung und Zuversicht genährt; die Suche bedarf dieser Unterstützung, ist es doch keineswegs selbstverständlich, die menschliche Situation als eine Situation bleibender Unvollkommenheit anzuerkennen und trotzdem engagiert an der »Ausgrabung« des »Schatzes« weiterzuarbeiten, den »die Menschheit [Humanität] in allen Völkern und in jedem Menschen« bildet. Cohen schreibt seine *Ethik* in dieser Haltung, die für ihn das Ethos bzw. die Tugend des Ethikers ausmacht. Damit spannt sich der Bogen zum letzten Teil seines Werks. Was im 1. Kapitel als »Grundgesetz der Wahrheit« entwickelt wird, findet im 11. (in der Tugendlehre) seine Entsprechung in der Tugend der *Wahrhaftigkeit*. Für Cohen ist Wahrheit nur auf dem Wege von revidierbaren Grundlegungen zu finden – die »Wahrheit«, die Logik und Ethik verknüpft, also nur in der beiden Disziplinen gemeinsamen »Methodik der Grundlegung«. Auch ein Wissen darüber, was ich prinzipiell *tun* soll, ist nicht aus einer Erleuchtung, aus dem gesunden Menschenverstand oder dergleichen, sondern allein durch eine Grundlegung (d. h. »hypothetisch«) zu gewinnen. »Die Forderung der Wahrheit … stellt immer neue Probleme; daher bleibt der Besitz immer Streben.« (498) Um seiner Beharrlichkeit willen ist dieses Streben, diese Suche, auf eine Stütze angewiesen – auf die Tugend der Wahrhaftigkeit (498 ff.). Sie beruht auf Selbsterkenntnis, d. h. auf einem Prozeß, in dem sich das Subjekt selbst beständig zum Problem der Erkenntnis macht (501). Dank dieser Verwurzelung im Prozeß der Selbst-*erkenntnis* wird Wahrhaftigkeit zur »Tugend der Philosophie« und damit auch zum »Wegweiser« im »stetigen Gange sittlicher Arbeit« (510), d. h. auch zur Tugend des Ethikers. Gerade *er* ist angesichts der menschlichen Angelegenheiten, die er reflektiert, der Verführung besonders ausgesetzt, sein »Verlangen« in vermeintlich absoluten Gewißheiten zu stillen, und sei es aus Verzweiflung über den schlechten Gang der Dinge. Die Wahrheit aber besteht einzig im »Sichern der Grundlegung«; die »Devise der Wahrhaftigkeit« kann es nur sein, sowohl »gegen alle Beteuerungen und machtvollen Aufschwünge eines sittlichen Glaubens« (512) wie gegen das »Irrewerden … an sich selber« auf die Vernunft der fortgesetzten Grundlegungen zu bauen, ohne diese letztbegründend absichern zu können und – als ›tugendhafter‹ Philosoph – auch nicht zu wollen.

II. Der ethische Begriff des Menschen

Bei der Artikulation seines Ethos hat Cohen schon auf die Zielsetzung, aber auch auf grundlegende Probleme der von ihm vorgelegten Ethik aufmerksam gemacht. Der Rekurs auf das persönliche Ethos des Ethikers ist nicht nur eine Antwort auf die affektive Beirrung durch die unaufhebbare Differenz zwischen Idealität und Realität des Sittlichen »in der empirischen Menschenwelt« (IX). Daß die Reflexion auf das Ethos des Ethikers unabdingbar ist, deutet zugleich auf die Grenze theoretisch-methodischer Bearbeitung ethischer Probleme hin, auf die Grenze ethischer Argumentation. Schließlich äußert sich die Verantwortung des Autors für sein Vorhaben in der Selbstverpflichtung, mit seiner Ethik einem realen gesellschaftlichen Notstand zu Leibe zu rücken, wie er für Cohen mit der »Arbeiterfrage« (nach Friedrich Albert Langes Formulierung[4]) signalisiert war.

»Was ist das aber für eine Ethik, die den Menschen von der Straße aufrafft. Von allen Geschäften der Vernunft ist die Ethik am allermeisten wesentlich architektonisch.«[5] In dieser frühen, gegen Schopenhauers Mitleidsethik gerichteten Bemerkung kommen andeutungsweise zwei wesentliche Momente der Cohenschen Ethik zur Sprache: daß sie »Lehre vom Menschen« und als solche systemphilosophisch geprägt ist. Was beinhaltet diese »Lehre vom Menschen«?

1) Wenn sich Cohen eingangs seiner *Ethik des reinen Willens* darauf festlegt, daß der *Mensch* Gegenstand der Ethik sei (2), so ist und bleibt das präzisierungsbedürftig. Das gilt zuerst in bezug auf die Rede vom Menschen. Denn Menschen sind Individuen, leben in Gemeinschaften, und insgesamt bilden sie die Menschheit. In welcher Hinsicht wird »der« Mensch Gegenstand der Ethik? Nicht als Individuum, oder doch erst sekundär. Auf das Individuum als »Kernbegriff des Menschen« zu setzen implizierte für Cohen, das methodische Fundament der Ethik in der Psychologie zu suchen und sich damit dem Naturalismus auszuliefern. Seine Ethik richtet sich vielmehr »auf die Durchdringung des Individuums mit der Besonderheit und mit der Allheit« (11). Cohen schreibt auch keine Sozialethik, die auf die Besonderheit, d. h. die Verbindung von einzelnem und Mehrheit in menschlichen Gemeinschaften, abstellt. Es ist vielmehr das Prinzip der Allheit, dem

4 Lange 1865.
5 Cohen 1939, 25f.

er seine Ethik verpflichtet weiß. Sie betrifft die Menschheit insgesamt – als Einheit und als Wesen verstanden. Da diese »Menschheit« immer Ideal bleibt, in der allheitlichen Einheit des Staates aber ihren Vorschein hat, ist die *Ethik des reinen Willens* in ihrem grundlegenden Teil, zugespitzt formuliert, eine Lehre vom Rechtsstaat. Der Staat – nicht in seiner aktuellen Wirklichkeit, sondern als »Prinzip des ethischen Selbstbewußtseins« (255) – wird als das eigentliche ethische Willenssubjekt begriffen.

2) Ich komme auf ein zweites Moment der Definition von Ethik als »Lehre vom Menschen« zu sprechen. Cohen präzisiert, daß seine Ethik Lehre vom *Begriff* des Menschen sein soll (3). Der Mensch wird nicht »von der Straße aufgerafft«, nicht vorgefunden, sein Begriff muß vielmehr, wie jeder fundamentale Begriff, denkend erzeugt werden. Eine Schwierigkeit des Vorhabens, die Ethik als Lehre vom Begriff des Menschen aufzubauen, zeigt sich in der Frage, ob es sich dabei um einen deskriptiven oder normativen Begriff handelt. Cohen entscheidet sich klar für letzteren und stellt sich damit auf den Boden der Kantischen Ethik, grenzt sich aber auch von der Schopenhauerschen Metaphysik des Willens ab. Der Naturalismus, als »Todfeind der Ethik« apostrophiert (12), wird in allen Varianten abgewiesen, ob er nun in Gestalt einer physiologisch-psychologischen Anthropologie, als Eudämonismus oder als Rousseauismus auftritt; gegen den letzteren äußert sich Cohen drastisch dahingehend, daß »die Ethik … nicht in erster Linie von den Bäumen lernen [will], sondern von den Menschen in der Stadt« (13). Menschliches Wollen ist in der Ethik durch ein Sollen bestimmt zu denken. Man vergegenwärtige sich biblische Verbote wie »Du sollst nicht töten« oder Gebote wie »Du sollst deinen Nächsten lieben wie dich selbst«. Auf solche Sollensbestimmtheit oder, wie wir auch sagen können, auf die Unterstellung unter ein normatives Gesetz statt auf ein Begehren verweist Cohens Ausdruck »reiner Wille«. Aber ist das dann noch ein menschlicher Wille, wie wir ihn in seinem Schwanken zwischen Lust und Verpflichtung nur all-

zugut kennen? Ein Urteil wäre verfrüht, weil Ethik mit der »Konstituierung des reinen Willens« (164) überhaupt noch nicht am Ziel ist. Der Wille muß zur Handlung, als seinem »eigentlichen Gegenstand« (174), finden. Der bloße Wille ist moralisch nichts wert. Erst indem der Wille in die Handlung mündet, kommt er eigentlich zu sich selbst. »Weit gefehlt, daß der Wille in der Handlung sich veräußerlichte, verinnerlicht er sich vielmehr in ihr und durch sie« (175). Wenn es der »reine«, nur durch ein Sollen oder Gesetz bestimmte gedachte Wille ist, von dem die ethische Anthropologie ihren Ausgang nimmt, so macht erst die *Handlung* den Menschen zum Menschen, denn ethisch betrachtet wird der Mensch dadurch zum Menschen, daß er der Handlung fähig wird (168). Die Frage nach der menschlichen Realität des reinen Willens stellt sich dennoch. Sie berührt einerseits das allgemeine methodische Problem von Sollen und Sein, sie nährt andererseits den Zweifel, ob die Ethik des reinen Willens doch bloß eine »transzendente Schäferwelt« male (28). Cohens Lob des – idealen – Staates ist gegen den Anarchismus und die Erwartung der Revolution in Kreisen des orthodoxen Sozialismus gerichtet. Er verteidigt den liberalen Rechtsstaat auch gegen den völkischen Nationalismus und gegen Bestrebungen, das Christentum wieder zur staatstragenden Religion zu erklären. Er tritt nicht zuletzt als emanzipierter Jude für einen Staat ein, in dem Angehörige von Minderheiten als vollwertige Staatsbürger anerkannt sind. In gesellschaftlich-sozialer Hinsicht unterstützt er Reformen im Geiste eines ethischen Sozialismus.[6]

III. Sein und Sollen

Ich wende mich zunächst dem ersten Problemkomplex zu. Mit der Formel vom gesetzmäßigen Wollen als dem spezifischen »Sein des Sollens« wird nur erst eine theoretische Auf-

6 Vgl. Holzhey 1994.

gabe umschrieben. Cohen legt fest, daß die Unterscheidung des Sollens vom Sein auf das Sein der *Natur* zu beziehen ist, dem Sollen also nicht schlechthin ein Sein, was immer auch das heißen mag, abgesprochen werden kann. Die Ethik verwaltet einen spezifischen »Seinswert«. Damit wird zugleich gegen die Auffassung Stellung genommen, daß nur vom »Sein«, nicht aber vom »Sollen« eine methodische Erkenntnis möglich sei (12f., 21ff.). Die Unterscheidung von Sein und Sollen bekommt nun den neuen Sinn: daß mit der Fixierung eines spezifischen, vom Sein der Natur unterschiedenen Sein des Sollens das Problem ethischer Erkenntnis vom Problem der Naturerkenntnis abgegrenzt wird und doch »als ein Problem der Vernunft anerkannt« bleibt (21).

Obwohl die formallogische Seite der Differenz von deskriptiven und normativen Sätzen im Text kaum behandelt wird, hat sich Cohens Ethik mit ihrer konsequenten Unterscheidung von Sein und Sollen systematisch gegen den »naturalistischen Fehlschluß« gefeit. Mit »Sein« meint Cohen nicht die eine oder andere ontologische Bestimmung wie Realität oder Substanz, insbesondere auch nicht Wirklichkeit (Dasein), sondern die ontologische Verfassung eines Gegenstandsbereiches überhaupt. Was das Sein der *Natur* betrifft, so vertritt er in seiner Logik der wissenschaftlichen Erkenntnis die Auffassung, daß der Grund ihres Seins nicht gegeben ist, sondern »in Grundlegungen« denkend erzeugt wird (97). Er bezeichnet dieses Denkverfahren mit dem Platonischen Ausdruck »Hypothesis«; Platons *Idee* hat für ihn ausschließlich die Bedeutung dieses Verfahrens der Grundlegung, in dem erst »wahrhaftes Sein« sichergestellt wird. Die Arbeit der Grundlegung setzt am *Faktum* einer Wissenschaft an, in der theoretischen Philosophie am Faktum der mathematischen Naturwissenschaft. Dieses »Faktum« vertritt die Stelle der Phänomene bzw. der Erfahrung. Philosophie analysiert wissenschaftliche Erkenntnis auf ihre Möglichkeitsbedingungen hin und weist diese Grundlagen (z. B. die Axiome der Newtonschen Physik) als Grundlegungen (z. B. mittels der Kategorie der Wechselwirkung) aus, die wir in unserem Denken vollziehen. Damit habe ich knapp gekennzeichnet, was Cohen als »transzendentale Methode« in die Philosophie einführt. Er verfolgt damit einen methodischen *Idealismus*, dem modernen Konstruktivismus in mancher Hinsicht verwandt. Dieser »Idealismus« besteht nicht in einer subjektivistischen Reduktion, auch nicht in einer Philosophie des Selbstbewußtseins, sondern in der gedanklichen Arbeit, zunächst das Sein der Natur – den Inbegriff naturwissenschaftlicher Erkenntnis – auf eine Grundlegung zurückzuführen und in diesem Sinne als denkerzeugt auszuweisen. »Sein« ist damit als Inbegriff von Gesetzesrelationen gedeutet.

Wenn es sich aber mit dem »Sein« (als Sein der Natur) so verhält, dann wird auch Cohens Rede von einem »Sein des Sollens« plausibler. Wenn unter »Sein« die denkgesetzliche Struktur eines Gegenstandsbereichs zu verstehen ist, die in den zugehörigen Wissenschaften sachhaltig entfaltet wird, so haben das Sein der Natur und das Sein des Sollens ihre formale Gemeinsamkeit in ebendieser denkgesetzlichen Struktur. Doch beinhaltet diese Gemeinsamkeit auch eine Differenz: Bei der Bestimmung des Wollens durch das Sollen darf im Unterschied zur Beschreibung der Natur kein Ding an sich »im Hintergrunde stehen bleiben« (27), auch nicht im entschärften Sinne eines regulativen Prinzips wie für die Erkenntnis der Naturgesetze. Kandidat für das ethische ›Ding an sich‹ wäre der Wille, verstanden sei es als natürliches Begehren des Menschen, sei es als metaphysischer Weltwille im Sinne Schopenhauers (19). Diesen »Schlupfwinkel« für »die Mächte der Finsternis« beseitigt Cohen, indem er das Wollen als ganz durch das Sollen bestimmt setzt. Nur in dieser Bestimmung des Begehrens zum »gesetzmäßigen Wollen« – »reiner Wille« genannt – wird »ein wahrhaftes Sein« für die Ethik gewonnen (27).

Diese These muß skeptisch stimmen; und damit komme ich zum zweiten Aspekt des Problemkomplexes, der durch das Stichwort »transzendente Schäferwelt« bezeichnet worden war. Der Einwand, es handle sich beim »Sein des Sollens« bloß um eine frei schwebende Konstruktion, wenn auf jede Absicherung in der Natur des Menschen verzichtet werden soll, drängt sich fast noch massiver auf als gegenüber der Grundlegung des Seins der Natur. Gemäß der *Ethik des reinen Willens* soll aber auch hier, in der praktischen Philosophie, die Bezugnahme auf ein Wissenschaftsfaktum Abhilfe schaffen. Mit der Faktizität einer Wissenschaft wird nicht ein empirischer, sondern ein theoretischer Sachverhalt vorgegeben. Wenn die nach transzendentaler Methode verfahrende kritische Philosophie von gültiger wissenschaftlicher Erkenntnis ausgeht, um die sie bedingenden Grundlegungen auf- und auszuweisen, dann stellt sich die Frage, ob sie auch als praktische Philosophie (Ethik) so vorgehen kann und muß. Wiederholt moniert es Cohen gegenüber der Kantischen Ethik, daß sie ein solches Wissenschaftsfaktum nicht kennt. Zwar erklärt er die »Anweisung auf das Faktum der Wissenschaften« für »das Ewige in Kants System« (65). Man könnte meinen, daß er sich dabei auf das »Faktum der reinen praktischen Vernunft« bezieht. Für Kant kann man das *Bewußtsein* des kategorischen Imperativs »ein Faktum der Vernunft nennen, weil man es nicht aus vorhergehenden Datis der Vernunft, z. B. dem Bewußtsein der Freiheit (denn dieses ist uns nicht vorher gegeben) herausvernünfteln kann, sondern weil es sich für sich selbst uns aufdringt«[7]. Doch Cohen erklärt sich unmißverständlich dahin, daß es sich hier bloß um ein »psychologisches ›Factum‹« handle[8], um eine »Beobachtungs-Annahme«, die ihrem Status nach mit dem Rekurs auf den »gemeinen Verstandesgebrauch« in der *Kritik der reinen Vernunft* verwandt sei, woraus folge, daß dieses ›Factum‹ nicht mit dem »Factum der Mathematik und der Naturwissenschaft« gleichgesetzt werden könne.[9]

7 Kant 1900 ff., V 331.
8 Cohen 2001, 260.
9 Ebd., 255.

Daß es sich beim »Sein des Sollens« nicht um ein Gedanken-gespinst handelt, belegt unter den Kulturerscheinungen am besten das Recht bzw. die Rechtswissenschaft, primär die Staatsrechtslehre. Warum? Die Geschichtswissenschaft zeigt wohl, welche Verhältnisse das ideelle sittliche Sollen und die Macht eingegangen sind, kann aber so nicht als Ausgangsfaktum einer Ethik des *reinen* Willens dienen. Allein in der reinen, d. h. weder tatsachenwissenschaftlich noch naturrechtlich (metaphysisch) konzipierten Rechtslehre ist mit dem Recht – soweit es an den Begriff der Handlung geknüpft ist (64 f.) – eine reine Form des Sollens in Gestalt eines Sets normativer Sätze gegeben; man denke an das Grundgesetz der BRD. Läßt sich aber eine reine Rechtslehre als Garant für das in Frage stehende *Sein* des Sollens in Anspruch nehmen? Angesichts dieser skeptischen Frage ist klarzustellen, daß es mit dem »Sein« des Sollens nicht auf empirisch nachweisbares sittliches Handeln oder die ›schmutzige‹ Wirklichkeit der ständigen Verstöße gegen das moralische Gesetz abgesehen ist, daß also ethisches »Sein« nicht die faktischen Verhältnisse meint, in denen wir leben, sondern das »Sein« der gesetzlichen Verfassung des (demokratischen) Rechtsstaats. Die rechtsstaatliche Verfassung ist dabei wieder nicht als etwa soziologisch nachweisbares Faktum ins Spiel gebracht. Wenn in ihr das »Sein« des Sollens festgemacht wird, dann meint das vielmehr, daß die Verfassung als Grundlegung des Staates *legitimatorische Funktion* für rational begründetes faktisches Handeln besitzt.

Aus der Anlage von Cohens *Ethik*, nicht zuletzt mit dem Übergang von der Rechts- zur Tugendlehre, läßt sich jedoch extrapolieren, daß das »Sein des Sollens« weder nur in der (Staats-)Rechtswissenschaft noch im (Staats-)Recht (sei es auch als geronnene Sittlichkeit verstanden) zu suchen ist, sondern ebenso in gelebter Moralität. Paul Natorp bringt das in einem 1912 gehaltenen Vortrag bei der Skizzierung der transzendentalen Methode dadurch zum Ausdruck, daß er Ethik auf die Kulturfakta der *Sittlichkeit* zurückbezieht und diese als »praktisches Gestalten sozialer Ordnungen und eines menschenwürdigen Lebens« beschreibt.[10] Cohen würdigt vor allem (jüdische) Religiosität als eine Gestalt gelebter Moralität: Über Religion im allgemeinen schreibt er, daß sie einen Monopolanspruch auf Sittlichkeit erhebe, aber nur den sittlichen »Naturzustand« repräsentiere, »dessen Kulturreife in die Ethik fällt« (586). Seine These von der Auflösung der Religion in Ethik[11] würde, transzendentalmethodisch gelesen, besagen: Auch Religion, repräsentiert z. B. durch Texte der hebräischen Bibel, bildet ein Bezugsfaktum, an dem die ethische Reflexion ansetzt, um in ihm die sittlichen Prinzipien zu eruieren und als solche auszuweisen.

IV. Die geschichtliche Wirklichkeit des ethischen Sollens

Ist so das Sollen in seinem spezifischen »Sein« gegenüber dem Verdacht bloßer Fiktionalität gesichert, bleibt »sittliches Sein« hinsichtlich seiner *Wirklichkeit* doch Ideal (423). Der handelnde Mensch steht bei seiner Orientierung an einem Ideal in einer unauflösbaren Spannung zwischen der natürlichen Bedingtheit seiner Triebe und Bedürfnisse und der ideellen Unbedingtheit vernunftbestimmten Sollens. Diese Spannung ist keine bloß faktische, sondern eine dem ethischen Begriff

---

10 Natorp 1912, 196f.

11 Vgl. Cohen 1924, Bd. III, 151: »Die Richtung der Religion wird aufgehoben in die der Ethik. ... Die Aufhebung bedeutet ... die Verwandlung in die andere Richtung«, nämlich des Geistes. In der dritten Auflage seiner »Einleitung mit kritischem Nachtrag« zu F. A. Langes *Geschichte des Materialismus* ersetzt Cohen 1914 die »Losung: *Auflösung der Religion in Ethik*« durch die »Losung: *Aufnahme der Religion in die Ethik*« (*Werke*, Bd. 5/II, 106); in Cohen 1996, 58, erläutert er, daß es sich bei dieser »Aufnahme« um eine Erweiterung des »Umfangs der Ethik mit dem Inhalt der Religion« handelt.

des Menschen eingeschriebene. Das bedeutet zunächst, daß Ethik vom Interesse am *Unterschied* zwischen dem Sein der Natur und dem Sein des Sollens getragen ist.[12] Fernerhin werden alle Konzepte naturalistischer oder idealistischer Überwindung dieses Unterschieds verworfen; und drittens hat das Sein des Sollens – im Unterschied zum Sein der Natur – seine *Wirklichkeit* ewig in der Zukunft.

Es ist die Auseinandersetzung mit der naturhaften Abhängigkeit menschlichen Handelns und menschlichen Seins, die Cohen zu einer spezifischen Verhältnisbestimmung von tatsächlicher menschlicher Lebensführung (»homo phaenomenon«) und einer durch praktisch-moralische Vernunft bestimmten Lebensführung (»homo noumenon«) nötigt.[13] Das Problem besteht darin, wie die *Gegenwärtigkeit* des »homo noumenon« im »homo phaenomenon« zu denken ist, d. h. wie die unbedingte Verpflichtung in der praktischen Wirklichkeit Realität gewinnt. Es ist ja zweifelhaft, ob die sittlichen Forderungen in der menschlichen Wirklichkeit überhaupt eingelöst werden können (390). Doch was macht die Wirklichkeit des »homo phaenomenon« aus? Gewiß müssen die ethischen Prinzipien für die natürlich-geschichtliche Wirklichkeit, in der wir alle leben, relevant sein. Das bedeutet allerdings nicht, daß die »Wirklichkeit der Sittlichkeit« selbst eine natürlich-geschichtliche sein muß – ihr Bezug zur Zeit wird vielmehr von der *Zukunft* her bestimmt (395 ff.). »Ewigkeit« meint diesen eigentümlich unzeitlichen Zukunftsbezug (400). Wenn das nun so zu verstehen wäre, daß die Einlösung des »Sollens« in die Ewigkeit, nach dem gängigen Verständnis des Wortes, fiele, hätten allerdings Mythologie bzw. Metaphysik das letzte Wort behalten. Doch Cohen fängt den metaphysisch belasteten Begriff der Ewigkeit in der Rede vom »Selbstbewußtsein der Ewigkeit«, welches das sittliche Sub-

---

12 Vgl. Holzhey 1999, 139–153.
13 Vgl. Kant: *Kritik der reinen Vernunft* A 538 ff./B 566 ff.; Kant 1900 ff., VI 239, 434.

jekt erfüllt, auf. Der Begriff des *Selbstbewußtseins* wird von ihm nur in der Grundlegung der Ethik zugelassen: Er beschreibt nicht das »Ich der Erkenntnis«, sondern die Selbstentfaltung des »reinen Willens« (223), die nichts anderes als *Selbstgesetzgebung* ist, weil das Selbst für Cohen in Korrelation zur Gesetzgebung und nur in dieser Korrelation steht (340). Das sittliche »Selbstbewußtsein der Ewigkeit« tritt an die Stelle der einer menschlichen Seele zugedachten Unsterblichkeit (413). Was hat es dabei mit seiner »Ewigkeit« auf sich? Cohen interpretiert »Ewigkeit« messianologisch, wie er umgekehrt den mythisch-religiösen Zug des Messianismus in der »Ewigkeit« der *Selbstgesetzgebung* menschlicher Subjekte aufhebt. »Ewigkeit« bedeutet denjenigen Zeithorizont menschlichen Seins, in dem das Sollen in der geschichtlichen Wirklichkeit erscheint: Ewigkeit als Wirklichkeit der Zukunft. In seinem »Selbstbewußtsein der Ewigkeit« erwartet das sittliche Subjekt die »Erfüllung der Zeit« nicht utopisch in der Zukunft eines Noch-nicht, sondern *als* Zukunft, muß diese messianische Zukunft jedoch »ständig der zeitlichen Zukunft anheimstellen«[14]. Gemeint ist die »ewige Arbeit« im »Fortgang des reinen Willens« (410, 415). Das Sein des Sollens hat in der »ewigen Verwirklichung des Sittlichen« in der Geschichte der Menschheit und nur in ihr seine Wirklichkeit.

V. Letzte Sicherungen

Trotz seiner Ablehnung von Kants Postulatenlehre nimmt Cohen dessen Gedanken auf, *Gott* sei eine Hypothese zur Befriedigung des systematischen Vernunftinteresses. Die philosophische Ethik kann allerdings nicht den religiösen Gottesbegriff voraussetzen, sondern nur – wenn es denn sein muß – einen eigenen ethischen Gottesbegriff entwickeln. Methodisch grenzt sich Cohen nicht so sehr von religiöser als von

14 Fiorato 1993, 175.

theologischer Heteronomie ab; er gesteht der Religion die Inanspruchnahme einer *Offenbarung* Gottes als des »Urhebers
der Sittlichkeit« zu, lehnt aber den Anspruch der *Theologie*,
für die von ihr gesuchte Erkenntnis Gottes auf das Wort Gottes (im Sinne einer »Urkunde vom Denken Gottes«) zurück-
greifen zu können, vehement als Heteronomie ab (332–335).
Nicht betroffen vom Vorwurf der Heteronomie ist die *Idee*
Gottes. Was die philosophische Rede von Gott in der Ethik –
und nur hier ist sie für den Verfasser der *Ethik des reinen Willens* legitimierbar – bedeutet, wird in wiederholten Anläufen
zu formulieren versucht. Mit der Abweisung aller Wesensbe-
stimmungen verbindet Cohen die Konzeption eines relationa-
len Gottes, der in einem »auswärtigen Verhältnis«, dem Verhältnis zu den Menschen, aufgeht (55). Pantheismuskritisch
hält er dabei an Gottes Transzendenz fest: Gott »bildet die
Grundlage nicht zu dem Verhältnis, als dessen anderes Glied
der Mensch gefordert würde; sondern zu den Verhältnissen,
welche unter den Menschen die Sittlichkeit ausmachen, damit diese vollziehbar werden« (ebd.). Gott wird in Cohens
Ethik dazu gebraucht, als der Eine Gott Bürgschaft für die zu-
künftige Vereinigung der Menschen zur Einheit der Menschheit unter dem Sittengesetz (55, 214) zu leisten.

Nun liefert die Berufung auf eine diesbezügliche religiöse
Tradition (der Propheten Israels) noch kein Argument für die
Einführung der Idee Gottes in eine philosophische Ethik. Cohen selbst stellt sich die Frage, an welchem Punkte »die Be-
rührung mit dem Probleme Gottes unausweichlich ist« (432).
Das wird es für ihn dort, wo das Verlangen nach einer letzten
Versicherung bezüglich der »Wirklichkeit des Sittlichen« auf-
kommt. Nachdem geklärt wurde, daß sittliches Sein ein idea-
les ist (423), welches »keine adäquate Wirklichkeit« besitzt
(424), aber das Moment der Vervollkommnung im Sinne der
»Ewigkeit des sittlichen Fortschritts« (421) einschließt,
könnte freilich noch das Problem aufgeworfen werden, welche Rolle die »Natur« bei diesem Prozeß spielt, und gegen
seine »Ewigkeit« der Einwand aufkommen, daß die Natur und

mit ihr der natürliche Mensch irgendwann einmal vergehen werden, so daß damit auch der sittliche Fortschritt an sein Ende käme (438). Gegen diesen Einwand bietet Cohen zunächst die Forderung auf, »daß die Natur dem Raume, wie der Zeit nach, unendlich sei, weil das Sein des Ideals die Ewigkeit bedeutet«, um diese Forderung dann durch die Aufnahme des Gottesbegriffs ins Lehrgebäude der Ethik einzulösen (439): Gott soll »für die Ewigkeit des Ideals die analoge Ewigkeit der Natur sichern« (440).

Diese Überlegungen können nicht überzeugen. Wenn ich auf ihre Kritik eintrete, dann tue ich das, um die Schwierigkeiten einer postmetaphysischen idealistischen Ethik sichtbar zu machen. Cohen anerkennt wohl, daß der Gottesbegriff, der die letzte »Lücke« bei der Sicherung jener »Wirklichkeit des Sittlichen« schließen soll, eine »auffällige logische Eigenart« aufweist, weil er für die Begründung der Naturgesetze wie der ethischen Selbstbestimmung nicht benötigt worden ist und nicht benötigt wird (439, 447); Cohen betont auch, daß er Gott nicht als Person, sondern in methodologischer Bedeutung als Garanten der »Übereinstimmung« zwischen Natur- und sittlicher Erkenntnis zugrunde lege (447).[15] Irritierend bleibt, daß

15 Unter Bezugnahme auf das früher formulierte »Grundgesetz der Wahrheit« und seine Brückenfunktion für das Verhältnis von Logik und Ethik identifiziert Cohen in diesem Zusammenhang Gott und Wahrheit (441, 445), ohne darauf zu reflektieren, daß der Idee Gottes hier nicht die systematische Verknüpfung von Logik und Ethik, sondern die Gewährleistung des *Daseins* der Natur zugetraut wird. Überdies hatte er betont, daß die religiöse Berufung auf Gott als Grund der Sittlichkeit die »Kluft zwischen Religion und Ethik« markiere, weil der Ethik allein im methodischen Zusammenhang mit der Logik Wahrheit zukomme (87f.). Auch wenn Religion im Begriff Gottes als des Schöpfers Natur und Sittlichkeit verbinde, habe sie mit Erkenntnis »im wissenschaftlichen Sinne ... für beide Objekte« nichts zu tun (90). Cohen transformierte an dieser früheren Stelle die religiöse Rede von der Wahrheit Gottes in die vernünftige Rede von der Wahrheit als »einheitlicher Methode der Logik und der Ethik« (91).

er sich im Falle des Kosmos von der metaphysischen Frage nach seiner Dauer herausgefordert sieht, wo er doch in der Frage des individuellen Fortlebens nach dem Tod und der »Ewigkeit des Menschengeschlechts« die Möglichkeit einer theoretischen Antwort verneint (415), weil sich für sie, anders als für das sittliche Ideal der Ewigkeit, keine rationale Begründung (Grundlegung) geben läßt (435 f.). Irritierend bleibt weiter, daß Cohen mit der Analogisierung von »Ewigkeit der Natur« und »Ewigkeit des Ideals« (440) mit seinen eigenen Bestimmungen von Ewigkeit in Widerspruch gerät. Eindeutig heißt es in Kap. 8: »Die Ewigkeit des sittlichen Selbstbewußtseins bedeutet nicht eine theoretische Frage über die Dauer des Menschengeschlechts« (415), weil sie nicht als eine zeitliche verstanden werden kann (409 f., 417), höchstens als eine geschichtliche im Sinne der »Ewigkeit des Fortgangs der sittlichen Arbeit« (410). Auch wenn die in die Idee Gottes gesetzte Bürgschaft für die »Harmonie« von Natur und Sittlichkeit keine metaphysische Erkenntnis sein will, wird sie das Odium, sei es einer Selbstillusionierung, sei es einer metaphysischen Thesis auf religiös-mythologischem Hintergrund, nicht los. Die Einführung der Idee Gottes läßt sich auch nach den Prämissen der Cohenschen Systemphilosophie nicht rechtfertigen, sondern nur als Befriedigung für den »Rest jenes Verlangens nach Wirklichkeit« interpretieren, der trotz der emphatischen Inszenierung einer »Gesinnung der Ewigkeit« (427) merkwürdigerweise »unaufgelöst zurückgeblieben ist« (432). Es scheint, daß mit der Idee Gottes dem Ungedanken Paroli geboten werden soll, daß dem *Zufall* überlassen werden müsse, »was ... aus der geistig sittlichen Kultur der Menschheit werden wird« (450). Wie konnte sich Cohen dieser Zufälligkeit gegenüber »durch die Vorsehung Gottes in der Natur« gesichert finden (ebd.), nachdem er wenige Seiten zuvor »das tiefsinnige Verlangen« nach einem absoluten Grunde (anhypotheton), unabhängig von einer Grundlegung (hypothesis), als paradoxes Verlangen nach einer Ungrundlegung bezeichnet hatte (429)?

Am Ende seiner *Ethik des reinen Willens* bekennt sich Cohen nochmals zur Souveränität der Ethik gegenüber der Religion, ja behauptet es als eine »Pflicht der Treue«, an der entmythologisierenden ethischen »Idealisierung der Religion unablässig zu arbeiten« und so »zum geistigen und sittlichen Fortschritte der Kultur« beizutragen – nicht ohne einräumen zu müssen, daß angesichts des faktischen Entwicklungsstandes der Kultur »auf das Surrogat der Religion praktisch nicht verzichtet werden« kann (586 f.).

VI. Die Tugenden

Den Abschluß der Ethik bildet eine Tugendlehre. Mit den Tugenden wird die subjektiv-affektive Seite der Durchsetzung von Moralität im Leben der Individuen thematisch. Dieser letzte Schritt in Cohens Reflexion auf die »Realität« der Sittlichkeit ist getragen von einem messianischen Ethos. Die Tugendlehre stützt Cohens geschichtsphilosophischen Optimismus, den er im Redestil des Wilhelminischen Zeitalters als Glaube an den Fortschritt der Sittlichkeit und an den »Sieg des Guten« (452) expliziert. Wenn das Individuum prinzipiell in der lastenden Spannung zwischen seiner sittlichen Aufgabe und der »ewigen« Bemühung um ihre Erfüllung steht, so bietet ihm die Tugendlehre eine positive Orientierung, indem sie Wege zu einer gewissen Vervollkommnung seines moralischen Standards zeigt, so unvollkommen es dabei auch immer zugehen wird (424). Tugend ist mehr als bloß moralisches Wissen. Sie muß die »Vermittlung zwischen der Aufgabe der Handlung und dem einzelnen Schritte derselben« leisten (473) und, wenn sie das tun soll, »ihre lebendige Wurzel in der Gesinnung haben und behalten« (472). Tugendgestütztes Handeln ist beharrliches und stetiges Handeln.

»Keine Tugend ohne Affekt«, schärft Cohen ein (476), d. h. keine Tugend ohne »Gefühlsannexe und Gefühlssuffixe«

(488). Als Affektgrundlage der Tugend bietet sich die *Liebe* an. Das ist, nicht zuletzt von der Religion her betrachtet, plausibel. Von besonderem Interesse für *uns* ist es aber, wenn Cohen dieses Angebot zurückweist. Natürlich bringt die Liebe den Bezug zum anderen Menschen ein. Sie ist paar-, familien-, gemeinschaftsbildend, indem sie »vom Ich zur Gemeinschaft führt« (482). Dieser Ausgang vom Ich ist für Cohen einer der Mängel, der *gegen* die Liebe als affektive Grundlage individueller Moralität spricht. Schon im ersten Teil der *Ethik des reinen Willens* war er auf diesen Mangel aufmerksam geworden. Wo es nämlich im Zuge der Konstitution des ethischen Begriffs des Menschen um die »Erzeugung« des *anderen* als des »Nebenmenschen« ging, im Kontext der Erörterung des Willenssubjekts (203), wehrte er die Liebe als den von der Religion gebotenen Weg zum anderen ab, weil er den anderen in Gestalt des Fremden oder Nächsten, auf den sich das Liebesgebot beziehe, immer schon voraussetze. In der Grundlegung der ethischen Lehre vom Menschen hingegen müsse der andere erst erzeugt werden. Das geschehe nun nicht so, daß sich das Ich ein Nicht-Ich entgegensetzen würde, sondern – im Widerspruch zu Fichte – umgekehrt damit, daß der andere der Ursprung des Ich bzw. des Selbstbewußtseins sei (212, 248 f.). Des weiteren läßt ihre affektive Struktur die Liebe als Grundlage von Tugendhaftigkeit ungeeignet erscheinen. Wer sich in Liebe einem anderen Ich zuwendet, *begünstigt* es. Der Affekt der Liebe zeigt Abstufungen, z. B. zwischen der Liebe von Schweizern zu Schweizern und der Liebe von Schweizern zu Afrikanern. Cohen schreibt, daß man angesichts dieser Möglichkeit, Abstufungen in der Liebeszuwendung vorzunehmen, »auf den zynischen Einfall gekommen ist, die *Nächstenliebe* abzuschütteln, weil man es nicht bloß zugestehen, sondern zum Bekenntnis machen will, daß man die sogenannte eigene Rasse inniger zu lieben habe als fremde Nächste« (482). Liebe ist gemeinschaftsbildend, aber sie grenzt auch aus; sie übt ihre affektive Funktion für und in *relativen* Gemeinschaften aus. Das ist ihr guter Sinn; Kritik verdient die Berufung auf sie nur dann, wenn eine »Sondergemeinschaft« beansprucht, Gemeinschaft überhaupt erschöpfend zu vertreten, also für die »Allheit« der Menschen zu sprechen. Die Möglichkeit, als affektive Grundlage für solche Ansprüche zu dienen, haftet der Liebe an und macht sie deshalb untauglich, als Grundaffekt der Tugend zu fungieren. »Wir verlangen einen Affekt, der ohne Ansehen der Person seine Pfeile aussendet; dem das Menschenantlitz allein und als solches seine Reize enthüllt, und in gleicher Austeilung des Wärmegrades; wenn nicht gar vielmehr auf den Wärmegrad, als auf den Gradmesser der Liebe [d. h. auf die messende Abschätzung], verzichtet werden kann.« (485) Cohen findet diesen Affekt in der *Ehre*. Das klingt merkwürdig und dürfte im ersten Moment auf Leser und Leserinnen heute sehr befremdend wirken. Lesen wir weiter, so klärt sich auf, daß wir nicht an Duelle oder an das Schicksal unverheirateter junger Frauen, die schwanger geworden sind, zu denken haben. Denn Cohen hat bei der Ehre die *Würde*, bei der Menschenehre die Menschenwürde im Auge. Entgegen unserem heutigen Sprachempfinden bevorzugt er den Ausdruck »Ehre«, weil dieser »nüchterner, bescheidener, unzweideutiger« sei als das Wort »Würde«, dem eine »feierliche Pose« anhafte; vor allem aber auch, weil »Ehre« – anders als »Würde« – ein eingeführter juristischer Terminus sei. Schriebe er heute, würde Cohen zweifelsohne von »Würde« reden, wie das folgende Zitat zeigt: »Wie die Münze gleichen Wert hat in jedermanns Hand, so leuchtet auf dem Antlitz des Menschen die Ehre, als die Menschenehre. Und diese Menschenehre bedeutet die *Gleichheit* der Menschen in ihrem Berufe zur Sittlichkeit« (491 f.) – mit allen politischen Konsequenzen, auf die Cohen ausdrücklich hinweist. ›*Würde vor Liebe*‹ ist seine Botschaft. Abzulesen ist die Würde »auf dem Antlitz« des anderen Menschen: »Denn wie die Liebe aus dem Ich quillt, so die Ehre aus dem Du. Und so kittet sie vermöge des Du das Wir.« (493) (Cohens Ethik nimmt entscheidende Einsichten von Martin Buber und Emmanuel Levinas vorweg.)

Zu ergänzen ist, daß die Tugend der Liebe schon in der *Ethik des reinen Willens* nicht nur in ihrer gemeinschaftsbildenden Funktion betrachtet wird, sondern auch in ihrer Bedeutung für das Individuum, nicht zuletzt in seiner Schwäche. Das wird vor allem an Cohens Ausführungen zur »Liebestugend« der *Bescheidenheit* sichtbar. Wer aus Bescheidenheit oder – wie es in der *Religion der Vernunft aus den Quellen des Judentums* heißt – in *Demut* handelt, ist darüber belehrt, daß er in der Spannung zwischen Ideal und dem Erreichbaren leben und diese Spannung aushalten muß. Auch die *Wahrhaftigkeit*, eine Tugend der Ehre, besitzt individuelle Relevanz. Denn mit ihr ist das Sokratische »erkenne dich selbst« eingefordert. Durch diese Tugend ist der Mensch davor geschützt, das sittliche Selbstsein, das er im Prozeß der Selbsterkenntnis gewinnt, als Besitz zu verkennen. Wahrhaftigkeit stabilisiert die kritische Einstellung, in welcher sich die für die Selbsterkenntnis konstitutive »*Selbstprüfung* und Selbstkontrolle« (501) vollzieht. »*Kein Mensch darf an sich selbst glauben, in keinem Momente seines Lebens*«, denn aus Wahrhaftigkeit muß er sich sagen, »daß er sich selbst immer doch nur ein Problem bleibt« (503).

Was zum Schluß ausgeführt worden ist, bringt an den Anfang zurück. Der ethische Begriff des Menschen, den der Ethiker entwirft, und die Selbsterkenntnis in »Wahrhaftigkeit«, die dem Ethiker als Person überbunden ist, konvergieren im Gedanken des unabschließbaren Prozesses unserer Selbstbestimmung. Cohens *Ethik* hat aus solcher Konvergenz heraus einen persuasiven Gestus, der *Ermutigung* wirken soll. Der Theologe Adolf Deissmann, selbst ein Schüler Cohens, spricht in einer Rezension des Buches vom *Eros* der Cohenschen Ethik, der sich an manchen Stellen »zu prophetischer Wucht« erhebe. Auf den Eros spielte schon jenes Zitat an, in dem von einem Affekt die Rede war, »der ohne Ansehen der Person seine Pfeile aussendet« (485). Nur vier Seiten vorher erwähnt Cohen, bei Verabschiedung der Liebe als Grundaffekt, Platons Auseinandersetzung mit dem Problem des Eros in seinem *Gastmahl*. *Cohen* resümiert so: Sokrates wird »zu einem Typus des Eros; Alkibiades, der Schöne, proklamiert den Hässlichen als diese neue Deutung des Gottes. So wird in diesem Silen [Sokrates] der Kontrast zwischen dem Eros und dem Apollokultus ausgeglichen; der Denker des Guten ist hässlich« (481). *Ich* resümiere im Blick auf das Glaubwürdigkeitsprofil eines Ethikers: Der Ethiker, als der »Denker des Guten«, muß wohl ein guter Mensch sein, aber wenigstens nicht auch ein schöner; er darf häßlich sein, wie Sokrates häßlich war.

Literatur

Cohen, H. (1924): *Religion und Sittlichkeit* (1907). In: *Jüdische Schriften*. Hg. von B. Strauß. Berlin, Bd. III.

Cohen, H. (1939): *Briefe*. Hg. von B. u. B. Strauß. Berlin.

Cohen, H. (1981): *Ethik des reinen Willens* (Berlin 1904; Text von 1907). In: *Werke*. Hg. von H. Holzhey. Hildesheim, Bd. 7 (= Text von 1907).

Cohen, H. (1996): *Der Begriff der Religion im System der Philosophie* (Gießen 1915). In: *Werke*. Hg. von H. Holzhey. Hildesheim, Bd. 10.

Cohen, H. (2001): *Kants Begründung der Ethik* (Berlin 1877; Text von 1910). In: *Werke*. Hg. von H. Holzhey. Hildesheim, Bd. 2 (= Text von 1910).

Fiorato, P. (1993): *Geschichtliche Ewigkeit. Ursprung und Zeitlichkeit in der Philosophie Hermann Cohens*. Würzburg.

Heidegger, M. (1967): »Brief über den ›Humanismus‹«. *Wegmarken*. Frankfurt a. M.

Holzhey, H. (Hg.) (1994): *Ethischer Sozialismus*. Frankfurt a. M.

Holzhey, H. (1999): »Sein und Sollen. Postmetaphysischer Idealismus bei Cohen und Natorp«. *Sinn, Geltung, Wert*. Hg. von C. Krijnen u. E. W. Orth. Würzburg.

Husserl, E. (1950): *Cartesianische Meditationen*. Hg. von S. Strasser. In: *Husserliana*. The Hague, Bd. 1.

Kant, I. (1781/1787): *Kritik der reinen Vernunft*. Hg. von J. Timmermann. Hamburg 1998.

Kant, I. (1900 ff.): *Gesammelte Schriften*. Akademie-Ausgabe. Berlin.

Natorp, P. (1912): »Kant und die Marburger Schule«. *Kant-Studien* 17,
193–221.

GOTTFRIED GABRIEL

Ludwig Wittgenstein:
Tractatus logico-philosophicus

Thomas Bernhard schreibt in seiner biographischen Erzäh-
lung mit dem bezeichnenden Titel *Wittgensteins Neffe*, daß
Wittgensteins »*Tractatus logico-philosophicus* heute die ganze
wissenschaftliche, mehr noch die ganze pseudowissenschaft-
liche Welt kennt«.[1] In der Tat, Ludwig Wittgenstein ist geradezu »in Mode«. Eigentlich ist dies nicht recht begreiflich,
zumindest, solange man den Grund für Wittgensteins Be-
kanntheitsgrad allein in seinen Schriften sucht; denn diese
Schriften sind auf ihre Art viel zu schwierig, als daß man sie
so ohne weiteres verstehen könnte. Wittgenstein war schon
zu Lebzeiten ein Mythos, und wie das bei Mythen so ist: Auch
wenn man nichts begreift, man kann sich etwas dabei denken. Inzwischen ist er zu einer Kultfigur geworden. Das heißt,
daß er zunächst einmal weniger als Philosoph denn als Phänomen bekannt ist – als die exzentrische, überwältigende
Persönlichkeit, die er nach dem Zeugnis seiner Zeitgenossen
gewesen sein muß.[2]

Wir haben uns hier eigentlich nicht mit dem Phänomen,
sondern mit dem Philosophen Wittgenstein zu beschäftigen,
und zwar mit einem ganz bestimmtem Text, dem *Tractatus logico-philosophicus*. Ganz vermeiden läßt es sich allerdings
nicht, auf die Biographie Wittgensteins einzugehen, weil deren Kenntnis das Verständnis der einzigartigen Verbindung
von Logik und Ethik im *Tractatus* erleichtert.[3]

---

1 Bernhard 1983, 8.
2 In der biographischen Literatur ist dies bestens nachzulesen. Vgl.
die zusammenfassende Darstellung von Wuchterl/Hübner 1979.
3 Als besonders gelungene Darstellung der engen Verbindung von

Der *Tractatus* ist die einzige bedeutende Schrift, die Wittgenstein zu Lebzeiten veröffentlicht hat. Sie erschien zunächst (1921) als *Logisch-philosophische Abhandlung*, trägt aber seit der Übersetzung ins Englische (1922) den Titel *Tractatus logico-philosophicus*, meist als *Tractatus* abgekürzt.[4] Wittgenstein hatte sich zum Zeitpunkt des Erscheinens seines Werkes bereits von der Beschäftigung mit philosophischen Fragen zurückgezogen und sich als Volksschullehrer pädagogischen Aufgaben zugewandt. Dieser Schritt war nicht der resignierende Eintritt eines genialen, aber arbeitslosen Philosophen in das sogenannte Berufsleben. Wittgenstein hätte ohne weiteres als Privatgelehrter existieren können, denn er war Mitglied einer der reichsten Familien Österreichs. Seine Entscheidung, Volksschullehrer zu werden, war keine von außen aufgezwungene Broterwerbsentscheidung wie für manche seiner Zeitgenossen (auch Karl Popper hat sein Berufsleben als Lehrer begonnen). Wittgenstein sah sich innerlich dazu gezwungen, seinen Unterhalt, wie er meinte, anständig zu verdienen: »Ich will bei kärglichem Lohne anständige Arbeit verrichten und einmal als anständiger Mensch krepieren.«[5] Sein Vermögen verschenkte er an seine Geschwister, um nicht in Versuchung zu kommen, ein angenehmes Leben zu führen. Ein zusätzliches Motiv für diese Schenkung dürfte gewesen sein, daß das Vermögen der Wittgensteins nicht zuletzt aus der Weltkriegsindustrie stammte. Die Familie gehörte zu denen, die man später »Kriegsgewinnler« nannte. Wittgensteins Einstellung wird man wohl so zu deuten haben, daß ihm der Gedanke einfach unerträglich war, sein eigenes Wohlleben dem Leid anderer verdanken zu müssen. Ein Pazifist ist Wittgenstein jedoch

Leben und Werk vgl. Monk 1993; vgl. ferner besonders zum *Tractatus*: McGuinness 1988.

4 Zitiert wird im Folgenden nach Wittgenstein 1984a. Für ein weitergehendes Studium heranzuziehen ist: Wittgenstein 1989.

5 Zitiert nach Wuchterl/Hübner 1979, 67.

nicht gewesen.[6] Er nahm nicht nur am Ersten Weltkrieg als Freiwilliger teil, im Unterschied zu Bertrand Russell, seinem ehemaligen Lehrer und Freund dieser Jahre, stand er dem Pazifismus als Bewegung sehr skeptisch gegenüber. Seine Haltung war dabei bestimmt durch einen konservativen, kulturkritischen Pessimismus schopenhauerscher Prägung. Worauf er auf keinen Fall setzte, war so etwas wie Frieden durch Fortschritt. Nach dem Ende des Zweiten Weltkrieges schreibt er (1947) die geradezu prophetischen Worte:

»Es könnte sein, daß die Wissenschaft und Industrie, und ihr Fortschritt, das Bleibendste der heutigen Welt ist. Daß jede Mutmaßung eines Zusammenbruchs der Wissenschaft und Industrie einstweilen, und auf lange Zeit, ein bloßer Traum sei, und daß Wissenschaft und Industrie nach und mit unendlichem Jammer die Welt einigen werden, ich meine, sie zu einem zusammenfassen werden, in welchem dann freilich alles eher als der Friede wohnen wird.«[7]

Wenn Wittgenstein kein Freund des wissenschaftlichen Fortschritts war, war er ein »Aussteiger«? Was er bestimmt nicht gesucht hat, war ein munteres Treiben, so ganz entspannt im Hier und Jetzt. Dazu stellte er an sich selbst viel zu hohe ethische Ansprüche. Wenn Wittgenstein eine Verbindung zwischen dem glücklichen Leben und dem Leben in der Gegenwart (*Tractatus* 6.43–6.4311) sieht, so hat Schopenhauers Auffassung des kontemplativen Lebens Pate gestanden. Wittgenstein war kein »Sponti«. Sein ethisches Ideal scheint, (wiederum) Schopenhauer vergleichbar, die Lebensform des asketischen Heiligen gewesen zu sein (was nicht heißt, daß er ein Heiliger war). Bevor er sich für den Beruf des Volksschullehrers entschied, trug er sich mit dem Gedanken, in ein Kloster einzutreten. Von *Ent*spanntsein kann bei Wittgenstein jedenfalls nicht die Rede sein. Im Gegenteil, äußerstes *Ange-*

6 Vgl. Wuchterl/Hübner 1979, 55f.
7 Wittgenstein 1984b, 538f.

spanntsein im Sinne unbedingten Ernstes und unerbittlicher Strenge bei allem, was er sagte und tat, wird von denen, die ihn kannten, als wesentlicher und bisweilen überzogener Zug seines Charakters hervorgehoben. Er wollte geradezu zwanghaft vollkommen sein. Von hier aus wird auch seine berufliche Entscheidung verständlich. Sie war die praktische Konsequenz aus der Einsicht, die er im *Tractatus* formuliert hatte. Zwei der letzten Sätze (6.52–6.521) lauten:

»Wir fühlen, daß, selbst wenn alle *möglichen* wissenschaftlichen Fragen beantwortet sind, unsere Lebensprobleme noch gar nicht berührt sind. Freilich bleibt dann eben keine Frage mehr; und eben dies ist die Antwort.
Die Lösung des Problems des Lebens merkt man am Verschwinden dieses Problems. (Ist nicht dies der Grund, warum Menschen, denen der Sinn des Lebens nach langen Zweifeln klar wurde, warum diese dann nicht sagen konnten, worin dieser Sinn bestand?)«

Beeinflußt von Gedanken Tolstois, dessen *Kurze Darlegung des Evangeliums* ihn während des Ersten Weltkrieges als Lektüre begleitete, meinte Wittgenstein, »die Lösung des Problems des Lebens« in einem von dem späten Tolstoi gelebten und gepredigten »einfachen Leben« gefunden zu haben oder wenigstens in einer solchen Lebensform zum Verschwinden bringen zu können. Aus diesem Grunde wurde Wittgenstein auch nicht einfach Volksschullehrer, sondern *Dorf*schullehrer, und das Dorf konnte ihm nicht abgelegen genug sein. Die empirischen Repräsentanten des einfachen Lebens waren jedoch nicht so, wie sie nach Wittgensteins Idealen hätten sein sollen. Wer selbst vom Dorf kommt, den wird das nicht weiter verwundern. Auch Russell, dem er brieflich sein Leid klagte, war – hinreichend mit »common sense« ausgestattet – der Meinung, daß die Menschen wohl überall gleich seien. Wittgenstein antwortete trotzig:

»Du hast recht: nicht die Trattenbacher [in Trattenbach war Wittgenstein zu diesem Zeitpunkt Lehrer] allein sind schlechter als alle übrigen Menschen; wohl aber ist Trattenbach ein besonders minderwertiger Ort in Österreich, und die Österreicher sind – seit dem Krieg – bodenlos tief gesunken, daß es zu traurig ist, davon zu reden! So ist es.«[8]

Wittgenstein hatte die Lösung des Problems des Lebens im einfachen Leben also nicht gefunden, jedenfalls nicht in den Dörfern Österreichs.[9] Daher erwog er, nach Rußland auszuwandern. Viel später lernte er dann Russisch und bereiste das Land seiner Sehnsucht. Die geplante Auswanderung unterblieb dann doch, vielleicht, weil er nicht mehr das Rußland Tolstois, sondern die Sowjetunion Stalins vorfand. Die Sehnsucht nach dem einfachen Leben ist ihm geblieben. So hielt er sich in seinen späteren Jahren einige Zeit unter den Fischern der Westküste Irlands auf.

Die bisherige Darstellung dürfte auch das Phänomen Wittgenstein ein wenig verdeutlicht haben. Sie sollte aber vor allem den Zugang zu seiner Philosophie erleichtern. Das Problem des Lebens ist *das* Problem Wittgensteins gewesen, und Wittgensteins Bemühungen um seine Lösung ist letztlich der Schlüssel zu seiner gesamten Philosophie. Daß dieser Zusammenhang in seinen Schriften nicht sofort ins Auge springt, liegt an Wittgensteins Weigerung, das für ihn Wichtigste direkt auszusprechen. Wir stehen also bei der Lektüre Wittgensteins vor der Schwierigkeit, daß er mehr meint, als er direkt sagt. Wittgenstein ist (neben Kierkegaard) ein Klassiker der indirekten Mitteilung: »Wovon man nicht sprechen kann, darüber muß man schweigen«, das ist der inzwischen zum geflügelten Wort gewordene abschließende Satz des *Tractatus*. Dieses Sprechverbot erstreckt sich insbesondere auf das Problem des Lebens.

Wittgensteins Einstellung zu diesem Problem ergibt die Klammer zwischen den sonst so verschieden erscheinenden

8 Russell 1970, 170.
9 Über das Debakel seiner Lehrerzeit informiert Wünsche 1985.

Philosophien des frühen und späten Wittgenstein. In der Literatur unterscheidet man geradezu zwischen Wittgenstein I und Wittgenstein II, wobei Wittgenstein I der Wittgenstein des *Tractatus* und Wittgenstein II der Wittgenstein der *Philosophischen Untersuchungen* ist. Nach Quittierung des Schuldienstes und einem kurzen Zwischenspiel als Architekt fand Wittgenstein zur Philosophie zurück. Seit 1929 arbeitete er wieder an seinem Studienort Cambridge, wo er schließlich die Nachfolge von G. E. Moore als Professor der Philosophie antrat. Erwähnung verdient der Bericht über die »Notpromotion«, die Wittgenstein den Eintritt in das akademische Leben ermöglichte: Der *Tractatus* wurde als Dissertation anerkannt. Die mündliche Prüfung nahmen Russell und Moore ab. Die Thesenverteidigung bestand darin, daß Wittgenstein einige Sätze seines Werkes zu erläutern hatte. Abschließend bescheinigte der Kandidat seinen Prüfern: »Keine Sorge, ich weiß, ihr werdet es *nie* verstehen!«[10] Obwohl Wittgensteins Manuskripte Bände füllen (die Ausgabe seiner Werke ist noch nicht abgeschlossen), veröffentlichte der »Professor« nichts mehr. Auch die *Philosophischen Untersuchungen* wurden erst nach seinem Tod herausgegeben.

Man kann über den *Tractatus* nicht angemessen sprechen, ohne die *Philosophischen Untersuchungen* wenigstens zu streifen. Zwischen beiden Texten gibt es viele thematische Überschneidungen. Allerdings springt sofort ins Auge, daß die Denkweise, der Denkstil, sich grundlegend verändert haben muß, was sich bereits in den verschiedenen Darstellungsformen zeigt. Während der *Tractatus* mit seinen kurzen, subtil durchnumerierten, dezidierten Sätzen (Aphorismen) den Eindruck des Endgültigen erweckt, haben die lose zusammenhängenden Sätze der *Philosophischen Untersuchungen* eher erwägenden, zu bedenken gebenden Charakter. Dieser Eindruck deckt sich mit Wittgensteins eigenen Auskünften. Während er im Vorwort zum *Tractatus* erklärt, daß »die Wahrheit

10 Vgl. Monk 1993, 292.

der hier mitgeteilten Gedanken unantastbar und definitiv« sei, sagt er im Vorwort zu den *Philosophischen Untersuchungen*, daß er zu Gedanken »anregen« möchte.

Wenn ich eingangs erwähnte, daß Wittgenstein zu verstehen sehr schwierig sei, so ist hinzuzufügen, daß die Schwierigkeiten bei beiden Texten sehr verschiedener Art sind. Schon die Lektüre des *Tractatus* stellt einige technische Anforderungen (z. B. wird die Kenntnis der formalen Logik und der logischen Schriften Freges und Russells vorausgesetzt). Jedoch machen Vorwort und Schluß immerhin die Absicht des Autors deutlich. Bei den *Philosophischen Untersuchungen* ist es genau umgekehrt. Die Lektüre bereitet zunächst keine Schwierigkeiten, ja, die Gedanken muten teilweise fast trivial an; dafür sieht man aber nicht, worauf der Autor eigentlich hinaus will. Anders gesagt: Im *Tractatus* hat man das Ziel vor Augen, ohne den Weg zu kennen, in den *Philosophischen Untersuchungen* hat man den Weg vor Augen, ohne das Ziel zu kennen. Mit diesem Bild läßt sich das Verhältnis zwischen beiden Texten so bestimmen, daß die Wege in der Tat verschieden sind, das Ziel aber im Grunde genommen dasselbe geblieben ist. Damit treten wir in die inhaltliche Betrachtung ein.

Eine Gemeinsamkeit beider Texte besteht darin, daß die Sprache im Zentrum der Untersuchung steht. Diese Hinwendung zur Sprache ist charakteristisch für die Entwicklung der Philosophie im 20. Jahrhundert. Die Wurzeln reichen allerdings weiter zurück. So unterschiedliche Autoren wie Lichtenberg, Herder, Nietzsche, Frege, Fritz Mauthner, Russell und Karl Kraus sind hier zu nennen, die durch die folgende Überzeugung verbunden sind: Die Sprache erschließt uns die Welt, und in der Sprache kommt unser Verhältnis zur Welt zum Ausdruck. Analyse und Kritik unseres Weltverhältnisses haben daher von der Sprache auszugehen. In diesem Sinn erklärt Wittgenstein im *Tractatus* (4.0031): »Alle Philosophie ist ›Sprachkritik‹.« Dieser Satz hätte auch in den *Philosophischen Untersuchungen* stehen können, allerdings sieht die Sprachkritik dort ganz anders aus. Der entscheidende Unterschied ist, daß sich Wittgensteins Sprachauffassung grundlegend geändert hat und damit auch, wegen des hervorgehobenen Zusammenhangs von Sprache und Welt, seine Weltauffassung.

Im *Tractatus* geht Wittgenstein davon aus, daß die Sprache eine einheitliche logische Struktur hat und in erster Linie dazu dient, Aussagen über die Welt der Tatsachen zu machen. Wittgenstein vertritt hier eine Abbildtheorie der Sprache. Daß Sprache überhaupt Welt abbilden kann, wird dadurch zu erklären versucht, daß die Tatsachen der Welt dieselbe logische Form haben wie die Sprache. (Die logische Form der Sprache ist – kantisch gesprochen – die Bedingung der Möglichkeit der Welterkenntnis.) Die Logik, die Wittgenstein hier zugrunde legt, ist im wesentlichen die von Frege entwickelte wahrheitswertfunktionale Aussagen- und Prädikatenlogik. (Unterschiede gibt es vor allem in der Interpretation der Quantoren und des Identitätszeichens.) Diese Logik verbindet Wittgenstein mit dem auf Russell zurückgehenden Gedanken des logischen Atomismus. Danach bauen sich die Tatsachen dieser Welt aus nicht weiter zerlegbaren und in diesem Sinne atomaren Tatsachen logisch auf. Diesem logischen Aufbau der Welt aus atomaren Elementar*tatsachen* entspricht auf der Sprachebene der logische Aufbau der Sätze aus atomaren Elementar*sätzen*. Die Frage, ob eine komplexe Weltbeschreibung zutrifft oder nicht, läßt sich nach Auffassung des logischen Atomismus so entscheiden, daß diese Beschreibung logisch analysiert wird, bis man bei ihren Elementarsätzen angelangt ist. Eine Weltbeschreibung stellt sich dar als ein aus Elementarsätzen logisch (d. h. wahrheitswertfunktional) zusammengesetzter komplexer Satz, dessen Wahrheitswert, ausgehend von den Wahrheitswerten der Elementarsätze, »ausrechenbar« ist. Falls als Ergebnis der Wahrheitswert »wahr« herauskommt, liegt eine zutreffende Weltbeschreibung vor, falls als Ergebnis der Wahrheitswert »falsch« herauskommt, trifft die Weltbeschreibung nicht zu. Den hier entwickelten Typ der Weltbeschreibung unterstellt Wittgenstein als universal: »Das Wesen des Satzes angeben heißt, das Wesen aller Beschreibung angeben, also das Wesen der Welt.« (5.4711) Sicher wird man fragen, warum »das Wesen der Welt« anzugeben etwas zu tun haben soll mit dem Problem des Lebens. Einen Hinweis gibt uns der Satz 5.621: »Die Welt und das Leben sind Eins.«

Schauen wir uns nun die Abfolge der Hauptsätze des *Tractatus* an.[11] Es sind genau sieben. (Diese »mystische« Zahl ist mit Sicherheit kein Zufall, sie markiert die sieben Schritte zur richtigen Sicht der Welt – und des Lebens!)

1 Die *Welt* **ist** alles, was der *Fall* ist.
2 Was der *Fall* ist, die Tatsache, **ist** das Bestehen von *Sachverhalten.*
3 Das logische Bild der Tatsachen **ist** der *Gedanke.*
4 Der *Gedanke* **ist** der sinnvolle *Satz.*
5 Der *Satz* **ist** eine *Wahrheitsfunktion* der Elementarsätze. (Der Elementarsatz **ist** eine Wahrheitsfunktion seiner selbst.)
6 Die allgemeine Form der *Wahrheitsfunktion* **ist**: $[\bar{p}, \bar{\xi}, N(\bar{\xi})]$. Dies **ist** die allgemeine Form des Satzes.
7 Wovon man nicht sprechen kann, darüber muß man schweigen.

Das in Satz 7 gemeinte Sprechen ist als ein Sprechen in Sätzen der Art gemeint, wie sie zuvor expliziert worden ist. Insofern steht Satz 7 nicht isoliert, sondern zieht die Konsequenzen aus dem ganzen *Tractatus*. In den Hauptsätzen 1–6 fällt der sich wiederholende kategorische Gebrauch des »ist« auf (im Text durch Fettdruck hervorgehoben). Was ist die Funktion dieses »ist«? Zeigt es eine prädiktive Aussage, eine Identitätsaussage oder eine Definition an? Ich denke, wir haben es in allen Fällen mit Definitionen zu tun, aber nicht mit willkürlichen terminologischen Bestimmungen, sondern mit Expli-

11 Hervorhebungen in Kursiv- und Fettdruck G. G.

kationen (Wesensdefinitionen). Die Abfolge der Sätze, in denen das Explikans des jeweils vorangehenden Satzes im nachfolgenden als Explikandum erscheint (vgl. die kursiv gesetzten Termini[12]), macht zudem die reduktive Tendenz der Explikationen deutlich, besonders in Satz 4, der eine Reduktion des Gedankens auf den sinnvollen Satz vornimmt und dadurch die Ebene des Psychischen ausschaltet. Psychische Denkgebilde werden auf semantische Sprachgebilde reduziert. Das »ist« werden wir, um das reduktive Moment zu unterstreichen, lesen können als »ist nichts anderes als«. Schauen wir uns nun die einzelnen Hauptsätze etwas genauer an.

Die Sätze 1 und 2 betreffen die Welt, Satz 3 das Denken der Welt (wobei die Welt der Gegenstand des Denkens ist) und Satz 4 den sprachlichen Ausdruck dieses Denkens. Dieser Aufbau wirkt traditionell – wie die Abfolge von Sein Denken Sprache und dementsprechend die Abfolge von Ontologie Erkenntnistheorie Sprachtheorie. Es kann dabei der Eindruck entstehen, und viele sind diesem Eindruck erlegen, diese Abfolge sei auch im Sinne eines Fundierungsprogramms gemeint, so als würde das Sein das Bewußtsein und dessen sprachliche Artikulation bestimmen. Daß dies nicht so gemeint ist, geht aus Satz 2.1 hervor: »Wir *machen* uns Bilder der Tatsachen.« (Hvh. G. G.)

Auch wenn Wittgenstein eine Abbildtheorie vertritt, ist doch deutlich, daß die Bilder »gemacht« sind. Die Bedingungen dieses Machens sind keineswegs primär ontologisch vorgegeben, sondern ebenso erkenntnistheoretisch und sprachtheoretisch. Keine der Ebenen ist vor den anderen beiden ausgezeichnet. Es besteht von vornherein eine strukturelle Isomorphie zwischen ihnen, die es überhaupt erst erlaubt, die drei Ebenen aneinander zu spiegeln. Insofern ist die angesprochene Abfolge lediglich darstellungslogisch und nicht fundie-

---

12 Unterbrochen ist die Abfolge zwischen den Sätzen 2 und 3. Sie wird durch den Zwischensatz 2.1 hergestellt.

rungslogisch gemeint. Einen nachträglichen Beleg für diese Deutung liefern die *Philosophischen Untersuchungen* (§ 96). Dort heißt es mit Bezug auf den *Tractatus*: »Die Begriffe: Satz, Sprache, Denken, Welt, stehen in einer Reihe hintereinander, jeder dem anderen äquivalent.« Hier ist die Reihenfolge der Ebenen genau umgekehrt aufgelistet. In der Abfolge Welt (Sein) Denken Sprache wiederholt die Ontogenese der philosophischen Gedanken im *Tractatus* sozusagen die Phylogenese der Philosophie selbst: Ontologie (Aristoteles) – Erkenntnistheorie (Kant) – Sprachtheorie (Wittgenstein). Wenn wir die Sätze 3 und 4 miteinander vergleichen, so werden wir allerdings durch eine *eigene* erkenntnistheoretische Ebene, jedenfalls im psychologischen Sinn, zu »kürzen« haben, da der Gedanke der sinnvolle Satz *ist*. Diese Reduktion des Denkens auf sinnvolles Sprechen ist charakteristisch für die »linguistische Wende« innerhalb der modernen Philosophie, als Wende von der Erkenntnistheorie zur Sprachphilosophie. Nach dieser Kürzung bleiben als eigenständige Ebenen Sprache und Welt, die in ihrer strukturellen Isomorphie gleichursprünglich aufeinander bezogen sind.

Verdeckt geht schon aus der Bestimmung der Welt als (komplexer) *Tatsache* hervor, daß Welt und Sprache nicht als unabhängig voneinander zu denken sind. Eine mögliche alternative Deutung, die Welt als (komplexes) *Ding* oder als Aufzählung von Dingen aufzufassen, wird in Satz 1.1 zurückgewiesen: »Die Welt ist die Gesamtheit der Tatsachen, nicht der Dinge.« »Gesamtheit« meint hier die *Konjunktion* und nicht die *Menge* aller bestehenden Sachverhalte. Wenn damit die Welt kategorial den Tatsachen und nicht den Dingen zugewiesen wird, so ist der Grund hierfür auch ein sprachlicher, nämlich daß sich unsere Rede über die Welt in der Form von Aussagesätzen vollzieht. Denkbar wäre hier auch eine andere Form. Tatsachen sind es, die Aussagesätze wahr oder falsch machen. Zu unseren Aussagen über die Welt gehören aber auch solche, die etwas über Beziehungen sagen, in denen Dinge zueinander stehen. Eine vollständige Beschreibung unserer Welt wäre also durch bloße Aufzählung der in ihr enthaltenen Dinge nicht gegeben.

Bei Wittgensteins Auffassung, daß Sprache und Welt sozusagen zwei Seiten derselben Medaille sind, hat Schopenhauers Gedanke Pate gestanden, daß in der Erkenntnis Subjekt und Objekt gleichberechtigt sind: kein Objekt ohne Subjekt, aber auch kein Subjekt ohne Objekt. Wittgenstein hat lediglich die erkenntnistheoretische Beziehung von Subjekt und Objekt in die semantische Beziehung von Sprache und Welt transformiert. In diesem Sinn »verschwindet« bei Wittgenstein das erkennende Subjekt: »Das denkende, vorstellende, Subjekt gibt es nicht.« (5.631)

Den Satz 5 haben wir so zu verstehen, daß jeder Satz wahrheits(wert)funktional *abhängig* ist von bestimmten Elementarsätzen, und zwar so, daß der *Sinn* eines jeden Satzes bestimmt ist durch die wahrheitsfunktionale Kombination seiner Elementarsätze. Das heißt: Wir verstehen einen Satz, wenn wir den Sinn seiner Elementarsätze kennen und den wahrheitsfunktionalen Aufbau des Gesamtsatzes aus diesen Elementarsätzen.

Satz 6 präsentiert die allgemeine Form des Satzes und damit gewissermaßen die allgemeine logische Weltformel. Zu dieser Form, die allen Sätzen gemeinsam ist, kommen wir, wenn wir bedenken, daß sich die üblichen junktorenlogischen Satzverknüpfungen auf eine einzige Verknüpfung reduzieren lassen. Hier gibt es prinzipiell zwei Möglichkeiten, alle anderen Junktoren durch einen einzigen zu definieren, nämlich indem man von zwei Sätzen sagt, daß sie »nicht beide« oder daß sie »beide nicht« wahr sind. Wittgenstein entscheidet sich für die zweite Möglichkeit, die er sprachlich als »weder (der eine) noch (der andere)« ausdrückt (5.101, Zeile 12). Satz 6 bringt in etwas ungewohnter Weise (die ich hier nicht weiter erläutere) zum Ausdruck, daß sich jeder komplexe Satz aus seinen Elementarsätzen einzig und allein unter wiederholter Anwendung des Junktors »weder – noch« wahrheitsfunktional aufbauen läßt. Dieses Ergebnis hat weitreichendste Konsequenzen.

Da Wittgenstein beansprucht, die *allgemeine* Form des Satzes bestimmt zu haben, müssen alle sinnvollen Sätze auf die angegebene Weise darstellbar sein. Umgekehrt folgt, daß Sätze, die sich nicht so darstellen lassen, sinnlos sind. Wittgenstein setzt also die Gesamtheit der möglichen (d. h. zutreffenden oder nichtzutreffenden) Weltbeschreibungen mit der Gesamtheit der sinnvollen (d. h. wahren oder falschen) Sätze gleich. Hieraus ergibt sich: Sätze, die keinen Weltausschnitt beschreiben, sind in Wittgensteins Terminologie keine eigentlichen, keine sinnvollen Sätze. Zu ihnen gehören z. B. die Sätze der Logik, der Philosophie und der Ethik. Innerhalb der Gruppe der nichtsinnvollen Sätze wird noch einmal zwischen sinnlosen und unsinnigen Sätzen unterschieden. Sinnlos sind die Sätze der Logik. Dies ist nicht abwertend gemeint, sondern bedeutet nur, daß sie Tautologien sind. (Sie machen keine inhaltlichen Aussagen über die Welt; in ihnen zeigt sich aber die Form, das Wesen der Welt.) Unsinnig sind die Sätze der Philosophie und der Ethik. Von diesen brauchen die Sätze der Philosophie aber nicht wertlos zu sein. Sätze der Ethik dagegen haben nach Wittgenstein keinen Wert. Erkenntniswert haben sie ohnehin nicht, und helfen können sie auch nicht. Dabei ist das Ethische für Wittgenstein gerade das Wichtigste. Paradoxerweise bleibt es unaussprechlich. Sätze der Philosophie haben dann einen Wert, wenn sie uns helfen, den Sinn eigentlicher Sätze zu klären bzw. die Unsinnigkeit anderer Sätze, insbesondere die Unsinnigkeit philosophischer Sätze selbst, aufzuweisen. Sätze der Philosophie sind also »eigentlich« keine Sätze, obwohl sie grammatisch so erscheinen. Ihre Rolle ist nicht die von wahrheitsfähigen Aussagen, sondern von treffenden Erläuterungen, und zwar kategorialer Art. Diesen zentralen Punkt gilt es genauer zu bestimmen.

Der Ausschluß philosophischer Erörterungen aus dem Felde der sinnvollen Sätze hat keine inhaltlichen, sondern formale Gründe. Nicht gemeint ist, daß die Sätze der Philosophie deshalb unsinnig seien, weil sie »nichts bringen« würden. Dieser (häufig zu hörende) Einwand der Unfruchtbarkeit, der darauf hinausläuft, daß die Philosophie keine Anleitungen zum Bau von Kühlschränken und Brücken liefert, ist nicht der Einwand Wittgensteins; ebensowenig der, daß nur Erfahrungswissen zählt. Schließlich verstand sich Wittgenstein selbst als Logiker und hat das Ansinnen, sich mit empirischen Fragen der Sprache zu beschäftigen, zurückgewiesen. Wittgensteins Argument ist, daß die Sätze der Philosophie nicht den logisch-syntaktischen Regeln gehorchen, die das sinnvolle Sprechen bestimmen. Es ist wichtig zu sehen, daß Wittgenstein dabei über die Metaphysikkritik seiner Vorgänger hinausgeht. Autoren wie Hume und Kant versuchten zwar, durch eine Bestimmung der Grenzen des menschlichen Erkennens der metaphysischen Phantasie die Flügel zu stutzen, sie vor dem freien Flug in spekulative Höhen zu bewahren; es stand aber für sie außer Frage, daß es sinnvolle Sätze der Philosophie gibt, insbesondere die metaphysikkritischen Sätze selbst. Obwohl auch für Hume und Kant gilt, daß ihre eigenen erkenntnistheoretischen Überlegungen, in denen sie die Bedingungen der Möglichkeit von Erkenntnis bestimmen, diesen Bedingungen selbst nicht gehorchen, wären sie doch nicht auf die Idee gekommen, diese Überlegungen dem eigenen Verdikt zu unterwerfen.

Wenn Hume in dem berühmten Schluß seiner *Untersuchung über den menschlichen Verstand* erklärt, daß alle die Werke, die weder »einen abstrakten Gedankengang über Größe oder Zahl« noch »einen auf Erfahrung gestützten Gedankengang über Tatsachen und Dasein« enthalten, »nichts als Blendwerk und Täuschung enthalten«, so hat er sicher nicht an seine eigene *Untersuchung* gedacht. Diese geht aber über die genannte Alternative dadurch hinaus, daß sie kategoriale Argumente vorbringt, die zu keiner der genannten Erkenntnisarten gehören, beispielsweise das Argument, daß die Möglichkeit von Erfahrung nicht durch Erfahrung gerechtfertigt werden könne.

Es ist genau die Frage nach der Natur kategorialer Unterscheidungen und Argumente, die Wittgenstein dadurch radikalisiert auf den Punkt bringt, daß er das Problem der Metaphysik nicht mehr als das einer *inhaltlichen* Erkenntnis über Gott und die Welt faßt, sondern als Problem einer *formalen* logisch-syntaktischen Wohlgeformtheit. Der philosophische Unsinn beginnt danach nicht erst bei den Gottesbeweisen der rationalen Theologie (wie sie Kant kritisiert hat), sondern bereits bei der Rede über solche Begriffe wie »Tatsache«, »Sachverhalt«, »Gegenstand« usw. Wittgenstein nennt diese kategorialen Begriffe charakteristischerweise »*formale* Begriffe« (4.126–4.1274). Begriffe dieser Art zeichnen sich dadurch aus, daß wir sie nicht benutzen, um über die Welt zu reden (dies tun wir in Ausdrücken wie »dieser Tisch« und »grün«), sondern um über unsere Rede über die Welt zu reden, indem wir etwa die kategoriale Unterscheidung treffen zwischen dem *Gegenstand* »dieser Tisch« und dem *Begriff* »grün«. Kategoriale oder formale Begriffe gehören also, wie man zu sagen pflegt, der philosophischen *Metasprache* an und nicht der naturwissenschaftlichen Objektsprache, die Wittgenstein zufolge der Inbegriff des sinnvollen Redens ist. So fällt die Gesamtheit der wahren sinnvollen Sätze mit denen der Naturwissenschaft zusammen (4.11). Sogleich fügt Wittgenstein hinzu: »Die Philosophie ist keine der Naturwissenschaften.« (4.111) Sie ist es deshalb nicht, weil ihre Sätze keinen Beitrag zur Beschreibung der Welt leisten. Das heißt, daß die philosophischen Sätze – als weltbeschreibende *Sätze* verstanden – unsinnig sind. Es bleibt ihnen aber eine andere, nämlich praktische Funktion: »Der Zweck der Philosophie ist die logische Klärung der Gedanken. Die Philosophie ist keine Lehre, sondern eine Tätigkeit. Ein philosophisches Werk besteht wesentlich aus Erläuterungen.« (4.112) Das Resultat der Philosophie sind nicht eigene »philosophische Sätze«, sondern das Klarwerden von anderen Sätzen.

Bei dem Bemühen, die logische Syntax und deren Rolle als Bedingung der Möglichkeit von Welterkenntnis verständlich zu machen, bedient sich Wittgenstein nun gerade solcher Sätze, die selbst gegen die in ihnen thematisierte logisch-syntaktische Wohlgeformtheit verstoßen, und zwar notgedrungen. Dies ist der Grund, warum der *Tractatus* schließlich zu dem Ergebnis führt, daß seine eigenen Sätze unsinnig sind. Anders gesagt: Die Sätze im *Tractatus* sind keine »Sätze« im Sinne des *Tractatus*. Dieses Ergebnis läßt sich verallgemeinern: Der logisch-philosophische Diskurs muß notgedrungen über das hinausgehen, was er selbst als sinnvolle Rede propagiert. Aus diesem Grund scheint Wittgenstein die Möglichkeit philosophischer *Argumente*, insbesondere transzendentaler Argumente, überhaupt zu bestreiten. Hier kommt seine berühmte Unterscheidung von Sagen und Zeigen ins Spiel. So meint er, daß sich die logischen Formen *zeigen*, ohne daß es *Gründe* für ihre Anerkennung gibt. Dies würde bedeuten, daß der argumentative Gestus der Sätze des *Tractatus* nur scheinbar ist – durch unsere Grammatik aufgezwungen. Immerhin wird er durch die literarische Form des Textes (in der Abfolge von Aphorismen) zurückgenommen. Die Sätze des *Tractatus* wären dann als *aufweisende* und nicht als argumentative Erläuterungen dessen zu lesen, was sich zeigt. Zeigen, vor allem das *Sich*zeigen, ist nun keineswegs eine Depotenzierung des Sagens; ganz im Gegenteil: Was gesagt werden kann, könnte auch anders sein. Eine andere Logik ist nicht denkbar, auch deshalb kann die Logik sich nur zeigen. Insgesamt ist der Begriff des Zeigens ein emphatischer Begriff, und was sich laut *Tractatus* zeigt, hat teil an dieser Emphase, sei es die Logik, sei es der Solipsismus (5.62), sei es das Mystische (6.522). Aber was sich zeigt, läßt sich eben nicht sagen.

Ich habe bereits erwähnt, daß der Satz »Alle Philosophie ist Sprachkritik« nicht nur für den *Tractatus*, sondern auch für die *Philosophischen Untersuchungen* gilt. Die Weisen der Sprachkritik sind allerdings sehr verschieden. Eine Kritik bemißt sich stets an Kriterien, Maßstäben, Normen oder Richtlinien. Die Sprachkritik der *Philosophischen Untersuchungen* unterscheidet sich von derjenigen des *Tractatus* dadurch, daß sie nicht mehr nach Maßgabe der logischen *Ideal*sprache vorgetragen wird, sondern nach Maßgabe der praktischen *Normal*sprache.

Wie kommt es zu diesem Wechsel in der Betrachtungsweise, einem Wechsel, zu dem sich Wittgenstein wegen »schwerer Irrtümer« im *Tractatus* genötigt sah (vgl. Vorwort zu den *Philosophischen Untersuchungen*)? Um welche Irrtümer es sich handelt, wird bei der Lektüre der *Philosophischen Untersuchungen* allmählich klar. Deren erster Teil ist geradezu ein fingiertes Selbstgespräch des späten Wittgenstein mit dem Verfasser des *Tractatus* (und Wittgenstein spricht dabei von sich selbst in der dritten Person!). Der wesentliche Punkt ist, daß Wittgenstein erkennen mußte, daß er sich ein zu einseitiges Bild von der Sprache gemacht hatte. Zu diesem einseitigen Bild gehört vor allem die Auffassung, daß Sprache im wesentlichen dazu dient, Aussagen über die Welt zu machen, und daß diese Aussagen dadurch möglich werden, daß die Sprache im Grunde eine einheitliche, exakt bestimmte logische Struktur hat, die auch die Struktur der Welt ausmacht. Das zu einseitige Bild, das Wittgenstein nun *ver*wirft, ist die logische *Abbildtheorie* der Sprache. Die Sprachauffassung, die er statt dessen *ent*wirft, hat man dagegen eine *Gebrauchstheorie* der Sprache genannt. Besser sollte man gar nicht von einer »Theorie« sprechen; denn der späte Wittgenstein vermeidet gerade Festlegungen so allgemeiner Art, wie sie für Theorien normalerweise gefordert werden. Richtig ist, daß Wittgenstein nunmehr betont, es komme darauf an, den tatsächlichen *Gebrauch* der Sprache zu untersuchen. Aber diese Untersuchung zeige, daß die Sprache gar kein einheitliches Gebilde sei, von dem man hoffen könnte, es in einer einheitlichen Theorie beschreiben zu können. Beschreibung *des* Gebrauchs heißt daher gerade Beschreibung der *unterschiedlichen* Gebräuche.

Wittgenstein spricht in diesem Zusammenhang von der Beschreibung von »Sprachspielen«. Diese Spiele haben aber nichts sozusagen »Spielerisches« an sich, sondern es handelt sich eher um »ernsthafte«, gerade nicht vom Alltag »abgehobene« Spiele, wie sie der Entspannung bei »Sport, Spiel und Spaß« dienen. Behaupten, Begründen, Befehlen, allerdings auch Geschichtenerzählen sind Sprachspiele. Die Analogie zu den üblichen Spielen besteht lediglich darin, daß auch die Sprachspiele regelgeleitet sind. Dabei haben sie ihren natürlichen Ort in der menschlichen Praxis des Miteinanderredens und Miteinanderhandelns. Wichtig ist hier, daß Sprache nicht als Redegebilde über oder neben dem Handeln bestimmt wird, sondern als eingebettet in eine gelingende Praxis.

Manchmal wird der Übergang vom *Tractatus* zu den *Philosophischen Untersuchungen* so dargestellt, als habe Wittgenstein hier den Schritt von einer normativen (*vor*schreibenden) Sprachauffassung zu einer deskriptiven (*be*schreibenden) Sprachauffassung getan. Dies trifft jedoch nicht zu.

Erstens: Wittgenstein meinte (im *Tractatus*), daß die logische Idealsprache die Tiefenstruktur der tatsächlichen Sprache, der Normalsprache, ist. Er glaubte, die logische »Ordnung«, »das Ideal, in der wirklichen Sprache finden zu müssen« (*PU*, § 105. Vgl. 5.5563 und *PU*, § 98). Ein grundsätzlicher Unterschied, wie ihn z. B. Frege zwischen normativer Idealsprache der Logik und normaler Realsprache des Lebens macht, findet sich bei ihm gar nicht.

Zweitens: In einem anderen Sinn ist Wittgenstein tatsächlich normativ, dies in den *Philosophischen Untersuchungen* aber nicht weniger als im *Tractatus*, indem er in beiden Fällen Sprach*kritik* übt, und Kritik ist nicht ohne einen Maßstab möglich. Der Maßstab ist es, der sich geändert hat, nämlich Wittgensteins Auffassung davon, was es heißt, daß die Sprache »in Ordnung« ist. Kritisiert wird jeweils die Abweichung von der Ordnung, im *Tractatus* die Abweichung von der logischen Syntax der idealen Sprache, in den *Philosophischen Untersuchungen* die Abweichung von der logischen Grammatik der normalen Sprache.

Eines der größten Mißverständnisse des *Tractatus* ist seine wissenschaftstheoretische Lesart, die durch die Rezeption des Wiener Kreises nahegelegt worden ist. Positivisten wie Rudolf Carnap sind durch Wittgensteins Metaphysikkritik dazu veranlaßt worden, sich mit solchen Problemen nicht mehr zu beschäftigen. Wittgenstein selbst hat es jedoch anders gemeint. Für ihn haben philosophische Probleme den »Charakter der *Tiefe*« (*PU*, § 111). Die Sprachverwirrungen, die ein analytischer Philosoph in der idealsprachlichen Tradition Freges logisch zu bewältigen versucht, sind in Wittgensteins Augen Anzeichen, sozusagen »Symptome«, für tieferliegende Probleme oder, wie Wittgenstein sie auch nennt, »Beunruhigungen«. Schon die Wahl dieses Ausdrucks läßt durchblicken, daß hier ein »existentielles« Moment zum Tragen kommt, das allerdings nicht nur individuell als das persönliche Problem dieses oder jenes Philosophen verstanden werden darf, sondern exemplarisch gesehen werden muß. Die Wiederkehr immer derselben Probleme in der Geschichte der Philosophie ist dafür Beleg genug.

Philosophische Verwirrungen, die nach Wittgenstein von einer falschen Sicht der Welt und des Lebens herrühren, sind natürlich nicht auf Studenten und Professoren der Philosophie beschränkt. Ganz im Gegenteil, gerade im ideologischen Überbau der Wissenschaften scheint es von ihnen nur so zu wimmeln. Wittgenstein selbst hat sich vor allem der Psychologie und der Mathematik sprachkritisch angenommen. Philosophen dürfen beanspruchen, Verwirrungen am ehesten zu erkennen, weil sie bereits durch sie hindurchgegangen sind. Die richtige Methode der Philosophie ist aber nicht, positive oder negative Antworten auf Fragen zu geben, sondern die Fragen behutsam zurückzuweisen, indem man zeigt, wo und wie sie gegen den Sprachgebrauch verstoßen. So soll der Fragende gewissermaßen sprach-analytisch (nicht psycho-analytisch) therapiert werden, indem er die Sinnlosigkeit seines Fragens und die Vergeblichkeit seiner Suche nach Antworten einsieht. Mit den philosophischen Problemen sollen diejenigen Probleme des Lebens, deren Ausdruck sie sind, zum Verschwinden gebracht werden. Das Ziel ist dabei die richtige Sicht der Welt und des Lebens.

Das Problem des Lebens bleibt bei Wittgenstein nicht auf

individuelle Lebensprobleme beschränkt, sondern es umfaßt die »Lebensformen« einer ganzen »Kultur«. Diese Ausweitung wird im Spätwerk zunehmend deutlicher. Daß mit dem Leben in einer Kultur etwas nicht »in Ordnung« ist, zeigt sich an kollektiven »Begriffsverwirrungen«, die keinen Sitz im wirklichen Leben haben. Wenn Wittgenstein es unternimmt, solche Begriffsverwirrungen aufzuklären, so will er (zumindest nach seinem Selbstverständnis), daß an deren Stelle gelingende Praxis tritt. Begriffsverwirrungen sind geradezu Symptome einer allgemeinen Kulturkrise. Die hier ansetzende Sprachkritik weitet sich damit letztlich zu einer Kulturkritik aus.

Ich will hier nicht beurteilen, ob der Anspruch, den Wittgenstein damit erhebt, übertrieben ist oder nicht. Mein Anliegen war zu begründen, inwiefern man ohne Übertreibung behaupten kann, daß Wittgensteins philosophisches Ziel die Lösung des Problems des Lebens ist, in dem erläuterten Sinn, daß es ihm darauf ankommt, den Weg in Richtung gelingender Praxis zu bahnen, individueller Praxis (stärker im Frühwerk hervortretend) und kultureller Praxis (stärker im Spätwerk hervortretend). Charakteristisch für sein Vorgehen ist, daß er den Weg bahnt, ohne eine *bestimmte* Bahn oder Richtung vorzugeben. Das heißt, Wittgenstein sagt nicht positiv, »wo es langgeht«, sondern er macht negativ darauf aufmerksam, wo eine falsche Richtung eingeschlagen worden ist. Man kann insofern geradezu von einer negativen Methode seines Philosophierens, von einer Philosophie »via negationis« sprechen. Bereits im *Tractatus* heißt es im Anschluß an den oben zitierten Satz 6.521 (»Die Lösung des Problems des Lebens merkt man am Verschwinden dieses Problems.«):

»Die richtige Methode der Philosophie wäre eigentlich die: Nichts zu sagen, als was sich sagen läßt, also Sätze der Naturwissenschaft – also etwas, was mit Philosophie nichts zu tun hat –, und dann immer, wenn ein anderer etwas Metaphysisches sagen wollte, ihm nachzuweisen, daß er gewissen Zeichen in seinen Sätzen keine Bedeutung gegeben hat. Diese Methode wäre für den anderen unbefriedigend – er hätte nicht das Gefühl, daß wir ihn Philosophie lehrten – aber sie wäre die einzig streng richtige.

Meine Sätze erläutern dadurch, daß sie der, welcher mich versteht, am Ende als unsinnig erkennt, wenn er durch sie – auf ihnen – über sie hinausgestiegen ist. (Er muß sozusagen die Leiter wegwerfen, nachdem er auf ihr hinaufgestiegen ist.)

Er muß diese Sätze überwinden, dann sieht er die Welt richtig.« (6.53–6.54)

Diese Sätze bilden den Abschluß des *Tractatus*, was ihnen noch ein besonderes Gewicht verleiht. Es folgt dann nur noch der bereits genannte Satz 7: »Wovon man nicht sprechen kann, darüber muß man schweigen.« Die hier beschriebene negative Methode ist Anlaß gewesen, Wittgenstein in die Nähe des Zen-Buddhismus zu rücken. Man muß jedoch (geographisch) nicht so weit reisen; vergleichbare Anschauungen finden sich auch in der abendländischen Tradition, z. B. in der antiken Skepsis des Pyrrhonismus (wenn man diesen nicht als ein theoretisches, sondern als ein praktisch-therapeutisches Bemühen versteht) und in der christlichen Mystik. Wenn Umberto Eco in seinem Roman *Der Name der Rose* (625 f.) den eben zitierten »Leiter«-Satz Wittgensteins einem ungenannten mittelalterlichen Mystiker (in mittelhochdeutscher Umwandlung) in den Mund legt, so begeht er damit nicht nur einen witzigen, sondern durchaus passenden Anachronismus. Den zahlreichen Variationen von Wittgensteins Satz 7 wird auf dem Klappentext des Romans eine weitere hinzugefügt. Eco habe seinen Roman geschrieben, heißt es dort, »weil er in reifem Alter erkannte: Wovon man nicht theoretisch sprechen kann, muß man erzählen.« Solche intertextuellen Zitationsscherze belegen, daß Wittgensteins *Tractatus logico-philosophicus* in der Tat nicht nur die wissenschaftliche Welt kennt.

Literatur

Bernhard, T. (1983): *Wittgensteins Neffe*. Frankfurt a. M.

McGuinness, B. (1988): *Wittgensteins frühe Jahre*. Frankfurt a. M.

Monk, R. (1993): *Wittgenstein*. Stuttgart ³1993.

Russell, B. (1970): *Autobiographie 1914–1944*. Frankfurt a. M.

Wittgenstein, L. (1984a): *Tractatus*. In: *Werkausgabe*. Frankfurt a. M., Bd. I.

Wittgenstein, L. (1984b): *Vermischte Bemerkungen*. In: *Werkausgabe*. Frankfurt a. M., Bd. VIII.

Wittgenstein, L. (1989): *Logisch-philosophische Abhandlung. Tractatus logico-philosophicus*. Hg. v. B. McGuinness u. J. Schulte. Frankfurt a. M.

Wuchterl, K./Hübner, A. (1979): *Ludwig Wittgenstein – in Selbstzeugnissen und Bilddokumenten*. Reinbek.

Wünsche, K. (1985): *Der Volksschullehrer Ludwig Wittgenstein*. Frankfurt a. M.

JÜRGEN STOLZENBERG

Martin Heidegger: *Sein und Zeit*

Der Name Martin Heideggers ist mit der Philosophie des
20. Jahrhunderts untrennbar verknüpft. Blickt man zurück,
dann läßt sich sagen, daß die Philosophie Heideggers seit dem
Erscheinen von *Sein und Zeit* im Jahre 1927[1] nahezu un-
unterbrochen im Zentrum der Aufmerksamkeit und wissenschaftlicher Forschung gestanden hat und noch steht.[2] Und es
ist auch unübersehbar, daß die Philosophie Heideggers im
20. Jahrhundert eine bedeutende internationale Wirkung entfaltet hat. Das Werk Jean-Paul Sartres, die philosophische
Hermeneutik Hans-Georg Gadamers, die Theologie Rudolf
Bultmanns, die praktische Philosophie Hannah Arendts sowie
die Schriften von Hans Jonas und Emmanuel Lévinas verdanken sich in wesentlichen Teilen der Philosophie Heideggers,
nicht zu reden von den sogenannten postmodernen Versuchen, die Philosophie Heideggers zu aktualisieren.

Der Name Heideggers ist auch in dem Sinne mit dem 20. Jahrhundert verbunden, als er zum Symbol für die Verstrickung
deutscher Intellektueller in den Nationalsozialismus geworden ist. Hier hat die biographische Forschung in den letzten
Jahren Licht in ein lange währendes Dunkel gebracht. Zu nennen ist vor allem die Darstellung von Hugo Ott (Ott 1992).

1 Heideggers Hauptwerk erschien unter dem Titel *Sein und Zeit. Erste Hälfte* 1927 im 8. Band des *Jahrbuchs für Philosophie und phänomenologische Forschung,* hg. von Edmund Husserl, und gleichzeitig
in einer selbständigen Buchveröffentlichung. Dem vorliegenden Beitrag liegt die 16. Aufl. von 1986 zugrunde (Nachdruck der 15. Aufl.
mit Randbemerkungen aus dem Handexemplar des Autors im Anhang), zitiert unter der Abkürzung SuZ, mit Angabe der Seitenzahl.
2 Siehe die Bibliographien zum Werk Heideggers von Sass 1986, Sass
1975 und Gabel 1993.

Liest man die bis dahin weitgehend unbekannten Dokumente zu Heideggers politischem Engagement, die Ott vorlegt, dann nimmt man mit Beklemmung, wenn nicht mit Entsetzen, die Naivität Heideggers in der Einschätzung der politischen Situation seiner Zeit und die gänzlich fehlende Urteilskraft in seinem Verhalten zu politischen Dingen zur Kenntnis.[3] Doch so sehr man es verurteilen und bedauern muß, daß Heidegger sein politisches Engagement niemals öffentlich widerrufen hat, so kurzschlüssig wäre es, den philosophischen Gehalt von *Sein und Zeit* mit der Interpretation umstandslos gleichzusetzen, die Heidegger ihm nach 1929 erteilt hat. Man beschönigt oder bemäntelt daher nichts, wenn man die Philosophie von *Sein und Zeit* unabhängig von Heideggers späterem Verhalten und Selbstdeutungen studiert und würdigt.

I. Zur Entstehung von *Sein und Zeit*

Sein und Zeit schlug ein wie der Blitz. So hat Georg Misch die Wirkung beschrieben, die von dem Erscheinen dieses Buchs ausging.[4] Tatsächlich schien Heidegger gleichsam über Nacht die philosophische Landschaft seiner Zeit jäh erhellt und grundstürzend verändert zu haben. Heidegger schien es gelungen, die miteinander konkurrierenden Denkbewegungen seiner Zeit, die lebensphilosophisch begründete Hermeneutik Wilhelm Diltheys und die Phänomenologie Edmund Husserls, durchschlagend kritisiert wie auch in seinem Theorieentwurf ein- und umgeschmolzen zu haben. Dabei vermochte er auch die pragmatistischen Motive eines Max Scheler aufzunehmen und gegen die klassisch-idealistische Tradition einer Philoso-

---

3 Vgl. Schneeberger 1962; Thomä 1990 (darin: »Die Krise [1928–1933]«); Sluga 1993; Wolin 1991; Wolin 1993; Schramm 2000; Fried 2000; vgl. auch die Sammlung bedeutender Dokumente in Heidegger 1975 ff., Bd. 16.
4 Misch 1929, 267.

phie des Geistes zu wenden, deren letzte Auswirkungen ihm in der philosophischen Psychologie Paul Natorps und der Phänomenologie Edmund Husserls vor Augen standen. Darüber hinaus trat Heidegger mit dem kühnen Anspruch auf, die Frage der klassischen Metaphysik nach dem Sein in das je konkrete Leben, das wir alle führen und zu führen haben, einzubringen und für die Verständigung über dieses Leben wirksam werden zu lassen. So präsentierte sich *Sein und Zeit* noch einmal als ein neuer Anfang in der Philosophie, in dem die philosophische Tradition von der Antike bis zur Gegenwart aufgenommen und auf eine innovative, ja revolutionäre Weise verarbeitet worden war.

Die schockartige Wirkung, die von Heideggers *Sein und Zeit* ausging, wurde noch durch einen anderen Umstand begünstigt. Heidegger hatte seit dem Erscheinen seiner Habilitationsschrift[5] im Jahre 1916 nichts veröffentlicht. So konnte bei den Zeitgenossen leicht der Eindruck entstehen, daß das Werk wie Athene dem Haupte des Zeus entsprungen sei und nun wie ein erratischer Fels im reißenden Strome der Zeit stehe.

Dieser lange vorherrschende Eindruck entspricht nicht den Tatsachen. Folgt man dem Bericht, den Hans-Georg Gadamer in seinen *Erinnerungen an Heideggers Anfänge* über die Umstände der Niederschrift von *Sein und Zeit* gibt, dann handelt es sich um eine »sehr schnell zusammenmontierte Publikation«[6], die unter dem Druck der damaligen Situation an der Universität Marburg zustande gekommen ist. Heidegger sollte das Ordinariat für Philosophie erhalten, das 1925 durch Nicolai Hartmanns Weggang nach Köln frei geworden war. Doch wollte das Berliner Kultusministerium Heidegger nicht berufen, eben weil er seit seiner Habilitationsschrift nichts veröffentlicht hatte. Die Marburger Fakultät beharrte jedoch auf ih-

5 Heidegger 1916.
6 Gadamer 1987, 16. Die Umstände der Entstehung von SuZ, von denen Gadamer berichtet, schildert Heidegger 1976, 87f.

rem Vorschlag. Gadamer berichtet, wie der damalige Dekan, der Physiker Clemens Schaefer, ihm, Gadamer, geschildert habe, wie er, Schaefer, zu Heidegger gegangen sei und gesagt habe: »Herr Kollege, wir möchten so gerne, daß Sie bei uns bleiben – haben Sie nicht etwas für die Berliner? Das Ministerium verlangt etwas Neues!« Da zog Heidegger selbstbewußt die Schubladen auf und sagte: »Ja, hier habe ich schon allerhand.« Daraufhin setzte ihn Schaefer unter Druck: »Tun Sie uns den Gefallen, setzen Sie sich hin und schreiben Sie das zusammen!« Heidegger habe dann, so berichtet Gadamer, in höchster Eile und in einem einzigen großen Zuge das Manuskript von *Sein und Zeit* niedergeschrieben. Obwohl Heidegger durch Vermittlung Husserls sofort ca. 180 Seiten drucken lassen und nach Berlin schicken konnte, erfolgte ein abschlägiger Bescheid.[7] Erst als *Sein und Zeit* im April 1927 erschien, lenkte das Ministerium ein und berief Heidegger im Oktober zum ordentlichen Professor. Wenig später, im Februar 1928, wurde Heidegger als Nachfolger Husserls nach Freiburg berufen. So also ist *Sein und Zeit* entstanden, und so liegt es uns vor.

II. Martin Heideggers ursprüngliche Einsicht

Heidegger macht es seinem Leser nicht leicht. Über 40 Seiten wird der Leser auf eine harte Geduldsprobe gestellt, indem er mit einer umständlichen und alles andere als leichtverständlichen Exposition der für Heideggers Unternehmen leitenden Frage nach dem *Sinn von Sein* bekanntgemacht wird. Dem schließt sich die Rechtfertigung des Programms einer sog. *Analytik des Daseins* an, mit dem die Frage nach dem Sinn von Sein verstanden und beantwortet werden soll.

Ich möchte Ihnen diese Geduldsprobe hier nicht zumuten.

7 Zur Entstehung und Publikation von SuZ: Kisiel 1993, 477–489, bes. 480–485.

Ich möchte einen anderen Weg einschlagen.[8] Er bietet sich vom dem aus an, was Gadamer über die Niederschrift von *Sein und Zeit* berichtet. Was Heidegger da so selbstbewußt aus der Schublade zog, das waren umfangreiche Vorarbeiten aus seinen Vorlesungen aus der Marburger und Freiburger Zeit, wo Heidegger nach dem Kriege im Wintersemester 1919 seine Lehrtätigkeit als Privatdozent wieder aufgenommen hatte. Diese Vorlesungen, auf die Heidegger selber in *Sein und Zeit* hinweist,[9] liegen seit einigen Jahren im Rahmen der Gesamtausgabe der Werke Heideggers vor.[10] Sie überraschen den Leser u.a. damit, daß die Frage nach dem *Sinn von Sein* nicht am Anfang des Weges steht, der zu *Sein und Zeit* führte.[11] Wohl aber finden sich hier schon die Analysen der menschlichen Existenz, die Heidegger bis hin zu *Sein und Zeit* immer weiter angereichert hat. Mit Bezug auf diese Analysen läßt sich ein identischer Phänomenkern ausmachen, den ich *Heideggers ursprüngliche Einsicht* nennen möchte und um den sich in den

8 Ein einführender Kommentar zu SuZ ist Luckner 1997. Einführende Beiträge vereinigt Kockelman 1986; vgl. Figal 1996.
9 Vgl. SuZ, 72, Anm. 1.
10 Zu Heideggers Frühwerk seien hier neben den o.g. Darstellungen von Kisiel 1993 und Thomä 1990 angeführt: Kisiel/van Buren 1994; van Buren 1994; Stolzenberg 1995a; Imdahl 1997. Gander 2001 hat die Eigenständigkeit des Frühwerks im Blick auf eine hermeneutisch fundierte Phänomenologie des Selbst betont. Eine kritische Übersicht über die Literatur zum frühen Heidegger bietet Gessmann 1996.
11 So Heidegger 1976: »Aus manchen Hinweisen in philosophischen Zeitschriften hatte ich erfahren, daß Husserls Denkweise durch Franz Brentano bestimmt sei. Dessen Dissertation ›Von der mannigfachen Bedeutung des Seienden nach Aristoteles‹ (1862) war jedoch seit 1907 Stab und Stecken meiner ersten unbeholfenen Versuche, in die Philosophie einzudringen. Unbestimmt genug bewegte mich die Überlegung: Wenn das Seiende in mannigfacher Bedeutung gesagt wird, welches ist dann die leitende Grundbedeutung? Was heißt Sein?« (81) Als zweite Schrift, die für ihn noch in der Gymnasialzeit von Bedeutung wurde, nennt Heidegger hier Braig 1896.

folgenden Jahren weitere Schichten der Analyse und Interpretation gleichsam angelagert haben.

Heideggers Grundgedanke, das mag vielleicht überraschen, bezieht sich auf etwas völlig Unspektakuläres. Dies ist unser alltäglicher Umgang mit den Dingen in der Welt. Diese Dinge sind für uns nicht Objekte in einem theoretischen Sinn, d. h. Dinge, die wir erkennen und deren Beziehungen zueinander wir unter allgemeine Gesetze zu bringen suchen. Die Dinge in der Welt sind für unseren alltäglichen Umgang mit ihnen vielmehr Träger von Bedeutungen, und diese Bedeutungen kommen ihnen aus dem Verhältnis zu, in dem wir uns als erlebende, handelnde und wertende Subjekte zu ihnen befinden. Dieses Verhältnis ist für uns basal. Daher läßt es sich als das Grundverhältnis bezeichnen, das unser Leben in der Welt charakterisiert. ›Leben in der Welt‹ ist ›Leben in Bedeutungen‹, so ließe sich Heideggers Grundgedanke zusammenfassen.

Heidegger hat seinen Grundgedanken zum ersten Mal in seiner ersten Freiburger Vorlesung vom Winter 1919, dem sog. »Kriegsnotsemester für Kriegsteilnehmer«[12], entfaltet, in der er seine Zuhörer, die soeben von den Schlachtfeldern des Ersten Weltkrieges zurückgekehrt waren, mit dem Programm einer radikalen Erneuerung der Philosophie überraschte und von der ersten Stunde an in seinen Bann schlug.[13] Er illustriert ihn u. a. an einem scheinbar trivialen Beispiel, der Wahrnehmung eines Katheders in einem Hörsaal. Die Pointe dieses Beispiels besteht darin, daß die alltägliche Wahrnehmung eines Gegenstandes wie des Katheders angemessen weder in einer objektivierenden geometrischen Sprache als Wahrnehmung »brauner Flächen, die sich rechtwinklig schneiden«[14],

---

12 Vgl. die Angaben im »Nachwort des Herausgebers« in Heidegger 1975 ff., Bd. 56/57, 215.

13 Vgl. Heidegger 1975 ff., Bd. 56/57, 63–117, hier bes. 70–76. S. hierzu Kisiel 1992.

14 Heidegger 1975 ff., Bd. 56/57, 71.

beschrieben werden kann noch unter einer subjektiven, erkenntnistheoretischen Perspektive etwa als ein Fundierungs-
zusammenhang, der von einer Sinneswahrnehmung bis zur
Bildung des empirischen Allgemeinbegriffs »Katheder«
reicht. Das alltägliche Sehen nimmt das Katheder nicht isoliert und abstrakt, sondern »gleichsam in einem Schlage«[15]
und in verschiedenen konkreten Bezügen wahr, denen bestimmte Bedeutungen und Sinnzusammenhänge entsprechen: Es ist das Katheder, so führt Heidegger aus, an dem ich
jetzt diesen Vortrag halte, von dem aus ich zu Ihnen spreche,
das mir wie Ihnen in einer bestimmten Beleuchtung und vor
einem bestimmten Hintergrund erscheint, das für mich hoch
genug gestellt ist und auf dem nichts Störendes herumliegt.[16]
Ein solcher Zusammenhang von Bedeutungen charakterisiert
unser Leben in einer Welt.

In Heideggers Grundgedanken ist noch eine weitere Pointe
enthalten. Sie besteht in der Kritik an der neuzeitlichen Auffassung des Verhältnisses von Bewußtsein und Selbstbewußtsein und der Annahme, daß diesem Verhältnis eine grundlegende Bedeutung für die Philosophie zukommt. Für diese
Auffassung, die mit den Namen Descartes, Kant, Fichte, Schelling, Hegel bis hin zu Paul Natorp und Husserls reifer Konzeption der Phänomenologie ab 1913 verbunden ist, sind zwei
Momente entscheidend: einmal die These, daß das uns jederzeit zur Verfügung stehende Bewußtsein, in theoretischer
oder praktischer Weise auf Gegenstände außer uns bezogen
zu sein, stets ein Bewußtsein von uns selbst einschließt, in
dem wir uns von jenen Gegenständen außer uns unterscheiden und auf eine unzweifelhaft gewisse Weise als Subjekte unseres eigenen bewußten Lebens gegeben sind; zum anderen
die These, daß ein solches Selbstbewußtsein, für das der Ausdruck »Ich« steht, nicht als Eigenschaft einer konkreten Person, sondern als eine bloß funktionale, gänzlich inhaltsleere

15 Heidegger 1975 ff., Bd. 56/57, 71.
16 Vgl. Heidegger 1975 ff., Bd. 56/57, 71.

Größe anzusehen ist. Der Ausdruck »Ich« zeigt nur an, daß man bestimmte mentale Erlebnisse, die man hat, sich als seine eigenen zuschreiben kann. Gegen dieses Konzept des Verhältnisses von Bewußtsein und Selbstbewußtsein wendet Heidegger ein, daß ein solches rein formales und bloß funktionales ›Ich‹ in unserer primären Welterfahrung nicht vorkommt und in Wahrheit das Resultat einer phänomenfremden, theoretischen Konstruktion darstellt. Heideggers alternative Konzeption besteht nun nicht darin, auf die Rede von einem Ich in seinem Erleben zu verzichten und das Erleben als einen gänzlich objektiven Prozeß zu begreifen. An die Stelle jenes gleichsam farblosen und blutleeren Ich setzt Heidegger, wie schon Wilhelm Dilthey,[17] die konkrete, individuelle Person, und zwar in dem Sinne, daß sie als ein integrales Moment der Welterfahrung verstanden wird, an der sie wesentlich beteiligt und in der sie stets anwesend ist.

Diese Anwesenheit des Ich im Erleben drückt Heidegger anhand des Kathederbeispiels so aus: »Finde ich im reinen Sinn des Erlebnisses, hinschauend auf mein sehendes Verhalten zu dem umwelthaft sich gebenden Katheder, so etwas wie ein Ich?« Die Antwort lautet nun *nicht* etwa: ›Natürlich nicht!‹, sondern: »In diesem Erleben [...] liegt etwas von mir: es geht *mein* Ich voll aus sich heraus und schwingt mit in diesem ›Sehen‹ [...] *Genauer*: Nur in dem Mitanklingen des jeweiligen eigenen Ich erlebt es ein Umweltliches, weltet es, und wo und wenn es für mich weltet, bin *ich* irgendwie ganz dabei.«[18]

17 »In den Adern des erkennenden Subjekts«, so hatte Dilthey ausgeführt, »das Locke, Hume und Kant konstruierten, rinnt nicht wirkliches Blut, sondern der verdünnte Saft von Vernunft als bloßer Denktätigkeit. Mich führte aber historische wie psychologische Beschäftigung mit dem ganzen Menschen dahin, diesen, in der Mannigfaltigkeit seiner Kräfte, dies wollend fühlend vorstellende Wesen auch der Erklärung der Erkenntnis und ihrer Begriffe (wie Außenwelt, Zeit, Substanz, Ursache) zugrunde zu legen.« (Dilthey 1990, XVIII) Zum Verhältnis Heidegger–Dilthey vgl. Pöggeler 1986–1987.
18 Heidegger 1975 ff., Bd. 56/57, 73.

Mit Bezug auf diese Passage mag man Georg Misch wohl zustimmen, der in den Formulierungen Heideggers »etwas Gequältes« und einen »nicht immer fruchtbaren imponierenden Zug«[19] sah. Nichtsdestoweniger kommt dieser Stelle eine Schlüsselrolle zu: Sie ist die erste Fassung von Heideggers ursprünglicher Einsicht. Mit ihr hat er einen Paradigmenwechsel in der Philosophie eingeleitet, und mit ihr begründete er seinen Ruhm. Bald nachdem Heidegger diese gewiß abenteuerlich klingende und provokante Rede vom »Welten« aufgebracht hatte, reiste, so erinnert sich Hannah Arendt, »der Name [Heideggers] durch ganz Deutschland wie das Gerücht vom heimlichen König«[20].

Heideggers Paradigmenwechsel besteht darin, daß an die Stelle des bewußtseinstheoretischen Modells, das eine konzeptuelle Trennung zwischen dem Subjekt des Bewußtseins und der Welt der Objekte vorsieht, ein deutungstheoretisches Modell tritt, das von einer je konkreten und immer schon als sinnhaft erlebten Einheit von Ich und Welt ausgeht. Diese Einheit bezeichnet Heidegger am Ende jener »Durchbruchsvorlesung« im Anschluß an Dilthey als eine »*verstehende, hermeneutische* Intuition«[21]. Dies ist die Grundstruktur dessen, was in *Sein und Zeit* »In-der-Welt-sein«[22] heißt. Wie ist dies genauer zu verstehen?

---

19 So Misch in einem Gutachten, das er als Dekan der Philosophischen Fakultät der Universität Göttingen zu Heideggers Manuskript *Phänomenologische Interpretationen zu Aristoteles*, dem berühmten »Natorp-Bericht«, mit dem Heidegger sich um die Extraordinariate in Marburg und Göttingen beworben hatte, verfaßte. Der Wortlaut dieses lange als verschollen geltenden Manuskripts findet sich in: *Dilthey-Jahrbuch* 6 (1989), 237–269. Zu seiner Niederschrift, der Wiederauffindung und der Bedeutung für den frühen Heidegger vgl. Lessing 1989, Gadamer 1989 sowie Kisiel 1988.

20 Vgl. Arendt 1969, 893.

21 Heidegger 1975 ff., Bd. 56/57, 117.

22 Vgl. SuZ, 52 ff.

III. Das Konzept der Situation

Es ist Heidegger nicht verborgen geblieben, daß hier Explikationsbedarf besteht. Eine erste Erklärung bietet das Konzept der Situation. Unter einer Situation versteht Heidegger einen einheitlichen und zeitlich begrenzten Erlebniszusammenhang, der durch eine ebenfalls einheitliche Tendenz oder Richtung charakterisiert ist. Die Beispiele hierfür stammen aus der alltäglichen Lebenswelt: ein Gang ins Kolleg, der Besuch einer Vorlesung, Begegnungen mit Menschen oder Weisen des Verhaltens zu sich selbst, dies sind Situationen, und sie sind gleichsam das Medium und der Ort, an dem das erlebende Subjekt sich konkretisiert und objektiviert. Heideggers Meinung scheint zu sein, daß mit Bezug auf das erlebende Subjekt nur insofern von einem Selbstverhältnis gesprochen werden kann, als es sich in konkreten Situationen, die für es bedeutsam sind, sozusagen aus- oder hineinlebt und auf diese Weise sich in ihnen darstellt oder ausdrückt. Entsprechend hat Heidegger die Situation als »Ausdrucksgestalt des Selbst«[23] bezeichnet.

Im Versuch, der besonderen Verfassung dieses Phänomens gerecht zu werden, tut Heidegger einen weiteren und entscheidenden Schritt. Aus dem Umstand, daß diese Weise des Lebens in einer Welt allen theoretisch-objektivierenden Betrachtungsweisen vorausliegt, folgert Heidegger, daß auch eine theoretisch-objektivierende Aufklärung der Verfassung dieses Selbstverhältnisses unmöglich ist. Das Zustandekommen dieses Selbstverhältnisses überträgt er statt dessen dem konkreten Vollzug des Lebens in der Welt selber.

Diese Konzeption ist in mehrfacher Hinsicht von Bedeu-

---

23 »Die Ausdrucksgestalt des Selbst ist seine Situation. Ich habe mich selbst, heißt: *die lebendige Situation wird verständlich.*« (Heidegger 1975 ff., Bd. 58, 166) Zur Explikation dieser ›Selbsthabe‹ vgl. Heidegger 1975 ff., Bd. 58, 131–168, bes. 145 ff.; vgl. die Nachschrift des Schlußteils der Vorlesung von O. Becker, Heidegger 1975 ff., Bd. 58, 246 ff.

tung. Sie beansprucht die Auf- bzw. Ablösung des Problembestandes der klassischen Theorien des Selbstbewußtseins. Denn sie geht davon aus, daß ein Selbst sich allein aus den konkreten Situationen versteht, die für es bedeutsam sind und in denen es sich deswegen darzustellen und auszudrücken vermag. Dies soll in einem Prozeß geschehen, in dessen Verlauf das Selbst sich allererst objektiv wird oder, wie Heidegger sich umständlich, aber durchaus präzise, ausdrückt, »sich selbst zum Haben bringt«[24]. Dieser Prozeß ist gar kein anderer als der je konkrete Vollzug des Lebens in einer Welt. So ist es nicht zuviel gesagt, daß der Weisheitsspruch des Delphischen Orakels »Erkenne dich selbst!« bei Heidegger in einer hermeneutisch verwandelten Gestalt als »Verstehe Dich selbst in und aus Deiner Welt!« wiederkehrt. Und wirklich kennt Heidegger zwei fundamentale Weisen, in denen der Prozeß dieser Selbstverständigung sich vollzieht. Dies sind das von Heidegger sogenannte uneigentliche Selbstsein, in dem ein Selbst sich mißversteht und verfehlt, und das »eigentliche Selbstsein«, in dem es ihm gelingt, sich in authentischer Weise zum Grund und Zweck seines Lebens in der Welt zu machen.

Damit sind wir mitten in Heideggers *Sein und Zeit* hineingeraten. Es ist nämlich dieses Konzept der Selbstdeutung im Vollzug des Lebens, das die Grundlage der Frage nach dem Sinn von Sein darstellt. Von hier aus konnte Heidegger die These aufstellen, daß die Frage nach dem Sinn von Sein in der Geschichte der abendländischen Philosophie bisher keine angemessene Antwort gefunden hat. Sie hat deswegen keine angemessene Antwort gefunden, weil sie gar nicht angemessen gestellt worden ist. Das Unangemessene der Fragestellung liegt für Heidegger in der in der abendländischen Philosophie und Wissenschaft durchgängig herrschenden theoretisch-ob-

24 »Die Tendenz des faktischen Lebens« ist es, so drückt sich Heidegger hier aus, »zu ›sein‹ in der Weise des Sich-selbst-zum-Haben-Bringens.« (Heidegger 1975 ff., 61, 171).

jektivierenden Einstellung, die in der Sicht Heideggers eine fundamentale Verstellung ist. Daß dies so ist, läßt sich anhand des Selbst und seines Lebensvollzugs zeigen. Hier nämlich hat man eine Instanz, für die es wesentlich ist, daß sie sich nicht in einer objektivierenden Einstellung zu sich und dem, was ist, verhält. Für das Selbst, das wir alle sind, gilt vielmehr – und darin besteht der nichtobjektivierende Charakter –, daß es sich dadurch zur Welt verhält, daß es sich im Vollzug seines Lebens deutend zu sich selbst verhält; dadurch vermag es das, was es seinem Wesen nach ist, zur Darstellung zu bringen. Das Selbst ist daher das einzige Seiende, mit Bezug auf das die Frage nach dem Sinn von Sein auf eine nicht theoretisch-objektivierende Weise gestellt werden kann. Das Selbst, so könnte man sagen, repräsentiert in seinem Lebensvollzug die Frage nach dem Sinn von Sein. Denn dieser Sinn ist nur von ihm selber und nur im konkreten Vollzug seines Lebens in einer Welt zu finden. Die altehrwürdige Ontologie, die Lehre vom Sein, muß daher, so ließe sich Heideggers methodische Konklusion zusammenfassen, auf eine radikal neue Weise aus einer Ontologie des Selbst begründet werden. Diese neue Ontologie gründet in der besonderen reflexiven Struktur des Selbst, das heißt in seiner Verfassung, im Vollzug seines Lebens in der Welt sich deutend zu sich selbst zu verhalten. *Sein und Zeit* ist der Entwurf einer solchen Ontologie des Selbst.

Das theoretische Profil und der systematische Gehalt von *Sein und Zeit* wird daher erst dann wirklich prägnant, wenn man sich darüber klar wird, daß der eigentliche Gegenstand und das Thema der Untersuchungen in *Sein und Zeit* in der Analyse von Weisen von Selbstverhältnissen besteht, in denen der Mensch – Heidegger vermeidet allerdings bewußt die Rede vom Menschen oder vom Subjekt und ersetzt sie durch den Begriff des Selbst und häufiger durch den nicht gerade glücklich gewählten Ausdruck »Dasein« –, in denen also ein Selbst sich in seinem Leben in der Welt versteht. Dies geschieht, wie erwähnt, auf eine doppelte Weise: auf eine uneigentliche und eine eigentliche Weise.

Indem ich mich im folgenden auf dieses Herzstück von *Sein und Zeit* konzentriere, muß ich andere Theoriestücke übergehen, so die Analyse des Lebens in einer Welt unter dem Begriff der Weltlichkeit,[25] das unter anderem durch den Unterschied zwischen der sogenannten Vorhandenheit,[26] die für unser Verhältnis zu theoretischen Objekten gilt, und der Zuhandenheit[27] bestimmt wird, die den vortheoretischen verstehenden Umgang mit den Dingen betrifft. Diese und weitere Bestimmungen nennt Heidegger – in polemischer Absetzung gegenüber der traditionellen Rede von den Kategorien als den Grundbegriffen der Ontologie – »Existenzialien«[28]. Sie sind die begrifflichen Explikationen jener ursprünglichen Einsicht Heideggers von der besonderen Verfassung unseres Lebens in einer Welt. Zu ihnen zählt auch die Alternative zwischen einem uneigentlichen und einem eigentlichen Selbstsein.

IV. Zur Theorie der Eigentlichkeit der Existenz

1. Das Man. Die Alternative zwischen einem uneigentlichen und einem eigentlichen Selbstsein läßt sich als Alternative zwischen einem Lebensentwurf beschreiben, der vorgegebenen und kollektiv geteilten Konventionen folgt, und einem solchen, dem eine authentische Entscheidung darüber zugrunde liegt, wie man leben und wer man sein will. Heideggers These ist es, daß die erste Lebensweise, in der das Selbst sich nach dem richtet und von dem her sich versteht, was »man« für richtig hält, die primäre und vorherrschende Lebensweise ist.[29] Sie ist, und damit nehme ich die eben skiz-

25 Vgl. SuZ, 63 ff.
26 Vgl. SuZ, 73 ff.
27 Vgl. SuZ, 69 ff.
28 SuZ, 44.
29 Vgl. SuZ, 126–130 u. 166–180.

zierte Interpretationsrichtung auf, durch einen negativen Selbstbezug charakterisiert. In dieser Lebensform sieht der einzelne von sich weg und bezieht sich primär nicht auf sich, sondern auf seine Umwelt und versteht seine handlungsleitenden Zwecke von da her. Der einzelne verdeckt und verfehlt sich daher in dieser Lebensform, indem er eben gar nicht bei sich selbst, sondern nur bei anderen und anderem als er selbst ist. Dies ist die Lebensform des »Man«. Auf die eindringlichen, durchaus sprachmächtigen kulturkritischen Reflexionen Heideggers über die Herrschaft des »Man«, das alle Meinungen diktiert und eine Leichtigkeit suggeriert, die die Leere überspielt, der das Leben gemeinhin verfallen ist, kann ich hier nicht näher eingehen. Für unseren Zusammenhang ist vielmehr der Übergang von dieser Existenzweise zur zweiten, der eigentlichen Existenz entscheidend. Er vollzieht sich mit einiger Dramatik, und hier hat Heideggers *Sein und Zeit* einen seiner Glanz- und Höhepunkte.

2. *Die Angst.* Dieser Übergang erfolgt auf dem Wege der Analyse einer Grundbefindlichkeit, die, folgt man Heidegger, nicht psychologisch mißverstanden werden darf: die Angst.[30] Heidegger nähert sich dem Phänomen der Angst – inspiriert von Sören Kierkegaards Angstanalysen[31] – von dem Charakter der Verfallenheit an die Welt des Man her. Darin, so führt Heidegger aus, liegt eine Fluchtbewegung vor. Das Dasein – und ich erlaube mir, diesen Terminus mit Heidegger im Folgenden zusammen mit dem des Selbst zu verwenden –, das Dasein flieht in seiner Orientierung an der Welt des Man nämlich vor sich selbst. Diese Flucht ist indessen nicht durch etwas Konkretes veranlaßt, das in der Welt selber begegnet; es ist vielmehr – und dies ist schon die erste Pointe – das In-der-Welt-Sein selber, vor dem das Dasein flieht. Dies wird zum Ausgangspunkt der Analyse der Angst. Wovor man Angst hat, ist das Leben in der Welt, das In-der-Welt-Sein als solches. Ge-

---

30 Vgl. SuZ, 184 ff.
31 Vgl. Kierkegaard 1984.

nau das ist Heideggers Grundthese über die Angst: Das »*Wovor der Angst* ist das *In-der-Welt-Sein* als solches.«[32]

Was heißt das genau? Es heißt, daß konkrete Ereignisse, Gegenstände und Umstände in der Welt nicht relevant sind. In der Angst ist das Bedrohende nirgends; man weiß eigentlich gar nicht, was es denn ist, wovor man sich ängstigt. Gleichwohl ist es da, hautnah sozusagen, und doch nicht zu fassen: »Es ist so nah, daß es beengt und einem den Atem verschlägt – und doch nirgends.«[33]

Diese Grundbefindlichkeit der Angst, für die die Dinge in der Welt nicht relevant sind, ist nicht eine Folge dessen, was man »Weltverlust« nennt, und dem eigentlich nicht Angst, sondern eher Trauer und Schmerz um den Verlust aller Sinnbezüge des Lebens entsprechen, wie es nach dem Verlust eines geliebten Menschen, sei es durch Trennung oder Tod, geschehen kann. Die Angst, um die es Heidegger geht, ist etwas anderes: Dadurch, daß alle Gegenstände, Ereignisse und Situationen, in denen die Bedeutsamkeitszusammenhänge für das eigene Leben und Erleben bestehen, irrelevant und nichtig werden, tritt man nicht aus der Welt heraus. Vielmehr tut sich nun gleichsam die Dimension der Welt als solche auf, die Dimension also, in der man sich immer schon hält, abgesehen von der Weise, wie man sich in ihr verhält. Die Angst vor der Welt bleibt somit auf die Welt bezogen; daher ist sie Angst vor dem In-der-Welt-Sein als solchem, und das heißt Angst vor dem Eintritt in die Welt, vor dem Sicheinlassen in konkrete Zusammenhänge und Situationen. Es ist das Zaudern und Zögern, sein Leben in die Hand zu nehmen, in das Leben hineinzutreten und sich selber zu bestimmen. Es ist, um ein Wort Franz Kafkas aufzunehmen, die Unfähigkeit, die Aufgabe, die man selber ist und für die kein Schüler weit und breit in Sicht ist, selber zu lösen.

Auf dem Grunde dieser Angst tut sich in der Sicht Heideg-

32 SuZ, 186.
33 SuZ, 186.

gers aber dennoch eine Perspektive auf, die zu einem positiven Selbstverhältnis führen kann. Da dem Selbst in seiner Angst keinerlei Deutungsmodelle für seinen Lebensentwurf von außen gegeben sind, sieht es sich auf sich selbst zurückgeworfen. So kehrt es in sich selbst zurück, und hier wird ihm, so Heidegger, deutlich, worum es sich ängstigt: Dies ist das von ihm selber zu leistende In-der-Welt-Sein. Im Durchgang durch die negative Beziehung zu sich selbst entdeckt es, nachdem ihm alle äußeren, von ihm selber nicht geleisteten Deutungsmodelle abhanden gekommen sind, nur noch sich selbst als den Grund eines Lebensentwurfs. Auf dem Grunde der Angst, dort, wo es keine äußeren Gehalte mehr gibt, die dem Leben Halt geben könnten, dort entdeckt der einzelne, so Heidegger, das »*Freisein für* die Freiheit des Sich-selbst-Wählens und -Ergreifens«[34]. Erst im Durchgang, im Aushalten, im Durchleben oder Durchleiden der Angst vor dem In-der-Welt-Sein entdeckt das Selbst in seiner absoluten Vereinzelung sich selbst. Darin erst versteht es, wie Friedrich Hölderlin es in seinem Gedicht »Lebenslauf« ausgedrückt hat, »die Freiheit aufzubrechen, wohin man will«.

Doch was heißt das genau? So muß man noch einmal fragen. Wie ist es zu verstehen, daß das Selbst gerade in seiner Angst vor der Welt aus dieser Angst gleichsam heraustreten kann und seine Freiheit, die doch ganz verdeckt und verschwunden ist, entdeckt? Wird es nicht immer nur sich selbst, sofern es sich ängstigt, gewahren? Wie soll ihm deutlich werden können, daß dies nicht sein wahres Wesen ist und daß gleichsam dahinter die Freiheit seiner Selbstbestimmung liegt? Wie soll es verstehen, daß es selbst der Grund ist, der es vor dem von ihm selber zu leistenden In-der-Welt-Sein zurückhält, und wie kann ihm dann aufgehen, daß die »Freiheit aufzubrechen, wohin man will«, seine eigene, ihm selber zur Verfügung stehende und von ihm selber zu ergreifende Freiheit ist?

Es beweist Heideggers methodische Reflektiertheit, daß er

---

34 SuZ, 188.

in *Sein und Zeit* diese Fragen stellt und auf sie antwortet. Im Anschluß an die Beschreibung der Grundbefindlichkeit der Angst bietet Heidegger eine Antwort auf die Frage an, wie das Selbst seine eigene Freiheit entdecken und sich selber als den Grund und Zweck seines Lebens in der Welt begreifen kann. Dies faßt Heidegger terminologisch als das eigene und eigentliche Seinkönnen. Dies, so lautet die erste und vorläufige Antwort, kann das an die Welt des Man verfallene und sich ängstigende Selbst nicht aus eigenen Stücken leisten. Es muß ihm vielmehr von einer Instanz, die von ihm unterschieden ist, gezeigt und bezeugt werden. Ein solches Zeigen und Bezeugen soll nun in der Form eines unvermittelten Rufs oder Anrufs geschehen. Diesen Ruf nennt Heidegger den Ruf des Gewissens, und auch hier verwahrt er sich gegen psychologische oder theologische Assoziationen. Damit ist das Zentrum der Analysen des Daseins erreicht.[35]

3. Das Gewissen. Hier ist die Lage allerdings etwas verwikkelt. Der Gehalt oder die Absicht des Rufs kann sich nämlich nicht auf das an die Welt des Man verfallene Selbst als solches beziehen, denn durch diesen Ruf soll es gerade aus seiner Verfallenheit zu sich selbst zurückgeholt werden. Er kann sich daher nur auf einen Aspekt oder eine Seite dieses Selbst beziehen, die hinter seinen primären Weltbezügen verdeckt und verborgen sein muß. Zu fragen ist, wie dies zu verstehen ist.

Hier sind zwei Momente zu unterscheiden. Soll das Selbst das, was ihm der Ruf zu sagen hat, verstehen und auf sich selbst beziehen – und dies ist die Aufforderung zur freien Wahl einer Handlungsmöglichkeit und damit die Aufforderung zur Selbstbestimmung –, dann muß es sich zum einen in Distanz zu seinen primären Weltbezügen halten und in ebendieser Distanz und Unterschiedenheit sich auf sich selbst beziehen können. Dies ist der erste Charakter des vom Ruf betroffenen Selbst. Zum anderen, und dies ist das Entscheidende, muß es sich eben darin positiv als ein Wesen verstehen, das unabhän-

---

35 Zum Folgenden vgl. SuZ, 267 ff.

gig von seinen primären Weltbezügen und in Distanz zu ihnen sich von sich selber aus zu etwas entscheiden und dieser Entscheidung gemäß handeln kann. Ein solches Selbstbewußtsein kann man ein *ursprünglich praktisches Selbstbewußtsein* nennen.

Dieses praktische Selbst, so läßt sich nun sagen, wird durch den Ruf aus der bloß impliziten Stellung, die es im Modus des Man-Selbst einnimmt, befreit und zu sich selbst gebracht. Dieses Aufdecken und Entdecken der Fähigkeit zur Selbstbestimmung beschreibt Heidegger bildkräftig so, daß es durch den Ruf seiner »Unterkunft« und seines »Verstecks« unter der Herrschaft des Man beraubt und »zu ihm selbst gebracht«[36] wird. »Werde gewahr«, so könnte daher der Ruf des Gewissens lauten, »daß Du Dich frei und authentisch aus Dir selbst bestimmen kannst und Dir die Welt nach Maßgabe dessen erschließen kannst, was Du bist und als was Du Dich verstehst.« Der Sinn von Sein, so ließe sich daher sagen, ist der Sinn, unter dem das individuelle Selbst sein Leben in der Welt im Modus der Eigentlichkeit seiner Existenz versteht.

Indem es dies realisiert, wird ihm noch etwas anderes deutlich. Es bemerkt, daß das, was der Ruf ihm zu verstehen gibt, die Aufforderung nämlich zur Selbstbestimmung, in Wahrheit nur der Ausdruck seines eigenen Wesens ist; und das bedeutet, daß es in der Instanz des Rufs sein eigenes Wesen erkennt, das ihm zunächst fremd und insofern in der Gestalt eines Anrufs von außen erscheinen mußte. Daher kann Heidegger sagen: »Das Dasein ruft im Gewissen sich selbst.«[37] Das Verstehen des Rufs führt insofern zu der Einsicht, daß das Geschehen des Anrufs Ausdruck gleichsam der Spannung ist, in dem das in der Angst befindliche Selbst existiert. Diese Spannung besteht darin, einerseits ohne äußere Deutungsmöglichkeiten auf sich selbst zurückgeworfen zu sein, andererseits aber die Chance, die darin liegt und die in der Freiheit zur Selbstbe-

36 SuZ, 273.
37 SuZ, 275.

stimmung besteht, nicht wahrzunehmen und zu realisieren. Dieses Selbst, so ließe sich noch einmal mit Blick auf die Dichtung Franz Kafkas sagen, steht gleichsam vor dem Gesetz, durch das es sich selbst bestimmen könnte und in dem ihm in Wahrheit sein eigenes Wesen entgegentritt; genau dies sieht und versteht es nicht. Daraus – und das ist Heideggers positive Wendung – befreit es der Ruf des Gewissens. Dieser Ruf erscheint wie der Glanz, der, wie es in Kafkas Türhüter-Erzählung heißt, »unauslöschlich aus der Türe des Gesetzes bricht«. Doch nicht am Ende eines Lebens, an dem ein Türhüter sagt, daß der Eingang in das Gesetz nur für das je individuelle Selbst, das man ist, bestimmt ist – »Dieser Eingang war nur für dich bestimmt«, sagt der Türhüter zu Josef K., »ich gehe jetzt und schließe ihn.« – sondern mitten im Leben tritt für Heidegger jener Ruf auf, denn er ist Ausdruck der Grundstruktur unseres bewußten Lebens in einer Welt.

Ist dies Heideggers Option in *Sein und Zeit*, dann folgt etwas Entscheidendes: Heideggers Verdikt gegen die klassisch-idealistische Tradition der Theorien der Subjektivität ist unberechtigt. Denn genau dieses für Heideggers Theorie der Eigentlichkeit der Existenz charakteristische Konzept eines allen konkreten Weltbezügen vorausliegenden ursprünglich praktischen Selbstbewußtseins ist es, das Johann Gottlieb Fichte in einem vergleichbaren Zusammenhang, nämlich seiner Theorie der Aufforderung zur freien Wahl und Realisierung eines bestimmten individualisierenden Lebensentwurfs, als erster in die neuzeitliche Theorie der Subjektivität eingebracht hat. Soll nämlich, so lautet Fichtes Überlegung in seiner *Grundlage des Naturrechts*, die Aufforderung zur freien Selbstbestimmung verstanden werden, dann muß das aufgeforderte Subjekt von sich aus und unabhängig von allen konkreten Zwecksetzungen über einen »Begriff von Freiheit«[38] verfügen. Dieses ursprünglich praktische Selbstbewußtsein hat Fichte als Grundbestimmung einer Theorie der endlichen,

38 Fichte 1962 ff., I, 3; 345.

konkreten Subjektivität verstanden und zum Fundament einer allgemeinen, moralneutralen Theorie vernünftigen Handelns gemacht.[39] Sie wäre in Heideggers Konzept der Eigentlichkeit der Existenz einzutragen.[40]

Es darf als eine unvermutete Bestätigung dieser These angesehen werden, daß Heidegger im Zuge seiner nach *Sein und Zeit* unternommenen intensiven Fichte-Lektüre, bei der ihm, wie er im Jahre 1929 an Karl Jaspers schreibt, »wieder eine Welt aufgegangen«[41] sei, den Fichteschen Begriff des Ich in ebendiesem praktischen Sinn als den Begriff eines »zu seinem eigenen Seinkönnen sich verhaltenden« und bezüglich seines »eigensten Seins«[42] frei sich entscheidenden Wesens interpretiert hat. Die paradoxe Pointe dieser Interpretation und zugleich die Bestätigung der soeben vorgetragenen Überlegung besteht darin, daß Heidegger auf diese Weise der Sache nach gar nicht den Gehalt des Fichteschen Begriffs des reinen Ich der frühen *Wissenschaftslehre* von 1794, sondern vielmehr den Fichteschen Begriff eines ursprünglich praktischen Selbstbewußtseins für sich entdeckt hat, der seinen systematischen Ort in Fichtes angewandter praktischer Philosophie hat.[43]

Auf die Frage, wozu das Individuum sich bestimmen soll, hat Heidegger keine Antwort gegeben. Einer der Gründe dafür ist darin zu sehen, daß es hier um den je eigenen Lebensentwurf geht, über den nicht vorentschieden werden kann. Darüber hinaus will *Sein und Zeit* keine Ethik sein, sondern eine moralneutrale Theorie autonomer Selbstbestimmung. Wird nun gefragt, ob für das eigentliche Selbstsein, von dem Heidegger so emphatisch spricht, nicht doch zumindest ein normativer Rahmen angegeben werden kann, dann wäre auf For-

---

39 Vgl. zur Sache Stolzenberg 1995b u. Stolzenberg 1998.
40 Vgl. Stolzenberg 2001.
41 Heidegger/Jaspers 1920, 123.
42 Heidegger 1975 ff., Bd. 28, 108 u. 111.
43 Vgl. hierzu Stolzenberg 2002.

mulierungen in *Sein und Zeit* zu verweisen, in denen die Theorie des Gewissens und die autonome Selbstbestimmung als Grundlage selbstverantworteten Handelns erklärt wird.[44] Freilich werden bestimmte materiale Zwecke des Handelns nicht genannt. Genau darin kann man aber eine systematische Pointe sehen. Weil der Ruf des Gewissens nur den formalen Charakter freier Selbstbestimmung betrifft, kann damit kein ethischer Egoismus begründet werden. Das ursprünglich praktische Selbstbewußtsein repräsentiert vielmehr eine Dimension, die für alle anderen gleichermaßen gilt. Indem ein individuelles Selbst sich seiner Autonomie bewußt wird und sich frei zu etwas entschließt, schließt es sich in dieser Hinsicht mit allen anderen Individuen gleichsam zusammen. So ist in Heideggers Theorie des Gewissens durchaus so etwas wie ein allgemeines Gesetz enthalten, das indessen nichts anderes als der Ausdruck der Freiheit im Akt der Selbstbestimmung ist. Dieses Gesetz enthält keine verbindliche inhaltlich bestimmte Anweisung und Regel, wie man leben soll, aber es gibt den Rahmen an, innerhalb dessen konkrete Handlungsabsichten und Selbstdeutungsmodelle auf die Authentizität ihrer Aneignung hin überprüft werden können. Daß diese Ansicht der Fichteschen Idee der Freiheit und des Primats des Praktischen entspricht, ist wohl einer der Gründe für die Betroffenheit, mit der Heidegger Fichte gelesen und dabei »eine Welt« entdeckt hat.

V. Zeit

Auf dem Wege zu *Sein und Zeit* habe ich noch nichts zum zweiten Teil des Titels, zur *Zeit*, gesagt. Hiervon handelt der 2. Abschnitt von *Sein und Zeit* unter dem Titel »Dasein und

44 Dies sind insbesondere Ausführungen zu dem, was Heidegger »Entschlossenheit« nennt; vgl. SuZ, 297 ff. u. 322 f.; vgl. Figal 1988, 233 ff., 258 ff.

Zeitlichkeit«. Der geplante 3. Abschnitt – er sollte die Überschrift tragen »Zeit und Sein« –, ist nicht mehr erschienen, und auch der ganze geplante zweite Teil – hier wollte Heidegger in eine Auseinandersetzung mit Kant, Descartes und Aristoteles eintreten – liegt nicht vor.[45] Heideggers Hauptwerk ist Fragment geblieben.[46]

45 In § 8 der »Einleitung« gibt Heidegger den folgenden »Aufriß der Abhandlung«: »*Erster Teil*: Die Interpretation des Daseins auf die Zeitlichkeit und die Explikation der Zeit als des transzendentalen Horizontes der Frage nach dem Sein. *Zweiter Teil*: Grundzüge einer phänomenologischen Destruktion der Geschichte der Ontologie am Leitfaden der Problematik der Temporalität. Der erste Teil zerfällt in *drei Abschnitte*: 1. Die vorbereitende Fundamentalanalyse des Daseins. 2. Dasein und Zeitlichkeit. [Die folgenden Teile sind nicht mehr erschienen. – Zus. v. Vf.] 3. Zeit und Sein. Der zweite Teil gliedert sich ebenso *dreifach*: 1. *Kants* Lehre vom Schematismus und der Zeit als Vorstufe einer Problematik der Temporalität. 2. Das ontologische Fundament des »cogito sum« *Descartes*' und die Übernahme der mittelalterlichen Ontologie in die Problematik der »res cogitans«. 3. Die Abhandlung des *Aristoteles* über die Zeit als Diskrimen der phänomenalen Basis und der Grenzen der antiken Ontologie.« (SuZ, 39 f.) Zu den Umständen, die Heidegger von der Publikation des dritten Abschnitts des ersten Teils Abstand nehmen ließen, vgl. Kisiel 1993, 486–489.

46 Die Vorlesung von 1927 *Die Grundprobleme der Phänomenologie* hat Heidegger selber als »Neue Ausarbeitung des 3. Abschnitts des I. Teils von ›Sein und Zeit‹« angesehen (Heidegger 1975 ff., 24, 1, Anm. 1). Die Auseinandersetzung mit Kant erfolgte in Heidegger 1991. Zum Verhältnis seiner Kant-Interpretation zu *Sein und Zeit* bemerkt Heidegger: »Die Auslegung der ›Kritik der reinen Vernunft‹ erwuchs im Zusammenhang einer ersten Ausarbeitung des *zweiten* Teils von ›Sein und Zeit‹. […] Im zweiten Teil von ›Sein und Zeit‹ wird das Thema der nachstehenden Untersuchung auf dem Boden einer weitergespannten Fragestellung behandelt werden. Dagegen ist dort auf eine fortschreitende Auslegung der Kritik d. r. V. verzichtet. Das soll die vorliegende Veröffentlichung als vorbereitende Ergänzung leisten. Zugleich verdeutlicht sie im Sinne einer ›geschichtlichen‹

In die Thematik der Zeit fällt nun ein Thema, das mit der Philosophie und dem Namen Heideggers aufs engste verbunden ist. Dies ist die Bedeutung, die der Tod für unser bewußtes Leben hat.

1. Tod. Das Todesthema tritt in *Sein und Zeit* mit der Frage auf, ob und unter welchen Bedingungen unser Leben von uns als ein einheitliches Ganzes verstanden werden kann.[47] Das Phänomen des Todes wird daher aus der Perspektive der Grundstruktur des Daseins interpretiert. Dies bedeutet zunächst, daß der Tod als etwas thematisch wird, zu dem wir uns in unserem Leben verhalten, besser, zu verhalten haben. Wir haben uns zu ihm in der Weise zu verhalten und dies zu realisieren, daß der Tod, der uns bevorsteht, unvertretbar ist, daß er nur von einem jedem individuell übernommen werden kann und muß. Zugleich schlägt der Tod sozusagen auf unser Leben zurück, denn nur unter dem Zeichen der Endlichkeit suchen oder entwerfen wir für unser Leben einen Sinn. So ist unser Lebensentwurf immer auf sein Ende und darin auf eine Ganzheit bezogen. Zugleich können wir uns dem Tode nicht entziehen. Dies meint das Wort von der Faktizität des Todes. Für unsere Lebensführung bedeutet dies, daß wir uns einem Sinnentwurf, mit dem wir unser Leben deuten, nicht entziehen können: Wir haben unser Leben zu führen, eben weil wir endlich sind. Dies ist es, was Heidegger »Sorge«[48] nennt.

Dies alles, so scheint es, ist hinlänglich bekannt. So ist zu fragen, worin die systematische Pointe von Heideggers Überlegungen über den Tod besteht. Sie besteht erneut im Aufweis

---

Einleitung die in ›Sein und Zeit‹ 1. Hälfte behandelte Problematik.« (Heidegger 1991, XVI) Heidegger hat also noch um 1929 an eine Veröffentlichung des zweiten Teils von SuZ gedacht. Ab 1930 entwickelte er jedoch einen neuen Ansatz, das sog. »seinsgeschichtliche Denken«, der ihn davon Abstand nehmen ließ.

47 Vgl. SuZ, 231 ff.

48 Vgl. SuZ, 186 ff.

einer spezifischen Weise des Selbstverhältnisses, durch die das Dasein charakterisiert ist. Genau dadurch nämlich, daß der Tod als der je eigene begriffen wird, wird dem Selbst seine unvertretbare Individualität deutlich, aus der es seinen Lebensentwurf auf ein Ganzes hin gestalten muß. Hierbei wird die Beziehung auf andere und anderes als das eigene Leben irrelevant. In der Perspektive auf den je eigenen Tod tritt das Leben, das man zu führen hat, aus allen Fremdbezügen heraus und konzentriert sich nur auf sich selbst. Insofern ist man am Ende mit seinem Leben allein. In diesem Selbstverhältnis tritt wiederum die Angst auf, und zwar die Angst, die aus der ständigen Bedrohung erwächst, nicht sein zu können. Diese Angst bleibt in der Sicht Heideggers auch in einem Leben, das sich unter das Postulat der Selbstbestimmung stellt, wirksam.

Die definitiv letzte Dimension, aus der das, was es heißt, auf bewußte Weise in einer Welt zu leben, verständlich wird, ist für Heidegger nicht der Tod, sondern die umfassendere Dimension der Zeit in der Einheit ihrer drei Dimensionen der Vergangenheit, Gegenwart und Zukunft. Hier wird die systematische Bedeutung, die der Struktur des Selbstverhältnisses des Daseins für die Untersuchungen von *Sein und Zeit* zukommt, erneut bestätigt.

2. Zeit und Selbst. Die drei Dimensionen der Zeit, Vergangenheit, Gegenwart und Zukunft, beschreibt Heidegger als ein dreifach differenziertes Selbstverhältnis des Daseins.[49] Es genügt daher nicht, die Dimension der Zukunft nur aus dem Verhalten zu Handlungsmöglichkeiten und Absichten zu erklären, die sich mit der Entscheidung für das eigene Selbstsein auftun und die zu realisieren sind. Auf diese Weise wird das Selbstverhältnis, in dem das Dasein sich realisiert, nicht deutlich. Im Entwurf einer Lebensperspektive ist das Dasein zwar »über sich hinaus« und »sich selbst vorweg« auf sein zukünftiges Sein bezogen; doch kommt es im Zuge der

---

49 Zu Heideggers Theorie des »vulgären« Zeitverständnisses vgl. Heidegger 1975 ff., 24, 362 ff.

Realisierung seines Lebensentwurfs ebenso »auf sich selbst zu«[50]. Auch im Verhalten zu Vergangenem verhält das Dasein sich zu sich selbst. Vergangenes ist nicht als ein neutraler Bestand nur bewahrt; vielmehr verhält das Dasein sich stets zu Vergangenem, und dies so, daß es darin sich selbst in der Beziehung auf das bewahrt und »behält«, was es schon gewesen ist. Die Gegenwart schließlich versteht Heidegger als ein ›Sichaufhalten bei vorhandenem Seienden‹, in Beziehung auf das das Dasein sich jeweils konkretisiert und insofern »bei sich«[51] ist. Diese Einheit der drei Dimensionen der Zeit nennt Heidegger »Zeitlichkeit«[52].

Diese Strukturbeschreibung der Zeitlichkeit bezieht Heidegger auf die Theorie der Eigentlichkeit der Existenz. Die Einheit der drei Dimensionen der Zeit wird als das Fundament für die Art und Weise begriffen, in der das Dasein sich im Modus der Eigentlichkeit realisiert. Soll dieses Verhältnis aber angemessen begriffen werden, dann muß auch jenes ursprüngliche praktische Selbstbewußtsein mitberücksichtigt werden, das im Zusammenhang der Analyse des Gewissens in den Blick gekommen war. Dieses praktische Selbstbewußtsein – dies ist entscheidend – kann jedoch kein Moment der Struktur der Zeitlichkeit im Sinne Heideggers sein, weil es die

50 Heidegger 1975 ff., Bd. 24, 375.
51 Heigegger 1975 ff., Bd. 24, 376.
52 SuZ, 326 u. Heidegger 1975 ff., Bd. 24, 376. Auf die Genese von Heideggers Theorie der Zeit kann hier nicht eingegangen werden. Vgl. Heideggers Habilitationsvortrag von 1915 (Heidegger 1975 ff., Bd. 1, 413–433), die Vorlesungen zur Phänomenologie des religiösen Lebens und zum Urchristentum (Paulus) von 1920/21, zu Augustinus und dem Neuplatonismus von 1921 (Heidegger 1975 ff., Bd. 60), der Vortrag von 1924 »Der Begriff der Zeit« (Heidegger 1989) sowie die Vorlesung von 1925 *Prolegomena zur Geschichte des Zeitbegriffs* (Heidegger 1975 ff., Bd. 20); nach SuZ die Vorlesung *Die Grundprobleme der Phänomenologie* (1927) sowie der unveröffentlichte Vortrag *Des hl. Augustinus Betrachtungen über die Zeit* (1930). Vgl. auch Kisiel 1983; Pöggeler 1983; Fleischer 1991.

letzte Bedingung ist, unter der die Realisierung eines selbst gewählten, ›eigentlichen‹ Lebensentwurfs in der Zeit überhaupt möglich ist. So muß diesem Selbstbewußtsein eine zeitneutrale Position zukommen. Ein Leben in der Zeit in der Weise der Eigentlichkeit zu führen, so wäre daher am Ende zu sagen, setzt die zeitneutrale Position eines mit Bezug auf seine Handlungsmöglichkeiten autonomen und reflexiven Selbst voraus. Dann aber ist die zentrale These von *Sein und Zeit*, die These, daß die Zeitlichkeit der letzte Grund ist, aus dem die Möglichkeit der Existenz des Daseins begriffen werden kann, nicht aufrechtzuhalten. Der letzte Grund ist das zeitneutrale praktische Selbst.

Literatur

Arendt, H. (1969): »Martin Heidegger zum achtzigsten Geburtstag«. *Merkur* 10, 893–902.

Braig, K. (1896): *Vom Sein. Abriß der Ontologie.* Freiburg.

van Buren, J. (1994): *The Young Heidegger.* Bloomington/Indianapolis.

Fichte, J. G. (1962 ff.): *Fichte-Gesamtausgabe der Bayerischen Akademie der Wissenschaften.* Hg. von R. Lauth u. H. Jacob. Stuttgart/Bad Cannstatt.

Figal, G. (1988): *Martin Heidegger. Phänomenologie der Freiheit.* Frankfurt a. M.

Figal, G. (1996): *Heidegger zur Einführung.* Hamburg ³1996.

Fleischer, M. (1991): *Die Zeitanalysen in Heideggers »Sein und Zeit«.* Würzburg.

Fried, G. (2000): *Heidegger's Polemos. From Being to Politics.* Yale.

Gabel, G. U. (1993): *Heidegger. Ein internationales Verzeichnis der Hochschulschriften 1930–1990.* Hürth-Efferen.

Gadamer, H.-G. (1987): »Erinnerungen an Heideggers Anfänge«. *Dilthey-Jahrbuch* 4, 13–26.

Gadamer, H.-G. (1989): »Heideggers ›theologische‹ Jugendschrift«. *Dilthey-Jahrbuch* 6, 228–234.

Gander, H.-H. (2001): *Selbstverständnis und Lebenswelt*. Frankfurt a. M.

Gessmann, M. (1996): »Die Entdeckung des frühen Heidegger. Neuere Literatur zur Dezennie vor ›Sein und Zeit‹«. *Philosophische Rundschau* 43, 215–232.

Heidegger, M. (1916): *Die Kategorien- und Bedeutungslehre des Duns Scotus*. Tübingen (auch in: Heidegger, M. (1978): *Frühe Schriften*. Frankfurt a. M., 131–353).

Heidegger, M./Jaspers, K. (1920): *Briefwechsel 1920–1963*. Hg. von W. Biemel u. H. Saner. Frankfurt a. M. u. a.

Heidegger, M. (1927): »Sein und Zeit. Erste Hälfte«. *Jahrbuch für Philosophie und phänomenologische Forschung* 8.

Heidegger, M. (1975 ff.): *Gesamtausgabe*. Frankfurt a. M.

Heidegger, M. (1976): »Mein Weg in die Phänomenologie«. *Zur Sache des Denkens*. Tübingen 1969, ²1976.

Heidegger, M. (1986): *Sein und Zeit*. Tübingen 1927, ¹⁶1986.

Heidegger, M. (1989a): *Der Begriff der Zeit*. Hg. v. H. Tietjen. Tübingen 1989.

Heidegger, M. (1989b): »Phänomenologische Interpretationen zu Aristoteles«. *Dilthey-Jahrbuch* 6 (1989), 237–269.

Heidegger, M. (1991): *Kant und das Problem der Metaphysik*. Bonn 1929, Frankfurt a. M. ⁵1991.

Imdahl, G. (1997): *Das Leben verstehen. Heideggers formal anzeigende Hermeneutik in den frühen Freiburger Vorlesungen (1919 bis 1923)*. Würzburg.

Kierkegaard, S. (1984): *Der Begriff Angst*. Hg. von H. Rochol. Hamburg.

Kisiel, T. (1983): »Der Zeitbegriff beim frühen Heidegger (um 1925)«. *Zeit und Zeitproblem bei Husserl und Heidegger*. Hg. von E. W. Orth. Freiburg, 192–211.

Kisiel, T. (1988): »The Missing Link in the Early Heidegger«. *Hermeneutic Phenomenology: Lectures and Essays*. Hg. von J. J. Kockelman. Lanham, 1–40.

Kisiel, T. (1992): »Das Kriegsnotsemester 1919: Heideggers Durchbruch zur hermeneutischen Phänomenologie«. *Philosophisches Jahrbuch* 99, 105–122.

Kisiel, T. (1993): *The Genesis of Heidegger's Being and Time*. Berkeley u. a.

Kisiel, T./van Buren, J. (Hg.) (1994): *Reading Heidegger from the Start*. New York.

Kockelman, J. J. (Hg.): *A Companion to Martin Heidegger's »Being and Time«*. Washington.

Lessing, H.-U. (1989): »Nachwort des Herausgebers«. *Dilthey-Jahrbuch* 6, 270–274.

Luckner, A. (1997): *Martin Heidegger: »Sein und Zeit«*. Paderborn u. a.

Misch, G. (1929): »Lebensphilosophie und Phänomenologie. Eine Auseinandersetzung mit Heidegger«. *Philosophischer Anzeiger* 3.

Ott, H. (1992): *Martin Heidegger*. Frankfurt a. M. ^{2}1992.

Pöggeler, O. (1983): »Zeit und Sein bei Heidegger«. *Zeit und Zeitlichkeit bei Husserl und Heidegger*. Hg. von E. W. Orth. Freiburg/München, 152–191.

Sass, H.-M. (1975): *Materialien zur Heidegger-Bibliographie 1917 bis 1972*. Meisenheim a. Gl.

Sass, H.-M. (1986): *Heidegger-Bibliographie*. Meisenheim a. Gl.

Schneeberger, G. (Hg.) (1962): *Nachlese zu Heidegger*. Bern.

Schramm, G. (2000): *Martin Heidegger*. Freiburg.

Sluga, H. (1993): *Heidegger's Crisis*. Cambridge/Mass. u. a.

Stolzenberg, J. (1995a): *Ursprung und System*. Göttingen.

Stolzenberg, J. (1995b): »Fichtes Begriff des praktischen Selbstbewußtseins«. *Fichtes Wissenschaftslehre 1794*. Hg. von W. Hogrebe. Frankfurt a. M., 71–95.

Stolzenberg, J. (1998): »Reiner Wille. Ein Grundbegriff der Philosophie Fichtes«. *Revue Internationale de Philosophie* 206, 617–639.

Stolzenberg, J. (2001): »Personalitas moralis. Zu Martin Heideggers Kritik von Kants Theorie des moralischen Bewußtseins«. *Kant und die Berliner Aufklärung*. Hg. von V. Gerhardt, R.-P. Horstmann u. R. Schumacher. Berlin. Bd. 5, 609–618.

Stolzenberg, J. (2002): »Martin Heidegger liest Fichte«. *Akten der 11. Tagung der Martin-Heidegger-Gesellschaft: »Heideggers Zwiegespräch mit dem Deutschen Idealismus«. Halle, 2.-4. November 2001* (im Erscheinen).

Thomä, D. (1990): *Die Zeit des Selbst und die Zeit danach*. Frankfurt a. M.

Wolin, R. (1991): *Seinspolitik: Das politische Denken Martin Heideggers*. Wien.

Wolin, R. (Hg.) (1993): *The Heidegger Controversy*. New York.

PETER JANICH

Karl R. Popper: *Logik der Forschung*

Zur Einladung, einen Klassikertext aus dem Gebiet der Philosophie der Naturwissenschaften vorzustellen, bietet sich
spontan Poppers *Logik der Forschung* als Kandidat an. Aber
auch andere Autoren und Texte lägen nahe, etwa Ernst Machs
Analyse der Empfindungen, Rudolf Carnaps *Der logische Aufbau der Welt*, Hugo Dinglers *Die Ergreifung des Wirklichen*
oder klassische Texte von Poincaré, Duhem, Ludwik Fleck,
Thomas Kuhn oder Paul Feyerabend. Gleichwohl hat Popper
den anderen potentiellen Kandidaten in Bekanntheit und Wirkung bei weitem den Rang abgelaufen. Sein Hauptwerk *Logik
der Forschung* läßt sich also zumindest wirkungsgeschichtlich
als Klassiker bezeichnen. Dies soll mich allerdings nicht darauf festlegen, von einem vorab gefällten Werturteil über dieses Buch auszugehen. Aus diesem Grund ist dieser Aufsatz
folgendermaßen angelegt: Zuerst beleuchte ich kurz den biographischen und zeitgeschichtlichen Hintergrund, vor dem
dieses Buch entstanden ist. In einem zweiten Teil möchte ich
den Leser dann mit den Grundlinien dieses Buches selbst vertraut machen. In einem dritten Teil werde ich Spuren des Popperschen Ansatzes in der Philosophie, in den Fachwissenschaften und darüber hinaus in Augenschein nehmen, um in
einem vierten Teil Fragen und Einwände zu formulieren.

I. Biographischer und zeitgeschichtlicher Hinter-
grund

Popper wurde 1902 in Wien geboren, als jüngstes von drei Kin-
dern einer gebildeten, jüdischen Familie, die zum Protestan-
tismus übergetreten war. Karls Vater war ein erfolgreicher, un-

ter anderem als Freimaurer sozial engagierter Rechtsanwalt. Es gibt Hinweise von Popper selbst, daß die Gespräche mit seinem Vater für sein ganzes Leben prägend blieben. Einfachheit, Klarheit und Aufrichtigkeit seiner Rede (am Beispiel eines Plädoyers vor Gericht) sind in Poppers Autobiographie[1] ausdrücklich erwähnt.

Poppers Vater muß eine eindrucksvolle Bibliothek besessen haben, in der nicht nur Klassiker wie Plato, Bacon, Descartes, Spinoza, Locke, Kant, Schopenhauer, Mill und andere zu finden waren, sondern auch Mach, Ostwald, Darwin und Freud. Dazu waren Autoren zu sozialen und politischen Fragen vertreten, so nicht nur die Hauptwerke von Marx, Engels, Lassalle, Kautsky, sondern auch Kritiker, etwa Carl und Anton Menger, Kropotkin und andere.

In einer groben Einteilung lassen sich drei Bereiche von Einflüssen auf Karl Popper unterscheiden, nämlich (1) die persönliche Lebenserfahrung im engeren Sinne mit den Ereignissen im und nach dem Ersten Weltkrieg, dann (2) Kontakte und Auseinandersetzung mit dem Wiener Kreis in seinen frühen Phasen und (3) schließlich die Entwicklung der Naturwissenschaften in den ersten Jahrzehnten des 20. Jahrhunderts.

Auf den Zusammenbruch nach dem Ersten Weltkrieg reagiert Popper, 16jährig, mit dem Austritt aus dem Gymnasium. Gleichzeitig schreibt er sich an der Universität ein, versucht sich als Arbeiter im Straßenbau, in einer Schreinerlehre, ist sozial und politisch engagiert und wird dem eigenen Bekenntnis nach zunächst Marxist, später für einige Jahre Sozialist. Kurz vor seinem 17. Geburtstag erlebt er bei einer Demonstration eine Schießerei mit, bei der mehrere junge sozialistische oder kommunistische Arbeiter erschossen wurden. Aus dieser Zeit datieren Überlegungen, die seine antimarxistische Einstellung begründet haben.

Auf dem zweiten Bildungsweg holt Popper sein Abitur nach

1 Schilpp 1983, Bd. I, 2–181.

und schließt ein Studium für das Lehramt in den Hauptfächern Mathematik und Physik mit einem Examen als Realschullehrer ab, findet aber als solcher keine Anstellung. Er betätigt sich als Sozialarbeiter, setzt seine Studien fort und promoviert schließlich 1928 bei Karl Bühler, dem Gestaltpsychologen, mit einer Dissertation *Zur Methodenfrage der Denkpsychologie*. Vor allem seine Bücher *Das Elend des Historizismus* und *Die offene Gesellschaft und ihre Feinde* werden von Popper selbst auf diese Jahre der persönlichen, politischen Auseinandersetzung zurückgeführt.

Erst 1930 erhielt Popper eine Stelle als Lehrer an einer Hauptschule. Am Pädagogischen Institut, in einer Verbindung von Studium und Sozialarbeit, lernt Popper als Kommilitonin seine spätere Frau kennen, die er als treibende Kraft für viele seiner Arbeiten bezeichnet.

1926 oder 1927 kam Popper in Kontakt mit dem Wiener Kreis – ein zweiter Bereich von Einflüssen. Er hatte wohl um 1920 Otto Neurath kennengelernt. Popper, der nur einmal an einer Zusammenkunft im »Verein Ernst Mach«, dem Ursprung des Wiener Kreises, teilgenommen hatte, hat sich nie diesem Kreis oder seiner Philosophie zugerechnet. Dennoch war es Herbert Feigl, der Popper zur Publikation seiner damals schon antiinduktivistischen Auffassung von den Naturwissenschaften ermunterte. Aus diesem Anlaß entstand Poppers erste Schrift mit dem Titel *Die beiden Grundprobleme der Erkenntnistheorie*. Nachdem Feigl, Carnap, Schlick, Frank, Hahn und Neurath das Buch gelesen hatten, sollte es in der Reihe »Schriften zur wissenschaftlichen Weltauffassung« publiziert werden, die von Schlick und Frank herausgegeben wurde. Das Manuskript war allerdings viel zu lang. Es erschien, von Walter Schiff (dem Onkel Poppers) auf etwa die Hälfte gekürzt, als *Logik der Forschung* – eine Kürzung, die Popper nach eigenem Bekunden nicht hätte vornehmen können.

Die *Logik der Forschung* (im Folgenden LdF) beschert Popper manch ungewollte Identifizierung mit dem Wiener Kreis, bringt ihm aber auch Einladungen nach England und Belgien (1935 und 1936) und schließlich eine Berufung an die Universität von Christchurch in Neuseeland (1937).

Ein dritter Bereich von Einflüssen, die Popper geprägt haben, war der Umbruch der Physik von der klassischen zur Relativitätstheorie Albert Einsteins. Popper gilt dieser Umbruch als Paradefall kritischer Prüfung und empirischer Revision und wird zum herausfordernden Vorbild, eine Unterscheidung zur Pseudowissenschaft zu suchen, wie sie ihm im »Wissenschaftlichen Marxismus« und in der Psychoanalyse von Freud und Adler erschienen. Von der Gewichtung her wird das Abgrenzungsproblem zwischen Wissenschaft und Pseudowissenschaft die treibende Kraft für das Projekt, das in der LdF seinen Niederschlag gefunden hat.

Die erste Fassung von LdF erschien 1934 in deutscher Sprache. Die englische Übersetzung folgte erst 1959, eine zweite deutsche Auflage 1966 und eine dritte 1969.[2] Durch Anhänge und Zusätze war das Buch inzwischen von 226 auf 440 Seiten angewachsen. Biographisch bleibt zu ergänzen, daß Popper 1946 an die London School of Economics and Political Science berufen wurde, Preise und Ehrendoktorwürden empfing, 1965 geadelt wurde und im September 1994 verstarb.

II. Die *Logik der Forschung*

Popper beginnt sein Vorwort zur deutschen Erstausgabe 1934 mit einem Motto, das aus zwei Zitaten besteht: »Der Hinweis ..., daß der Mensch schließlich die hartnäckigsten Probleme ... gelöst habe, gibt dem Kenner keinen Trost, denn was er fürchtet, ist gerade, daß die Philosophie es nie zu einem echten ›Problem‹ bringen werde.« (Schlick 1930) und »Ich bin hingegen einer ganz entgegengesetzten Meinung und behaupte,

2 Popper 1971. Alle Seitenangaben im Text beziehen sich auf diese Ausgabe.

daß in Dingen, worüber man, vornehmlich in der Philosophie, eine geraume Zeit hindurch gestritten hat, niemals eine Wort-streitigkeit zum Grunde gelegen habe, sondern immer eine wahrhafte Streitigkeit über Sachen.« (Kant 1786)

Dieses Motto richtet sich letztlich gegen den Wiener Kreis. Zwar teilt Popper mit diesem eine skeptische Grundhaltung gegenüber der akademischen Philosophie und ihrer Tradition. Aber er teilt nicht dessen Grundüberzeugung, es sei letztlich nur eine Frage der Sprachkritik, das philosophische Debakel zu überwinden und durch sprachanalytische Methoden in Anwendung auf die mathematischen Naturwissenschaften Fragen der philosophischen Tradition zu beantworten. Ihm geht es überhaupt nicht in erster Linie (wenigstens in LdF) um eine Auseinandersetzung mit der Philosophie, sondern um empirische Wissenschaften und letztlich auch um Probleme des politischen und praktischen Lebens.

Entgegen der schon von L. Wittgenstein im *Tractatus logico-philosophicus* propagierten Auffassung, daß die Philosophie keine eigenen Probleme habe, stellt Popper (im Vorwort der englischen Ausgabe von 1959) fest: »Ich glaube jedoch, daß es zumindest ein philosophisches Problem gibt, das alle denkenden Menschen interessiert. Es ist das Problem der Kosmologie: das Problem, die Welt zu verstehen – auch uns selbst, die wir ja zu dieser Welt gehören, und unser Wissen. Alle Wissenschaft ist Kosmologie in diesem Sinn, glaube ich; und für mich ist die Philosophie, ebenso wie die Naturwis-senschaft, ausschließlich wegen ihres Beitrages zur Kosmolo-gie interessant.« (S. XIV) Es darf nach Popper keine Festle-gung einer »Methode für die Philosophie« geben, sondern die Philosophen sollen »genau wie andere Leute« bei ihrer Suche nach Wahrheit unter allen Methoden die wählen, die Erfolg versprechen.

Den philosophischen Beitrag zur Kosmologie sieht Popper in der Klärung, was Wachstum der Wissenschaft heißt. »Das zentrale Problem der Erkenntnislehre war immer ... das Pro-blem des Wachstums oder des Fortschrittes unseres Wissens.

Und um das Wachstum unseres Wissens zu studieren, studiert man am besten das Wachstum der Wissenschaft.« (S. XIV) Hier, im Vorwort von 1959, taucht zum ersten Mal, kursiv hervorgehoben, als »die Methode der Philosophie« »die Methode aller rationalen Diskussion« auf, in der verschiedene vorgeschlagene Lösungsversuche »kritisch untersucht« werden. (S. XV) Die darauf zurückgehende Bezeichnung »Kritischer Rationalismus« für die Philosophie Poppers wird das (psychologisch und wortpolitisch glückliche) Markenzeichen, das ebenso eine eigenständige Position benennt wie der »Logische Empirismus« des Wiener Kreises.

II. 1. Kurze Übersicht zur *Logik der Forschung*

In einem ersten Kapitel (»Grundprobleme der Erkenntnislogik«) werden das Induktionsproblem und das Abgrenzungsproblem unterschieden und präzisiert (zur Erläuterung siehe unten). Kriterium für Wissenschaftlichkeit wird die Nachprüfbarkeit in einem speziellen, Popperschen Verständnis – zur Abgrenzung von anderen Philosophien der Erkenntnis. Im zweiten Kapitel (»Zum Problem der Methodenlehre«) wird die Aufgabe der klassischen Erkenntnistheorie als die einer »Logik der Forschung«, d. h. als Methodenlehre bestimmt und damit der Titel des Buches gerechtfertigt. Diese Methodenlehre darf nicht als empirische Wissenschaft, also nicht in einem naturalistischen Verständnis gefaßt werden – wie es wieder der philosophische Gegner des Logischen Empirismus (nach Popper) getan hat. Diese beiden Kapitel bilden den ersten, einführenden Teil von LdF. Der zweite Teil ist überschrieben mit »Bausteine zu einer Theorie der Erfahrung« und beginnt in Kapitel 3 (»Theorien«) mit der sprachlichen Form kausaler Erklärungen. Dort wird das Gegensatzpaar allgemeiner und besonderer Sätze dem Gegensatzpaar von universellen und speziellen Sätzen gegenübergestellt. In einer logischen Analyse der Syntax legt er dar, inwiefern Naturgesetze als »Verbote« aufgefaßt werden können, die lediglich ausschließen, aber nicht postulieren oder behaupten, daß etwas existiert, und die deshalb falsifizierbar seien. Der »modus tollens« wird als Grundform der Überprüfung einer Theorie ausgezeichnet, die axiomatische Form angenommen hat.

Das vierte Kapitel (»Falsifizierbarkeit«) leistet deren Bestimmung und präzisiert den Unterschied von Falsifizierbarkeit und Falsifikation. Erstere dient als Abgrenzungskriterium einer wissenschaftlichen Theorie, letztere der tatsächlichen Prüfung. Das fünfte Kapitel (»Basisprobleme«) versucht an der Sprachform zu klären, worin die Erfahrungsbasis für die Prüfung einer Theorie besteht. Die Antwort ergibt sich wieder aus dem logisch-syntaktischen Verhältnis universeller Hypothesen (den Sätzen der Theorie) und der (»Basis-«)Sätze als falsifizierender Einzelinstanzen. Damit wird, im Popperschen Verständnis, auch das Verhältnis von Theorie und Experiment geklärt. Im sechsten Kapitel (»Grade der Prüfbarkeit«) geht es um Theorienvergleich und die (relative) Beurteilung von Theorien, durch die sich der Erkenntnisfortschritt im Fortgang naturwissenschaftlicher Forschung erweisen solle. Nicht mehr betrachtet werden in diesem Vortrag die Kapitel 7 bis 10, die, sehr grob gesprochen, den Umgang mit Wahrscheinlichkeitsaussagen und mit der Quantenphysik betreffen, da sich in diesem Bereich die in den ersten sechs Kapiteln aufgemachte Philosophie der Naturwissenschaften nicht ohne Ergänzungen und Modifikationen anwenden läßt.

II. 2. Der Kerngedanke der Kapitel 1 bis 6

Zwar können die folgenden Ausführungen die Lektüre von LdF nicht ersetzen. Aber sie versuchen, weitgehend unter Auslassung der technischen Aspekte der logischen Analyse, den Kerngedanken Poppers zu benennen. Die Grundfrage ist, was empirische Wissenschaft sei – also unter Ausschluß von Logik und Mathematik. Poppers Antwort lautet, es gehe darum, Theorien aufzustellen und durch Beobachtung und Experiment an der Erfahrung zu prüfen.

Dem klassischen, seit Bacon propagierten Verfahren der Induktion als einem Schluß von besonderen Sätzen auf allgemeine Hypothesen hält Popper das »Induktionsproblem« entgegen: die Frage nämlich, ob und wann induktive Schlüsse berechtigt seien. Alle Vorschläge, die zur Lösung dieses Problems gemacht wurden, seien nicht nur faktisch gescheitert; die Schwierigkeiten einer Lösung seien vielmehr generell »unüberwindlich« (5): Jede Rechtfertigung eines Induktionsschlusses bedürfe eines Induktionsprinzips, dessen Rechtfertigung ihrerseits auf einen unendlichen Begründungsregreß oder eine dogmatische Setzung hinauslaufe. Das induktive Vorgehen sei also keine adäquate Auffassung vom Gang der empirischen Wissenschaft.

Was bleibt, ist das Gebot einer deduktiven Nachprüfung allgemeiner Hypothesen. Dafür gilt es, die Tatsachenfrage (quid facti – wie wird ein wissenschaftlicher Satz gefunden, durch Intuition, Glück, Erkenntnispsychologie) von der Geltungsfrage (quid iuris – wie wird ein wissenschaftlicher Satz geprüft und begründet?) zu unterscheiden. Eine Theorie, deren logische Widerspruchsfreiheit bereits vorausgesetzt ist, soll an Folgerungen aus ihr »durch empirische Anwendung« geprüft werden. Hier greift der modus tollens: Wenn aus einem Satz S ein Satz B logisch folgt, B aber nicht gilt, dann gilt auch der Satz S nicht. (Schon dem ersten Kapitel hatte Popper das Kant-Zitat vorangestellt: »Der modus tollens der Vernunftschlüsse, die von den Folgen auf die Gründe schließen, beweiset nicht allein ganz strenge, sondern auch überaus leicht. Denn wenn auch nur einzige falsche Folge aus einem Satze gezogen werden kann, so ist dieser Satz falsch.«) Diese wie andere Bezüge auf Kant belegen das Selbstverständnis Poppers, von diesem wesentlich beeinflußt zu sein.[3]

Damit ist Popper zum Kernanliegen seiner LdF gekommen, dem Abgrenzungsproblem. Popper nennt es das »Kantsche Problem« – im Unterschied zum »Humeschen Problem« als

3 Vgl. Vorwort zur 2. deutschen Auflage, XXIII, XXIV.

dem unlösbaren Induktionsproblem. Abzugrenzen gelte es die Erfahrungswissenschaft nicht nur gegenüber Mathematik und Logik, sondern »auch gegenüber ›metaphysischen‹ Systemen«, unter denen noch einmal an anderer Stelle die Pseudowissenschaften als Spezialfall hervorgehoben werden. (Hier führt Popper einen weiteren Einwand gegen das induktive Vorgehen ins Feld: Es leiste keine Abgrenzung eines empirischen, nicht metaphysischen theoretischen Systems.) Seine Lösung des Kantschen Problems faßt er selbst so zusammen: »Ein empirisch-wissenschaftliches System muß an der Erfahrung scheitern können.« (15) Gegen den älteren und neueren Positivismus gewendet, sollen weder Begriffe noch Sätze »aus der Erfahrung stammen«; Sätze sollen nicht durch Erfahrung begründet (verifiziert) werden; statt dessen sollen Sätze, woher sie und ihre Begriffe auch immer kommen, an Erfahrung geprüft, durch Erfahrung widerlegt werden können. Dies wird zum Kriterium der Wissenschaftlichkeit (außerhalb von Mathematik und Logik).

Popper ist sich im klaren darüber, daß sein Abgrenzungskriterium ein »Vorschlag für eine Festsetzung« (12) ist, die nur durch ihren Zweck gerechtfertigt werden kann. Diesen Zweck sieht Popper selbst wieder in normativen Vorgaben, wonach es in der Wissenschaft nicht darum gehen könne, unhaltbare Theorien zu retten, statt sie fortgesetzt dem Versuch einer Widerlegung (Falsifikation) auszusetzen. Keineswegs hält Popper seine methodologische Festsetzung für zwingend, geschweige denn in irgendeinem Sinne für wahr. Vielmehr sagt er im Versuch, jedem Dogmatismus auszuweichen: »Nur in einer Weise glauben wir, für unsere Festsetzungen durch Argumente werben zu können: durch Analyse ihrer logischen Konsequenzen, durch den Hinweis auf ihre Fruchtbarkeit, auf ihre aufklärende Kraft gegenüber den erkenntnistheoretischen Problemen.« (12) Es könne eben, so Poppers Grundüberzeugung, auch in den empirischen Wissenschaften kein absolut sicheres, sondern nur ein vorläufig bewährtes Wissen geben. Poppers Abgrenzungskriterium ist seiner Natur nach ein methodologischer Konventionalismus, also die Festsetzung eines Verfahrens der erfahrungswissenschaftlichen Forschung durch Übereinkunft, die sich aufgrund ihrer Konsequenzen empfiehlt.

Damit ist Popper mit einem Problem konfrontiert, das sich auch anderen wissenschaftstheoretischen Richtungen stellt: Wie sieht die Erfahrung aus, an der theoretische Systeme sollen scheitern können? Da dieses Scheitern als ein Widerlegen im logischen Sinne aufgefaßt wird,[4] muß die Erfahrungsbasis für die Prüfung von Theorien selbst als sprachliche Form bestimmt werden. Popper nennt sie kurz »Basissätze«, für die dann »Basisprobleme« zu lösen sind. Was kennzeichnet Basissätze, und wie steht es mit ihrer Geltung – im Unterschied zu der zu prüfenden Geltung der allgemeinen Hypothesen?

Wo der Wiener Kreis in der sogenannten Protokollsatzdebatte um eine Erfahrungsbasis in Form theoriefreier Beobachtungs- oder Protokollsätze gestritten hat, geht Popper einen ganz anderen Weg. Er charakterisiert Basissätze syntaktisch, d. h. nach ihrer logischen Sprachform innerhalb der Theorien, und zwar im Sinne der Zweckbestimmung, die den Basissätzen als Prüfinstanz für allgemeine Hypothesen zugedacht ist. Deshalb heißt es in LdF: »Die Basissätze müssen daher so bestimmt werden, daß (a) aus einem allgemeinen Satz (ohne spezielle Randbedingungen) niemals ein Basissatz folgen kann, daß jedoch (b) ein allgemeiner Satz mit Basissätzen im

---

4 Unter der Überschrift »Das Problem der Erfahrungsgrundlage. (Die ›empirische Basis‹)« weist Popper die Basisprobleme »fast ausschließlich« einem »rein erkenntnistheoretischen Interesse« zu – im Unterschied zur Forschungspraxis. Dort heißt es, daß man – wieder sind vor allem die Vertreter des Wiener Kreises gemeint – ganz richtig empfand, daß Sätze nur durch Sätze logisch begründet werden können. (17) Mit dieser Fixierung auf (auch noch eine bestimmte, nämlich die klassische) Logik als dem einzigen Mittel, Begründungen oder Widerlegungen von Sätzen durch Sätze vorzusehen, ist Popper seinem wissenschaftlichen Gegner gefolgt, ohne die Beschränkungen und dogmatischen Vorannahmen dieser Nachfolge zu bemerken.

Widerspruch stehen kann.« (66/67) Die Bedingung (b) ergibt sich unmittelbar aus der Forderung, daß allgemeine Hypothesen durch Basissätze über ein treffendes Gegenbeispiel widerlegt werden können sollen. Zugleich muß Popper aber auch (a) verlangen, sonst würde nämlich aus der Negation eines Basissatzes (nach der logischen Regel der Kontraposition) auch die Negation der allgemeinen Hypothese folgen, was wiederum ein (unzulässiger) Induktionsschluß von einzelnem auf Allgemeines wäre. Deshalb fährt Popper fort: »(b) kann nur erfüllt sein, wenn die Negation des widersprechenden Basissatzes aus der Theorie ableitbar ist. Daraus und aus (a) folgt: wir müssen die logische Form der Basissätze so bestimmen, daß die Negation eines Basissatzes ihrerseits kein Basissatz sein kann.« (67)

Um diese Bestimmungen hat sich eine lange Debatte entwickelt, von der nicht nur die später hinzugefügten Ergänzungen und Erläuterungen Poppers zeugen. Nach heutiger Einschätzung ist die Bestimmung von Basissätzen bei Popper nicht eindeutig. Die neueste Popper-Literatur weist drei verschiedene Verwendungsweisen von »Basissatz« in der LdF nach und zeigt insbesondere, daß die von Popper schließlich in der Hauptsache gewählte Bestimmung nicht nur formal, sondern auch material ungenügend ist und sogar auf ein physikhistorisch einschlägiges Gegenbeispiel (die Vorhersage der Existenz von Positronen durch C. D. Anderson) trifft.[5] Zu diesen Details muß auf die entsprechende Literatur verwiesen werden.

Für ein Verständnis der Intention Poppers sei, statt auf die syntaktische Charakterisierung, auf die inhaltliche Geltung von Basissätzen verwiesen. Gemeint ist, ein Basissatz sage, was durch eine Beobachtung in einem individuellen Raum-Zeit-Gebiet überprüft werden könne. Selbstverständlich muß auch ein solcher Basissatz anerkannt werden, also selbst prüfbar bleiben. Damit dürfen Basissätze nicht als letzte, unhinter-

5 Keuth 2000, 109f. Lesenswert ist auch Schäfer 1996, 56f.

fragbare Erfahrungsgrundlage betrachtet werden, sondern weisen selbst einen hypothetischen Charakter auf und können an elementareren Basissätzen scheitern.

Die Erfahrungsbasis leiste also keine »Letzt-« oder »Absolutbegründung« einer empirischen Theorie, sondern bleibe auf eine ebenfalls vorläufige Anerkennung durch Fachleute, nämlich mit Bezug auf experimentell reproduzierbare Effekte angewiesen. Basissätze erweisen sich inhaltlich damit immer als theoretisch eingefärbt, als theoriebeladen. Eine völlig theoriefreie Erfahrung kann es danach nicht geben.

Am Ringen Poppers mit dem Basisproblem wird deutlich, welche Argumentationspflichten er übernimmt. Nachdem jede endgültige Entscheidung einer empirischen Frage dem Verdikt des Dogmatismus verfalle, wo sie sich nicht auf eine psychologistische Basis, nämlich das Gefühl der Evidenz, zurückziehe oder in den unendlichen Regreß führe – das Friessche Trilemma (60) –, müssen alle Thesen prinzipiell der Revision durch Erfahrung offengehalten werden. Aber selbstverständlich gilt es zu unterscheiden zwischen der Forderung, jede wissenschaftliche Theorie müsse an Erfahrung scheitern können, und nicht zu fordern, jede wissenschaftliche Theorie müsse an Erfahrung gescheitert sein, um wissenschaftlich zu heißen. Mit anderen Worten, die Falsifizierbarkeit als Kriterium der Wissenschaftlichkeit ist zu unterscheiden von der Falsifikation, dem tatsächlichen Scheitern der Theorie an Widersprüchen zur Erfahrung. Falsifizierbarkeit muß also ohne erfolgte Falsifikation an einer Theorie aufweisbar sein.

Popper knüpft an diese Unterscheidung seine Auffassung vom Erkenntnisfortschritt durch Eliminierung des Falschen: Popularisierend gesprochen, eine Theorie stellt gegenüber einer anderen Theorie einen Fortschritt im Sinne Poppers dar, wenn sie sozusagen »besser« scheitern könne als jene. Erkenntnisfortschritt besteht also in der Erhöhung des Grades der Falsifizierbarkeit und damit, im Falle fehlender Falsifikation, in der Erhöhung des Grades der Bewährtheit einer Theorie. Im simplen Beispiel: Eine Aussage über das System Erde,

Sonne und Mond (etwa die Aussage, daß die Bahnen der drei Himmelskörper in derselben Ebene liegen) enthält nur drei potentielle Falsifikationsinstanzen. Erweitert man die Aussage jedoch auf alle Körper des Planetensystems unserer Sonne, so ergeben sich mit den Planeten und ihren Monden mehrere Hundert potentielle Falsifikationsinstanzen – und tatsächlich hat sich der 1930 entdeckte Planet Pluto als einer erwiesen, dessen Bahn zur Ebene der anderen Mond- und Planetenbahnen geneigt ist. Damit hat die allgemeine Hypothese, daß alle Körper des Sonnensystems auf einer Ebene laufen, einen höheren Falsifizierbarkeitsgrad als der Satz über Sonne, Erde und Mond und hätte, wäre er nicht an Pluto falsifiziert, einen höheren Grad der Bewährtheit. (Astronomisch hat dies zu Überlegungen geführt, ob Pluto eine andere Entstehungsgeschichte als die anderen Planeten hat, etwa ein vom Gravitationsfeld der Sonne eingefangener Himmelskörper ist, oder ob er durch einen Zusammenstoß mit einem anderen Himmelskörper aus seiner ursprünglichen Bahnebene gebracht wurde.)

Popper hat sich, was er selbst klar gesehen hat, mit seiner Auffassung ein Problem eingehandelt. Wenn selbst Basissätze nur vorläufig festgesetzt werden, um bei Anwendung auf eine bestimmte Theorie zu ihrer Überprüfung herangezogen zu werden, fragt sich, worin der Gewinn dieses Vorschlages liegt. Poppers Antwort besteht darin, daß nun nicht mehr (über eine vermeintliche induktionslogische Begründung) die allgemeinen Hypothesen (die Naturgesetze der erfahrungswissenschaftlichen Theorien) festgesetzt werden, sondern nur noch die spezielleren Basissätze. Es könne keine letzte, sichere Begründung von Theorien, sondern nur deren relative Bewährtheit zu einer weniger problematischen Erfahrungsbasis geben.

Die Attraktivität, die von dieser Auffassung Poppers ausgeht, liegt auf der Hand: Popper verspricht, jede Form des Dogmatismus zu vermeiden. An seine Stelle tritt die Aufgeschlossenheit, die Offenheit gegenüber Revision als Grundhaltung, als Dauerweg, als Attitüde des empirischen Forschers. Immer soll die Erfahrung entscheiden und letztlich damit der Gegenstand der Erfahrung. Alles (empirische) Wissen ist vorläufig, später erkannte Irrtümer sind nicht ausgeschlossen. Der Erfolg der Naturwissenschaften scheint ihm recht zu geben – auf den ersten Blick.

III. Folgen der *Logik der Forschung*

Poppers Grundgedanken aus LdF, die um das Abgrenzungsproblem und den Falsifikationismus als Methode der Erfahrungswissenschaften kreisen, sind in mehrfacher Hinsicht wirksam geworden. Hier sollen Folgen für die Philosophie Poppers selbst, für die Fachwissenschaften und schließlich für die philosophische Debatte im Anschluß an Popper betrachtet werden.

III. 1. Konsequenzen für Poppers Philosophie

Das Abgrenzungskriterium Poppers führte ihn nicht nur zu einer entschiedenen Identifikation von »Pseudowissenschaften«, sondern auch zu einem moralischen und politischen Engagement gegen den »wissenschaftlichen Marxismus« als einen wichtigen Paradefall pseudowissenschaftlicher Theorie. 1944 erscheint in englischer Sprache *Das Elend des Historizismus* (dt. 1965). Im Vertrauen auf seine Methode der kritischen Prüfung am deduktiven Theorienmodell bestreitet Popper einen prinzipiellen Unterschied zwischen Sozial- und Naturwissenschaften. Beide seien gleichermaßen Gegenstand des forschenden Vorgehens, das in LdF dargelegt worden ist.

Eine zweite Konsequenz in diesem Buch ist die Verneinung der These, es könnten in der Geschichte Gesetze existieren – im Sinne der Zwangsläufigkeit einer historischen Entwicklung, wie sie der dialektische Materialismus und die marxistische Geschichtsphilosophie behauptet haben. Statt dessen empfiehlt Popper in direkter Analogie zur schrittweisen Ausschaltung von Irrtümern durch Falsifikation ein »piecemeal social engeneering«, also ein Reagieren auf Einzel- und Detailprobleme durch Teilverbesserungen. Zu dieser Empfehlung hat sich ausdrücklich Helmut Schmidt, damals Bundeskanzler, bekannt. Obwohl er in einem Vorwort zu dem Buch *Kritischer Rationalismus und Sozialdemokratie*[6] betont, er sei kein Kritischer Rationalist, schließt er sich doch Poppers Empfehlung des »piecemeal social engeneering« an.

Ein zweites Buch Poppers, das deutlich in der Tradition der LdF steht und das als eine Sammlung von teilweise unabhängigen Schriften bezeichnet werden kann, ist *Objektive Erkenntnis* (englisch 1972, deutsch 1973). Der Grundgedanke des Theorienwandels durch Falsifikation und Theorienverbesserung setzt sich fort zur Auffassung, daß Wissen durch Anpassung an Wirklichkeit voranschreitet. Mit anderen Worten, die sukzessive Ausschaltung von Irrtümern in falsifizierbaren Hypothesen führe zugleich zu einer graduellen Annäherung an die Wirklichkeit. Dabei schließt sich Popper an evolutionstheoretische Vorstellungen an, für die eine Verknüpfung der biotischen Evolution mit kultureller und wissenschaftlicher Entwicklung entscheidend wird. Popper, der eigene Vorschläge zum Verständnis der biologischen Evolutionstheorie macht, um – getreu der aufgehobenen Unterscheidung natur- und sozialwissenschaftlicher Methoden – eine Kohärenz der Entwicklung des Natürlich-Lebendigen mit dem Kultürlich-Geistigen zu behaupten, erweist sich hier als erkenntnistheoretischer Realist und Objektivist. Das einschlägige Schlagwort wird »Erkenntnis ohne Subjekt«. Dieser Erkenntnis ohne Subjekt wird im Rahmen einer Drei-Welten-Theorie als dritte Welt eine eigene Existenz zugesprochen.

Allgemein wird man behaupten dürfen, daß die Ausein-

6 Lührs/Sarrazin/Spreer/Tietzel 1975, Vorwort von Schmidt, VII bis XVI.

andersetzung Poppers mit der Entwicklung vor allem der Physik seiner Zeit und das Ergebnis dieser Auseinandersetzung in LdF für das Poppersche Denken prägend geworden war, was sich auch in seinen anderen Werken niedergeschlagen hat.

III. 2. Einflüsse auf Fachwissenschaften.

1961 fand in Tübingen der von Ralf Dahrendorf organisierte Soziologentag statt, bei dem Popper und als sein Kontrahent Theodor Adorno je einen Vortrag mit dem Titel »Die Logik der Sozialwissenschaften« hielten. Mit diesem Ereignis begann *Der Positivismusstreit in der deutschen Soziologie*, der – unter diesem Titel – 1969 publiziert wurde. Es ist nicht ohne eine historische Pointe, daß dabei zwei Positionen bzw. Schulen aufeinandertrafen, die beide das Prädikat »kritisch« im Namen führten, nämlich einmal der Kritische Rationalismus von Popper, Hans Albert und anderen und auf der Gegenseite die »Kritische Theorie« der Frankfurter Schule.

Nicht nur die Soziologie, die Sozialwissenschaften und darüber hinaus die Politik wurden durch diese Ereignisse polarisiert. In den Wirtschaftswissenschaften geriet, etwas vergröbert, alles, was nicht in marxistischer Tradition als »gesellschaftskritisch« verstanden werden wollte, unter den Einfluß des Kritischen Rationalismus. Dieser wurde in Deutschland vor allem von Hans Albert vertreten, und zwar in vielfacher Hinsicht klarer und elaborierter als bei Popper selbst.[7]

Ein direkter Einfluß der LdF auf das Forschungsgeschehen in den Naturwissenschaften ist uns nicht bekannt. Aber von philosophisch interessierten Naturwissenschaftlern wird Poppers Auffassung gerne als Selbstverständigungsphilosophie übernommen. Sein Empirismus, die propagierte Offenheit für Revision, die Ablehnung jeder Form von Dogmatismus und nicht zuletzt seine gegenüber den Naturwissenschaften affirmative Haltung empfehlen ihn zum naturwissenschaft-

7 Vgl. Albert 1980.

lichen Hausphilosophen – jedenfalls dort, wo schon dem tatsächlichen Vorgehen der Naturwissenschaften im Forschungsprozeß das Prädikat kritisch zukommen soll, der Philosophie als Wissenschafts- oder Erkenntniskritik jedoch keine eigenständige Autorität zugesprochen wird.

So nimmt es nicht wunder, daß insbesondere für philosophisch interessierte Biologen, die mit der Evolutionsbiologie zugleich eine evolutionäre Erkenntnistheorie errungen zu haben glauben, Popper zum Philosophen der ersten Wahl wird.[8] Dies geht so weit, daß sich sogar solche Biologen auf Popper berufen, deren eigene Forschung im Bereich der Naturgeschichtsschreibung nicht den Popperschen Empfehlungen entsprechen.

III. 3. Poppers Wissenschaftstheorie in Fortsetzung.

Der Popper-Schüler Imre Lakatos (1922–1974) hat an LdF eine Kritik in Form eines Rettungsversuches der Grundgedanken entwickelt. In einer Methodologie wissenschaftlicher Forschungsprogramme wird dem »naiven Falsifikationismus«

---

8 Die Liste der kritischen Rationalisten unter den Vertretern der »evolutionären Erkenntnistheorie« ist lang. Der klarste und prominenteste, zumindest im deutschen Sprachraum, dürfte Gerhard Vollmer sein. Vgl. Vollmer 2000, 46–67. Dort heißt es: »Die erfahrungswissenschaftliche Methode lebt von dem Wechselspiel zwischen Theorie und Erfahrung. Da von der unmittelbaren Erfahrung kein direkter Weg zur Theorie führt, sind wir auf Versuch und Irrtumsbeseitigung angewiesen ... Da jedoch der Irrtum die Regel, die Wahrheit dagegen die Ausnahme ist, müssen die Hypothesen einer strengen Kritik unterzogen werden.« (53 f.) Vollmer ist so wenig wie Popper bekümmert, daß es in den Naturwissenschaften keine »unmittelbare Erfahrung« gibt, sondern alle Erfahrungen von der erfolgreichen Herstellung technischer Mittel für die Erfahrungsgewinnung abhängen. Vollmer unternimmt in diesem Aufsatz sogar den Versuch, den Kritischen Rationalismus mit dem Naturalismus uneingeschränkt kompatibel zu fassen.

Poppers ein »raffinierter Falsifikationismus« entgegengestellt, wonach es nicht einfach um das Verhältnis allgemeiner Hypothesen und einzelner Basissätze gehe, sondern um die Frage, ob ganze Forschungsprogramme in ihrer historischen Abfolge einen Fortschritt darstellen oder nicht. In einer eigens dafür entwickelten (und hier nicht zu referierenden) Terminologie läuft die Revision des Popperschen Falsifikationismus darauf hinaus, den Fortschritt des Forschungsprozesses in einer »progressiven Problemverschiebung« (als Kriterium für den Erfolg von Forschungsprogrammen) zu sehen.

Wesentlich wirksamer und bekannter ist eine andere Popper-Kritik geworden. Thomas Kuhn hat in seinem Buch *Die Struktur wissenschaftlicher Revolutionen* (engl. 1962, dt. 1967) vor allem gegen Poppers Annahme argumentiert, der Erkenntnisfortschritt sei kumulativ und kontinuierlich. Mit bedeutenden Anleihen bei der Theorie von Ludwik Fleck[9] verweist Kuhn auf die Wissenschaftsgeschichte als einem diskontinuierlichen Wechsel von Paradigmen in sogenannten wissenschaftlichen Revolutionen. Beispiele wie die kopernikanische Wende, der Umbruch von der klassischen zur relativistischen Physik, aber auch der Chemie und der Atomphysik belegen für Kuhn, daß eine kritisch rationalistische Wissenschaftsphilosophie durch eine Theorie der Wissenschaftsgeschichte zu ersetzen sei, wenn man den Naturwissenschaften gerecht werden wolle. Das heißt, Kuhn hat gegenüber Popper eine Historisierung und Soziologisierung der Philosophie der Naturwissenschaften vorgetragen (und damit einen fulminanten Erfolg gehabt, bis zur Beeinflussung der deutschen Alltagssprache, für die der Ausdruck »Paradigmenwechsel« geläufig geworden ist).

Lakatos und Kuhn sind zwei Exponenten einer Entwicklung, welche die LdF weit hinter sich gelassen hat. Ja, man könnte sogar von zwei Formen der Auflösung der Wissenschaftstheorie sowohl im Popperschen Sinne wie im Sinne des Wie-

9 Fleck 1980.

ner Kreises sprechen: zum einen wird von Willard van Orman Quine ein Ende der analytischen Philosophie postuliert, die auf eine Naturalisierung der Erkenntnis wie der Erkenntnistheorie (eingeschlossen der Wissenschaftstheorie) hinausläuft.[10] Ein anderes Ende der Wissenschaftstheorie wird in der anarchistischen Erkenntnistheorie von Paul Feyerabend (mit expliziten und umfassenden Kritiken an Popper, Lakatos und Kuhn) propagiert. In seinem Buch *Against Method* (1975)[11] wird vor allem an Popper und Lakatos der Versuch der Wissenschaftstheorien kritisiert, eine Erkenntnistheorie durch Analyse der Naturwissenschaften zu gewinnen und damit den Naturwissenschaften per Festsetzung den Status der Rationalität vorab zuzuschreiben. In der Alternative eines radikalen Liberalitätspostulats wird zwar auch von Feyerabend der Anspruch des Aufklärerischen im philosophischen Sinne erhoben und, nicht unähnlich in der Motivation wie bei Popper, eine Empfehlung für eine bessere Gesellschaft ausgesprochen (bei Popper im zweibändigen Werk *Die offene Gesellschaft und ihre Feinde*, bei Feyerabend in *Erkenntnis für freie Menschen*). Aber der Optimismus Poppers, eine Methode der kritischen Prüfung zum Standard für Rationalität zu machen, wird als illusionär verworfen.

Es ist apart zu sehen, daß die Verabschiedung von Poppers Wissenschaftstheorie durch die nachfolgenden Schüler und Fachkollegen außerhalb der Expertendiskussion nur teilweise Beachtung fand. Man kann heute als Wirtschafts-, Sozial- oder auch Naturwissenschaftler Popperianer sein, eine gewisse Historisierung im Sinne Kuhns hinnehmen und unbeeinflußt von allen philosophischen Kritiken die Prädikate »kritisch« und »rational« für die eigene Überzeugung mit einer Berufung auf LdF explizieren.

10 Quine 1969.
11 Feyerabend 1976.

IV. Die *Logik der Forschung* aus methodisch-kritischer Perspektive

Dieser Vortrag begann mit der Warnung, die Wahl von LdF zum Gegenstand einer Klassiker-Vortragsreihe nicht als vorgängiges Werturteil zu nehmen. Jetzt sollen stillschweigende Grundentscheidungen Poppers als Gründe für Defekte beleuchtet werden, die dem Buch wie der Position LdF zukommen. Es sind dies (1) eine Sprachfixierung, (2) eine Empiriefixierung und (3) eine Fixierung auf Rationalität als Relativierung.

IV. 1. Sprachfixierung

Popper hat, bei aller Kritik und Ablehnung des »linguistic turn«, d. h. der sprachlichen Wende in der Philosophie sowie der prominenten Rolle der Sprachphilosophie in der Position des Wiener Kreises, gleichwohl von diesem eine Sprachfixierung übernommen – wohl unerkannt. Prägnant formuliert dies Popper selbst: In Kapitel 3 (»Theorien«) heißt es: »Die Erfahrungswissenschaften sind *Theoriensysteme*. Man könnte die Erkenntnislogik die Theorie *der Theorien* nennen« (31, Hervorhebung P. J.).

Ersichtlich ignoriert diese Auffassung, daß die moderne Laborforschung in erster Linie eine technische Praxis ist. Schon die neuzeitliche Physik im 17. Jahrhundert beginnt mit der Überwindung des bloß Theoretischen, wie es in den akademischen Diskussionen aristotelischer Tradition stattgefunden hat. Die Physikgeschichte wird primär eine Geschichte der Entwicklung neuer Beobachtungs-, Meß- und Experimentiertechnik.[12] Diese Technik hat, übrigens auch im Gegensatz zur irrtümlichen Auffassung Kuhns, eine eigene Fortschrittsgeschichte.[13] So sind z. B. Zahl und Genauigkeit der meßbaren

12 Vgl. Janich 1997a.
13 Vgl. Janich 1998, 129–177.

Parameter und der reproduzierbaren Effekte kumulativ gestiegen. Und in diesem Zuwachs an Know-how gab es keine Falsifikationen im Popperschen Sinne. Um ein Beispiel zu nennen: Es waren ganz konkret die Glasmischungen, die Otto Schott für Ernst Abbe zum Bau von Mikroskopen und Fernrohren entwickelt hat und die entscheidend wurden für die Leistungsfähigkeit der von Zeiss gebauten naturwissenschaftlichen Instrumente. Wenn nun etwa das Licht- durch ein Elektronenmikroskop abgelöst wird, so wird dadurch keine einzige Aussage über die Optik des Lichtmikroskops im Popperschen Sinne falsifiziert. Es werden lediglich Zwecke präzisiert oder geändert und in methodischer Ordnung Mittel dafür bereitgestellt.

Diese Kritik ist zentral, weil sie impliziert, daß bei Popper das Basisproblem falsch gestellt ist. Das Basisproblem als Frage nach der Geltung der Erfahrungsbasis ist nicht primär ein solches der Erfahrung in einem empiristischen, passiven Sinne, sondern eine Frage des technischen Herstellungs- und Handlungsvermögens. Selbst das Fries-Trilemma des Begründungsanfangs, das in der klareren Formulierung des Münchhausen-Trilemmas[14] bei Albert die Unausweichlichkeit des kritisch-rationalistischen Wissenschaftsverständnisses belegen soll, ist kritikbedürftig. Wer behauptet, Begründungen müßten entweder mit dogmatischen Setzungen oder mit der Unausweichlichkeit eines unendlichen Regresses oder mit psychologistisch überbewerteten Wahrnehmungs- und Überzeugungserlebnissen beginnen, verkennt: Die Basis der Naturwissenschaften im Sinne eines Zustandekommens und Zustandebringens von Resultaten besteht in der Planung, Herstellung, Kontrolle und Verwendung von technischem Gerät, kurz: in technischer Erzeugung einschlägiger Gegenstände. Es ist die Zweckrationalität des Handelns, die wichtigen Basissätzen Geltung verschafft. Dagegen sind es nicht die im Popperschen Verfahren gefundenen empirischen Sätze,

14 Vgl. Albert 1980, 11 f.

weil diese ihrerseits nur intersubjektive Geltung beanspruchen können relativ zu den technischen Investitionen in Form von reproduzierbar funktionierenden, d. h. zweckmäßig arbeitenden Geräten.

IV. 2. Empiriefixierung

Ein weiteres Mal übernimmt Popper vom Wiener Kreis ungeprüft eine dogmatische Vorentscheidung, wenn er (immer außerhalb von Mathematik und Logik) nur empirische Sätze als wissenschaftsfähig gelten lassen möchte. Hinter dieser Fixierung auf den Empirismus steht die Ablehnung des synthetischen Apriori bei Kant. Was Popper (wie der Wiener Kreis) ablehnt, ist »die apriorische Geltung von Newtons Physik, wie sie z. B. von Kant in den *Metaphysischen Anfangsgründen der Naturwissenschaft* (1785) behauptet wird. Aber wir haben von Einstein gelernt, daß Newtons Physik möglicherweise falsch ist; und das bedeutet eine völlige Änderung der Problemsituation gegenüber der, die Kant vorfand. So können wir jetzt Kants Probleme dadurch lösen, daß wir den grundsätzlich hypothetischen Charakter der naturwissenschaftlichen Theorien (und noch mehr der Metaphysik) anerkennen« (S. XX).

Damit hat Popper die Bedingung der Möglichkeit naturwissenschaftlicher Erfahrung verkannt. Um dies in der gebotenen Kürze zu zeigen, gehe ich zwei Schritte: Es ist schon lebensweltlich und alltäglich rational, sich nicht an Poppers Empfehlung zu halten und jeden allgemeinen Satz zur empirischen Falsifikation freizugeben.[15] Man betrachte z. B. das klassische Alibiargument, wie es in beinahe jedem Kriminalstück vorkommt. Wir sind überzeugt, daß jeder Mensch wohl zu zwei verschiedenen Zeiten am selben Ort, nicht aber zur

15 Vgl. Janich 1989. Janich 1992; dort vor allem II, 2. Wissen von der Welt. Handlungszwecke als synthetisches Apriori der modernen Physik, 44–63.

selben Zeit an zwei verschiedenen Orten sein kann. Dies ist ein allgemeiner Satz[16], wird aber generell nicht zur empirischen Falsifikation freigegeben, und zwar mit höchster Verbindlichkeit bis hin zu Gerichtsurteilen einer lebenslänglichen Strafe. Versucht man das Alibiargument im Popperschen Sinne zu falsifizieren, also seine Falsifizierbarkeit durch Nennung eines potentiellen falsifizierenden Basissatzes zu zeigen, läßt sich einigermaßen mühelos aufweisen, daß das Alibiargument immer schon als gültig anerkannt werden muß, um dessen Falsifizierbarkeit durch eine widersprechende Instanz zu konstruieren. Kurz: Alle Versuche, nach Popper das Alibiargument auszuhebeln, sind zum Scheitern verurteilt.

Nun könnte eingewandt werden, es handle sich dabei zwar um einen allgemeinen, aber nicht um einen wissenschaftlichen Satz (ein schwaches Argument, wenn die Popperschen Beispiele herangezogen werden, wonach der Satz »Alle Schwäne sind weiß« durch einen schwarzen Schwan in einem bestimmten Raumzeitgebiet falsifiziert wird). Deshalb ein geometrisches Beispiel, da ja gerade die Geometrie das wichtigste Exemplar einer Theorie sein sollte, die nach Kant synthetisch a priori gilt. Man betrachte die Verwendung des Wortes »eben« in den Technik- und Naturwissenschaften.[17] Ist z. B. strittig, ob eine individuelle Oberfläche (etwa eines Spiegels) eben ist, kann man folgendes Testverfahren verwenden: Man fertigt nacheinander zwei Gipsabdrücke des Spiegels an und kontrolliert, ob diese frei verschiebbar aufeinanderpassen. Das heißt, die physikalische Verwendung des Wortes »eben« zur Beschreibung von Komponenten in Laborgeräten stützen sich auf die Definition, eine Oberfläche »eben« zu nennen, wenn es zwei untereinanderpassende Paßstücke (Abdrücke) gibt.

16 In der Diktion Poppers ist dieser Satz sowohl allgemein als auch universell.
17 Vgl. Janich 1997b.

Im Alltag, in der Technik und in den Naturwissenschaften verfahren wir aber so, daß wir Passung von allen ebenen Oberflächenstücken erwarten, ganz gleich welcher Herkunft. Jeder vernünftige Laie würde im Falle zweier vermeintlich ebener Oberflächen, wie z. B. bei einem Kochtopf und einer Herdplatte, nicht von einer Falsifikation des Satzes »Alle Ebenen passen aufeinander« im Popperschen Sinne ausgehen, wenn der Topf auf der Herdplatte wackelt. Er würde vielmehr annehmen, und so auch jeder Techniker und Naturwissenschaftler, daß mindestens eine der beiden Oberflächen nicht eben ist. Das heißt, der Satz »Alle ebenen Oberflächen passen aufeinander« wird zur Falsifikation im Popperschen Sinne nicht freigegeben, ist aber unverzichtbar, um bestimmte naturwissenschaftliche Erfahrungen transsubjektiv gewinnen zu können.

Dieses zweite Beispiel leistet auch den zweiten Schritt, daß nämlich empirische Forschung im Labor nur mit ungestörten Meßgeräten möglich ist. Niemand würde als Popperschen Basissatz zulassen, daß ein bestimmter Laborvorgang unendlich schnell abläuft, weil die zur Kontrolle verwendete Laboruhr stehengeblieben ist. Jeder normalsinnige Mensch würde vom verfehlten Zweck des Uhrengebrauchs ausgehen, also die Verwerfung des Basissatzes in der Zwecksetzung des Subjekts sehen. Das heißt aber, daß die Bedingungen der Möglichkeit naturwissenschaftlicher Erfahrung im Popperschen System verkannt wurden, ja nicht einmal vorkommen. Entsprechend ist seine Distanzierung vom synthetischen Apriori Kants verfehlt.

IV. 3. Fixierung auf Rationalität durch Relativierung

Poppers Betonung von fortwährender Kritik und undogmatischer Aufgeschlossenheit trifft auf ein Selbstverständnis von Naturwissenschaftlern, die alles, und zwar prinzipiell alles, für empirische Revision offenhalten möchten. Hier hat gerade die Philosophie, die Albert Einstein selbst seinen physikalischen Leistungen beigegeben hat[18], erkenntnistheoretisch verheerende Wirkung gezeigt. Denn sowohl Poppers LdF als auch Einsteins physikalische Arbeiten sind, wie jede Theorie in jedem Fach, immer nur relativ zu bestimmten Prinzipien formuliert. Alles, was empirisch gelten soll, gilt nicht bedingungs- und voraussetzungslos.

Die Betonung unüberwindlicher Vorläufigkeit der Erfahrungserkenntnis war, hier selbst im Unterschied zum Empirismus des Wiener Kreises, der historische Anfang eines galoppierenden Relativismus. Ohne Vorgaben Poppers wäre schwer vorzustellen, wie Kuhn den Vergleich von Natur- und Sozialwissenschaftlern faßt: »Insbesondere war ich überrascht von der Zahl und dem Ausmaß der offenen Meinungsverschiedenheiten unter den Sozialwissenschaftlern über das Wesen der gültigen wissenschaftlichen Probleme und Methoden. Sowohl die Geschichte wie auch die Erfahrung ließen mich daran zweifeln, daß naturwissenschaftliche Praktiker solidere oder bleibendere Antworten auf solche Fragen haben als ihre Kollegen in der Sozialwissenschaft.«[19] Und in der Zuspitzung von Paul Feyerabend: »Die Wissenschaft steht also dem Mythos viel näher, als eine wissenschaftliche Philosophie zugeben möchte. Sie ist eine der vielen Formen des Denkens, die der Mensch entwickelt hat, und nicht unbedingt die beste. Sie ist laut, frech und fällt auf; grundsätzlich überlegen ist sie aber nur in den Augen derer, die sich schon für eine bestimmte Ideologie entschieden haben oder die die Wissenschaft akzeptiert haben, ohne jemals ihre Vorzüge und ihre Schwächen geprüft zu haben. Und da die Annahme und Ablehnung von Ideologien dem einzelnen überlassen bleiben sollte, so folgt, daß die Trennung von Staat und Kirche durch die Trennung von Staat und Wissenschaft, der jüngsten, aggressivsten und dogmatischsten religiösen Institution, zu ergänzen ist.«[20]

18 Vgl. Einstein 1921.
19 Kuhn 1969, 9.
20 Zitiert aus: Feyerabend 1976, Analytisches Inhaltsverzeichnis Nr. 18.

Sicher sind Kuhn und Feyerabend Gegner Poppers. Aber Poppers LdF hat eine Lawine ins Rollen gebracht, die unter den genannten Beschränkungen der Sprach- und der Empiriefixierung der Wissenschaftstheorie jede Bodenhaftung, jeden Bezug zur tatsächlichen Forschungspraxis verloren hat. Weil bei Kuhn und bei Feyerabend, wie bei Popper, die technische Praxis und die Zwecke des technischen Bewirkungswissens keine Rolle spielen, kommen sie zu den zitierten Urteilen über die Naturwissenschaften.

Mir scheint dagegen die Naturwissenschaft in ihren Lehrmeinungen weder dumm noch frech, sondern von angebbarer Qualität im technischen Bewirken und einem damit zusammenhängenden Erklärungs- und Prognosewissen für natürliche Vorgänge.

Gegen die von Popper initiierte Tradition muß es Programm einer wissenschaftlichen Philosophie der Erkenntnis bleiben,[21] diese als geprüfte und begründete Meinung durch Verfahren auszuzeichnen, durchaus mit dem Anspruch einer Aufklärungsphilosophie, aber diesmal gegen den Empirismus Popperscher Provenienz.

V. Schluß

Poppers *Logik der Forschung* – ein Klassiker? Von der historischen Wirkmächtigkeit her gesehen kann diese Frage bejaht werden. Von ihrer dauernden oder gar überzeitlichen Geltung her jedoch sind Zweifel angebracht. Popper als Philosoph und Person erscheint dabei als ein Wegweiser, der den gewiesenen Weg selbst nicht geht, und zwar in zweifachem Sinne: Der Kritische Rationalismus hält einer kritisch rationalen Überprüfung ohne den logisch empiristischen Dogmatismus nicht stand. Und Popper als Person folgt nicht seiner eigenen

21 Vgl. Janich 2000.

Doktrin. So kann ich mich dem Urteil Lothar Schäfers nur anschließen:

»Popper datiert fast alle seine Einsichten, aus denen sich sein Philosophieren speist, in seine frühe Jugend (Schilpp 1–107). Es ist, als ob er sich in dieser Phase mit einem Vorrat an Problemstellungen vollgesogen hätte, die ihm für den Rest seines Lebens reichten. Sieht man von der Begegnung mit A. Tarski einmal ab – und auch die hat Popper nur bewogen, etwas explizit zu vertreten, was schon im Hintergrund sein Denken bestimmte –, so scheint kein späteres Ereignis, keine Begegnung ihn ernsthaft herausgefordert oder auf eine neue Spur gebracht zu haben. Trotz ständiger Kontakte behalten seine Auseinandersetzungen mit anderen Ansichten immer etwas Monologisches. ... Seine eigene Position bleibt von Kritik erstaunlich unberührt, so daß sich von dem Schrifttum her der Eindruck ergibt, die Hochschätzung der Kritik in seiner Philosophie werde nur noch übertroffen von seiner Fähigkeit, ihr zu widerstehen. Der programmatisch geforderten Offenheit steht eine Hermetik des Denkens gegenüber, die sich ständig auf die Ausgangsideen rückprojiziert.«[22]

Literatur

Albert, H. (1980): *Traktat über kritische Vernunft*. Tübingen 1968, ⁴1980.

Einstein, A. (1921): *Geometrie und Erfahrung*. Berlin (auch in: A. Einstein: *Mein Weltbild*. Hg. von C. Seelig. Amsterdam 1934).

Feyerabend, P. (1976): *Wider den Methodenzwang*. Frankfurt a. M.

Fleck, L. (1980): *Entstehung und Entwicklung einer wissenschaftlichen Tatsache* (Basel 1935). Hg. von L. Schäfer u. T. Schnelle. Frankfurt a. M. ²1980.

Janich, P. (1989): *Euklids Erbe. Ist der Raum dreidimensional?* München.

22 Schäfer 1996, 10.

Janich, P. (1992): *Grenzen der Naturwissenschaft.* München.

Janich, P. (1997a): *Das Maß der Dinge.* Frankfurt a. M.

Janich, P. (1997b): *Kleine Philosophie der Naturwissenschaften.* München.

Janich, P. (1998): »Die Struktur technischer Innovationen«. *Die Kulturalistische Wende.* Hg. von D. Hartmann u. P. Janich. Frankfurt a. M., 129–177.

Janich, P. (2000): *Was ist Erkenntnis?* München.

Keuth, H. (2000): *Die Philosophie Karl Poppers.* Tübingen.

Kuhn, T. (1969): *Die Struktur der wissenschaftlichen Revolutionen.* Frankfurt a. M. ²1969.

Lührs, G./Sarrazin, T./Spreer, F./Tietzel, M. (Hg.) (1975): *Kritischer Rationalismus und Sozialdemokratie.* Berlin u. a. ²1975.

Popper, K. R. (1971): *Logik der Forschung.* Tübingen ⁴1971.

Popper. K. R. (1983): »Autobiography«. *The Library of Living Philosophers XIV: The Philosophy of Karl Popper.* Hg. von P. A. Schilpp. La Salle, Ill., 2–181.

Quine, W. v. O. (1969): »Epistemology Naturalized«. *Ontological Relativity and other Essays.* New York/London, 69–90.

Schäfer, L. (1996): *Karl R. Popper.* München ³1996.

Vollmer, G. (2000): »Was ist Naturalismus?« *Naturalismus.* Hg. von G. Keil u. H. Schnädelbach. Frankfurt a. M., 46–67.

MANFRED FRANK

Jean-Paul Sartre: *L'être et le néant.*
Essai d'ontologie phénoménologique

I.

Selten erregen ernste philosophische Bücher öffentliche
Skandale. Eines von ihnen war Sartres philosophisches
Hauptwerk. Gewiß haben philosophische Werke Anlaß zu
Einspruch, ja Verfolgung durch Staat oder Religionsgemein-
schaften gegeben. Doch haben Einsprüche dieser Art selten
oder nie die bürgerliche Öffentlichkeit erfaßt. Öffentlich hingegen muß man den Aufruhr nennen, den Sartre mit *L'être et
le néant* erregte. Er war groß – groß jedenfalls, wenn man in
Rechnung stellt, daß der Zweite Weltkrieg in seine scheußli-
che Endphase ging und daß auch in friedlicheren Zeiten die
Menschen Wichtigeres zu tun haben, als Philosophie zu lesen. Erstaunlich war die Wirkung dieses Buchs auch, wenn
man den letzten Aspekt isoliert: die Tatsache, daß der Autor
ein Philosoph war und daß Umfang und argumentative Kom-
plexität des Werks ein breites Verständnis von vornherein
ausschlossen. Obwohl kaum gelesen, konnte Sartre doch
nicht verhindern, daß einzelne Theoriestücke seines Buchs
allerorten, meist mißgünstig, beschworen wurden. Begünstigt wurde solche Neugier durch das Mißverständnis von Sartres schriftstellerischer Brillanz, bewährt in mehreren Prosa-
texten und Essays. So glaubten viele, sich ein Urteil anmaßen
zu können, die schwerlich mehr von dem Werk gekannt haben als den Titel und vier, fünf theorieillustrierende Passagen:
vom Menschen, der gewandt in die Rolle eines Kellners
schlüpft; vom Möglichkeitstaumel des Spielers, der wahr-
nimmt, daß nichts ihn zu spielen zwingt, nichts aber auch ihn
daran hindert, und der vor diesem Nichts Angst bekommt;

vom unwahrhaftig verliebten Paar; vom Blick des anderen oder vom Tod, der nie wirklich ›meiner‹ werden kann. Ich sollte noch erwähnen, daß Sartres Werk in Deutschland günstigere Aufnahme fand als in Frankreich, galt doch der Autor als die entnazifizierte, urbanisierte und demokratisierte Alternative zur erdrückenden Tradition Heideggers, zu der sich Sartre übrigens gegen mehrere Polemiken offen bekannt hat.[1] So schrieb er:

»Heidegger, dites-vous, est membre du parti national-socialiste, donc sa philosophie doit être nazi.« Ce n'est pas cela: Heidegger n'a pas de caractère, voilà la vérité; oserez-vous en conclure que sa philosophie est une apologie de la lâcheté? Ne savez-vous pas qu'il arrive aux hommes de n'être pas à la hauteur de leurs œuvres? Et condamnerez-vous *Le Contrat social* parce que Rousseau a exposé ses enfants? Et puis qu'importe Heidegger? Si nous découvrons notre propre pensée à propos de celle d'un autre philosophe, si nous demandons à celui-ci des techniques et des méthodes susceptibles de nous faire accéder à de nouveaux problèmes, cela veut-il dire que nous épousons toutes ses théories? [...] Nous avons vu les résultats déplorables de l'autarcie économique: ne tombons pas dans l'autarcie intellectuelle *(E 654)*.

L'être et le néant erschien 1943 in der *Bibliothèque des Idées* der Editions Gallimard. Eine Neuausgabe zu Kriegsende trug eine Binde mit der von Sartre gewählten Aufschrift: »Ce qui compte dans un vase, c'est le vide du milieu« (*E* 86). Das Buch ist Simone de Beauvoir gewidmet (»Au Castor« meint nicht, wie vermutet wurde: ›dem Zwillingsbruder von Pollux‹, also etwa Camus, sondern ›dem Biber‹, wie Sartre seine Freundin wegen der lautlichen Ähnlichkeit von ›Beauvoir‹ mit ›Beaver‹ scherzhaft zu nennen pflegte). *L'être et le néant* ist die Krönung von Forschungen, die Sartre seit 1933 angestellt hatte.

1 Besonders prominent ist Sartres Artikel *A propos de l'existentialisme: Mise au point* von 1944 (*E* 653–658).

Das erklärt die kurze Zeit, die er zur eigentlichen Niederschrift des 724 Seiten umfassenden Werks benötigte: zwei
Jahre. Seitdem wir, neben den phänomenologischen Früh-
schriften,[2] auch Sartres verschollen geglaubte Kriegstagebü-
cher[3] kennen, liegt die Entstehungsgeschichte vor unseren
Augen. Als ›drollig‹ hatte Sartre den Kriegsbeginn erlebt. Am
20. Oktober 1939 notiert er: »Contre *quoi* nous battons-nous?
Contre le nazisme? mais depuis un an un fascisme larvé règne
en France.« (152 f.) Die Gefangenschaft im Lager Stalag 12 D
bei Trier gab ihm seit dem Juli 1940 (und bevor ihm im März
1941 die Entlassung mit gefälschten Papieren gelang) kuriose
Gelegenheit, tiefer ins Deutsche einzudringen, mit dem er
schon 1933/34 während eines Husserl-Studien gewidmetem
Aufenthalts am *Institut Français* in Berlin leidlich vertraut geworden war.[4] Hitlers *Mein Kampf* wollte der Lagerkomman-
dant dem kultivierten Franzosen nicht als Übungsbuch lassen
– aus Scham vor dem Inhalt. So mußte sich Sartre mit Rosen-
bergs *Mythus des zwanzigsten Jahrhunderts* begnügen – und
mit der Lektüre des Hauptwerks eines anderen Nationalsozia-
listen: Heideggers *Sein und Zeit,* bei dessen Übersetzung ihm
der Priester und Mitgefangene Marius Perrin beistand.[5]

Da wir gerade über Sartres Quellen sprechen: Während seines Studiums an der *École Normale* hatte Sartre eine Art Lehrbuch mit ausgewählten Texten der Philosophiegeschichte
benutzen müssen, in dem sich fast alle Äußerungen Hegels
finden, die Sartre in *EN* zitiert.[6] Hegel, Husserl und Heidegger
sind drei Hauptinspirationsquellen des Werks (vgl. 288 ff.),
neben dem erwartbaren Pensum an altgriechischen Klassi-

2 Sartre 1936; 1936/37; 1939; 1940.
3 Sartre 1955.
4 Zumal die Schweizers, und Sartres eigene Mutter, als Elsässer zu
Hause gewöhnlich deutsch sprachen.
5 Vgl. Perrin 1980, bes. Kap. IV.
6 Nach einer Auskunft des verstorbenen Sartre-Kenners und -Über-
setzers Traugott König.

kern, ein wenig Augustin und mittelalterlicher Scholastik sowie Descartes, Leibniz, Spinoza, Hume, Kant, Bergson und Freud. Dazu kamen in den 30er Jahren intensive Studien der Psychologie, besonders von James, Janet, Lewin, Spaier und der Gestalttheorie. Sagen wir mit der gebotenen Knappheit: Von Hegel übernimmt Sartre die Methode der dialektischen Fortbestimmung von Begriffen,[7] die bei ihrem ersten Auftreten konzeptuell noch unterentwickelt waren, hier: des Seins und des Bewußtseins (der begrifflichen Fortbestimmung des informationsärmeren Begriffs Nichts). Von Husserl läßt sich Sartre auf den Weg der genauen Phänomenanalyse bringen, in der er es zu großer Meisterschaft bringen wird, aber auch zur Überzeugung, daß der Grundsatz ›Jedes Bewußtsein ist Bewußtsein *von* etwas‹ keine idealistische Deutung duldet, so, als sei alles, wovon ich Bewußtsein habe, *im* Bewußtsein enthalten (Sartre spricht spöttisch von einer Verdauungsphilosophie, die nach der Devise verfahre: »Connaître, c'est manger des yeux«).[8] Vom frühen Heidegger läßt sich Sartre die Einsicht vermitteln, daß die Frage nach dem Sein – das er allerdings im Gegensatz zu Heidegger nicht als Wahrheit oder Verständlichkeit versteht – aus der Verfassung desjenigen Wesens aufgeklärt werden muß, das sie stellt: dem Seienden, »dem es in seinem Sein um sein Sein geht«, dem ›Dasein‹:[9]

Formule que nous pourrons introduire dans un langage heideggerien, en signalant tout de même que Heidegger le dit de l'homme et non pas de la conscience, sous la même forme: l'homme, dot-il (et nous dirons la conscience non-thétique), est un être dont la caractéristique d'être est qu'il est en son être question de son être: formule un peu compliquée, mais qu on pent très bien comprendre (*CC 96;* vgl. die Parallelformulierung in *EN 29*).

7 Wie das geschieht, ist gezeigt in der bis heute besten deutschsprachigen Arbeit über (vor allem) *EN:* Seel 1971.
8 Sartre 1947a, 29–32.
9 Heidegger 1967, 12 (passim).

Die Seinsfrage ist also aus einer Analyse der Grundstrukturen desjenigen Wesens zu entwickeln, dessen Natur es ist, sie zu stellen. Deren elementarste ist das reflexive oder sorgende Sich-zu-sich-, also Zum-eigenen-Sein-Verhalten. Sartre bleibt in gewollt cartesianischer Modernität beim Begriff des Subjekts bzw. des Bewußtseins. Sogar fundamentalistische Ansprüche knüpft er an den Ausgang vom *Ich denke:* Wäre nicht wenigstens *eine* Überzeugung gewißlich wahr, so bräche das Gebäude aller übrigen zusammen.[10] Freilich, das Sein, zu dem sich das *Cogito* verhält, ist die bare Existenz, nicht jene übermächtige, unsere Entwürfe entmündigende Macht in Heideggers Spätwerk.[11]

Auch darum übersetzt Sartre Heideggers Wendung ›dem es in seinem Sein um sein Sein geht‹ charakteristisch durch ›dem in seinem Sein sein Sein in Frage steht‹. Für Sartre entspringt die Seinsfrage selbst aus einer ontologischen Fraglichkeit des Wesens, dessen Natur es ist, sie sich zu stellen. Der Mensch – oder das ungegenständliche Selbstbewußtsein – ist nicht einfach, was es ist; er/es stellt sein Sein in Frage (*CC* 66 u.). So sind seine Bewußtseinszustände Anfechtungen ihres Seins, das vom Bewußtsein in einer (wie wir sehen werden) freiheitsermöglichenden Distanz gehalten wird. Das ist der Grund, warum Sartre Heideggers Charakterisierung des Daseins als eines »Wesen[s] der Ferne«[12] so gefiel. Wie Heid-

10 »Toute théorie qui prend l'homme en dehors de ce moment où il s'atteint lui-même est d'abord une théorie qui supprime la vérité, car, en dehors de ce *cogito* cartésien, tous les objets sont seulement probables, et une doctrine de probabilités, qui n'est pas suspendue à une vérité, s'effondre dans le néant […]« (Sartre 1970, 64). Ganz ähnlich, wenn auch ausgeführter, findet sich dieser in *EN* zurücktretende Gedanke in *CC* 49 f. (5.), 52 f.
11 [»T]out rapport rétrograde à l'Être, ou toute ouverture à l'Être qui suppose l'Être à la fois derrière et devant l'ouverture comme conditionnant l'ouverture, ça me paraît une aliénation« (Sartre 1972, 52).
12 Heidegger 1965, 54

egger sagt er: Wir *sind* nicht einfach, was wir sind (und ›Sein‹ meint hier nur ›Was-Sein‹ oder ›Wesen‹)[13] – wir *haben* unser Sein *zu sein*.[14]

II.

Beginnen wir mit einer Verständigung über Titel und Untertitel des Werks. Für die Ausstellung von ›Sein und Nichts‹ wurde Sartre früh verspottet. Karikaturen zeigten ihn als scheeläugigen Hamlet, der einen Totenschädel in der Hand balanciert und sich die Frage »Sein oder Nichtsein« stellt. Sartre meint aber einen ontologischen Urgegensatz, wie ihn die alten Griechen, etwa Parmenides, im Sinne gehabt hatten. Ontologie ist die Theorie (der λόγος) vom Sein des Seienden (griechisch ὄν, ὄντος); und hier meint ›Sein‹ einfach ›Wesen‹: *was* ›seiend‹ – als die elementarste oder Grundbestimmung aller Wirklichkeit – in den verschiedenen Zusammenhängen seines Vorkommens jeweils meint. Warum gerade ›seiend‹ und nicht eine andere Bestimmung? Weil, wie Aristoteles betont (*Metaphysik* VII, 3), von allem nur Denkbaren gesagt werden kann, daß es in irgendeinem Sinne *ist*. Ontologie ist die grundlegendst ansetzende Wissenschaft, weil sie nicht wie die Einzelwissenschaften einen Bereich von Seienden (Mineralogen die Steine, Philologen die Texte usw.), sondern das ›Sein des Seienden‹ selbst zum Gegenstand der Untersuchung macht. Nach Parmenides und Sartre wären die ontologischen Größen, auf die sich alle Wirklichkeit in letzter Instanz zurückführen läßt, τὸ ἐόν bzw. τὸ εἶναι einerseits, τὸ μὴ ἐόν bzw. τὸ μὴ εἶναι andererseits. Schon Parmenides war der Meinung, daß das Nicht-

---

13 »L'essence, c'est tout ce que la réalité humaine saisit d'elle-même comme *ayant été*« (*EN* 72 u.).

14 Zur Rede vom Zu-sein-Haben vgl. *EN* 157 im Zusammenhang: Ich *bin* nicht meine Vergangenheit im Sinne eines mit mir (teil)identischen Wesens; ich *habe* sie *zu sein*.

sein kein möglicher Gegenstand des anschauenden Geistes (νοῦς), daß es radikal nicht *sei*. Da es aber in einem anderen Sinne irgendwie *ist* (z. B. als Gegenstand von Sartres Hauptwerk), war eine Diffferenzierung vonnöten, für die die deutsche Sprache kein Äquivalent bietet, wohl aber die französische. Die Griechen unterschieden das, was nur nicht *ist*, aber sein könnte (μὴ ὄν), von dem, was in keiner Hinsicht und überhaupt *nicht* ist (οὐκ ὄν). Ein Beispiel, das Schelling gibt (*SW* I/10, 284): Von einem, der einen Mord vorhatte, ihn aber nicht in die Wirklichkeit umsetzte, von dem würde es auf Griechisch heißen: μὴ ἐποίησε, er hat es nur nicht *getan*. Von einem, der nicht einmal die Möglichkeit zum Mord ins Auge faßte, von dem würde man sagen: οὐκ ἐποίησε, er hat es schlechterdings *nicht* (und in keinem Sinne, nicht einmal der Möglichkeit nach) getan. Dem entspricht – wie vor Sartre (*EN* 65, vgl. 51) wieder Schelling behauptet hatte (*SW* I/10. 284f.) – der französische Gegensatz des *néant* und des *rien*. Wir sehen jetzt, daß wir den Titelausdruck *néant* französisch denken müssen. Das gelingt, wenn wir die dialektische Fortbestimmung des Begriffs ›néant‹ zu dem des gegenstandslos-durchsichtigen und einseitig aufs Sein bezogenen Bewußtseins als schon vollzogen unterstellen. Die Seinsweise des Bewußtseins (als eines relativ Nicht-Seienden oder μὴ ὄν) verlangt zweierlei: den negativen Bezug aufs Sein (néant d'être), ohne den es sich in gar nichts (rien, οὐκ ὄν) auflösen würde, und eine innere Durchsichtigkeit und Leere, die Sartre auch Substanzlosigkeit nennt und die es radikal vom Seinstyp des *être en-soi* unterscheidet, ohne daß es darum gar nicht bestünde. Es besteht als ein intentional aufs An-sich-Sein bezogenes Bewußtsein oder Für-sich-Sein. ›Das Bewußtsein ist sich selbst durchsichtig‹ meint, daß alles, was sich ihm gegenständlich präsentiert, ein Sein *außer ihm* haben oder ein *être en-soi* vorstellen muß. Hätte das Bewußtsein einen Inhalt, so würde der wie eine ›undurchsichtige Klinge‹ in es hineinfahren und es verdunkeln (*TE* 23). Sartre fügt hinzu, daß das Bewußtsein durch das Opfer eines eigenständigen Seins diesen Gegenstandbezug erst schafft. Darum nennt Sartre es auch ein ›néant d'être‹: ein Sein-eigenes-Sein-Verneinen – wieder in Schellings Nachfolge, der das ungegenständliche Subjekt ›das Nichts seiner selbst‹ genannt hatte.[15] Mit sich selbst muß das Bewußtsein, wenn es besteht (das wissen wir aus Cartesianischer Evidenz), ungegenständlich vertraut sein; es ist kein Gegenstand, sondern allen Gegenständen gegenüber das, was ihnen zur Einsichtigkeit verhilft.

Bevor wir diese komplizierte Beziehung beleuchten, sollten wir noch einen Blick auf den Untertitel von Sartres Werk tun. Daß und warum es sich als Ontologie verstehe, wissen wir nun. Warum als *phänomenologische* Ontologie? Mit dem Begriff ›Phänomen‹, sagt Sartre, sei es der zeitgenössischen Phänomenologie gelungen, alle möglichen Dualismen hinter sich zu bringen: so die von Sein und Bloß-Erscheinen, von Innen und Außen, von Akt und Potentia, von Kraft und Auswirkung usw. Wir machen uns klar, daß ›Sein‹ keinen Sinn für uns hat, wenn es da nichts gibt, das sich zur Erscheinung bringt. Vom Genie (als der Potentia einer Person) merken wir nur das, was ans Licht kommt, also die Werke. Vom Tugendhaften wissen wir, daß es das nicht gibt, außer wenn man es tut. Die Kraft kennen wir nur durch die Auswirkungen – so z. B. den elektrischen Strom durch die Elektrolyse oder einfacher: durchs Funktionieren des Eisschranks oder das Brennen der Glühbirne. Die angeblich unergründliche Innerlichkeit eines Subjekts kennen wir nur an seinem Stil (am Stil seines Lebens, seiner Rede, seines Betragens usw.). Damit scheint das Seins-Thema – durch die Ankündigung einer Ontologie in Aussicht gestellt – im Projekt einer Phänomenologie aufzugehen. Sartre spricht sogar von einem neuen »Monismus des Phänomens« (11).

Aber dann taucht ein neuer Dualismus auf: der von Wesen (als Synthesis der Erscheinungen zu einem konzeptualisierten Ganzen) und Einzelerscheinungen: ähnlich dem Kantischen Unterschied zwischen dem Mannigfaltigen der Einzel-

15 Schelling 1972, 423.

erscheinungen und der im Objekt begriffenen Synthesis derselben. Das Wesen ist, wie Sartre sagt, »die synthetische Einheit der Manifestationen« eines Dinges; die Instanz, die diese Einheit zuerkennt, ist der Begriff. Die Erscheinungsmannigfaltigkeit, die über einen Begriff zur Einheit versammelt wird, heißt Objekt. Aber: »wer Objekt sagt, sagt wahrscheinlich« (*CC* 51; vgl. 64). Ein Objekt ist immer reicher als die Totalität aller Eindrücke, die ich über es im Laufe einer Wahrnehmung (ja im Laufe eines Lebens) registrieren kann. Sartre spricht von einer ›Unerschöpflichkeit (inépuisabilité)‹ der Erscheinungen eines Dings (*EN* 14), von der echten ›Transzendenz‹ eines Objekts (24). Diese Transzendenz rückt den vermeinten Gegenstand außerhalb der Reichweite des Subjekts: Er ist mehr als die subjektiven Empfindungen, auf die der Empirismus à la Berkeley und Hume ihn reduzieren will (27 f.). So entsteht ein Dualismus des Unendlichen und des Endlichen. Ihn anerkennen heißt: den Primat der Erscheinung ans Sein zurückzugeben. Denn was könnte uns drastischer davon überzeugen, daß die Wirklichkeit nicht in Daten unseres Bewußtseins aufgeht, als der unerschöpfliche Informationsnachschub, mit dem sie die Fassungskraft unseres Geistes überfordert (24)?

Nun gilt: Wer ›Erscheinung‹ sagt (sie sei einzeln oder synthetisch über einen Begriff zu einem einheitlichen Wesen vereinigt), sagt: Erscheinung-*für-ein-Subjekt*. Damit ist die auf seiten des Phänomens vermutete Selbständigkeit in unversehener Dialektik auf die Seite des Subjekts übergesprungen, von dessen Existenz sie abhängt. Gibt es kein Subjekt – d. h. hat das Subjekt kein selbständiges *Sein* –, so gibt es auch kein Phänomen. Es kommt noch schlimmer: Unter den vielen Phänomenen gibt es ein besonderes: das Phänomen ›Sein‹. Es ist das ›esse apparens‹ (nach scholastischem Wortgebrauch): das Sein, insofern es selbst erscheint. *Erschiene* es nicht, wie könnten wir dann von ihm sprechen? So muß der Seins-Erscheinung ein Bewußtseinszustand entsprechen: Während Heidegger das Sein in den sogenannten ›Existenzialien‹ zur Erscheinung gelangen läßt (vor allem im Verstehen und in der

Sorge), macht es Sartre Spaß, dem Bildungsbürger den Appetit zu verderben: Das Sein erscheint in den Gefühlen – Gefühle sind Bewußtseinsmodi – des Ekels und der Langeweile. Ich muß hier nicht darüber handeln, wieso Sartre gerade an diese beiden Gefühle denkt (vergessen Sie nicht, daß er das Sein, anders als Heidegger, als die nackte, rechtfertigungs- und sinnlose Existenz denkt: als das, was vom Subjekt nicht verdaut werden kann und also erbrochen werden muß).[16] Nehmen wir an, es gebe ein Bewußtsein, in dem das Sein selbst sich zur Erscheinung bringt; denn nur darum geht es hier (nicht darum, ob Sie vielleicht ein anderes Gefühl als Erscheinungsstätte des Seins vorschlagen möchten). Jetzt stehen wir an der ersten Weichenstellung des Sartreschen Hauptwerks. Sartre sagt nämlich, *das erscheinende Sein setze das Sein der Erscheinung* (oder das *esse apparens* setze das *esse subsistens*) *voraus*. So scheinen wir bei unserer »Suche nach dem Sein« (*EN* 9, 11) an die Subjektivität verwiesen, in der alles Erscheinen gründet. Aber wie könnte das Subjekt – mit seiner wesentlichen Eigenschaft des Selbstbewußtseins – der Ort sein, an dem sich das Sein in seiner Selbständigkeit, d. h. Unabhängigkeit von irgendeinem anderen als sich, verbirgt?

Zunächst ein Wort über Sartres Auffassung vom ›Sein‹. Es ist Grund allen Erscheinens, aber erscheint selbst nicht (*EN* 15, 58 f.). Auch läßt es sich nicht in einer Reihe stetiger Ableitungen vom Wesen (als geordneter Reihe von Erscheinungen) her gewinnen; es ist mit dem Wesen ›nicht von gleicher Art‹. Es ist keine Eigenschaft *(quidditas)* irgendeines Objekts, sondern macht, daß es Objekte und Eigenschaften überhaupt *gibt*. Ich kann die Eigenschaften eines Dings verändern – z. B. indem ich ein beschriebenes Papier durchstreiche, neu beschreibe, zerschnipsele oder verbrenne. Seine Existenz habe ich damit nicht berührt. Das Sein ist nicht etwas, über das ich Macht bekomme, wenn ich mich an seinen Eigenschaften vergreife. Es

16 Dies Gefühl ist beschrieben in der berühmten Szene aus *La nausée*. Sartres Vorbild dabei ist Kolnai 1929.

ist, wie Kant gesagt hat, »kein reales Prädikat« (*KrV* A 598/ B 626). ›Es ist nicht real‹ meint: Es gehört nicht unter die Bestimmungen, die ich von einer *res,* von einem Gegenstand, aussage. Aussagen kann ich von etwas nur, *was* dieses Etwas ist: also sein Wesen, nicht, *ob* es ist *(quodditas).* Das Sein ist ›an‹ oder ›in sich‹ *(en-soi),* womit Sartre vor allem meint: nicht für uns. Es ist 1. selbständig *(esse subsistens),* d. h. bedarf keines anderen zu seinem Bestehen (32), 2. nur mit sich selbst identisch ohne alle Binnendifferenzierung von der Art eines reflexiven Sich-zu-sich-Verhaltens, wie sie fürs Bewußtsein charakteristisch ist (33). Da alle Bestimmung aus Negation entsteht,[17] gilt 3., daß das An-sich-Sein unbestimmt oder bestimmungsindifferent ist: »Il est lui-même indéfiniment et il s'épuise à l'être« (34). 4. ist das *En-soi* durch Aktualität ausgezeichnet: »[L'être en-soi] ne peut être ni dérivé du possible, ni ramené au nécessaire« (34): Es ist wirklich (»en acte«) und kontingent, wobei ›kontingent‹ meint: nicht durch eine Potenz oder einen Grund mit einer Art ›Notwendigkeit‹ geadelt. Kurz: Das An-sich-Seiende ist dem Bewußtsein in allen Merkmalen kontradiktorisch entgegengesetzt. Es ist von sich erfüllt, reine Position/Positivität, fugenloses Zusammenfallen mit sich selbst, lautere Unbewußtheit und Bestimmungsunabhängigkeit. Ausgerechnet das durch solche negativen Eigenschaften charakterisierte Sein an sich sollte in der sich selbst durchsichtigen Subjektivität seinen Ort haben?

Hier setzt nun Sartre seinen berühmten und genialen ›ontologischen Beweis‹ an. Anders als der seiner Vorläufer Anselm von Canterbury oder Descartes (*EN* 16) ist seine Absicht der Nachweis, daß das im Subjekt vermutete Sein nicht sein eigenes ist, daß das Bewußtsein sich vielmehr erfaßt als *gerichtet auf* und *getragen durch* (»portée sur«) ein Sein, das nicht es selbst ist (28 u.). Von diesem Sein – dem einzigen, dem Sein schlechthin oder *en-soi* – wird es passiv gewesen (»il est été« [58]). Ohne auf dem Granitsockel des massiven Seins

17 Spinozas *omnis determinatio est negatio* (*EN* 511 sowie 228 ff.).

aufzuruhen, würde das Bewußtsein sich in ein »*rien* total«[18], ein οὐκ ὄν, auflösen. Das Deutsche kennt kein Passivum von ›sein‹; doch hatte schon Schelling auf die mittelhochdeutsche Wurzel ›wesen‹ zurückgegriffen und von einem ›transitiven Sein‹ gesprochen, von dem das davon Ergriffene *gewesen wird* oder – aktivisch ausgedrückt – das das von ihm Erfaßte gleichsam ›akkusativisch‹ durchwaltet (*SW* I/7, 205, Anm. 1; II/3, 217 ff.; II/1, 293; von »transitivem Sein« spricht auch Sartre in *EN* 158). Ich reduziere den ›ontologischen Beweis‹ zunächst (1.) aufs nackte Argument (*EN* 16 ff.; *CC* 51, 5.) und suche in einem zweiten Schritt (2.) seine subjekttheoretischen Voraussetzungen einzuholen.

1.a) Das Fassen des Gedankens ›cogito‹ impliziert Existenzbewußtsein.

b) Das *Cogito* ist sich präreflexiv durchsichtig.

c) Zur Durchsichtigkeit gehört Einsicht in seine Substanzlosigkeit (*TE* 23) (›Nichtigkeit‹). (›Nichtig‹ meint hier nicht *inexistent,* sondern nur *nicht gegenständlich existierend,* so wie *nichts* ja nicht die Negation von *sein,* sondern von *etwas* ist. Der Umfang des Ausdrucks ›existent‹ ist also weiter als der von ›gegenständlich‹.)

d) Aus a) und c) folgt, daß das Sein des Bewußtseins nicht sein eigenes Sein sein kann, daß es vielmehr parasitär auf einem Sein aufruht, das nicht es selbst ist, aber auf das es vorstellend gerichtet ist (*EN* 28 u.; *CC* 57 ff.).

Der Beweis läßt sich allgemeiner führen: Eine erste These besagt: ›*Es gibt* Erscheinungen (und das sind immer Erscheinungen *für ein Subjekt*)‹; eine zweite These: ›Man kann das Sein (von Erscheinungen) nicht auf ihr Erscheinen (also nicht auf ihr Von-einem-Subjekt-vorgestellt-Werden) reduzieren.‹ Das letztere tun zu können, hatte Berkeley mit seiner berühmten Formel »esse est percipi« geglaubt. Sartre zeigt nun, daß bei Selbstanwendung dieser Formel ein infiniter ontologischer Regreß entstehen würde: Das *percipi* kann das Sein nur dann

18 Sartre 1940, 238.

fundieren, wenn das *percipiens* selbst existiert. Aber wie sollte es existieren, wenn es seinerseits in Abhängigkeit von einem weiteren *percipi* existierte, welches das Sein – *per absurdum* – aufs Nichts begründete (*EN* 16 ff.)? (Entsprechendes gilt natürlich fürs Sein des Cogito. Es kann sich nur aufs Sein selbst gründen, nicht auf ein Sicherscheinen.) Daraus folgt der vielzitierte (und von Heidegger attackierte)[19] »Primat der Existenz vor der Essenz« (21, 23; *CC* 67). Er leuchtet sofort ein, wenn man ›Essenz‹ mit ›Wesen‹ bzw. mit ›Erscheinung‹ übersetzt.

Sartres (wie McGinn ihn genannt hat)[20] ›knochenharter‹ Externalismus, der Bewußtsein ontologisch vom Sein abhängig macht, impliziert keinen Reduktionismus. Bewußtsein hängt epistemisch nicht vom Sein ab, sondern ›nichtet‹ es (d.h. verleiht ihm seinen Sinn *via negationis*, indem es sich bestimmt, das Sein auf vielerlei Art *nicht* zu sein). Traditionell gesprochen: Das An-sich ist *Seinsgrund (causa realis, causa essendi)* des Cogito, das Cogito ist *Erkenntnisgrund (causa idealis, causa cognoscendi)* des Seins. Das Sein verhilft dem Bewußtsein zu seinem prekären Bestand als eines *néant d'être;* aber das Bewußtsein verleiht dem Sein einen Sinn und verhilft ihm zum Erscheinen.

2. Jetzt muß die oben angekündigte bewußtseinstheoretische Voraussetzung eingeholt werden. Warum kommt das präreflexive Selbstbewußtsein als Seins-Kandidat in Frage? Zunächst ist das Attribut ›präreflexiv‹ zu klären. Sartre meint, daß das Bewußtsein nicht auf dem Wege einer reflexiven Selbstthematisierung mit sich bekannt wird, sondern es schon ist. Die Reflexion ist eine besondere Weise des gegenständlichen Bewußtseins. Sartre nennt es, in Abgrenzung vom Ausdruck ›conscience‹, duchgängig ›connaissance‹. In der ›connaissance‹ ist eines Objekt und ein anderes Subjekt. Genau eine solche Subjekt-Objekt-Trennung findet im Bewußtsein nicht statt (*EN* 19 o.; *CC* 63). Darum schreibt Sartre die Genetiv-

19 Heidegger 1947, 72 ff.
20 McGinn 1989, 22, Anm. 31.

präposition ›de‹ im Ausdruck für das präreflexive *Cogito:* ›conscience (de) soi‹, in Klammern (*EN* 20; *CC* 62). Bewußtsein tritt nicht als Paar eines mit noch einem auf (»La conscience de soi n'est pas couple« [*EN* 19]). Seine Selbstdurchsichtigkeit hat auch mit seiner Ungegenständlichkeit zu tun, weil, »wer Objekt sagt, wahrscheinlich sagt« (*CC* 51, 6.). Im Selbstbewußtsein ist aber die Totalität des Gehaltes im Nu erschöpfend erfaßt, keine Abschattung bleibt späterer Entdeckung vorbehalten.[21] Bewußtsein scheint darum selbständig zu sein, weil es sein Sein nicht außer sich hat, sich nicht gegenständlich (von sich) distanziert. Darin genau besteht seine anfängliche Aussicht, die Kandidatur um den Seinsposten für sich zu entscheiden:[22] Der Gehalt eines unmittelbaren Bewußtseins läßt sich von seinem lauteren Bestehen (Sein) nicht abtrennen. Ich *habe* genau dann Lust, wenn es mir so *scheint,* als hätte ich sie:

21 Die bloße Wahrscheinlichkeit des Objektgewahrens hängt damit zusammen, daß mir immer auf der Objektseite etwas fehlt, das ich durch jenen *passage à la limite* ideal ergänzen muß. Darum ist keine Objektwahrnehmung adäquat, geschweige apodiktisch. Genau diese beiden Charakteristika gelten fürs Subjekt- (oder Selbst-)Bewußtsein: Es ist sich apodiktisch und adäquat gegeben, wobei ›adäquat‹ heißt: im Nu in allen seinen Aspekten. Allein darum könnte Selbstbewußtsein kein Objektbewußtsein sein; und allein darum könnte das Subjekt keinen Inhalt haben (oder vielmehr: Jeder Inhalt muß ihm *äußerlich*: auf der Gegenstandsseite fern von ihm bleiben). Sartre sagt gelegentlich: jedes Objekt sei »un centre d'opacité pour la conscience«: »il faudrait un procès infini pour inventorier le contenu total d'une chose« (*EN* 18). Das Subjekt ist mit sich ganz vertraut, wobei ›mit sich‹ meint: nicht mit seinen Inhalten auf der Gegenstandsseite – dazu zählt Sartre auch alles ›Psychische‹, wie etwa die Psychoanalyse es untersucht. Dieses Bezogensein auf ein Außer-ihm nennt Sartre des Bewußtseins Transzendenz oder – mit Husserl – Intentionalität.

22 »[…] il suffit qu'il y ait conscience pour qu'il y ait être, à la différence de la connaissance. Car, il ne suffit pas qu'il y ait connaissance pour qu'il y ait être« (*CC* 64).

326

Il n'y a *pas [...] d'abord* une conscience qui recevrait ensuite une affection »plaisir«, comme une eau qu'on colore, qu'il n'y a d'abord un plaisir (inconscient ou psychologique) qui recevrait ensuite la qualité de conscient, comme un faisceau de lumière. Il y a un être indivisible, indissoluble – non point une susbtance soutenant ses qualités comme des moindre êtres, mais un être qui est existence de part en part, Le Plaisir est l'être de la conscience (de) soi et la conscience (de) soi est la loi d'être du plaisir *(EN 21; CC 64f.).*

Da das Seinsmoment im Bewußtsein also das der Vertrautheit mit sich bringt, sind die Regresse und Zirkel vermieden, die sich ergäben, wenn man das Selbstbewußtsein als einen Sonderfall des Erkennens behandelte, der in diesem besonderen Fall es selbst wäre. In der Tat sagt Sartre, das Problem des infiniten Regresses stelle sich »in parallelen Termini für das Sein wie für das Erkennen;« darum bringe »die Lösung des einen Problems die des anderen mit sich«[23]. So wie die Formel *esse est percipi* die Einlösung des Seins des *percipiens ad calendas graecas* verschieben muß, so würde ein nach dem Modell der Intention geformtes Selbstbewußtsein erst am Sankt-Nimmerleins-Tag eintreten. Wenn ich mich reflexiv auf mich zurückbiege, kann ich das, was ich da finde, als Bewußtsein und als *mein* Bewußtsein nur finden, wenn es zuvor schon als solches bestanden hat. Unmöglich kann, was die Reflexion findet, zuvor unbewußt gewesen sein. Sonst würde die Reflexion das Phänomen nicht ausleuchten, sondern ›mit Putz und Stiel‹ erschaffen – eine Situation, die Reflexion von Hirnwäsche ununterscheidbar machte. Sartre glaubt, der Falle des Reflexionsmodells von Selbstbewußtsein durch denselben Zug zu entkommen, der die Existenz, das subsistente Sein des Selbstbewußtseins, sicherstellt. Das Seinsmoment hängt in ihm an der präreflexiven Selbstdurchsichtigkeit; beide bilden eine »individuelle Ganzheit«, eine Leibnizsche fensterlose Monade (*TE* 23, 26 o.)

23 *CC* 61, 4. Abschn.; 62, 2. Abschn.; *EN* 19.

III.

Spätestens hier stellt sich ein Problem: Auch das präreflexive *Cogito* wird nur in Wendungen artikuliert, die ein Reflexivpronomen verwenden. Reflexivität ist aber nicht einfach ›Zusammenfall‹ der Relate, sondern öffnet eine – bewußtseinsermöglichende – Distanz (oder eine Loskoppelung von sich: ›décalage‹ [*CC* 63, 67 f.]). Sartre spricht von dem hier vorgestellten ›Seins-Typus‹ auch (wie wir sahen: heideggerianisierend) als von der ›Ek-sistenz‹: einem Aus-sich-Herausstehen, einem Sein-Sein-von-sich-auf-Distanz-Halten (50). Nicht nur Bewußtsein wird durch diesen Selbst-Abstand ermöglicht, sondern auch Freiheit. Denn frei ist ein Seiendes, dessen Seinsweise es ist, aufgrund eines Seins, das es nicht gewählt hat, sein Wesen (oder Wie-Sein) zu erschaffen. So hatte es schon Schelling gesehen, der Freiheit als die Unabhängigkeit des Wesens vom Daß verstanden, ja der von des Subjekts »*Freiheit gegen das eigene Sein*« gesprochen hatte.[24] Auch sagt er: »*Der Mensch muß von seinem Seyn sich losreissen, um ein freies Seyn anzufangen. [...] Sich von sich selbst befreyen,* ist die Aufgabe aller Bildung.«[25] Das ist genau Sartres Vorstellung: Das Bewußtsein *ist* nichts anderes als die Wahl seines Was-Seins aufgrund eines vorgängigen Daß. Dieses Freisein ist das einzige, das nicht in seiner Wahl steht. Zu ihm ist es »verurteilt«.[26]

Wie vermeidet Sartre den Widerspruch zur vorherigen These, Selbstbewußtsein sei keine Relation von etwas zu noch etwas? Die französische Sprache kennt zur Bezeichnung dessen, was im Deutschen einfach (und äquivok) ›reflektieren‹ heißt, zwei verschiedene Ausdrücke: *réfléchir* und *refléter*. Um den genannten Widerspruch zu vermeiden, wird die Reflexivität des *Cogito* durch ›reflet reflétant‹ bezeichnet (zu übersetzen etwa durch: ›Schein und Widerschein‹). Mit *réfléchir* meint

24 Schelling 1972, 443.
25 Schelling 1993, 170; vgl. 66 f.
26 Hauptbelegstellen hierfür sind *EN* 121 ff., 558 f., 561 ff.

Sartre: explizit (erkennend) auf sich (ein schon vertrautes Bewußtsein) zurückkommen. Warum widerspricht die Formel vom sich selbst spiegelnden Reflex nicht der These, daß im *Cogito* kein Subjekt-Objekt-Abstand auftritt? Sartre scheint zu meinen, daß im Spiel von Schein und Widerschein kein wirkliches Objekt auftritt: »Car le Pour-soi a l'existence d'une apparence couplée avec un témoin d'un reflet qui renvoie à un reflétant sans qu'il y ait aucun objet dont le reflet serait reflet« (*EN* 167; vgl. 221). Das *Pour-soi* ist keine ›Substanz‹, sondern eine ›bloße Form‹ (vgl. *CC* 70). Dennoch hat es einen Gehalt, der das Repräsentat des Objekts *im* Bewußtsein ist,[27] der aber wegen des Bewußtseins Nichtigkeit wie ein Geist durch seine Mauern geht. Das Bewußtsein *referiert* ja (aufgrund des im ›ontologischen Beweis‹ Aufgezeigten) erst dann, wenn es intentional bezogen ist auf ein Objekt, das *nicht es selbst* ist (und das mehr ist als sein Gehalt). Die Objekte existieren also unabhängig vom *Cogito*. Von ihnen ist das Bewußtsein ganz geschieden; ein feiner ›Riß‹ (*EN* 120) zieht sich indes durch sein eigenes Inneres und verhindert es am Zusammenfall mit sich selbst. Wir erinnern uns: Die Quasi-Eigenschaft der strikten Identität hatte Sartre an den Seins-Typ des *En-soi* vergeben. Er kann sie nicht wieder aufgreifen, wenn er nun den Seins-Typ des *Être pour-soi* als ein Sich-zu-sich-Verhalten-im-Rahmen-einer-Einheit[28] charakterisieren will (*EN* 116ff.). Auch von einer »nur angedeuteten« (118) oder »wenigstens virtuellen« (119) Dualität spricht Sartre. In ihr »unterscheiden sich« Gehalt und

---

27 Dafür, daß Sartre mentale Gehalte von außerbewußten Referenten unterscheidet, vgl. z. B. *CC* 62: »Daß jedes Bewußtsein Bewußtsein von etwas ist, bedeutet, daß das Objekt nicht als Gehalt im Bewußtsein, sondern als intentionaler Gegenstand außerhalb des Bewußtseins ist.«

28 Vgl. die schroffe Engführung (unter Vermeidung der Ausdrücke ›Zusammenfall‹ oder ›Identität‹) in der Formulierung »cette séparation de soi, comme l'unité de la conscience« (*CC* 68, 4. Abschn.; vgl. den 5. Abschn.).

Gehaltsbewußtsein (etwa Lust und Lustbewußtsein) nicht: »Chacun des termes renvoie à l'autre et passe dans l'autre, et pourtant chaque terme est différent de l'autre.« (117 u.) Es lassen sich sogar zwei Momente unterscheiden: Die Lust als *Seins*moment des Bewußtseins und ein *formales* Moment, das Sartre ›das Gesetz des Seins der Lust‹ nennt: offenbar die *Bewußtseins*komponente (*EN* 21 u.). So wird später (126) das ›néant néantisé‹ vom ›pouvoir néantisant‹ unterschieden: Jenes wäre sozusagen das Objektmoment, dieses die Subjektseite des Selbstbewußtseins. Am Ende dieser Ausdifferenzierung steht die berühmte (111 und 116 zuerst auftauchende) Formel, das Bewußtsein sei nicht, was es sei, und sei, was es nicht sei. Im Widerspiel beider geschieht eine Selbstbestimmung (»cette détermination de soi par soi« [22]). Drastisch ausgedrückt: Das Bewußtsein wählt frei, *ais was* (unter welchem Inhalt) es existieren möchte: ob als Lust oder als Schmerz[29] – denn die gläserne Selbstdurchsichtigkeit des *Cogito* schließt Fremdeinwirkung aus. So nichtet das Bewußtsein sein eigenes Sein, aber in der Weise, darauf bewußt *als auf seinen* immanenten Inhalt bezogen zu bleiben: als das, was es selbst nicht ist (oder: als das, was es sich bestimmt, selbst nicht zu sein) und wovon es apodiktisches Bewußtsein hat. Es ist dies prekäre Sich-selbst-in-Abrede-Stellen (»contestation en elle-même« [*CC* 68]) , das Sartres berühmter Veranschaulichung am Beispiel der *mauvaise foi* vorschwebt.

Das Beispiel will zeigen, wie das Bewußtsein sich über sich täuschen kann, ohne zu Freuds verdinglichender Annahme eines Unbewußten greifen zu müssen, die Sartre verächtlich eine freiheitslähmende Mythologie nennt. In der Selbsttäuschung prätendiert das Bewußtsein, etwas über sich zu glauben, von dem es doch wissen können sollte, daß es diesen Glauben über sich eben *nicht* hat. Man könnte ihm dann aufs Gesicht zusagen: ›Das glaubst du doch wohl selber nicht!‹ Diese ›Schlechtgläubigkeit‹ heißt im Französischen ›mauvaise

---

29 Vgl. für einen drastischen Beleg für diese Auffassung *CC* 66.

foi‹ (*EN* 85 ff.) und wird durch das deutsche ›Unaufrichtigkeit‹ ganz unangemessen moralisierend übersetzt. Wenn Sartre pauschal die Psychoanalyse ablehnt, so leugnet er nicht die psychischen oder behavioralen Phänomene, aufgrund deren Freud die Hypothese eines Unbewußten aufgestellt hatte. Die Analyse der ›mauvaise foi‹ stellt sich vor als Alternative zur Erklärung von Phänomenen wie Verdrängung und Verleugnung. Eine ganze ›existentielle Psychoanalyse‹ (die Sartre merkwürdigerweise an den Schluß seines Buches gestellt hat) knüpft hieran an.

Hier ist zunächst die Illustration des Phänomens. Sartre erzählt die Geschichte eines Paares, eines Manns und einer Frau, die in einem Park spazierengehen. Beide haben den Kopf voller sublimer Gedanken und entzücken sich an den Blumenrabatten, am Duft der Linden, an einem herrlichen Konzert, das sie gehört haben, an allem Romantischen und Lyrischen, das in der Luft liegt. Nur *ein* Inhalt wird von ihrem Bewußtsein ausgeschlossen oder einfach nicht realisiert: die Verliebtheit oder das aufkommende Begehren. So geht es eine Weile, aber nun ergreift der Mann die Hand der Frau, nehmen wir an: sanft und kaum merklich. Und sie bestimmt nun ihr Bewußtsein, diese Veränderung einfach nicht zu registrieren, obwohl ihr Herz stärker schlägt und sie größere Mühe hat, den romantischen Diskurs mit scheinbarer Unbefangenheit fortzusetzen. Die Hand löst sich in ihrem Geist von ihrem Körper ab, es ist nicht die ihre, sie ruht wie ein Stück Materie bedeutungslos in einem anderen sie anonym umschließenden Material usw. Diese Frau glaubt selbst nicht, was sie sich da zu glauben einredet. Sie praktiziert die Einstellung der ›mauvaise foi‹.

Wie stets bei Sartre ist das Beispiel schlagend. Es erklärt eine Verdrängungsleistung (eine in diesem Stadium wahrscheinlich harmlose) nicht aus einem magisch wirkenden Unbewußten, sondern eben aus der Autonomie des Bewußtseins, wie wir sie gerade kennengelernt hatten. Die *mauvaise foi* ist das Werk einer Strategie des Bewußtseins, daß eine ihm schwer verkraftbare Intention sich entschließt, aus sich auszugliedern. Gerade dieser Ausgliederungsversuch ist strategisch. Er käme gar nicht zustande, bestünde nicht ein sich selbst durchsichtiges Bewußtsein der Situation, auf die das Bewußtsein sinnvoll – ich meine: auf eine gewisse Weise zweckmäßig – reagiert. Anders gesagt: Damit dieses angeblich unbewußte (oder vorbewußte) Weltding mich ängstigen konnte, mußte ich es schon als eines kennen, mit dem ich ein unliebsames Erlebnis verbinde. So weit reicht die Erklärungskraft von Sartres These, daß das Bewußtsein sich selbst transparent ist.

Zugleich aber hat er eine Antwort auf die Frage, wie es gleichwohl einen ungeliebten Gehalt in Abrede stellen kann. Diese Erklärung haben wir schon gegeben. Daß im Falle der *mauvaise foi* innerhalb einer und derselben Person eine Rollenaufteilung stattfindet (in eine Täuschende und eine durch sich selbst Getäuschte), hat seinen Seinsgrund darin, daß das Bewußtsein wesentlich nicht ist, was es ist, und ist, was es nicht ist (111; *CC* 71). So nimmt die uns bekannte Formel »die Existenz geht dem Wesen voraus« – angewandt aufs präreflexive *Cogito* – die folgende Wendung an:

L'examen de la conscience non-thétique révèle un certain type d'être que nous nommerons: existence. L'existence est distance à soi, décalage. L'existant est ce qu'il n'est pas et n'est pas ce qu'il est. Il se »néantise«. Il n'est pas coïncidence avec soi, mais il est pour-soi (CC 50, 2.).

Die berühmte Formel hat Sartre von Hegel aus der *Enzyklopädie* (§256) übernommen. Wie Hegel setzt er sie ein, um die Zeitlichkeit, freilich nicht der Natur, sondern des *Pour-soi,* zu erklären. Das Bewußtseinsleben des *Cogito* ist ja nicht instantan, wie Descartes oder Kant es annahmen.[30] Sartre sagt: »Le

30 Freilich wäre auch diese Behauptung zu modifizieren. Sartre geht von einem »noyau instané de cet être«, nämlich des Bewußtseins aus (*EN* 111; vgl. 84). Dessen bloß virtueller Gegensatz (119) wird in der

cogito, instantané, ne peut fonder la temporalité.« (*CC* 49, 2.) Vielmehr ist das *Pour-soi* immer schon über sich hinaus bei einem Sein, von dem her es sich ankündigen läßt, *was* es sein wird, so wie es sich motivieren läßt von einem Sein, das ihm eine Reihe ungewählter Bestimmungen schon vorgibt. Durch das Sich-voraus wird dem Subjekt eine Zukunft, durch das Mitschleppen einer schon bedeutungsgeschwängerten Tradition eine Vergangenheit geliefert (vgl. *EN* 592). Sartre zeigt übrigens, daß Motivation nicht kausale Nötigung meint (*EN* 63 im Kontext; 511 ff.). So haben wir Vergangenheit zwar im Modus des ›Sie-zu-sein-Habens‹; aber wir können uns nie auf sie herausreden, so, als ob nicht *wir* es wären, die im Vorgriff auf die Zukunft über ihren Sinn entschieden. Dies einerseits von der Vergangenheit Motiviert- und andererseits von ihr nicht Konditioniertsein nennt Sartre auch *situation* (633 ff.) – ein Schlüsselbegriff seines Schriftstellertums. Auch die Zeit – deren Analyse zu den Meisterleistungen von *EN* gehört und deren Subtilität und Erfahrungssättigung ich den Vorzug vor der Heideggerschen geben würde – hat mithin die Struktur des Selbstbewußtseins: Sie trennt, aber im Rahmen einer kontinuitätsstiftenden Einheit, die das Getrennte wieder zusammenfügt (»Si donc le temps est séparation, du moins est-il une séparation d'un type spécial: une division qui réunit« [*EN* 176 f.; vgl. 181]). Das zeitlich sich »ent-werfende« Subjekt strebt nach einer Vereinigung der Auseinanderklaffenden, die Sartre Gott oder den höchsten Wert nennt (vgl. *EN* 127 ff., bes. 133 f., 136 u.; *CC* 71 ff., bes. 75). Sie bildet das unwirkliche einheitsstiftende Dritte, dessen ontologischer Status dem einer Kantischen regulativen Idee ähnelt. Diese Idee muß dem *Pour-soi* vorschweben, damit es sich als verfehlte Strukturganzheit »en-soi pour-soi« (*CC* 75) fassen kann. Aber wir kennen Sartres herbe Entzauberung der hier ansetzen wollenden roman-

---

Zeit nur aktualisiert, so daß die Momente, die vorher *nur begrifflich* getrennt waren, nun *realiter* auseinandertreten. Zu Sartres Zeit-Philosophie vgl. Frank 1991b, bes. 67 ff.

tischen Hoffnung. Der Mensch richte sich zugrunde, damit Gott entsteht: Gott sei aber eine begriffliche Unmöglichkeit, ein gedanklicher Selbstwiderspruch. So sei der Mensch wie Christi Kreuzgang (passion): ein Selbstopfer, allerdings ohne Sinn (inutile) (708).

IV.

Ein weiterer Trumpf von *EN* ist Sartres Theorie des anderen. Er sagt »autrui«, was am ehesten durch »anderswer« übersetzt werden werden sollte – in Abgrenzung von den modischen Mystifikationen des »großen Anderen« seit Lacan und Lévinas. Sartre zählt unter den Vorzügen seiner Theorie gegenüber der Descartesschen auch die auf, die »Klippe des Solipsismus« sicher umschiffen zu können (*CC* 49, 5.; vgl. *EN* 277). Meine Kenntnis von anderswem habe apodiktische Gewißheit und sei nicht eine begründete, auf Einfühlung beruhende Folgerung wie bei Husserl.

Si l'existence d'autrui n'est pas un pur mythe, c'est qu'il y a quelque chose comme un cogito en ce qui la concerne. Au plus profond de moi-même, je dois trouver des raisons de croire à autrui, mais à autrui lui-même comme n'étant pas moi. Une description de la conscience pré-réflexive ne révélera pas un objet-autrui, car celui qui dit »objet« dit probable. Autrui doit être certain ou disparaître (CC 60, 6.).

Gerade darum beruht meine Kenntnis von anderswem nicht auf einer Erkenntnis *a priori*. Sie beruht gar nicht auf einer gegenständlichen Erkenntnis, sondern auf einem in meinem unmittelbaren Selbstbewußtsein besiegelten Vertrautsein. Gleichwohl ist sie kontingent. Anderswer *könnte* auch *nicht* sein. Nun *ist* er aber, und ich weiß das aus apodiktischer Gewißheit, wie meine eigene Existenz.

Modisch ist heute, was ich gelegentlich einen ›apriorischen

Intersubjektivismus‹ genannt habe. Es ist die Überzeugung vom logischen Vorrang des ›Mitseins‹ vor dem Selbstsein. Danach habe ich Bewußtsein von mir erst, wenn ich z. B. die Regel gelernt habe, nach der andere mich durch ›er/sie‹ oder ›du‹ ansprechen. Große Teile der analytischen Philosophie seit Wittgenstein, noch Habermas oder Tugendhat, haben diese Position vertreten.[31] Ihr Vorbild ist Hegels Theorie von Herr und Knecht. Danach wird ein Wesen sich *als seiner selbst* erst dadurch bewußt, daß ihm ein anderes Subjekt in Objektposition gegenübertritt.[32] Eine andere Formulierung Hegels, die Sartre anführt (*EN* 293), lautet: »Das Selbstbewußtsein ist sich nach [dieser] seiner wesentlichen Allgemeinheit nur real, insofern es seinen Widerschein in anderen weiß (ich weiß, daß andere mich als sich selbst wissen).«[33] Niemand hat diesem Erklärungsversuch so kraftvoll widersprochen wie Sartre (*EN* 291 ff.). Wir können uns denken, warum: Wer der erstpersönlichen Perspektive des *Cogito* die zweit- oder drittpersönliche vorschaltet, begeht den Fehler, Selbstbewußtsein – nun im sozialen Feld – nach dem zirkulären Reflexionsmodell erklären zu wollen. Aber ohne gemeinsames Maß kann ich den Objekt-Anderen gar nicht in ein Subjekt überführen (299). Selbst wenn ich über dies Kriterium verfügte, wäre Hegels Erklärung absurd: *Mein* Selbstbewußtsein ist doch nicht Bewußtsein von anderswem. Ebenso uneinleuchtend ist Hegels Alternative, wonach wir beide in die überindividuelle Identität des

---

31 Vgl. Frank 1991a, 410–477; ders., 1995a, 273–289.

32 Ein »*Selbst*bewußtsein« ist nach Hegel stets nur »*für ein Selbstbewußtsein*«. Es wird prinzipiell nur auf dem Wege über eine reflexive »Verdoppelung« erreicht, ja ist nur »durch ein *anderes* Bewußtsein mit sich vermittelt« (Hegel 1952, 140, 141, 146). Das Sein des Anderen geht mithin der Erkenntnis des eigenen Selbst voraus. Auch wenn es in der Folge des Anerkennungskampfes *als* Objekt negiert wird, ist es seine *Objektivität,* aus deren Zusammenbruch das Subjekt seine Selbstheit erfährt.

33 Hegel 1970, IV 122, § 39.

»allgemeinen Selbstbewußtseins« einziehen. Selbstbewußtsein ist nichts Allgemeines, sondern je meines.

So bleibt der vorweggenommene Schluß, daß eine überzeugende Theorie der Existenz von anderswem bei der Evidenz und Innerlichkeit des *Cogito* ansetzen muß (300). Dort oder nirgends muß er sich als unbestreitbares, aber gleichwohl kontingentes empirisches Faktum finden lassen.[34] Erlebnistypen wie Scham oder Stolz sind es, die apodiktisch gewiß und zugleich als Kenntnis fremder Subjektivität zu deuten sind.[35] Scham präsentiert sich als nichtsetzendes (Selbst-)Bewußtsein (von) Scham, als ein subjektives Erlebnis mit derselben cartesianischen Gewißheit wie Lust oder Glaube – also wie Zustände, die keine wesentlich intersubjektive Deutung verlangen (*EN* 275–277, 310ff.). Die Scham hat ihnen gegenüber das Eigentümliche, daß sie nicht nur selbstreflexiv ist (ich schäme mich *meiner*), sondern wesentlich auf einem Selbstverständnis beruht, von dem es ganz sinnlos wäre zu sagen, es könne sich auch dann einstellen, wenn ich mir nicht *jemandes* bewußt bin, *vor dem* ich mich meiner schäme. So stoßen wir auf die ›Gegenwart von anderswem vor meinem Bewußtsein‹ (*EN* 276) – ohne die Möglichkeit, hinsichtlich seiner eine Husserl

34 Das könnte selbstwidersprüchlich klingen. Aber Gewißheit, die in Unmittelbarkeit einer Kenntnis entspringt, muß nicht eine apriorische Vernunftwahrheit sein. So haben schon Kant *(KrV* B 422 f.) und vor ihm Leibniz unser eigenes Selbstbewußtsein für eine empirische, mithin kontingente Tatsachenwahrheit erklärt, die gleichwohl evident sei (Leibniz 1966, 383 f. – *Nouveaux Essais* IV.9.).

35 Reinhard Brandt hat mich darauf hingewiesen, »daß Sartres Nachweis der Wirklichkeit anderer Personen durch die Affekte von Stolz und Demut durch Hume gewissermaßen spiegelbildlich antizipiert wird; im II. Buch des *Treatise of Human Nature* strukturiert er die indirekten *passions* im Schema von *pride, humility, love* und *hatred*. Sie setzen jeweils ein Ich (-Wissen, -Gefühl) voraus; im I. Buch hatte sich ja kein Ich finden lassen, jetzt ist es da. Bei Sartre wird, wie Sie es darstellten, in diesem Zusammenhang nicht nach dem Ich, sondern dem Anderen gesucht.«

sche ἐποχή zu üben. Ich bin – im Falle der Scham, aber auch der moralischen Entrüstung – bis ins Mark meines *Cogito* betroffen,[36] kann mich also ohne Selbstauslöschung vor der Gewißheit fremder, ebenso transzendentaler Sehepunkte, wie ich einer bin, nicht schützen.

Sartre zeigt überzeugend, daß sich der Realismus hinsichtlich der Existenz fremder Subjekte keineswegs in einer günstigeren Situation sich befindet als der Idealismus. Der Realismus kann nicht erklären, aufgrund welcher Kenntnis wir einem fremden Körper ein Selbstbewußtsein zuschreiben (er hat das Problem, daß eine *De-re-* ohne logische Lücke nicht in eine *De-se*-Einstellung zu verwandeln ist: vgl *EN* 279). Der Idealismus steht vor dem Problem, das Selbstbewußtsein entweder als überindividuell erklären zu müssen (dann sieht man nicht mehr, wie sich das meine von dem des andern unterscheidet) oder auf einen Analogieschluß aus dem eigenen Erlebnis gründen zu müssen (vgl. z. B. Kant, *KrV* A 359f.). Kurz: Das Einsichtigkeits-Zentrum des fremden subjektiven Systems bleibt mir epistemisch unzugänglich; es ist dem meinen weder gleichartig noch ist es kausal mit ihm verbunden. Prinzipiell könnte es bestehen, ohne daß ich davon wüßte – *et vice versa*. So verwandelt sich anderswer in eine regulative Idee. Das aber ist eine haltlose Abstraktion; denn anderswer, der mich beschämt, ist nicht ein fragliches Objekt, sondern ein Nicht-Gegenstand, auf dessen Existenz eine cartesianische Garantie ruht (*EN* 283).

In *L'être et le néant* hat Sartre den ungeselligen Zug wechselseitiger Freiheits-Verdinglichung karikatural überbetont: Jedes Subjekt kann seine Subjektivität nur behaupten, indem es die durch anderswen erlittene Vergegenständlichung durch Vergegenständlichung des anderen kompensiert. Aber dieser unfreundliche Aspekt von Sartres Konzeption der Intersubjek-

---

36 Strawson hat die Unabweislichkeit oder den Realitätsgehalt moralischer Erfahrungen übrigens ähnlich wie Sartre analysiert (Strawson 1974).

tivität (der es ihm in den 1940er und 50er Jahren so schwer, ja unmöglich macht, eine Moral der Solidarität zu begründen) hat keinen Einfluß auf seine Überzeugung, daß der Andere ebenso gewiß ist wie ich selbst. Im übrigen haben wir die schriftstellerische Strategie in Rechnung zu stellen, den Bürger durch ein ungefälliges Selbstbild zu erschrecken.

Später – vor allem in der Auseinandersetzung mit dem Marxismus – hat Sartre einen neuen Anlauf zur Lösung gesucht. Sie geht aus von der Beobachtung, daß anderswer nicht eine Negation des *En-soi,* sondern meines *Pour-soi* ist: Ich bin nicht das einzige Subjekt in der Welt (»ich bin nicht Paul«), andere negieren meine Freiheit und beschränken meinen Handlungsradius. Was mich von ihnen trennt, ist nicht der Abstand zweier Körper, sondern die Unvereinbarkeit zweier Bewußtseinszentren, deren keines das andere in sich aufnehmen kann. In diesem Zusammenhang taucht erstmals die Idee des ›tiers à médier‹, des vermittelnden Dritten auf, die Sartre in der *Critique de la raison dialectique* als Schlüssel zum Verständnis eines Gruppen-Wir dienen wird: Nur ein Dritter könnte sehen, was zwei sich entgegengesetzte Subjekte in Wahrheit gemein haben (*EN* 286 f.). So ist der ›tiers à médier‹ eine säkularisierte Leibnizsche Zentral-Monade, die jedem Einzelsubjekt auf einsichtige Weise den Überschritt zum Wir der Kooperation ermöglicht. In Äußerungen des späten Interviews *L'espoir maintenant* wird die Präsenz von anderswem in meinem eigenen Bewußtsein dann zögernd um die moralische Dimension erweitert: Anderswer ist nicht der kalte Blick, der mich verdinglicht, sondern wird vernommen als Stimme der Verpflichtung: Gehört Anderswer zur Innerlichkeit meines Bewußtseins und ist dies durch radikale Freiheit ausgezeichnet, so muß sich die Dimension der Verantwortung um die der Verbindlichkeit erweitern[37] – ich gebe zu, daß das vage bleibt.

37 Sartre 1980, 59.

V.

›Klassisch‹ nennt man Werke von einem zeitlosen Belang für das, was Hegel »die wahrhaften Interessen des menschlichen Geistes« nannte.[38] Würde ich aufgefordert zu sagen, was ich von Sartres Hauptwerk für abgegolten, was für brandaktuell, ja dringender Erinnerung würdig ansehe, so würde ich aufs Negativ-Konto vor allem schreiben: Sartres merkwürdiges Desinteresse an der Wahrheit. Sartre neigt zur Vernachlässigung von Problemen der Logik und der formalen Semantik – das ist zweifellos einer der Hauptgründe, warum das weltweit erfolgreichste philosophische Unternehmen der Gegenwart, die analytische Philosophie, mit Sartre – dem Bewußtseins-Freak – wenig anfangen kann/konnte. Auf Heidegger anspielend,[39] nennt er die Wahrheit ein Werk der Freiheit – so, als habe die menschliche Subjektivität sie erzeugt.[40] Heidegger aber hatte Wahrheit mit ›Erschlossenheit‹ gleichgesetzt, und was er hatte sagen wollen, ist, daß im Wahrsein alle Bedeutungen von ›sein‹[41] zusammenlaufen.[42] Diese These ließ sich, wie Tugendhats Beispiel zeigt,[43] sprachanalytisch beerben; denn auch die Sprachanalyse begründet die Überlegenheit ihres Ansatzes damit, daß Philosophie weder als Ontologie noch als Subjektphilosophie in ihr Ziel kommt, sondern erst mit der

38 Z. B. Hegel 1955, 56 f.
39 Heidegger 1954, 13 ff.
40 Charakteristisch etwa in Sartre 1947b, 292 oder 296.
41 Als da sind: Sein ist kein reales Prädikat, Sein ist existentia oder essentia, res extensa oder res cogitans, Kopula, endlich Wahrheit. (Identität bleibt bei Heidegger unbeachtet.)
42 Am deutlichsten in Heidegger 1975, 252 ff., bes. 311 ff. Zur Kritik an Heideggers Nicht-Unterscheidung von Verständlichkeit und Wahrheit vgl. Tugendhat 1977.
43 Tugendhat 1975; vgl. allerdings seinen späteren Widerruf der Überzeugung, daß hierbei von Heidegger irgend etwas zu lernen gewesen sei (Tugendhat 1992, 13 f. und 108–135).

Frage nach den universellen Strukturen des Verstehens (von Sinn und Geltung).

Andererseits hat die analytische Philosophie längst aufgehört, sich als *sprach*analytisch zu verstehen. Der vormals berühmte *linguistic turn* ist einem *Turn Away From Language* gewichen.[44] Während in Alteuropa ein ›theoretischer Antihumanismus‹ (mit Interesse vor allem an Nietzsche, Heidegger und dem sogenannten Poststrukturalismus) seinen Revolver entsichert, wenn er das Wort ›Subjekt‹ hört, hat sich die führende Philosophie der Neuen Welt enthusiastisch der von Sartre gestellten Frage nach der Struktur von Subjektivität und Selbstbewußtsein angenommen – in einem Ausmaß, daß ein einzelner Forscher die proliferierende, hoch differenzierte Literatur kaum mehr verfolgen kann.[45] Aber nicht nur thematisch hat sich Sartre (de facto, wenn auch nicht überall erkanntermaßen) durchgesetzt. Seine Überzeugung, daß Leistungen wie das Selbstwissen logisch wie ontisch auf einem unmittelbaren ›Mit-sich-Vertrautsein‹ aufruhen und daß dieses nicht als gegenständlich-reflexives Wissen-von(-sich) analysiert werden kann, ist eine Grundüberzeugung der *Philosophy of Mind* geworden: von Sydney Shoemaker bis John Perry, von Robert Nozick bis Tyler Burge[46]; manche – wie Hector-Neri Castañeda – berufen sich dabei auf Sartre.

Freilich, von Sartres brutalem Dualismus werden wir uns eher distanzieren wollen, obwohl Dualismen auch heute – und wieder in der analytischen Philosophie – durchaus salonfähig sind.[47] Wir werden auch kritisch anmerken wollen, daß Sartre

44 Vgl. Frank 1995b und das Symposium im selben Heft zu dem Thema; Frank 1992.
45 Vgl. Frank 1991a. Der Titel übernimmt den von Sartres Vortrag vor der französischen Philosophievereinigung. Wichtige Texte der analytischen Selbstbewußtseinsdiskussion sind versammelt in Frank 1994. Zur angelsächsischen Explosion des Subjektthemas s. Henrich 1997, 46–54.
46 Vgl. zur Information über den Diskussionsstand Frank 2001.
47 Vgl. etwa Chalmers 1996.

der Spontaneität des Bewußtseins zuviel zumutet: Jede Quali-
fikation geht auf sein Konto; denn vom bestimmungsunab-
hängigen *Etre en-soi* läßt sich keinerlei Beitrag zur Differenzierung unserer Welt erwarten: eine extrem unrealistische und
mit Sartres übrigem Realismus schwer verträgliche These.[48]
Tatsächlich erwägt er in einem Diskussionsbeitrag zu seinem
Vortrag vor der Französischen Philosophiegesellschaft zur Erklärung gewisser Regelmäßigkeiten in unserem Verhalten eine
Mitwirkung der Natur: »Il faudrait découvrir pourquoi, dans
ce monde de la conscience, il y a, malgré tout, l'esquisse d'une
nature« (*CC* 91). – Schließlich scheint Sartre auch die Spannung zwischen den Thesen, Selbstbewußtsein sei eine unmittelbare Einheit, und es sei durch einen Riß von sich getrennt, nicht behoben zu haben. Aber wir können verstehen,
warum er diese Inkonsequenz der Entscheidung für die eine
oder die andere Position vorgezogen hat: Wäre Selbstbewußtsein sich nicht unmittelbar zugänglich, müßten wir mit den
Zirkeln und Regressen des Reflexionsmodells kämpfen. Wäre
es nicht durch ein *néant* von sich getrennt, könnten wir die
Strukturen der Freiheit, der Unwahrhaftigkeit, der Selbsttäuschung und vor allem der Zeitlichkeit nicht erklären. Vieles
spricht für Hegels Überzeugung, daß Subjektivität Identität
und Differenz gleichzeitig in Anspruch nimmt – nur fehlt uns
ein Modell, das diese Doppelforderung über ihre *Prima-facie*-
Plausibiltät hinaus einsichtig macht.[49]

Sartre jedenfalls hat eindrucksvoll für einen theoretischen
Humanismus – mit dem Begriff des Subjekts im Zentrum – op-
tiert. An ihm hängt auch eine unausgeführte moralische Intuition: Gäbe es kein in der Ungegenständlichkeit des Subjekts
verkörpertes Versprechen auf Menschenwürde, so bliebe der
kategorische Imperativ uneinlösbar in der Formulierung, wonach ich Personen nie nur als Mittel, sondern immer auch als

48 Freilich hat Seel 1971 gezeigt, daß Sartre nicht umhinkommt, der
Zeitlichkeit eine außermentale Realität einzuräumen.
49 Vgl. das IX. Kapitel in Frank 1991b, 110ff. sowie Frank 1991a.

Zwecke behandeln soll.[50] Manchen scheint das im postmodernen Zeitalter nicht so wichtig. Soviel wir wissen, kümmert sich der Weltlauf nicht um die Zirkelfreiheit von Bewußtseins-Modellen oder die Innerlichkeit von Subjekten. Hier genau unterscheiden sich unsere Interessen: Wenn es dem Weltlauf gleichgültig ist, was aus den Subjekten wird (oder ob einige Lebewesen sich für Subjekte halten), so kann *uns* das nicht egal sein. Daran erinnert uns Sartres *L'être et le néant*.[51]

Literatur

A. Siglenverzeichnis

CC: J.-P. Sartre: »Conscience de soi et connaissance de soi«. *Bulletin de la Société Française de Philosophie,* XLII-3 (1948), 49–91 (auch in M. Frank (Hg.), *Selbstbewußtseinstheorien von Fichte bis Sartre,* Frankfurt a. M., 367–411).

E: Contat, M./Rybalka, M. (Hg.): *Les Écrits de Sartre.* Paris 1970. (Die Bibliographie aktualisiert von denselben Autoren in einer Sondernummer *Sartre* von *Obliques,* 18–19, 1979, 331 ff.)

EN: J.-P. Sartre: *L'être et le néant. Essai d'ontologie phénoménologique.* Paris 1943.

Pos. Ph.: F. W. J. Schelling, *Grundlegung der Positiven Philosophie.* Hg. von H. Fuhrmans. Torino 1972.

SW: F. W. J. Schelling: *Sämmtliche Werke.* Hg. von K. F. A. Schelling. Stuttgart 1856–1861 (die Ziffern verweisen auf Abteilung, Band und Seite, also z. B.: I/6, 195 f.).

TE: J.-P. Sartre: *La Transcendance de l'Ego. Esquisse d'une description phénoménologique.* Introduction, notes et appendice par S. Le Bon. Paris 1978.

50 »[Ce]tte théorie est la seule à donner une dignité à l'homme, c'est la seule qui n'en fasse pas un objet.« (Sartre 1970, 65)

51 Die Schlußsätze von Sartre 1948, 316: »Bien sûr, tout cela n'est pas si important: le monde peut bien se passer de littérature. Mais il peut se passer de l'homme encore mieux.«

B. Weitere zitierte Literatur

Chalmers, D. (1996): *The Conscious Mind*. New York/Oxford.

Frank, M. (1991a): *Selbstbewußtsein und Selbsterkenntnis*. Stuttgart.

Frank, M. (1991b): *Zeitbewußtsein*. Pfullingen.

Frank, M. (1992): »Welchen Nutzen bringt uns die analytische Philosophie?« *Merkur* 518, 415–425.

Frank, M. (Hg.) (1994): *Analytische Theorien des Selbstbewußtseins*. Frankfurt a. M.

Frank, M. (1995a): »Wider den apriorischen Intersubjektivismus. Einwände aus Sartrescher Inspiration«. *Gemeinschaft und Gerechtigkeit*. Hg. von M. Brumlik u. H. Brunkhorst. Frankfurt a. M. 1993, 273–289.

Frank, M. (1995b): »The Subject v. Language. Mental Familiarity and Epistemic Self-Ascription«. *Common Knowledge* 4, 30–50.

Frank, M. (2001): »Selbstbewußtsein und Selbsterkenntnis oder einige Schwierigkeiten bei der Reduktion von Subjektivität«. *Die Öffentlichkeit der Vernunft und die Vernunft der Öffentlichkeit*. Hg. von K. Günther u. L. Wingert. Frankfurt a. M., 217–242.

Hegel, G. W. F. (1952): *Phänomenologie des Geistes*. Hg. von J. Hoffmeister. Hamburg.

Hegel, G. W. F. (1955): *Ästhetik*. Hg. von F. Bassenge. Berlin.

Hegel, G. W. F. (1970): *Theorie-Werkausgabe*. Hg. von K. M. Michel u. E. Moldenhauer. Frankfurt a. M.

Heidegger, M. (1947): *Platons Lehre von der Wahrheit. Mit einem Brief über den ›Humanismus‹*. Bern.

Heidegger, M. (1954): *Vom Wesen der Wahrheit*. Frankfurt a. M.

Heidegger, M. (1965): *Vom Wesen des Grundes*. Frankfurt a. M. [5]1965.

Heidegger, M. (1967): *Sein und Zeit*. Tübingen 1927, [11]1967.

Heidegger, M. (1975): *Die Grundprobleme der Phänomenologie*. Frankfurt a. M.

Henrich, D. (1997): »Inflation in Subjektivität?« *Merkur* 586, 46–54.

Kolnai, A. (1929): »Der Ekel«. *Jahrbuch für Phänomenologie und phänomenologische Forschung* 10, 515–569.

Leibniz, G. W. (1966): *Nouveaux Essais sur l'Entendement Humain*. Paris.

McGinn, C. (1989): *Mental Content*. Oxford 1989.

Musil, R. (1978): *Gesammelte Werke*. Hg. von A. Frisé. Reinbek.

Perrin, M. (1980): *Avec Sartre au Stalag 12 D*. Paris.

Sartre, J. P. (1936): *L'imagination*. Paris.

Sartre, J.-P. (1936/37): »La Transcendance de l'ego«. *Recherches philosophiques* 6, 85–123.

Sartre, J.-P. (1940): *L'imaginaire*. Paris.

Sartre, J.-P. (1947a): »Une idée fondamentale de la phénoménologie de Husserl: l'intentionalité«. *Situations I. Essais critiques*. Paris, 29–32.

Sartre, J.-P. (1947b): »La liberté cartésienne«. *Situations I*. Paris.

Sartre, J.-P. (1948): *Qu'est-ce que la littérature? Situations II*. Paris.

Sartre, J.-P. (1949): *Esquisse d'une théorie des émotions*. Paris.

Sartre, J.-P. (1955): *Carnets de la drôle de guerre*. Hg. von A. Elkaïm-Sartre. Paris.

Sartre, J.-P. (1970): *L'existentialisme est un humanisme*. Paris.

Sartre, J.-P. (1972): »L'écrivain et sa langue [Gespräch mit Pierre Verstaeten.]« *Situations IX*. Paris.

Sartre, J.-P. (1980): »L'espoir maintenant ...« *Le nouvel observateur* 800 (10.–16. März 1980), 59.

Schelling, F. W. J. (1972): *Grundlegung der positiven Philosophie. Münchner Vorlesung WS 1832/33 und SS 1833*. Hg. und kommentiert von Horst Fuhrmans, Torino.

Schelling, F. W. J. (1993): *Philosophie der Offenbarung 1841/42* (=Paulus-Nachschrift). Hg. von M. Frank. Frankfurt a. M.

Seel, G. (1971): *Sartres Dialektik*. Bonn.

Strawson, P. F. (1974): »Freedom and Resentment«. *Freedom and Resentment*. London, 1–25.

Tugendhat, E. (1975): *Vorlesungen zur Einführung in die sprachanalytische Philosophie*. Frankfurt a. M.

Tugendhat, E. (1977): »Heideggers Idee von Wahrheit«. *Wahrheitstheorien*. Hg. von G. Skirbekk. Frankfurt a. M., 431–448.

Tugendhat, E. (1992): *Philosophische Aufsätze*. Frankfurt a. M.

LUTZ WINGERT

Jürgen Habermas: *Faktizität und Geltung* –
Der Prozeß des Rechts in den Satzungen
der Macht

»Es gibt keine Verbrechen, es gibt nur schlechte Anwälte!«
Wem dieses Bonmot aus Juristenkreisen Unbehagen bereitet,
den dürfte das hier vorzustellende philosophische Werk interessieren. Denn *Faktizität und Geltung* stellt sich vordringlich
den rechtsphilosophischen Problemen, die mit dem Unbehagen über dieses Bonmot zusammenhängen.

Die Aussage, daß es keine Verbrechen gibt, sondern nur
schlechte Anwälte, ist nicht einfach falsch. Sie drückt eine tie-
fere Wahrheit über das moderne Recht aus: Was faktisches
Recht ist, hängt von den handelnden Menschen ab. Es hängt
davon ab, wie die Anwälte, Richter, Staatsanwälte, die Zeugen
der Anklage und der Verteidigung, wie die Streitparteien auf
den Gang der Rechtsprechung Einfluß nehmen. Das gesetzte,
oder fachsprachlicher ausgedrückt: das positive Recht, so wie
wir es als Gerichtsurteile, als Bauvorschriften, als gesetzliche
Bestimmungen in Kauf- oder Arbeitsverträgen oder als Gesetze des Strafgesetzbuches kennen, dieses positive Recht ist
faktisches Recht. Gesprochen, gemacht und abgeändert von
Instanzen, die die Macht haben, ihren Entscheidungen faktische Wirksamkeit zu verschaffen – sei es in Form von Ver-
warnungen, Bußgeldern oder gar Verhaftungen und Gefäng-
nisstrafen. An dieser Rechtsprechung kommt man, als
einzelner allemal, letztlich nicht vorbei. Im Recht zeigt sich die
Faktizität der politischen Macht.

Aber, so kann man einwenden, Recht und Macht fallen doch
nicht einfach zusammen! Es gibt doch den Fall, daß Macht Unrecht ist. Wir, so kann man diesen Einwand weiterdenken,
unterscheiden nicht bloß zwischen faktischer Macht und

dem, was rechtens ist. Wir verstehen auch das Recht, so wie es von Parlamenten und Verfassungsrichtern gesetzt und von Gerichten gesprochen wird, als etwas, das dieser Unterscheidung zwischen dem faktisch Wirksamen und dem Richtigen, dem Gültigen gerecht werden soll. Auch deshalb verspüren wir Unbehagen bei der Aussage, daß es keine Verbrechen, sondern bloß schlechte Anwälte gibt. Das Recht muß sich daran messen lassen, daß es nicht einfach mit der Macht des Stärkeren oder Gerisseneren zusammenfällt. Dieses Verständnis des positiven Rechts konfrontiert die Faktizität rechtlicher Macht mit dem Anspruch auf Gültigkeit des Rechts, Faktizität mit »legitimer Geltung« (FuG, 549).[1]

Damit bin ich bei der Sache: bei der Spannung zwischen Faktizität und Geltung, deren Name dem rechtsphilosophischen Werk von Jürgen Habermas den Titel leiht. Der Untertitel dieses Buches lautet: *Beiträge zur Diskurstheorie des Rechts und des demokratischen Rechtsstaates*. Das Buch ist keine Aufsatzsammlung, wie das Wort »Beiträge« nahelegen könnte. Es birgt eine normative philosophische Theorie des Rechts, die so geschlossen ist, wie es heutzutage eine Theorie von Philosophen sein kann, die sich von den fast unüberschaubaren Ergebnissen und Theorien erfahrungswissenschaftlicher Forschung informieren *und* irritieren lassen muß. Wer *Faktizität und Geltung* aufschlägt, der wird auf eine Fülle von juristischen Fakten und rechtswissenschaftlichen

1 Zitiert wird *Faktizität und Geltung* unter der Abkürzung »FuG« nach der 1. Auflage 1992. – Ein Wort zur Terminologie: »Geltung« kann das gleiche wie (1) »Gültigkeit« oder das gleiche wie (2) »faktische Geltung« bedeuten. Im Titel des Buches ist die erste Bedeutung gemeint: Geltung = Gültigkeit. Wenn hier das Wort »Geltung« ohne weitere Bemerkung gebraucht wird, ist es im Sinne von Gültigkeit gebraucht. »Geltung haben« = »Gültigkeit haben« läßt sich erläutern als: »richtig/wahr sein und Zustimmung/Anerkennung verdienen«. Demgegenüber bedeutet »faktische Geltung haben« im Kontrast zu »Gültigkeit haben« soviel wie: »wird zugestimmt/anerkannt«.

Theorien, historischen Befunden, rechts- und mediensoziologischen Beobachtungen, verwaltungstechnischen Details und politikwissenschaftlichen Analysen stoßen, die hier unmöglich alle vorgestellt werden können. Aber die Bemühung um Kontakt zu den empirischen Wissenschaften, die das Buch kennzeichnet, ist nicht bloß eine Zierde für die philosophischen Teile, die hier im Zentrum der Darstellung liegen werden. Es spiegelt eine tiefgreifende Änderung in der Art des Philosophierens im 20. Jahrhundert wider: die erhöhte Irritierbarkeit der Philosophen durch die empirischen Wissenschaften. Diese Irritierbarkeit hat sprachphilosophische und historische Gründe. Sie erklärt auch, warum der Untertitel von *Faktizität und Geltung* »Beiträge« ankündigt – es sind Beiträge eben zu einer ganzen Palette erfahrungswissenschaftlicher Themen und Thesen. Gleichwohl entfaltet *Faktizität und Geltung* einen originellen und komplexen philosophischen Gedanken: eine Theorie der selbstkritischen, praktisch-rechtlichen Vernunft.

I. Das Ausgangsproblem: Was bestimmt die Legitimität des positiven Rechts?

Wie jedes bedeutsamere philosophische Werk setzt auch *Faktizität und Geltung* das Gespräch über ein Problem fort, das die Menschen verschiedenster Epochen geistig bedrängt hat: Was läßt das von Menschen gesetzte und gesprochene Recht rechtens sein? Es gibt auf diese Frage zwei Antworten, die ebenso klassisch wie gegensätzlich sind: Naturrecht und Rechtspositivismus. Ich muß sie, wenn auch notgedrungen grob, darstellen. Zuvor soll, ebenfalls skizzenhaft, der Begriff des positiven Rechts erläutert werden, so wie er nicht nur, aber auch von Habermas gebraucht wird. Es lassen sich zumindest vier Eigenschaften positiven Rechts angeben:

1. *Der Satzungscharakter und die Änderbarkeit des positiven Rechts*: Positives Recht besteht aus zugesprochenen

Rechten und Pflichten, aus von Menschen oder menschengemachten Instanzen geschaffenen (»gesatzten«) Gesetzen.

2. *Der soziale Werkzeugcharakter und die Selbstbezüglichkeit des positiven Rechts*: Die Verleihung solcher Rechte und Pflichten erfolgt nach Regeln. Die zulässige Promillegrenze für einen Autofahrer ist Inhalt einer primären Rechtsnorm, die angibt, was für ein Verhalten erlaubt und was verboten ist. Diese primäre Rechtsnorm kann zum Beispiel nicht einfach von den Bewohnern eines Wohnviertels beschlossen werden. Es gibt Regeln, die vorschreiben, wer solche Rechtsnormen beschließen darf. Solche Regeln sind sekundäre Rechtsnormen.[2] Weil sekundäre Rechtsnormen auf primäre Rechtsnormen bezogen sind, weist das positive Recht einen selbstbezüglichen Charakter auf. Sie sind Konstruktionsvorschriften für die Herstellung positivrechtlicher Sozialbeziehungen.

3. *Die Zwangsbewehrtheit des positiven Rechts*: Es gibt positives Recht, wenn es eine Macht gibt, die die Einhaltung von primären und sekundären Rechtsnormen erzwingen kann. Zwangsmittel sind beispielsweise Geldbußen und Handschellen.

4. *Die Gesinnungsneutralität des positiven Rechts*: Für die Rechtmäßigkeit eines Handelns kommt es nicht auf die Gesinnung an, in der man die Gesetze einhält. Es kann offenbleiben, warum jemand zum Beispiel bei Rot anhält – ob aus Rücksichtnahme vor den Passanten oder aus dem Interesse, kein Bußgeld zu kassieren. Für die moralische Qualität eines Handelns spielt es hingegen durchaus eine Rolle, in welcher Gesinnung man handelt.

Soweit vier Wesensmerkmale des positiven Rechts. Was zeichnet nun ein legitimes positives Recht aus?

Die naturrechtliche Antwort. In der *naturrechtlichen* Antwort wird das legitime Recht an einen Maßstab gebunden, der

2 Die Unterscheidung von primären und sekundären Rechtsnormen findet sich bei Hart 1973, 131 ff.

so unverfügbar für die Menschen ist wie die Natur.[3] Das von Menschen gesetzte Recht ist legitim, wenn es mit dem übereinstimmt, was von Natur aus gerecht ist. Das Wort »Natur« bedeutet in einer Lesart soviel wie ein naturgesetzmäßiger Kosmos, dem der Mensch angehört und der von einer überirdischen Intelligenz zweckhaft geordnet ist. Das legitime positive Recht besteht aus Gesetzen, die der Stimme dessen, was die Natur verlangt, gehorchen.

Diese Antwort hat ihre Schwierigkeiten: Wer sagt uns denn, was die Natur verlangt? Die Natur widersteht, aber widerspricht uns nicht. Das können nur andere urteilsfähige Wesen. Sind es also die Interpreten der Natur, die die Natur als eine intelligent eingerichtete, zweckmäßige Ordnung auslegen und die die Gebote dieser Ordnung aussprechen? Sind es gar die Interpreten des Willen Gottes? Aber mit welchem Recht? Im sogenannten *rationalen* Naturrecht hat man bei dem Wort »Natur« an die Vernunftnatur des Menschen als Maßstab für das legitime Recht gedacht. Aber auch hier gibt es Probleme, da das Verständnis dieser Vernunftnatur umstritten ist. Ich will nicht sagen, daß hier kein Spielraum mehr für eine naturrechtliche Antwort besteht. Aber es wird zumindest eng für die naturrechtliche Antwort auf die Frage nach der Legitimität des positiven Rechts.

Die rechtspositivistische Antwort. Die zweite, wirkungsmächtige Antwort ist die *rechtspositivistische*.[4] In dieser Antwort wird freimütig das Recht allein im Willen und Denken von Menschen fundiert: Legitimes Recht besteht in korrekt zustande gekommenen Gesetzen. Korrekt zustande gekommen sind solche Gesetze, die bestimmten Grundregeln gehorchen. Die demokratische Rechtspositivistin bringt hier einen sehr wichtigen Zusatz an: Die Grundregeln sind *demokratisch* gesetzte Regeln. Die Legitimität des Rechts ist seine demokrati-

3 Für eine erste Übersicht: Finnis 1980; Brett 1997; Höffe 1987; Höffe 2001, Kap. IV; Horster 2002, Kap. II.
4 Vgl. Kelsen 1960, insbes. Teil I und II; Hart 1971; Maus 1992.

sche Legalität oder seine faktische demokratische Genese. Aber, so läßt sich gegen diese Antwort auf die Frage nach der Legitimität des Rechts einwenden, gibt es nicht Grenzen demokratischer Gesetzgebung, jenseits deren auch das demokratisch gesetzte Recht Unrecht wird? Man kann das das *Algerienproblem* des demokratischen Rechtspositivismus nennen: So gewann die algerische *Heilsfront FIS* mit legalen, gewaltfreien Mitteln im Dezember 1991 den ersten Wahlgang zum algerischen Parlament, und zwar mit dem erklärten Ziel, die Demokratie in Algerien abzuschaffen. Im zweiten Wahlgang winkte ihr die Zweidrittelmehrheit im Parlament, die für eine Verfassungsänderung nötig gewesen wäre. (Die Wahlen wurden am 13. Januar 1992 durch die Regierung ausgesetzt.) – Viele (ich auch) werden die Entscheidung, die Demokratie nach der Wahl abzuschaffen, für illegitim halten. Aber warum ist eine solche Entscheidung einer demokratisch korrekt zustande gekommenen Mehrheit illegitim? Doch nur deshalb, weil es unabstimmbare Grundlagen der Demokratie gibt – z. B. Menschenrechte, die die Angehörigen einer Minderheit auch dann nicht verlieren, wenn sie gegen die Mehrheit verloren haben. Die demokratische Rechtspositivistin kann so aber nicht antworten. Wenn es im Rahmen ihrer Theorie der legitimen Rechtsgeltung nichts gibt, was der willentlichen Verfügung durch gesetzgeberische Instanzen entzogen ist, dann verschwindet die Differenz zwischen Macht und Recht. – Genau diese Differenz haben die Anhänger des Naturrechts im Blick.

Wir scheinen uns im Kreis zu drehen; doch immerhin haben die naturrechtliche und die rechtspositivistische Antwort zwei Bedingungen für eine befriedigende Antwort geliefert. Gesucht ist ein Beurteilungsmaßstab für die legitime Rechtsgeltung, der zugleich zwei Bedingungen erfüllt: *Erstens* darf er keine Instanz sein, die wie eine äußere Autorität über den Köpfen derer schwebt, für die das Recht gelten soll. Wie die demokratische Rechtspositivistin betont, darf der Beurteilungsmaßstab für das Recht den Rechtsadressaten, also denen, für die das Recht gelten soll, nicht einfach übergestülpt sein. *Zweitens* muß dieser Maßstab aber auch der Verfügungsgewalt des bloß faktischen Wollens der Rechtsadressaten entzogen sein. In der naturrechtlichen Antwort wird auf dieser Unverfügbarkeit des Beurteilungsmaßstabes bestanden.

II. Der Ansatz einer Diskurstheorie der legitimen Rechtsgeltung

Welcher Maßstab könnte diese beiden Bedingungen zugleich erfüllen? Die Antwort von Habermas lautet: der rationale Diskurs! »Gültig sind genau die Handlungsnormen, denen alle möglicherweise Betroffenen als Teilnehmer eines rationalen Diskurses zustimmen könnten.« (FuG, 138) Intuitiv leuchtet ein, daß der vorgeschlagene Maßstab die erste der beiden Bedingungen erfüllt, also die Bedingung, daß der Beurteilungsmaßstab für das Recht keine äußerliche Autorität ist. Denn die von den Rechtsnormen Betroffenen sollen diesen Normen zustimmen können. Habermas greift hier einen Gedanken auf, den Kant so ausgedrückt hat: »sich selbst kann niemand unrecht thun.«[5] Nun macht Habermas mit seiner Gültigkeitsbedingung das legitime Recht nicht einfach zum Ergebnis eines einmütigen kollektiven Beschlusses. Wenn er das täte, wäre die zweite Bedingung für den gesuchten Geltungsmaßstab nicht erfüllt. Denn dann würde das Recht abhängig gemacht werden von dem bloß faktischen Willen aller Betroffenen, genauer: vom kleinsten gemeinsamen Nenner des Willens aller. Deshalb sagt Habermas spezifizierend: »Gültig sind genau die Handlungsnormen, denen alle möglicherweise Betroffenen *als Teilnehmer eines rationalen Diskurses* zustimmen können.« Der rationale Diskurs muß als eine Instanz funktionieren, die die Stimme eines jeden und einer jeden zur Geltung bringt und gleichwohl nicht dem Mächtigen

5 Kant 1900 ff., VIII 294 f. Habermas zitiert diesen Passus zustimmend, vgl. FuG, 123.

einfach die Möglichkeit gibt, mit einem einfachen »Nein, dem stimme ich nicht zu!« willkürlich den kleinsten gemeinsamen Nenner des Wollens zu bestimmen. Aber wie funktioniert er als eine solche Instanz?

Der Diskursbegriff. Das Wort »Diskurs« muß man hier auch in Verbindung zu dem kontrastierenden Begriffspaar »intuitiv-diskursiv« sehen. Dieser Kontrast ist philosophiegeschichtlich bedeutsam gewesen. Er verweist auf unterschiedliche Konzeptionen des Erkenntnisvermögens: einerseits auf den intuitiven Verstand oder die intellektuelle Anschauung, wie Kant sagt[6], und andererseits auf das diskursive, das heißt begriffliche Erkennen. Es ist ziemlich schwierig, genau zu sagen, was mit dem Erkenntnisvermögen einer intellektuellen Anschauung gemeint ist. In unserem Kontext genügt es, unter dem intuitiven Erkennen ein korrektes Erfassen von Sachverhalten zu verstehen, das ohne Bezug auf begrifflich erzeugte Bilder des sinnlich Gegebenen auskommt. Das intuitive Erkennen ist ein begriffsfreies Erkennen. Habermas glaubt ebensowenig wie Kant, daß wir zu einer solchen Form des Erkennens fähig sind. Die informativen theoretischen und praktischen Wahrheiten offenbaren sich uns nicht intuitiv. Wir können uns nur mit Hilfe von rechtfertigenden Gründen die Wahrheit zutrauen. Gründe sind Aussagen unter Einsatz von Begriffen, und zwar Aussagen mit dem Anspruch, eine Zustimmung aus Einsicht zu dem zu gewinnen, wofür die Aussagen Gründe sein sollen. Rechtfertigende Gründe sind die Markierungen des Weges, den wir durchlaufen müssen, um zu Einsichten zu gelangen. »Rationaler Diskurs« ist der Name für ein solches Durchlaufen des Weges zu Einsichten an der Kette von Gründen. In dem »durchlaufen«, dem *discurrere*, steckt ja das Wort »diskursiv«.

Der Erkenntnisweg muß ein öffentlicher Weg sein, weil das,

6 »Ein Verstand, in welchem durch das Selbstbewußtsein zugleich alles Mannigfaltige gegeben würde, würde anschauen; der unsere kann nur denken und muß in den Sinnen die Anschauung suchen.« (*Kritik der reinen Vernunft*, B 135)

wozu der Weg hinführt, etwas Öffentliches ist. Deshalb ist der Diskurs eine Form der Kommunikation, und zwar eine Wechselrede und nicht bloß eine Rede. Ziel ist ja die Einsicht in das, was im praktischen oder mehr theoretischen Sinn wahr ist, und das ist etwas Öffentliches. Denn die Wahrheit ist in niemandes privaten Besitz. Sie ist etwas Unpersönliches, das von niemandem exklusiv besessen wird – wenn sie denn überhaupt in Besitz gebracht werden kann, wenn sie überhaupt erkannt werden kann. Wenn die Wahrheit von Aussagen erkannt werden kann, dann kann sie von allen erkannt werden – von all denjenigen, die den Sinn der Aussage verstehen. Die Gründe, auf die man angewiesen ist, um zu einer Erkenntnis des Wahren oder des Richtigen zu kommen, sind deshalb von anderen mit Vernunft nachvollziehbare Gründe – sie sind intersubjektiv teilbare Gründe. Der rationale Diskurs produziert solche intersubjektiven Gründe für Urteile sowie für Handlungsempfehlungen und Handlungsaufforderungen. Er kann diese Leistung aber nur erbringen, weil die am Diskurs Beteiligten sich in einer bestimmten Weise behandeln müssen. In dieser unvermeidlichen, gegenseitigen Behandlungsweise steckt das Moment des Unverfügbaren, das den Diskurs wenigstens im Ansatz zu einem tauglichen Maßstab auch für legitimes Recht macht.

Die Diskursbeteiligten müssen sich als Freie und Gleiche behandeln. Sie müssen sich als solche behandeln, die darin *frei* sind, ihre wirklichen Überzeugungen angstfrei zu äußern; die frei sind, neue Gesichtspunkte ins Spiel zu bringen, und die frei sind, zu dem, was andere vorbringen, kritisch Stellung zu nehmen. Sie müssen sich in dem Sinn als *Gleiche* behandeln, daß sie anderen Personen diese Freiheit ebenfalls zugestehen. Dieses Zugeständnis schließt ein, daß sie für ihre Überzeugungen einstehen und Rechenschaft abzugeben bereit sind, statt bloß im dumpfen Ressentiment ihre Überzeugungen unter der Decke zu halten. Die Behandlung als Gleiche schließt ein, daß man sich anderen verständlich zu machen versucht. Sie umfaßt aber auch die hermeneutische Anstrengung, den vielleicht hilflos und stumm widersprechenden Anderen zu verstehen.

Der rationale Diskurs als ein unverfügbarer Maßstab für die Legitimität des Rechts bindet das legitime positive Recht erkennbar an die Wahrung solcher Rechte wie das Recht auf Meinungs- und Assoziationsfreiheit. Er bindet das legitime Recht auch an die Wahrung anderer Rechte, wie z. B. an die Wahrung des Rechts auf körperliche Unversehrtheit oder des Rechts auf eine Privatsphäre. Wie könnte man sonst angstfrei seine Überzeugung äußern, und wie könnte man ohne eine abgeschirmte private Sphäre befähigt werden, eine eigene, öffentlich geäußerte und *dann* auch kritisierbare Meinung aus dem eigenen Erleben und Empfinden zu bilden?[7] Daß das nicht ohne den Schutz einer Privatsphäre geht, zeigen die seelisch wie politisch fatalen Folgen einer sogenannten »Erziehung zum doppelten Gesicht«, zu der sich insbesondere christliche Eltern in der DDR gezwungen sahen.

Die Idee zur Überwindung des Gegensatzes zwischen einer rechtspositivistischen und einer naturrechtlichen Antwort auf die Frage: »Was ist legitimes Recht?« ist also: *Wie* die Menschen zu einem Willen darüber kommen, was Recht sein soll, beschränkt das, *was* Recht sein kann. Das Wie der Bildung des Wollens ist dabei als ein rechtsförmiges, diskursives Wie aufzufassen. Es ist ein legales Wie. Habermas versteht diese Rechtsförmigkeit oder Legalität als einen rechtlich institutionalisierten Diskurs. Dieses *Wie* beschränkt das *Was* des Wollens unter dem Gesichtspunkt dessen, was rechtens (=legitim=anerkennungswürdig) ist und was nicht. Deshalb kann Habermas auch sagen: Aus Legalität entsteht Legitimität (vgl. FuG, 157). Der (Bildungs-)Prozeß des legitimen positiven Rechts zieht den Satzungen der sozialen Macht Grenzen. Das ist die ziemlich schwierig zu verstehende Idee. Um sie zu begreifen, muß man ein paar Schritte weit in die Details von *Faktizität und Geltung* gehen.

7 Vgl. Rössler 2001.

Diskurs und kommunikative Macht. Die Idee einer Kontrolle von Macht durch den Prozeß des Rechts erhält ihre Ausprägung in einer Bestimmung des Verhältnisses von kommunikativer und administrativer Macht. Die administrative Macht wird, so der Gedanke, durch eine diskursiv gebildete Macht, die »kommunikative Macht« (FuG, 182), beschränkt.

Unter einer administrativen Macht muß man sich eine anordnende Macht vorstellen. Sie ist die Macht der Bußgeldbescheide, Pfändungen, Handschellen, aber auch die Macht der Umleitungsregelungen, der Visa-Erteilung, der Steuerermäßigung usw. Administrative Macht ist die Befugnis, Regelungen anzuordnen, und die Fähigkeit, diese Anordnungen unter Verweis auf wirksame Zwangsmittel durchzusetzen. Unter der kommunikativen Macht muß man sich die Wirksamkeit von gemeinsamen Überzeugungen vorstellen, die sich eine Gruppe von Menschen durch eine diskursförmige Kommunikation, genauer: durch langwierige Beratung, erhitzte Diskussion, Argument und Gegenargument, beschwörende Schilderungen und kühle Expertise usw. gebildet haben. Die kommunikative Macht zeigt sich, so Habermas, beispielsweise als die Macht der Zivilbevölkerung, wenn diese sich in einem langwierigen, erregten Hin und Her von Meinungen und Argumenten von der Unrechtmäßigkeit einer Regierung überzeugt hat und, »zum passiven Widerstand (entschlossen), fremden Panzern mit bloßen Händen entgegentritt; wenn überzeugte Minderheiten bestehenden Gesetzen die Legitimität bestreiten und zivilen Ungehorsam üben« (FuG, 184).

Habermas übernimmt den für seine Theorie zentralen Begriff der kommunikativen Macht von Hannah Arendt (FuG, 182). Allerdings hat er Arendts Begriff der kommunikativen Macht mit sprachphilosophischen und erkenntnistheoretischen Mitteln ausgebaut. Dieser Begriff bildet in *Faktizität und Geltung* eine Brücke zwischen dem Diskursbegriff und den Begriffen des positiven Rechts und der politischen Macht. – Betrachten wir zunächst die eine Brückenhälfte: die Verbindung zwischen dem Diskursbegriff, genauer zwischen dem

Begriff des *praktischen* Diskurses und dem Begriff der kommunikativen Macht!

Um den Zusammenhang zwischen dem praktischen Diskurs als einer Form der Urteilsbildung und der kommunikativen Macht zu sehen, muß man eines beachten: Die Bildung praktischer Urteile ist nicht bloß ein rein kognitiver, auf Erkenntnis bezogener Vorgang. Das Urteil, das ich aufrichtig und abschließend fälle, indem ich im Geschäft innerlich zu mir sage: »Ich sollte den Pullover mit dem Viskose-Anteil kaufen.« enthält vielmehr eine *Verbindung* zwischen Überzeugung und Wille. Denn angenommen, das Urteil hätte keinerlei Einfluß auf mein willentliches Verhalten, obgleich mich keine Zwänge daran hindern würden, dem Urteil zu folgen. Dann würde man nicht nur daran zweifeln, daß ich den Pullover kaufen will, sondern *auch* daran zweifeln, daß ich alles in allem wirklich *glaube*, den Pullover zu kaufen sei für mich das Richtige. Die Bildung praktischer Urteile zumindest in der ersten Person Singular und Plural enthält auch eine volitive, eine auf den Willen bezogene Komponente. Deshalb ist der Diskurs nicht bloß eine Form vernünftiger *Urteils*bildung. Er kann als ein praktischer Diskurs auch eine Form der vernünftigen *Willens*bildung sein. Wenn praktische Urteile sagen, was *wir* tun sollten (oder gar müssen), dann läuft eine *kollektive* Willensbildung mit. Der Diskurs, der zu solchen praktischen Urteilen führt, tut das, indem er Gründe herausfiltert, die gemeinsame Gründe sind.

Da ein gemeinsamer Wille eine gewisse Macht darstellt – man hat nicht mehr den Unwillen anderer zu überwinden, sondern kann auf andere zählen, die meine Überzeugung kraft gemeinsamer Gründe teilen –, erzeugt der Diskurs auch Macht – »kommunikative Macht«. Sie heißt so, weil der Diskurs eine Form der Kommunikation ist. Er ist eine Verständigungsbemühung in den Bahnen der argumentativen Rede und Gegenrede.

Kommunikative und administrative Macht. Bisher habe ich nur das Bindeglied zwischen praktischem Diskurs und kommunikativer Macht beschrieben. Der Bogen von der kommunikativen Macht zum positiven Recht wurde noch nicht geschlagen. Diese Verbindung kommt zustande, indem die administrative Macht – selbst ein Teil des positiven Rechts – an die kommunikative Macht geknüpft wird.

Die kommunikative Macht, deren Erzeugung den unverfügbaren Maßstäben des Diskurses gehorcht, wird von Habermas der administrativen Macht übergeordnet. Denn das positive Recht, das sich der Durchsetzungskraft der administrativen Macht bedient, soll ja ein legitimes Recht sein. Die zwingende Durchsetzungsmacht (=administrative Macht) steht normativ betrachtet an zweiter Stelle in einer Ordnung legitimen Rechts. Die kommunikative Macht ist eine das Recht *setzende* Macht, die zwingende Durchsetzungsmacht ist eine das Recht *durch*setzende Macht (FuG, 183). Das heißt für Habermas nicht, daß die zwingende, administrative Macht nebensächlich ist. Die kommunikativ erzeugte Macht ist wegen ihrer Zerbrechlichkeit auf die administrative Macht angewiesen: »Mit dem Begriff der kommunikativen Macht wird eine Differenzierung im Begriff der politischen Macht fällig. Politik kann nicht als ganze mit der Praxis derer zusammenfallen, die miteinander reden, um politisch autonom zu handeln. (...) Der Begriff des Politischen erstreckt sich zu Recht *auch* auf die Verwendung administrativer Macht im (...) politischen System. Die Konstituierung eines Machtkodes bedeutet, daß ein administratives System (Verwaltungsbehörden, politische Gremien, L. W.) über Befugnisse zu kollektiv bindenden Entscheidungen gesteuert wird. Deshalb schlage ich vor, das Recht als das Medium zu betrachten, über das sich kommunikative Macht in administrative Macht umsetzt. Denn die Verwandlung von kommunikativer Macht in administrative hat den Sinn einer *Ermächtigung* im Rahmen gesetzlicher Lizenzen.« (FuG, 186f.)

Die Überwindung des Gegensatzes von Naturrecht und Rechtspositivismus. Mit dem Begriff der kommunikativen Macht hat sich Habermas ein neues theoretisches Mittel verschafft. Er glaubt, mit ihm die komplementären Einseitigkeiten der naturrechtlichen und rechtspositivistischen Antworten auf die Frage nach der legitimen Rechtsgeltung vermeiden zu können. Wie wir gesehen hatten, bewegen sich beide Antworten im Spannungsfeld von positivem Recht, Macht und Moral. Die Rechtspositivisten erinnern an die Verbindung von Recht und Macht; die Naturrechtler an den Unterschied von Recht und Macht, der das Recht weg von der Macht und hin zur Moral rückt. Aber beide verwenden einen undifferenzierten Begriff von Macht (vgl. FuG, 185–187). Beide Seiten denken bei der Macht immer nur an die Macht als die Fähigkeit zu einem Handeln, mit der man seinen Willen gegen andere durchsetzt. Beide Seiten übersehen die kommunikative Macht.

Gewiß, auch die kommunikative Macht ist wie jede Macht ein Können – die Fähigkeit, etwas zu erreichen. Aber sie unterscheidet sich von der exekutiven, rein durchsetzenden Macht darin, daß sie nur auf eine ganz bestimmte Art und Weise entstehen kann: durch diskursiv gebildete, intersubjektiv geteilte praktische Gründe. Demgegenüber kann sich die rein durchsetzende Macht auch auf schiere physische Überlegenheit oder den drohenden Verweis auf eine solche Überlegenheit gründen.

Wenn man den Begriff der kommunikativen Macht einführt, dann kann man mit den Naturrechtlern ein Stück weit mitgehen und sagen: Ja, Recht und Macht sind verschieden – »Macht« verstanden als reine Durchsetzungsmacht. Man kann aber auch mit den Rechtspositivisten ein Stück weit mitgehen und sagen: Recht und Macht gehören zusammen – »Macht« jetzt verstanden als kommunikative Macht. Habermas akzeptiert den Unterschied *und* die Verbindung zwischen Recht und Macht. Aber er verwirft einen undifferenzierten Begriff von Macht als bloßer Durchsetzungsmacht oder anordnender bzw. administrativer Macht. Die Alternative »Naturrecht oder demokratischer Rechtspositivismus« soll so überwunden werden.

III. Profilierung durch Kritik

Es sollen jetzt zwei Einwände gegen die Überlegungen von Habermas diskutiert werden. Sie ermöglichen es, den Gedankengang von *Faktizität und Geltung* in einem gewissen Umfang zu profilieren.[8]

Erster Einwand: Hängt die Legitimität des positiven Rechts von einem zufälligen Willen zum Diskurs ab? Der erste Einwand begründet den Zweifel, ob Habermas wirklich einen Maßstab für die Legitimität des Rechts angeben kann, der dem zufälligen Willen der Menschen entzogen ist. Denn die Menschen sind ja frei, *nicht* auf dem Wege des Diskurses zu einem gemeinsamen Willen zu kommen. Die unverfügbaren Regeln des Diskurses greifen nur unter der Voraussetzung eines Eintritts in den Diskurs, so wie die Maßstäbe des Fußballspiels nur unter der Voraussetzung greifen, daß Fußball gespielt wird und nicht Rugby. Der Wille, Recht *nicht* auf dem Wege einer diskursförmigen Beratung zu setzen, ist nichts, was sich noch nach den Maßstäben des Diskurses beurteilen läßt. Soweit der erste Einwand.

In ihm wird freilich eine Parallele gezogen, die Habermas nicht zu ziehen bereit ist. Es wird so getan, als könne man zwischen dem Diskurs oder zum Beispiel dem Orakel oder sogar dem Führergehorsam wählen, so wie man zwischen Rugby oder Fußball wählen kann. Das geht aber nicht. Der Diskurs ist ein unverzichtbares Mittel in der modernen sozialen Welt, ein bestimmtes Ziel zu erreichen. Das Ziel besteht darin, zu einem gemeinsamen Willen und zu einer gemeinsamen Überzeugung darüber zu kommen, welche Regeln und Gesetze für das Zusammenleben richtig sind. Warum ist ein praktischer Diskurs nötig, um dieses Ziel zu erreichen? Die Antwort auf diese Frage führt eine These über die moderne

8 Für eine eingehende Kritik vgl. Blanke 1994; Kupka 1994; Brandt 2002; *Cardozo Law Review* 1996; *Deutsche Zeitschrift für Philosophie* 1993, 321ff.; Dreier 1994; Grimm 2001; Höffe 1996; Kersting 2000.

soziale Welt an, die sich zuerst in der europäischen Neuzeit herausgebildet hat. Habermas hat sie in seinem Buch *Theorie des kommunikativen Handelns* (1981) unter das bekannte Schlagwort von einer »Rationalisierung der Lebenswelt« gebracht: Die heilige Autorität von Würdenträgern und Amtspersonen (von Priestern, Schriftgelehrten, Kirchen, Königen, Ältesten usw.) sowie von politischen und intellektuellen Eliten wird schwächer und umstrittener. Zugleich werden die Berührungen zwischen den Kulturen, der soziale Kontakt mit Fremden sowie der ökonomische Verkehr über die Grenzen religiös integrierter Gemeinschaften hinweg dichter. Sie hören auf, bloße Episoden für einzelne Gemeinschaften zu sein. Die Menschen sehen sich dadurch zunehmend vor Probleme gestellt, die sie ohne Rückendeckung durch Tradition, Ethos, vorgefundene Autorität und umfassend orientierende Weltbilder lösen müssen. Die Verhältnisse verlangen geradezu von den Menschen, die Dinge kraft eigener, gemeinsamer Einsicht zu regeln. Es gibt einen objektiven Bedarf für moralische und politische Autonomie.

Man könnte hier erwidern: »Zugegeben, die Menschen müssen ohne Berufung auf transzendente Autoritäten zunehmend selbständig ihre Verhältnisse regeln. Mit religiösen Herrschaften ist auf die Dauer kein Staat zu machen, wie der Unfriede und die massive Unterdrückung zu Anfang des neuen Jahrtausends in gottesherrschaftlichen Gesellschaften wie Afghanistan, Iran oder Nordnigeria zeigen. Aber es gibt auch andere Formen der selbständigen Konfliktregelung als den Diskurs – zum Beispiel Altruismus, Separatismus, Kompromiß und Vertrag.«

Habermas bestreitet diese Möglichkeiten nicht. Insbesondere hebt er das Mittel des Kompromisses hervor. Das Recht ist ja ganz wesentlich ein gesellschaftliches Mittel zur Organisation von Kompromissen (FuG, 204 f.). Gleichwohl behauptet er, daß die genannten Formen nachgeordnete Mittel sind, legitimes Recht zu setzen. Altruismus ist entweder eine zu flüchtige Einstellung oder als verlangte, flächendeckende Tugend unzumutbar. Das gilt zwar nicht für Kompromisse. Aber Kompromisse müssen fairen Regeln gehorchen. Und separierende Grenzen müssen gerecht gezogen werden, wenn sie legitimes Recht setzen sollen. Was fair und was gerecht ist, läßt sich jedoch nur in Diskursen mit dem Anspruch auf eine vernünftige Antwort herausbekommen. Und der Abschluß von Verträgen als Alternative zum Diskurs kann auch nur eine nachgeordnete Rolle spielen. Denn eine vertragliche Einigung schließt ein, daß man das Vokabular teilt, in dem der Vertrag formuliert wird. Sie schließt z. B. ein, daß die Bedeutung von »Arbeit« in der vertraglichen Vereinbarung der Form »Gleicher Lohn für gleiche Arbeit« von den Vertragsparteien geteilt wird. Sprachliche Bedeutungen lassen sich aber nach Habermas nicht durchgehend von sachhaltigen (Hintergrund-)Überzeugungen trennen. Diese Überzeugungen können nicht das Ergebnis einer vertraglichen Einigung sein. Wenn man sie nicht einfach voraussetzen will, muß man Platz lassen für Sprachkritik. Diskurse ermutigen nach Habermas zur Sprachkritik und können nicht durchgehend von Vertragsabschlüssen ersetzt werden.

Zweiter Einwand: Wird der Unterschied zwischen Recht und Moral eingeebnet? Im ersten Einwand wurde eine Abhängigkeit des legitimen Rechts von dem zufälligen Willen zum Diskurs geltend gemacht und damit eine zu große Nähe von Habermas zum Rechtspositivismus und eine zu große Ferne zum Naturrecht bemängelt. Im zweiten Einwand werden Nähe und Ferne umgekehrt bestimmt: Habermas ebne den Unterschied zwischen dem positiven Recht und Moral ein, weil in seiner Rechtstheorie das legitime Recht das Ergebnis einer Prozedur für die gemeinschaftliche Urteils- und Willensbildung ist. Nun dient ein Diskurs der Ermächtigung zu Erkenntnisansprüchen. Aber das legitime positive Recht ist nichts, was bloß erkannt wird. Es wird auch beschlossen. Man ebnet die Differenz zwischen positivem Recht und Moral ein, wenn man dieses faktische willentliche Moment in der Rechtsgeltung ausblendet (FuG, 351–364).

Der Einwand ist geeignet, das Argument hinter einer wichtigen Unterscheidung in *Faktizität und Geltung* erkennbar zu machen. Habermas hält zwei Maßstäbe für die Gültigkeit von Handlungsnormen auseinander: ein »Moralprinzip« und ein »Demokratieprinzip« (FuG, 139). Das Moralprinzip besagt: Nur diejenigen Regelungen für das Zusammenleben sind moralisch richtig, die die Zustimmung aller von ihr Betroffenen in einem Diskurs finden könnten (FuG, 140).[9] Das Demokratieprinzip besagt, »daß nur die juridischen Gesetze legitime Geltung beanspruchen dürfen, die in einem ihrerseits rechtlich verfaßten diskursiven Rechtsetzungsprozeß die Zustimmung aller Rechtsgenossen finden können« (FuG, 141). Der Unterschied zwischen den beiden Prinzipien liegt im Einzugsbereich derjenigen, die den Regelungen zustimmen können müssen. Im Fall der Moral sind es alle Betroffenen, das sind für Habermas letztlich alle Menschen. Im Fall des Rechts ist es der engere Kreis der Mitglieder einer Rechtsgemeinschaft. Bislang wurde diese Trennung vernachlässigt. Wenn man sie beachtet, dann erkennt man unterschiedliche Hinsichten, in denen Personen miteinander über die Frage argumentieren können: Welche Regelungen sind richtig?

Es ist zwar so, daß die moralische Hinsicht die *allgemeinere* Hinsicht ist. Auch bei demokratisch beschlossenen, rechtlichen Regelungen – den Gesetzen des Deutschen Bundestages zum Beispiel – kann man noch fragen, ob sie moralisch richtig sind. Aber die moralische Hinsicht ist auch die *unspezifischere* Hinsicht. Viele praktische Fragen werden nicht ausreichend durch diese Hinsicht erfaßt, zum Beispiel Fragen wie: Sollen wir ein Gesetz beschließen, das die Einrichtung von Park-and-ride-Plätzen in jeder Stadt vorschreibt? Wer soll zu uns zuwandern dürfen? Sollen unsere Kinder morgens im Klassenzimmer die Nationalhymne singen? Diese Fragen dürfen argumentativ behandelt werden, ohne daß der Diskurs damit bereits unter die Ägide der Moral gerät. Wenn man bei der

9 Vgl. Habermas 1983, 103, 1. Absatz.

gesetzlichen Regelung der Zuwanderung überlegt, mit welchen Mittel man einen gegebenen Zweck – etwa den Ausbau der Informationstechnologiebranche – erreichen kann, dann führt man einen »pragmatischen Diskurs«. Wenn man bei der Hymnenfrage überlegt, in welchem Geist wir unsere Kinder erziehen wollen, dann führt man einen Diskurs, der kollektive und individuelle Selbstbilder und Selbstverständnisse artikuliert, korrigiert, beurteilt. Das ist ein ethischer Diskurs (FuG, 198f.; 223f.). (Habermas unterscheidet »ethisch« und »moralisch«.[10])

Bei allen genannten rechtlichen Regelungen spielen vorgefundene Interessen, Wertschätzungen und kollektive Selbstverständnisse eine Rolle. Das tun sie auch bei der Frage, was unter einem moralischen Gesichtspunkt richtig ist. Aber im Fall der Frage »Welche rechtliche Regelung ist legitim?« bilden sie nicht kritisierbare Ausgangspunkte, sondern nicht weiter zu prüfende Endpunkte in der Begründung der Antwort. Rechtliche Regelungen können natürlich – wie alles in der sozialen Welt – unter einem moralischen Gesichtspunkt in Frage gestellt werden. Aber gültige Moralnormen lassen einen Spielraum für die Antwort auf die Frage nach legitimen rechtlichen Regelungen. In diesem Spielraum kommen Gründe (Hinsichten) zum Zuge, die als ein Letztes ein faktisches Wollen beinhalten. Dieses Wollen ergibt sich aus vorgegebenen Interessen, Wertschätzungen und kollektiven und individuellen Selbstbildern und Idealen. Deshalb wird der Unterschied zwischen positivem Recht und Moral trotz der Bindung des legitimen Rechts an einen institutionalisierten Diskurs nicht eingeebnet.

10 Habermas 1991.

IV. Die zähmende Kraft des Rechts durch das System der Rechte

Die bisherige Darstellung hat hoffentlich verständlich gemacht, warum Habermas seinem Buch den Untertitel »Diskurstheorie des Rechts« gibt. Der Untertitel weist aber noch einen zweiten Teil auf: »Diskurstheorie (...) des demokratischen Rechtstaates«. Um diesen zu verstehen, muß das von Habermas sogenannte »System der Rechte« einsichtig gemacht werden.

Das System der Rechte bildet die Hinsichten für ein auszugestaltendes Grundgesetz demokratischer Rechtsstaaten. Es ist wichtig für die eigenständige Kraft des Rechts, die bloß anordnende Macht der Stärkeren oder Reicheren einzudämmen. Bislang bildeten ja nur die Anerkennungsverhältnisse im praktischen Diskurs die Elemente eines Maßstabes, an dem sich das von Menschen gemachte Recht messen lassen muß. Mit dem System der Rechte erhält der praktische Diskurs das Gerüst einer Institutionenform, das den demokratischen Rechtsstaat charakterisiert.

Mit der Ausweitung einer Diskurstheorie des Rechts zu einer Diskurstheorie des demokratischen Rechtsstaates wird die Leitidee jenseits der Alternative »demokratischer Rechtspositivismus oder Naturrecht« ausgebaut. Die Idee ist, daß durch das *Wie* des Wollens: nämlich durch eine diskursförmige Willensbildung das *Was* des Wollens beschränkt und die schiere Willkür auch der Mehrheit verhindert wird. Was hinzutritt, ist der Gedanke, daß nicht bloß das diskursförmige, sondern das *verrechtlichte* diskursförmige Wie das Wollen beschränkt und unverfügbare Grundlagen der Rechtsetzung schafft. Die Grundform dieses verrechtlichten Wie wird vom System der Rechte gebildet. Das System der Rechte steht zwar nicht in Konkurrenz zur kommunikativen Macht, die ebenfalls einen zivilisierenden Effekt auf die Satzungen der Macht hat. Aber es stellt eine wesentliche Ergänzung dar.

Der Status einer Rechtsperson im System der Rechte. Wenn

sich eine Gruppe von Menschen zu der sozialen Kunstform des positiven Rechts entschließt, dann wollen sie sich unter anderem den Status von Rechtspersonen zugestehen. »Rechtsperson« bezeichnet für Habermas eine Person in einer positivrechtlichen Ordnung. Weil diese Ordnung künstlich hergestellt wird, wird auch der Status einer Rechtsperson in einem rechtlichen Anerkennungsverhältnis erzeugt. Eine Rechtsperson ist eine Person in einem Anerkennungsverhältnis, zu dem juristische Rechte gehören. – Worauf hat die Person Rechte, wodurch hat sie diese Rechte, und wie hat sie diese Rechte? Man kann diese Fragen in sehr allgemeiner Form beantworten, indem man die Wesensmerkmale des positiven Rechts begrifflich analysiert. Allerdings spart Habermas an dieser Stelle etwas mit Erläuterungen. Man muß deshalb einiges selbständig herauspräparieren.[11] Eine Rechtsperson in einer Ordnung des positiven Rechts charakterisiert dreierlei:

(1) Man hat das Recht auf gewisse Handlungsfreiheiten.

(2) Man hat dieses Recht dadurch, daß eine gesetzgeberische Instanz festlegt, daß man diese Rechte hat.

(3) Man hat gewisse Rechte mit der Befugnis, ihre Einhaltung zu erzwingen.

Zu (1) Das *Recht auf subjektive Handlungsfreiheiten* bedeutet, die Erlaubnis zu haben, bestimmte Dinge zu tun oder zu unterlassen. Mit »Handlungsfreiheit« ist die Möglichkeit gemeint, etwas zu tun, das man auch lassen könnte, wenn man wollte. »Subjektiv« ist diese Handlungsfreiheit in dem Sinn, daß die Möglichkeit, etwas zu tun, auf bestimmte Fähigkeiten von und Gelegenheiten für eine einzelne Person, für ein einzelnes Subjekt gründet. So ist die Möglichkeit für mich, eine Orange zu essen, eine subjektive Handlungsfreiheit, vorausgesetzt, ich habe eine Orange zur Hand und ich weiß sie zu schälen. Demgegenüber beruht die Möglichkeit, eine Orange zu *kaufen* und nicht bloß aus dem Obstkorb im Laden zu klauben, nicht allein auf subjektrelativen Fähigkeiten und Gele-

11 Vgl. Günther 1994.

genheiten. Sie setzt auch mein Recht voraus, eine Orange zu kaufen. Wie das Beispiel zeigt, gibt es auch Handlungsfreiheiten (Handlungsmöglichkeiten), die man erst durch Rechte bekommt.

Das Recht auf subjektive Handlungsfreiheiten bildet ein Kernelement verrechtlichter Sozialbeziehungen. Warum ist dieses Recht für eine Ordnung des positiven Rechts wesentlich? Es ist für das positive Recht charakteristisch, daß es gesinnungsneutral und zwangsbewehrt ist. Das Recht rechnet nur damit, daß jemand nüchtern die Nachteile erwägen kann, die ihm durch die Sanktionen auf Grund seiner Mißachtung der Gesetze drohen. Das Merkmal der Gesinnungsneutralität des positiven Rechts zusammen mit der Zwangsbewehrtheit von Gesetzen enthält deshalb die Annahme einer rein eigeninteressierten Haltung des einzelnen bei der Einhaltung von Rechtsnormen, die die Wege des Rechts markieren. Nun werden die Normen des positiven Rechts bekanntlich beschlossen oder gesetzt. Diese Instanz ist aber nichts, was über den Köpfen der Menschen (=der Rechtsadressaten) schwebt, für die diese Normen gelten. Zumindest ist das so, wenn das soziale Werkzeug des positiven Rechts ein Werkzeug in den Händen dieser Menschen ist, um ihr Zusammenleben zu regeln. Mit Blick auf den so spezifizierten Werkzeugcharakter ist es einsichtig anzunehmen, daß die das Recht setzende Instanz etwas als Recht beschließen wird, was nicht einfach den verschiedenen Interessen derer komplett widerstreitet, die unter einer positiven Rechtsordnung leben wollen. Mit dem Werkzeug des positiven Rechts in ihren Händen werden sich die Menschen nicht völlig ins eigene Fleisch schneiden. Der Inhalt der Rechtsnormen wird mit ihren Eigeninteressen zu tun haben; die Rechtsnormen werden auch Handlungskreise mit Ellenbogenfreiheit beinhalten.

Zu (2): Der Status, eine Rechtsperson mit Rechten auf subjektive Handlungsfreiheiten zu sein, wird jemandem *zu*erkannt, und nicht *an*erkannt. Diese zweite Eigenschaft einer Rechtsperson in einer Ordnung des positiven Rechts ergibt sich aus dem schon erwähnten Satzungscharakter des positiven Rechts. Es gibt eine *rechtsetzende Instanz*, die von Menschen gestiftet wird. Diese Instanz erkennt Personen Rechte und den Rechtsstatus zu. Sie tut das, indem sie die Bedingungen festsetzt, die jemand erfüllen muß, um bestimmte Rechte bzw. den Rechtsstatus zu haben. Nun ist jeder Inhaber eines Rechtsstatus ein Mitglied in einer Rechtsgemeinschaft. Die Bedingungen für den Rechtsstatus sind deshalb Mitgliedschaftsbedingungen. Die das Recht setzende Instanz, die bestimmte Eigenschaften als Bedingungen für den Rechtsstatus festlegt, bestimmt also, wer ein Mitglied ist. Sie legt zum Beispiel fest, daß Frau Bovary als ein auf dem Territorium der Französischen Republik geborener Mensch Mitglied, nämlich französische Staatsbürgerin ist. Als ein Mitglied erfüllt Frau Bovary nicht bloß eine Voraussetzung für den Genuß gewisser verbriefter Rechte. Sie hat auch bestimmte Rechte, z. B. das Recht auf konsularische Betreuung im Ausland durch die Botschaft ihres Landes.

Zu (3): Neben dem Worauf und dem Wodurch gibt es auch ein *Wie*, das für die Rechte einer Rechtsperson in einer positivrechtlichen Ordnung typisch ist. Man hat in einer solchen Ordnung die Rechte auf subjektive Handlungsfreiheiten so, daß man befugt ist, diese Rechte einzuklagen. Die *Klagebefugnis* besagt, daß man ein Verfahren erzwingen kann, in dem eine Instanz wie ein Gericht prüft, ob diese Rechte verletzt worden sind, und in dem diese Rechte durch den Einsatz von Zwangsmitteln durchgesetzt werden, wenn diese Instanz eine Rechtsverletzung festgestellt hat.

Resümierend läßt sich der Status einer Rechtsperson in einer Ordnung des positiven Rechts, unter der ein bestimmter Kreis von Menschen zusammenleben will, durch zumindest drei Arten von Rechten charakterisieren:

Erstens hat eine Rechtsperson das Recht auf gewisse Handlungsfreiheiten: »Die klassischen liberalen Grundrechte auf die Würde des Menschen, auf Freiheit, Leben und körperliche Unversehrtheit der Person, auf Freizügigkeit, Freiheit der Berufswahl, Eigentum, Unverletzbarkeit der Wohnung usw. sind (...) Interpretationen und Ausgestaltungen (...) eines Rechts auf (...) subjektive Freiheiten.« (FuG, 159)

Zweitens gehören zum Status einer Rechtsperson *mitgliedschaftliche* Rechte: »(...) Auslieferungsverbot, Asylrecht, überhaupt der materiale Pflichtenstatus, der Leistungsstatus, die Staatsbürgerschaft usw. (bedeuten) eine Konkretisierung des (...) Status eines Mitglieds in einer freiwilligen Assoziation von Rechtsgenossen.« (ebd.)

Drittens hat man als eine Rechtsperson das Recht auf »Einklagbarkeit von Rechten« (FuG, 156) und auf Rechtsschutz. Man genießt Rechtsweggarantien, die »durch Verfahrensgarantien und Rechtsgrundsätze (wie das Rückwirkungsverbot, das Verbot von Ausnahmegerichten sowie die Garantie der sachlichen und persönlichen Unabhängigkeit des Richters usw.) interpretiert« und so ausgestaltet werden (FuG, 159 f.).

Eine Ordnung des positiven Rechts muß ihren Mitgliedern diese drei Arten von Rechten einräumen. Wenn sie diese Rechte nicht gewährt, hört sie auf, eine Ordnung des positiven Rechts zu sein. Allerdings muß es nicht sein, daß alle Mitglieder die gleichen Rechte haben. Die *Gleichberechtigung* der Mitglieder einer Rechtsordnung in bezug auf die drei Arten von Rechten ergibt sich *nicht* schon aus dem Begriff des positiven Rechts. Sie ist erst eine Folge davon, daß man die Berechtigung dieser Ordnung am Maßstab des Diskurses mißt.

Eine *vierte* Art von Grundrechten vervollständigt das System der Rechte. Sie hat ebenfalls mit dem Maßstab des Diskurses für die Berechtigung von Aufforderungen zu einem bestimmten Verhalten und Unterlassen zu tun: das Recht »auf die chancengleiche Teilnahme an Prozessen der Meinungs- und Willensbildung, (...) wodurch (Bürger) legitimes Recht setzen« (FuG, 156). Dieses Recht ergibt sich nicht aus einer Analyse des Begriffs des positiven Rechts. Es ergibt sich aus den begrifflichen Eigenschaften des Rechts *und* dem Diskurs als Maßstab der Legitimität des Rechts. Gemäß dem Maßstab des Diskurses sollen diejenigen, für die das Recht gelten soll, auch Urheber des Rechts sein. Der Diskurs verlangt politische Autonomie – die kollektive Selbstbestimmung, also die Selbstgesetzgebung der Rechtsadressaten. Deshalb sagt Habermas von der vierten Art von Rechten, daß sie »die chancengleiche Teilnahme an Prozessen der Meinungs- und Willensbildung« gewährleisten, worin Bürger ihre *politische Autonomie* ausüben (...)« (FuG, 157). Diese Sorte von Rechten findet ihre Ausgestaltung »in der Form von Meinungs- und Informationsfreiheiten, von Versammlungs- und Assoziationsfreiheiten, von Glaubens-, Gewissens- und Bekenntnisfreiheiten, von Berechtigungen zur Teilnahme an politischen Wahlen und Abstimmungen, zur Betätigung in politischen Parteien oder Bürgerbewegungen usw.« (FuG, 162). Die Rechte der vierten Art im System der Rechte verleihen dem Prozeß der Selbstbestimmung durch die Rechtsadressaten eine verrechtlichte Gestalt. In bezug auf alle vier Arten von Rechten gilt: »Es gibt kein legitimes Recht ohne diese Rechte.« (FuG, 159)

Die Verrechtlichung der politischen Autonomie. An dem Gedanken, daß die Autonomie in rechtlicher Form ausgeübt wird, hängt viel: Habermas braucht ihn in seiner Antwort auf die Frage, ob es unverfügbare (unabstimmbare) Grundlagen der demokratischen Rechtsetzung gibt. (Diese Frage wurde eingangs als Algerienproblem bezeichnet.) Deshalb muß man das Argument von Habermas dafür verstehen, daß die politische Autonomie verrechtlicht wird. Dazu ist ein kontrastierendes Gedankenexperiment nützlich.

Man stelle sich die Mitglieder einer vom Geist der Revolte noch berührten Wohngemeinschaft (WG) vor. Sie glauben – gar nicht cool – immer noch an die Möglichkeit eines solidarisch selbstbestimmten Zusammenlebens. Darum wollen sie sich gleichberechtigt Regeln ihres Zusammenlebens geben. Nur haben sie auch die Erfahrung gemacht, daß Vertrauen in freundliche Absprachen zwar gut, Kontrolle der Einhaltung verabredeter Regeln aber besser ist. Sie beschließen, sich bestimmte Ansprüche zuzubilligen und sich gewisse Pflichten zuzumuten, die jeder vor Gericht einklagen darf. Sie statten also ihre WG-Regeln mit dem gesinnungsneutralen Zwang des positiven Rechts aus. Das heißt, sie verrechtlichen ihre Beziehungen. Aber sie geben sich ihre Regeln in einem informellen, diskursförmigen Gespräch am WG-Küchentisch – wie in einer »Bierhallen-Demokratie« eben. Als *Urheber* von Regeln haben sie ihre Beziehungen *nicht* verrechtlicht, als Adressaten der Regeln schon. Das Beispiel illustriert, wie eine Gruppe von Menschen zwar ihre Verhältnisse mit den Mitteln des positiven Rechts regeln will, aber trotzdem die Selbstbestimmung nicht rechtlich verfaßt ist. Diesem Fall steht die These von Habermas entgegen: »Die Idee der Selbstgesetzgebung muß sich im Medium des Rechts selbst Geltung verschaffen.« (FuG, 160)

Warum muß das so sein? Weil eine Industriegesellschaft im 21. Jahrhundert nicht wie eine Wohngemeinschaft organisiert werden kann? Dieser Einwand hebt auf Erfahrungen ab. Er ist empirisch, und Habermas läßt gewiß Raum für empirische Argumente in seiner (Rechts-)Philosophie. Nur möchte er einen *begrifflichen* Zusammenhang von positivem Recht und politischer Autonomie unter der Voraussetzung des Diskurses als Maßstab für Legitimität behaupten. Damit gerät ein zivilisierender Beitrag des Rechts in den Blick, der gegenüber der Moral eigenständig ist. Hier kommt eine schon bekannte Annahme und der Kunstcharakter des positiven Rechts wieder zum Zug. Die Annahme: Diejenigen, für die das Recht gelten soll, haben den Willen, in Ansehung bestimmter Zwänge des Zusammenlebens ihre Verhältnisse mit den Mitteln des positiven Rechts zu regeln (FuG, 151). Erst mit dem zwingenden Recht wird es im sozialen Leben ja auch wirklich ernst mit der Moral (FuG, 146). Der Kunstcharakter: Zum positiven Recht gehört wesensmäßig, daß die Rechtsetzung und damit auch die Änderung des Rechts in normierten, rechtlichen Bahnen gemäß den sogenannten sekundären Rechtsnormen erfolgt.

Wenn also eine Gruppe von Menschen ihre Verhältnisse mit den Mitteln des positiven Rechts regeln will, dann will sie auch den *Prozeß* des Regelns und nicht bloß das *Befolgen* der

Regeln in eine rechtliche Form bringen. Sie will gewisse Bedingungen in Form von Rechtsnormen festlegen, wann wer auf welche Weise die vereinbarten Regeln zur Disposition stellen darf. Die Wohngemeinschaft im Gedankenexperiment will das nicht. Wozu auch? Soweit das Argument für die Verrechtlichung der Autonomie. Eine Voraussetzung bei diesem Argument ist natürlich, daß Selbstgesetzgebung also politische Autonomie sein soll. Diese Voraussetzung ergibt sich aus der Anforderung, daß die rechtliche Ordnung legitim und damit – nach Habermas – Ergebnis eines Diskurses sein soll.

Habermas' Lösung des Algerienproblems. Wie zuvor angedeutet, hat das Argument für eine Verrechtlichung der Praxis politischer Autonomie eine wichtige Konsequenz. Die Praxis der politischen Autonomie muß diejenigen Eigenschaften haben, die für eine positivrechtliche Ordnung elementar sind. Deshalb kann die Ausübung politischer Autonomie nicht diejenigen Rechte abschaffen, die der Rechtsperson nach dem System der Rechte zukommen.

Die gemeinten Rechte beschränken sich keineswegs auf die politischen Beteiligungsrechte der Rechtsadressaten. Mit der rechtlichen Form dieser Praxis, so Habermas, kommt die *ganze* Rechtsform, auch die ersten drei Arten von Rechten, ins Spiel.[12] Was das Algerienproblem der Demokratie unterstellt, ist daher ausgeschlossen: daß die Demokratie diese Rechte für einzelne oder eine Minderheit abschafft und *dennoch* der Akt der Abschaffung ein *rechtlich* legitimer Akt politischer Autonomie ist.

Natürlich kann eine Mehrheit, die von sich sagt: »Wir sind das Volk!« faktisch die Demokratie abschaffen. Sie kann sagen: »Wir wollen nicht den Maßstab für ein legitimes Recht, den rechtsförmig verfaßten Diskurs, akzeptieren. Wir wollen nicht beraten und argumentieren, sondern gehorchen.« Habermas ist nicht so geschichtsblind, diese Möglichkeit zu leug-

---

12 Habermas 1994, 670 f.

nen. Doch wenn so etwas geschieht, verwandelt sich die zwingende Macht des demokratisch gesetzten Rechts in Gewalt. Das Volk spricht dann nicht mehr die Sprache des Rechts. Es kann dann nicht bloß mit dem begründeten Vorwurf konfrontiert werden: »Was ihr macht, ist unmoralisch.« Man kann darüber hinaus den begründeten Vorwurf erheben: »Was ihr macht, verläßt die Bahnen des demokratisch gesetzten, legitimen positiven Rechts und ist unrechtmäßig (= rechtlich illegitim).« Denn das Ergebnis der Selbstgesetzgebung zerstört die rechtlichen Anerkennungsverhältnisse, die zur rechtsförmigen Ausübung der Selbstgesetzgebung gehören und die vom System der Rechte bezeichnet werden.

Habermas hat seine Antwort auf das Algerienproblem des demokratischen Rechtspositivismus und der Demokratie in zwei Thesen zusammengefaßt: (1) Menschenrechte und Volkssouveränität schließen sich ebensowenig aus wie (2) die private Autonomie der einzelnen Rechtsperson und die politische Autonomie des souveränen Volkes (FuG, 161 f.). Es löst sich demnach ein Gegensatz auf, an dem das neuzeitliche westliche Rechtsdenken so hartnäckig laboriert: der Gegensatz zwischen individuellen Menschenrechten, die institutionell von einem Rechtsstaat geschützt werden, und der politischen Autonomie des Volkes, die als Demokratie institutionelle Gestalt annimmt. Der Gegensatz verschwindet nicht deshalb, weil der einzelne sich nur noch als Teil des Volkes, als Citoyen ansieht. Das ist das gefährliche Konzept einer identitären Demokratie, in der Regierte und Regierende identisch sind, weil jeder nur noch Citoyen und nicht mehr auch Bourgeois ist, jeder bloß noch Robespierre ist, 24 Stunden lang, keiner auch nur eine Minute lang Danton. Die Diskurstheorie des Rechts in *Faktizität und Geltung* entkommt diesem Konzept der identitären Demokratie, ohne den radikaldemokratischen Gedanken einer politischen Selbstgesetzgebung zynisch zu verabschieden. Denn die Bürger als Mitgesetzgeber räumen sich eine individuelle Autonomie ein, mit der sie nicht aufgehen in ihrem Status als Mitgesetzgeber. Sie werden auch als

Personen mit füreinander fremden, intransparenten Lebenssphären anerkannt. Als Träger von Menschenrechten sind sie nicht bloß Mitglieder der Gemeinschaft, sondern auch Individuen mit einem menschenrechtlichen Status. Wenn man dies beachtet, dann zeichnet sich die Lösung eines Problems ab, das bislang unter den Teppich gekehrt worden ist: das Problem, wie sich vermeiden läßt, daß eine Rechtsordnung auf einem willkürlichen und vorrechtlichen Ausschluß von Menschen aus ihr aufbaut.

V. Dynamisierung der Rechtsgeltung

Dieses Problem läßt sich auch als das *Anfangsproblem* der demokratischen Rechtsetzung bezeichnen: Welches »wir« steht am Anfang der autonomen Rechtsetzung und richtet im Akt der Verfassungsgebung die verrechtlichte Fassung des praktischen Diskurses ein? Es zeigt sich an einer Voraussetzung, die in der Habermasschen Lösung des Algerienproblems enthalten ist. Es gibt einen Kreis von Menschen, die sich dem Zwang des Zusammenlebens ausgesetzt sehen und sagen: »Wir wollen unser Zusammenleben, unsere Konflikte und Kooperationen mit den Mitteln des positiven Rechts regeln.« (vgl. FuG, 151) Dieser Wille steht am Anfang der Rechtsetzung, die die Form einer Verfassungsgebung hat.

Wer aber ist »wir«? Alle, für die die Gesetze gelten sollen? Nein – der Kreis der Rechtsadressaten ist größer als der Kreis der Mitgesetzgeber. Die Gesetze, die etwa wir volljährigen Deutschen über die lange, ausgefranste und bisweilen stillgelegte Leitung der delegierten Politiker beschließen, gelten auch für Ausländer auf dem Territorium der Bundesrepublik. Die Ausländer sind Rechtsadressaten, aber nicht Mitgesetzgeber. Der Rechtsetzung ist ein Ausschluß von Menschen vorgelagert, die eben nicht zum Kreis derer gehören, die sagen: »Wir wollen unsere Verhältnisse positivrechtlich regeln.« Was verhindert dann aber, daß eine Rechtsgemeinschaft zwar nach innen die Grundrechte ihrer Mitglieder wahrt, nicht aber nach außen und dennoch im Rahmen der vorgeschlagenen Theorie als legitim geordnet gelten muß? Muß man hier nicht doch wieder wie die Anhängerin des Naturrechts einen Maßstab für die Rechtmäßigkeit einer Rechtsordnung bemühen, der nicht von dem institutionalisierten Diskurs innerhalb der Rechtsgemeinschaft abhängt?

Habermas gibt darauf keine ausdrückliche Antwort. Aber er ist sich des Problems bewußt, vor allem in Nachfolgearbeiten zu *Faktizität und Geltung*.[13] Dieses Anfangsproblem läßt sich nur lösen, indem man die Rechtsgeltung dynamisiert (FuG, 464f.). Damit ist u. a. gemeint, daß die faktische Begrenzung des Kreises der Mitgesetzgeber gegenüber dem Kreis der Rechtsadressaten nicht geleugnet wird, aber auch nicht als starre, unveränderliche Grenze angesehen wird. Um zu verstehen, wie diese Dynamisierung der Rechtsgeltung möglich ist, muß man sich eine Konsequenz der These vergegenwärtigen, daß die Mitglieder einer legitim geordneten Rechtsgemeinschaft Rechtspersonen mit individuellen Grundrechten sind.

Aus der Innenansicht einer solchen Rechtsgemeinschaft werden deren Mitglieder nämlich paradoxerweise auch als menschliche Individuen behandelt. Die Mitglieder haben bestimmte Menschenrechte, aber sie haben sie eben als Menschen, nicht als Deutsche, Polen, Kanadier. Im Wissen um diese Gemeinsamkeit wird die Abgrenzung einer Rechtsgemeinschaft nach außen hin jedoch instabil. Die Anderen draußen sind nicht bloß Bestandteile einer Umwelt, mit der man bestenfalls zu rechnen hat. Sie können sich Gehör verschaffen bei denen, die drinnen sind, insoweit in der Rechtsgemeinschaft die Sprache des legitimen Rechts gesprochen wird. Gemäß der Habermasschen Grammatik dieser Sprache wird in dieser Sprache, im Rechtscode selber zwischen menschenrechtlich geschütztem Individuum und Mitglied unterschieden. Zum legitimen Recht gehört auch eine Spannung zwi-

13 Vgl. Habermas 1996; Habermas 2001.

schen der faktischen Regelung von Zugehörigkeiten zu einer abgegrenzten Rechtsgemeinschaft und der legitimen Geltung dieser Regelung. Mit dieser Spannung wird es möglich, zu prüfen, ob die Kluft zwischen den Betroffenen und den (Diskurs-)Beteiligten, zwischen den Rechtsadressaten und den Mitgesetzgebern ein illegitimer Graben wird. Das diskursförmig gesetzte Recht erlaubt einen Prozeß gegen seine faktischen Satzungen darüber, wer angehört werden muß – und das heißt immer auch: wer dazugehört.

IV. Schluß

In der Rechtsphilosophie von *Faktizität und Geltung* kommt ein Gedanke zum Tragen, der ein Kennzeichen der gesamten Philosophie von Habermas ist und der vielleicht etwas Neues anzeigt: Der Pointe eines bestimmten, bewußten menschlichen Tuns läßt sich ein unverfügbarer und kritischer Maßstab entnehmen, an dem sich die Handlungen und Haltungen, die Normen und Gepflogenheiten der Menschen auf Moralität, Rechtmäßigkeit und Sittlichkeit hin beurteilen lassen. Das *Tun* ist die argumentierende Rede und Gegenrede – der Diskurs. Seine *Pointe* liegt in der Ausbildung eines gemeinsamen Überzeugtseins durch geprüfte Gründe, das ein Zusammenhandeln leitet: Verständigung. Der Sinn für die Pointe dieses Tuns ist der Sinn für das Normative als einem untilgbaren Grundzug der menschlichen Existenz. Der *Maßstab* sind die Verhältnisse gegenseitiger Anerkennung als Freie, die sich nicht gleichgültig sind, und als Gleiche, die sich nicht bloß gleichen. *Unverfügbar* ist der Maßstab in dem Sinn, daß er Bestandteil einer Praxis des Argumentierens ist, auf die die Menschen angewiesen bleiben. Diese Praxis dient der Bewahrung eines befriedeten Zusammenlebens und ist ohne funktionales Äquivalent in der modernen Welt. Kein Mensch kann völlig auf die Früchte des so reproduzierten sozialen Lebens verzichten. *Kritisch* ist der Maßstab in dem Sinn, daß er auch seine ausdrücklichen Kodifikationen anzufechten erlaubt. Damit werden die Ressourcen einer Praxis zu einem Topos ihrer Auslegung und die Pragmatik ein Instrument zur ideologiekritischen Prüfung.[14]

Was »frei« und »unfrei«, »gleichberechtigt« und »benachteiligt«, »überzeugen« und »überreden« bedeuten, ist zwar von historischen Erfahrungen geprägt. Aber die Faktizität solcher handfesten Verständnisse kann durch den Geltungsanspruch des Handelns überprüft werden, das von diesen Verständnissen geleitet wird. Das liegt darin, daß diese Wörter für wesensmäßig anfechtende Begriffe stehen. Die Praxis auch des Gebrauchs von Argumenten ist durchzogen von einer eingebauten Spannung zwischen faktischer Geltung und beanspruchter Gültigkeit. *Faktizität und Geltung* entwickelt diese These in Ansehung desjenigen Prozesses, der für eine gewaltlose Ordnung des Zusammenlebens zentral ist: des Prozesses der Rechtsetzung.

Ein abschließendes Urteil über dieses Buch und über die Triftigkeit dieser These ist noch verfrüht. Der vorliegende Aufsatz sollte nur zu einer selbständigen Lektüre von *Faktizität und Geltung* anregen. Sicherlich hat die Rezeption des Werkes u. a. Schwierigkeiten in der Verhältnisbestimmung von Recht und Moral, zum Beispiel im Verhältnis von Grundrechten und Menschenrechten aufgezeigt, die Habermas favorisiert. Auch sind sozialwissenschaftliche Einsichten in die begrenzte Steuerkraft des Rechts erst noch rechtsphilosophisch zu verarbeiten. Allerdings ist das kein Grund, Habermas Idealismus vorzuwerfen. *Faktizität und Geltung* ist in der Tat etwas idealistisch – so idealistisch wie unser Rechts- und Moralbewußtsein nach mehr als 250 Jahren europäischer Aufklärung immer noch ist und bleiben muß, wenn nicht der Zynismus der vom Unrecht Verschonten die Herrschaft übernehmen soll.*

14 Vgl. Habermas 2001, 146 f.
* Für hilfreiche Hinweise und Kommentare danke ich Reinhard

Literatur

Blanke, T. (1994): »Sanfte Nötigung«. *Kritische Justiz* 27, 433–461.

Brandt, R. (2002): »Habermas und Kant«. *Deutsche Zeitschrift für Philosophie* 50, 53–68.

Brett, A. (1997): *Liberty, Right and Nature*. Cambridge.

Cardozo Law Review 17 (no. 4–5, 1996): *Habermas on Law and Democracy*.

Deutsche Zeitschrift für Philosophie 41 (1993): »Symposium zu J. Habermas, Faktizität und Geltung«

Dreier, R. (1994): »Rechtsphilosophie und Diskurstheorie. Bemerkungen zu Habermas' *Faktizität und Geltung*«. *Zeitschrift für philosophische Forschung* 48, 90–103.

Finnis, J. (1980): *Natural Law and Natural Rights*. Oxford.

Grimm, D. (2001): »Bedingungen demokratischer Rechtsetzung«. *Die Öffentlichkeit der Vernunft und die Vernunft der Öffentlichkeit. FS J. Habermas*. Hg. von L. Wingert u. K. Günther. Frankfurt a. M., 489–506.

Günther, K. (1994): »Diskurstheorie des Rechts oder liberales Naturrecht im diskurstheoretischen Gewande?« *Kritische Justiz* 27, 470-487.

Habermas, J. (1983): »Diskursethik – Notizen zu einem Begründungsprogramm«. *Moralbewußtsein und kommunikatives Handeln*. Frankfurt a. M., 53–125.

Habermas, J. (1991): »Vom pragmatischen, ethischen und moralischen Gebrauch der praktischen Vernunft«. *Erläuterungen zur Diskursethik*. Frankfurt a. M., 100–118.

Habermas, J. (1992): *Faktizität und Geltung*. Frankfurt a. M.

Habermas, J. (1994): »Nachwort zur vierten, durchgesehenen und um ein Literaturverzeichnis ergänzten Auflage«. *Faktizität und Geltung*. Frankfurt a. M. [4]1994, 661–680.

Habermas, J. (1996): »Über den internen Zusammenhang zwischen Rechtsstaat und Demokratie«. *Die Einbeziehung des Anderen*. Frankfurt a. M., 293–305.

Habermas, J. (2001): »Der demokratische Rechtsstaat: eine paradoxe

Brandt, Hauke Brunkhorst, Stefan Gosepath, Klaus Günther, Jürgen Habermas, Detlef Horster, Thomas Schäfer, Thomas Sturm und Karin Wördemann.

Verbindung widersprüchlicher Prinzipien?« *Zeit der Übergänge*. Frankfurt a. M., 133–151.

Hart, H. L. A. (1971): »Der Positivismus und die Trennung von Recht und Moral«. *Recht und Moral*. Göttingen, 14–57.

Hart, H. L. A. (1973): *Der Begriff des Rechts*. Frankfurt a. M.

Höffe, O. (1987): »Naturrecht«. *Staatslexikon*. Bd. III, 1296–1318.

Höffe, O. (1996): »Eine Konversion der kritischen Theorie« *Vernunft und Recht*. Frankfurt a. M., 146–159.

Höffe, O. (2001): *Gerechtigkeit*. München.

Horster, D. (2002): *Rechtsphilosophie zur Einführung*. Hamburg.

Kant, I. (1900 ff.): *Gesammelte Schriften*. Akademie-Ausgabe. Berlin.

Kant, I. (1781/1787): *Kritik der reinen Vernunft*. Hg. von J. Timmermann. Hamburg 1998.

Kelsen, H. (1960): *Reine Rechtslehre*. Wien [2]1960.

Kersting, W. (2000): *Politik und Recht*. Weilerswist.

Kupka, T. (1994): »J. Habermas' diskurstheoretische Reformulierung des klassischen Vernunftrechts«. *Kritische Justiz* 27, 461–469.

Maus, I. (1992): *Zur Aufklärung der Demokratietheorie*. Frankfurt a. M.

Rössler, B. (2001): *Der Wert des Privaten*. Frankfurt a. M.

Reinhard Brandt, Prof. Dr., geboren 1937, lehrt Philosophie an der Universität Marburg. *Die Urteilstafel. Kritik der reinen Vernunft A 67–76; B 92–101* (1991), *Philosophie in Bildern. Von Giorgione bis Margritte (2000)*.

Rüdiger Bubner, Prof. Dr., geboren 1941, lehrt Philosophie an der Universität Heidelberg. *Modern German Philosophy* (1981), *Welche Rationalität bekommt der Gesellschaft? Vier Kapitel aus dem Naturrecht* (1996).

Manfred Frank, Prof. Dr., geboren 1945, lehrt Philosophie an der Universität Tübingen. *Das Problem ›Zeit‹ in der deutschen Romantik* (1972), *Selbstbewußtsein und Selbsterkenntnis* (1991).

Gottfried Gabriel, Prof. Dr., geboren 1943, lehrt Philosophie an der Universität Jena. *Grundprobleme der Erkenntnistheorie. Von Descartes zu Wittgenstein* (1993), *Logik und Rhetorik der Erkenntnis* (1997).

Otfried Höffe, Prof. Dr., geboren 1943, lehrt Philosophie an der Universität Tübingen. *Immanuel Kant* (1983), *Den Staat braucht selbst ein Volk von Teufeln. Philosophische Versuche zur Rechts- und Staatsphilosophie* (1988).

Helmut Holzhey, Prof. Dr., geboren 1937, lehrt Philosophie an der Universität Zürich. *Kants Erfahrungsbegriff* (1970), *Cohen und Natorp* (1986).

Peter Janich, Prof. Dr., geboren 1942, lehrt Philosophie an der Universität Marburg. *Grenzen der Naturwissenschaft* (1992), *Konstruktivismus und Naturerkenntnis. Auf dem Weg zum Methodischen Kulturalismus* (1996).

Wolfgang Kersting, Prof. Dr., geboren 1946, lehrt Philosophie an der Universität Kiel. *Wohlgeordnete Freiheit: Immanuel Kants Rechts- und Staatsphilosophie* (1984), *Platons »Staat«* (1999), *Theorien der sozialen Gerechtigkeit* (2000).

379

Jürgen Mittelstraß, Prof. Dr., geboren 1936, lehrt Philosophie an der Universität Konstanz. *Neuzeit und Aufklärung* (1970), *Leonardo-Welt: über Wissenschaft, Forschung und Verantwortung* (1996).

Jürgen Stolzenberg, Prof. Dr., geboren 1948, lehrt Philosophie an der Universität Halle-Wittenberg. *Fichtes Begriff der intellektuellen Anschauung* (1986), *Ursprung und System. Probleme der Begründung systematischer Philosophie im Werk Hermann Cohens, Paul Natorps und beim frühen Martin Heidegger* (1995).

Burkhard Tuschling, Prof. Dr., geboren 1937, lehrt Philosophie an der Universität Marburg. *Metaphysische und transzendentale Dynamik in Kants opus postumum* (1971), *Rechtsform und Produktionsverhältnisse* (1976).

Manfred Walther, Prof. Dr., geboren 1938, lehrt Philosophie und Rechtsdidaktik an der Universität Hannover. *Metaphysik als Anti-Theologie: Die Philosophie Spinozas im Zusammenhang der religionsphilosophischen Problematik* (1971), *Baruch de Spinoza – Lebensbeschreibungen und Dokumente* (1996).

Lutz Wingert, Prof. Dr., geboren 1958, lehrt Philosophie an der Universität Dortmund. *Gemeinsinn und Moral* (1993), *Die Öffentlichkeit der Vernunft und die Vernunft der Öffentlichkeit. FS J. Habermas* (Hg. mit Klaus Günther 2001).

Kritik des Sehens

Herausgegeben von Ralf Konersmann

364 Seiten. Mit 3 Abbildungen

RBL 1610. € 14,10

ISBN 3-379-01610-1

Grau ist alle Theorie, und sie ist blind, blind für das Funkeln der Oberfläche und »das bunte Gewühl der Begebenheiten«. Allgemeingültiges pflegen wir nicht durch Hinsehen zu erlangen, sondern durch Absehen, durch Abstraktion. Das Urteil der Vernunft erwächst aus der *Kritik des Sehens*. Dementsprechend soll das Sichtbare das Unwahre und Unrechte sein, das Wahre und Rechte hingegen das Unsichtbare. »Selig sind die, die nicht sehen und doch glauben.« (Joh. 20,90)
Doch es gibt eine Gegentendenz, die das Sehen erfolgreich gegen den Intellektualismus aufwertet. »Philosophieren können sie alle, sehen keiner« (Georg Christoph Lichtenberg). Es ist immer mehr und anderes zu *sehen*, als sich wissen und sagen läßt.

Der Herausgeber Ralf Konersmann, Professor für Philosophie in Kiel, verfolgt die alte philosophische Frage nach dem Verhältnis von visueller Erkenntnis und sprachförmigem Wissen.

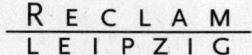

RECLAM
LEIPZIG

Kulturphilosophie

Herausgegeben von Ralf Konersmann

376 Seiten. RBL 1554. € 14,10

ISBN 3-379-01554-7

Die Kulturphilosophie ist »vielleicht das fragwürdigste und am meisten umstrittene Gebiet« (Ernst Cassirer) der Philosophie überhaupt. Wer sich auf die »immanente Unendlichkeit« der kulturellen Tatsachen theoretisch einläßt, muß auf Zumutungen gefaßt sein. Wir können die Phänomene der Kultur erhellen, doch eindeutig fixieren lassen sie sich nicht.

Ein Studienbuch mit Texten von Alain, Pierre Bourdieu, Ernst Cassirer, Arnold Gehlen, Clifford Geertz, Antonio Gramsci, Ralf Konersmann, Claude Lévi-Strauss, Herbert Marcuse, Odo Marquard, Erich Rothacker, Herbert Schnädelbach, Georg Simmel und Paul Valéry.

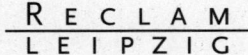

RECLAM
LEIPZIG